JN294012

中国少数民族ミャオ族の生業形態

金丸 良子

古今書院

「黒ミャオ」族

　土山山地に天水利用の棚田を形成し，水稲耕作を主たる生業とする．伝統的な民族衣裳は綿布に藍染めであることから「黒ミャオ」と俗称される．
丹寨秦県雅灰郷送隴村（上・下右）
丹寨県雅灰郷雅灰村（下左）

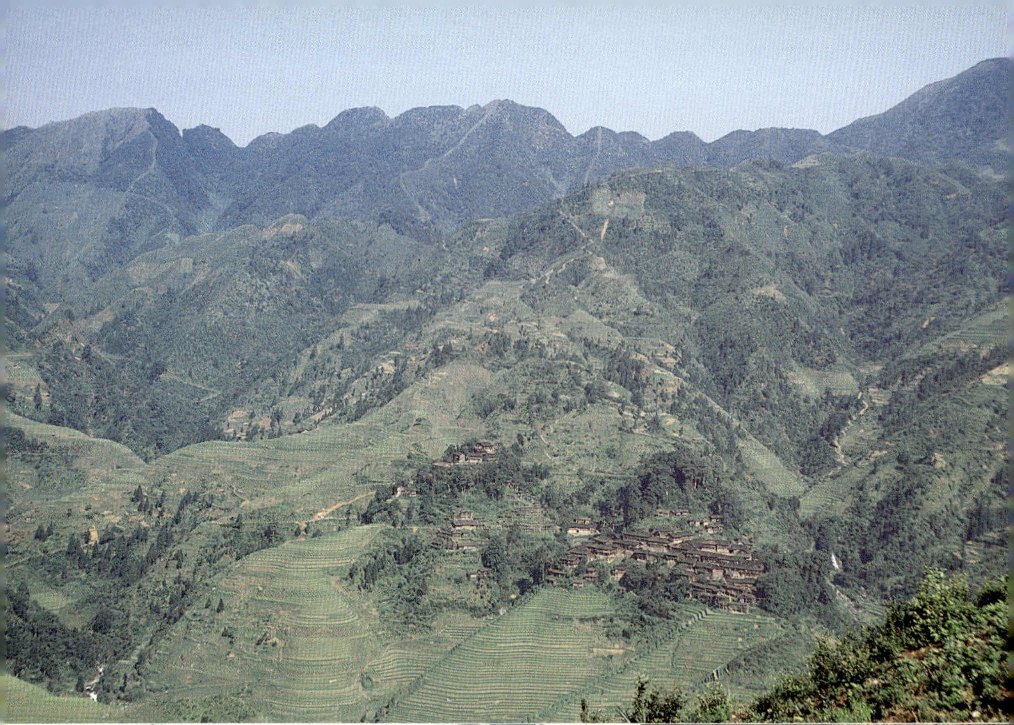

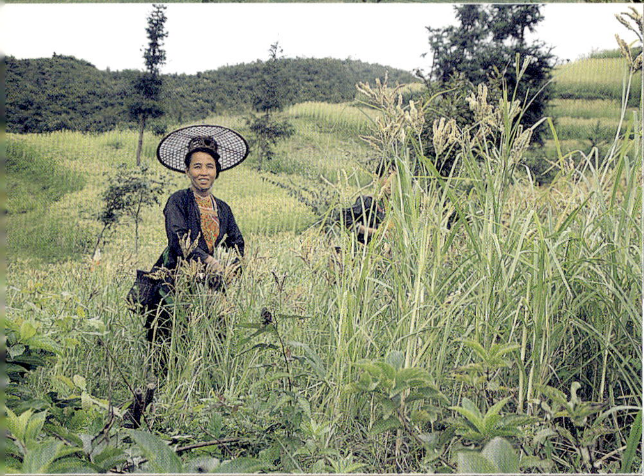

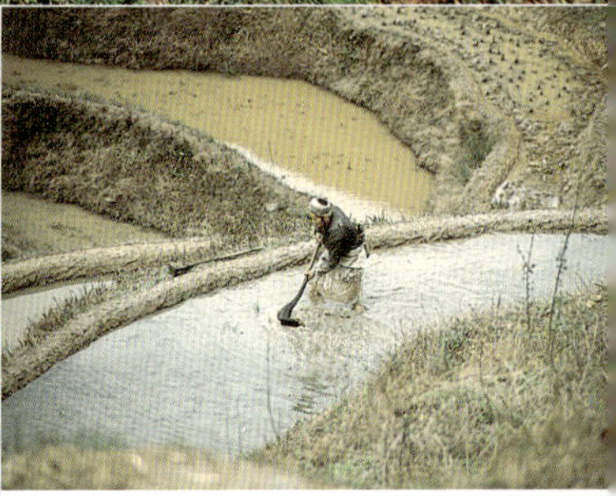

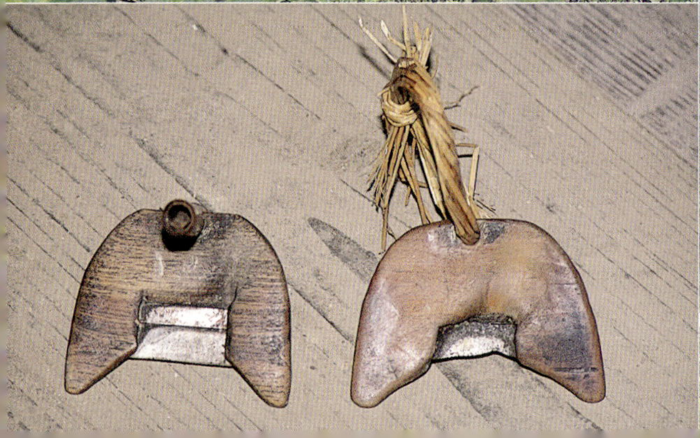

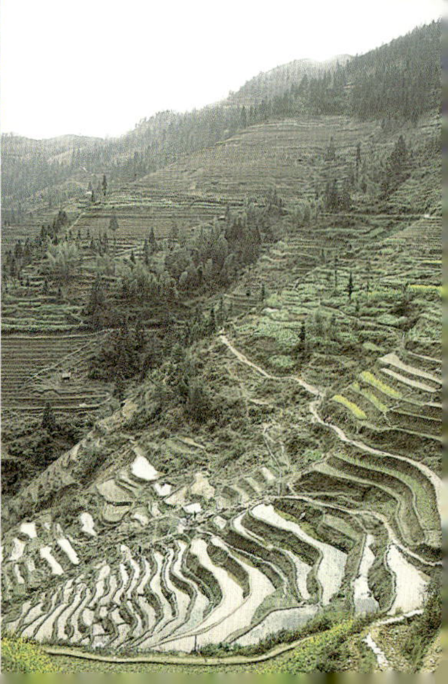

従江県加勉郷党翁村・別鳩村
（前頁・現頁）

『白ミャオ』族

カルスト地形の石山山地にトウモロコシを中心とした畑作を主たる生業とする。伝統的な民族衣裳は麻布であることから「白ミャオ」と俗称される。

望謨県楽旺鎮（上左・中・下）
望謨県麻山郷（上右）

安龍県木咱鎮新加村枇杷組
（上左右・中左右）
邱北県（下左）
麻栗坡県八布郷（下右）

「大花ミャオ」族

海抜高度2,000m付近の高原で，羊・ヤギなどの牧畜とトウモロコシ・ソバなどの畑作を主たる生業とする．伝統的な民族衣裳は麻布に羊毛の赤い刺繡を施したマントをはおる．

威寧市牛棚鎮（上）
安寧市草鋪鎮水井湾（中・下）

威寧市牛棚鎮新山村（上左右・中右・下右）
安寧市草鋪鎮水井湾（下左）

メオバック県（上右）
メオバック県カンシュピン社
　　　　　（上左・中右）
ドンバン県（中左・下）

ドンバン高原の「モン」族

中国国境沿いの北ベトナムのドンバン高原は典型的なカルスト地形で，トウモロコシ・ソバなどの畑作を主たる生業とする「モン（白ミャオ）」族が暮らす．

はしがき

　幼少から東京の下町で生まれ、一浪の後に早稲田大学に進学した。そこで初めて著者は「中国語」や「中国文学」という授業に触れた。大学卒業後は地方公務員として勤務することになった。しかし、地方公務員として働きながらも大学で受けた影響のためか、夢見るように、中華人民共和国を訪問する機会を探すという毎日を送っていた。当時（1970年代半ば）の中国は、1966年からはじまった文化大革命の混乱期であった。日中間では、正式に友好条約が締結され、国交回復が行われていたけれども、中国は相変わらず「近くて遠い国」というイメージであった。

　著者が関係する日中友好団体の一員として、1978年の国慶節を華南広西壮族自治区の区都南寧市で迎えた時も、入国は香港経由で、深圳の国境にかかる鉄橋を歩いて渡った。これが著者の最初の中国訪問であった。家族全員は、念願の訪中を果たしたのであるから、著者の「熱烈な中国熱」もやがて冷めるものと期待していた。しかし、次回は短期間での旅行ではなく、生活体験を伴う滞在型のものへとエスカレートする願望に、両親は頭を抱えることになった。

　こうして、翌1979年の国慶節は山東省の省都・済南市にある山東師範大学の日本語教師として迎えることになった。日本語教師としての2年間にわたる滞在は、対外開放政策に大きく転じたとはいえ、まだ文化大革命の混乱をひきずっている状態の中でもあった。とくにさまざまな物資が不足する当時の中国において、地方文化を訪ねたいと熱望する著者に対して、外国人としての行動制約も多く、十分に探求心を満足させてくれるものではなかった。

　帰国後は、大学の非常勤講師として経済面での不安定な生活を余儀なくされながら、次回の「中国訪問」にどのようにすれば切り込めるかを考えるという、憂鬱な日々を過ごしていた。

　このような時に、当時日本文化の源流を探ることを主目的に精力的に活動していた民俗写真家・萩原秀三郎氏から、雲南省や貴州省を中心とする西南中国の少

数民族を訪ねる調査旅行への参加をうながされた。日本アジア交流協会の橋渡しで，やっとのこと実現したこの調査旅行は，ともに調査に参加した，筆力のある共著者に恵まれ，『西南中国の少数民族　貴州省苗族民俗誌』(1985年，古今書院) として結実した。最初の著作である，この本は，中国研究の新しい方向を示唆する著書として各方面から称賛された。しかしその反面，まったく正当なことと思われるが，「日本文化の源流の探求」に片寄りすぎているという，大変辛口の批判も同時にいただいた。

そこで，「中国の地域研究」を目指していた著者は，山東省滞在での調査記録を整理し，その収集したデータを深めることによって，『中国山東民俗誌　伝統に生きる人々』(1987年，古今書院) を刊行し，中国の地域文化を日本文化の源流に結びつけるのではなく，中国の地域文化それ自体を探求したいという，自らの原点に立ち戻ることにした。

また，本書の序章においても詳述したが，中国の地域文化を主とする地域研究に関する方法論を模索する目的で，同好の若手研究者仲間をつのって，「中国民俗研究会」(会長　鈴木啓造早稲田大学教授) を設立した。「中国民俗研究会」では，年数回にわたる会員による研究会を実施するとともに，中国語文献だけでなく，欧文文献の資料などを『中国民俗研究通信』(第9号で休刊) で紹介し，中国の地域文化を含む中国研究に関する情報の提供を行なった。この研究会での成果の一つが，インドシナ半島北部から雲南省を中心とする西南中国における最も優れた調査記録とみなされ，現在でも利用価値の高いデービス (Davies, H.R.) 少佐の共編訳本『雲南　インドと揚子江流域の環』(1989年，古今書院) である。

また，西南中国最大の高原である雲貴高原を中心に，分布・居住するミャオ族などの少数民族に対する生業形態を主体とする物質文化に関する基本的データーを積み上げるために，「中国民俗研究会」の会員でもある文化地理学・民族学専攻の田畑久夫昭和女子大学大学院教授に，1985年8月以降の毎年数回実施したフィールドサーヴェイのほとんどに同行していただき，文化地理学的な分析手法の指導を受けた。そのフィールドサーヴェイを中心とした試行錯誤しながらの少数民族研究の成果が，共著『中国雲貴高原の少数民族　ミャオ族・トン族』(1989年，白帝社)，同『中国少数民族誌　雲貴高原のヤオ族』(1995年，ゆまに書房) の2冊の著作である。

本書は，これらの研究成果を受けて出版するものである。すなわち主として1994年8月から2002年8月までの，8年間にわたるミャオ族の集落に関するフィールドサーヴェイで入手したデーターを基礎にして生活の経済的基盤とでも称すべき生業形態の比較検討を行なった。

　ミャオ族は雲貴高原だけではなく，中国国境を越えてインドシナ半島北部の山岳地帯にまで分布・居住域を拡大している。そこで，本書ではミャオ族の実態をより正確に把握する意味でも重要と考え，ベトナム社会主義共和国最北東端に位置するドンバン高原にまで調査の範囲を広げた。この点が本書の大きな特徴といえ，ミャオ族の現状をこれまで以上に客観的により正確にとらえることに成功していると自負している。

　なお，本書は，平成17年3月に岡山大学大学院文化科学研究科に提出した学位請求論文を骨子としたものである。

　　2005年4月　春爛漫の日に　　　　　　　　　　　　　金　丸　良　子

目　　次

カラー口絵 ……………………………………………………………… i
はしがき ………………………………………………………………… ix

序章　中国少数民族調査における問題の所在 ……………………… 1

1　ミャオ族の文化変容 …………………………………………… 1
　1）少数民族の位置 …………………………………………… 1
　2）さまざまな特徴をもつ少数民族ミャオ族 ……………… 2
2　少数民族の研究動向 …………………………………………… 4
　1）少数民族研究における三つの段階 ……………………… 4
　2）少数民族に関する調査・報告書 ………………………… 6
　3）中国による本格的民族調査と外国人研究者 …………… 8
3　ミャオ族における生業形態分析の方法 ……………………… 10

第1章　中国・雲貴高原の自然環境 ………………………………… 15

1　多様な特徴をもつ地形環境 …………………………………… 15
　1）4段階に分けられる地勢 ………………………………… 16
　2）雲貴高原の地形 …………………………………………… 21
2　西南中国の気候環境 …………………………………………… 23
　1）雲貴高原の気候的特色 …………………………………… 23
　2）農作物に多大な被害を与える旱魃 ……………………… 25
　3）貴州省の集中豪雨と秋季綿雨 …………………………… 28
3　雲貴高原の植生と土壌 ………………………………………… 32
　1）雲貴高原の東西で相違のみられる植生 ………………… 32
　2）雲貴高原東部の植生区分 ………………………………… 35

第2章　ミャオ族を中心とした雲貴高原の少数民族の特色 …… 43

　1　雲貴高原の少数民族 …… 43
　2　少数民族の分布状況 …… 45
　　1）方言を中心とした言語系統による分類 …… 45
　　2）生業形態を例とした分類 …… 49
　　3）民族衣裳による分類 …… 51
　3　住み分けモデル …… 54
　　1）生活・生産活動の場としての「壩子」 …… 54
　　2）高度により住み分ける少数民族 …… 55
　　3）住み分けられる理由 …… 57
　4　生業形態の比較 …… 58
　　1）トン族の生活空間 …… 59
　　2）ミャオ族の生活空間 …… 65
　　3）ヤオ族の生活空間 …… 71

第3章　水稲耕作を主体とした「黒ミャオ」族 …… 81

　はじめに …… 81
　第1節　丹寨県雅灰郷送隴村送隴寨の「黒ミャオ」族 …… 84
　　1　雅灰郷送隴村の概略 …… 84
　　　1）雅灰郷への経路 …… 84
　　　2）雅灰郷の黒ミャオ族 …… 87
　　　3）調査対象集落の送隴村 …… 89
　　2　送隴村の抽出農家からみた生業形態 …… 94
　　　1）土地改革と生業形態の実態 …… 94
　　　2）漢民族，皮・X（第7組）の生業形態 …… 97
　　　3）黒ミャオ族，王・R（第4組）の生業形態 …… 100
　　　4）石・Y（第6組）の生業形態 …… 102
　　3　日本人研究者が注目する黒ミャオ族 …… 105
　第2節　従江県加勉郷党翁村羊你・羊略両集落寨の「黒ミャオ」族 …… 106

1　加勉郷地域の概略 ··· 106
　　2　羊你・羊略両集落の概略と特色 ································· 109
　　　1）羊你寨の概略 ··· 110
　　　2）羊略寨の概略 ··· 113
　　　3）両集落の全体的特徴 ··· 115
　　3　主要な生業形態 ··· 117
　　　1）龍・G家の生業形態 ··· 121
　　　2）梁・Y家の生業形態 ··· 128
　　　3）王・Y家の生業形態 ··· 138
　　4　農耕儀礼 ·· 148
　　5　両集落の特徴 ··· 151
　第3節　従江県加勉郷別鳩村の「黒ミャオ」族 ······················ 152
　　1　集落の概要 ··· 152
　　　1）加勉郷における土地改革の歴史 ····························· 153
　　　2）三つの集落からなる別鳩村 ·································· 155
　　2　生業形態の特色 ·· 160
　　　1）蒙・R（70歳，第3組）の生業形態 ······················· 163
　　　2）王・R（53歳，第2組）の生業形態 ······················· 167
　　　3）韋・Rl（71歳，第3組）の生業形態 ······················ 170
　　　4）韋・Rw（62歳，第2組）の生業形態 ····················· 171
　　　5）韋・Rx（68歳，第4組）の生業形態 ······················ 173
　　3　楽観を許さない別鳩村の生活 ································· 175

第4章　トウモロコシを中心とした畑作主体の「白ミャオ」族 ······ 191

　第1節　楽旺鎮交俄村の「白ミャオ」族 ······························ 194
　　1　地域の概略 ··· 194
　　　1）楽旺鎮の自然環境 ··· 194
　　　2）楽旺鎮のミャオ族 ··· 196
　　　3）楽旺鎮の生業と行政 ·· 199
　　2　交俄村の変遷 ·· 199

         1）交俄村の概要 …………………………………………199
         2）姓ごとの移動経路 ……………………………………201
         3）麻山苗族閙事（麻山事件） …………………………203
         4）交俄村の同姓集団の移動 ……………………………204
      3　交俄村の生業形態 ………………………………………208
         1）交俄村の農業カレンダー ……………………………208
         2）麻をはじめとする現金収入源 ………………………214
         3）出稼ぎの特色 …………………………………………216
         4）近年の看牛坪の生業形態 ……………………………218
      4　伝統的な生活を継承する白ミャオ族 …………………221
   第2節　木咱鎮新加村の「白ミャオ」族 ………………………222
      1　地域の概略 ………………………………………………222
         1）プイ族とミャオ族が集住する地域 …………………222
         2）農業中心の生業形態 …………………………………223
      2　新加村枇杷組の特色 ……………………………………225
         1）複数の少数民族から構成される雑居村 ……………225
         2）姓ごとに別の場所から移動してきた住民 …………226
         3）ドリーネの底近くにある集落 ………………………229
      3　新加村枇杷組の主要な生業形態 ………………………230
         1）熊・D家の軌跡 ………………………………………232
         2）熊・D家の生業形態 …………………………………234
         3）その他の収入源 ………………………………………236
      4　枇杷組の機織 ……………………………………………237
      5　比較的安定している生活環境 …………………………240

第5章　タバコ栽培に依存する「大花ミャオ」族 ………………249
   1　大花ミャオ族の概要 …………………………………………249
   2　地域の概略 ……………………………………………………251
      1）威寧市の少数民族 ………………………………………251
      2）草海に臨む牛棚鎮の概要 ………………………………253

3　新山村の特色	255
4　生業形態の特色	258
1）タバコ栽培の村の景観	258
2）換金作物をもつ龍山組の生業形態	264
5　移転先の状況	273
1）安寧市に移った少数民族	273
2）移動先での生業形態	274
6　社会現象化する移動	275

付章　ベトナム北部ドンバン高原の「白ミャオ」族の生業形態……281

1　少数民族地域の観光地化	281
2　ベトナム北部の自然環境——少数民族との関係を中心に——	284
1）インドシナとインドシナ半島	284
2）自然環境が厳しい少数民族居住地域	284
3）ベトナム北部の河川と地形環境	287
4）ベトナムの気候環境	291
3　ベトナム北部の少数民族の特色	294
1）少数民族の概要	294
2）ベトナム北部の少数民族	300
4　モン族の分布および移動	304
1）モン族の分布	304
2）モン族の民族移動	307
5　モン族の現状分析	310
1）ドンバン高原地域の概略	311
2）メオバック県の民族構成の特色	318
3）メオバック県のモン族	323
4）カンシュピン社（Cán chú phin Xā）の「白モン」族	329
6　モン族のフィールドサーヴェイからわかったこと	352

あとがき……………………………………………………………………365
引用文献……………………………………………………………………369
ミャオ族に関する主要参考文献…………………………………………374

序章　中国少数民族調査における問題の所在

1　ミャオ族の文化変容

1）少数民族の位置

　中華人民共和国は典型的な多民族国家である。にもかかわらず，1949年10月に成立した社会主義体制を依然として堅持し続けている。この点は，世界で初めて社会主義国となったソビエト社会主義共和国連邦（ソ連邦）が1991年に崩壊・消滅したこととはいささか異なっている。ソ連邦が崩壊・消滅した直接の原因は経済問題であるが，その他少数民族問題も主要な理由とされる。

　すなわち，このことはソ連邦の崩壊・消滅後，例えばアゼルバイジャン共和国，アルメニア共和国，ウクライナなどを筆頭に，いわゆるCIS（独立国家共同体）諸国が，旧ソ連邦から独立して新興国家を形成したように，少数民族問題が社会主義体制を崩壊・消滅に導いた理由の一つとなっている[1]。したがって，中国のように，政治体制が強力に中央に集中している社会主義国家にあっては，とりわけ少数民族問題は国家の存亡にかかわる大問題となる可能性が高い。

　以上のような理由から，社会主義体制を堅持する中国[2]では，少数民族に関して絶えず細心の注意をはらって対処してきたといえる。中国はロシア連邦，カナダに次いで世界で第3位の面積を占める広大な国家である。その面積約960万km²といえば，日本の面積の25.4倍にも達する（2000年統計。以下統計数値はすべて2000年）。

　このような非常に広い領土に約12.5億の人びとが居住している。その約12.5億人の人口の92％近くは漢民族が占めている。少数民族とは，多数を占める漢民族以外の人びと，つまり非漢民族（non-Chinese）を総称する用語である。少数民族という用語は，中国以外の国家や地域においても使用されるが，現在でもなお社会主義体制を堅持している中国では，特別な意味が付加されている。

というのは，民族としての人口規模が大きい集団に対して，人口規模が小さい，すなわち少ないという意味だけで少数民族と称されるのではなく，現政府が集団の申請に基づいて認知した集団のみを少数民族と規定している点である。

それ故，例えば，貴州省に居住するグージャ（倻家）族やシー（西）族と各々自称している集団にみられるように，少数民族として認知してほしいという申請を出しているにもかかわらず，人口規模が小さいという理由から認められない場合もみられる（鈴木・金丸 1985：231）。現在でもこのように政府に認知されず，人口統計上まだ識別されていない民族集団が，上記の貴州省を中心に75万人弱も存在する。

以上の識別されていない民族集団など，少数民族に関しては多種多様な問題が生じている。その1例をあげれば，チベット族の帰属問題に代表されるように，国際的な問題へと発展しているものもある。

2）さまざまな特徴をもつ少数民族ミャオ族

本書の研究対象民族であるミャオ（苗）族は，少数民族としては人口規模において，チワン（壮）族，満州族，回族に次いで第4位（890万人強）を占める，西南中国[3]を代表する集団である。このように，ミャオ族は比較的人口規模が大きいということもあり，彼らが分布・居住している範囲は広域にわたっている。すなわち，その分布中心は西南中国の雲南省および貴州省にまたがる，カルスト地形の一つの形態である熱帯カルスト地形が卓越している雲貴高原で，その一部は遠く国境を越えたインドシナ半島北部の山岳地帯にまで進出している。それ故，各地域のミャオ族には異なった特徴がみられる。

ミャオ族の特徴の最も著しいのは，女性が伝統的に着用している民族衣裳の色彩である。ミャオ族の女性は，1980年代初頭ごろまではほとんど日常生活において民族衣裳を常用してきた。しかし，現在では道路沿いなど交通の便がよい地点や，鎮と称されることが多い地方中心集落周辺に位置するミャオ族の集落に居住する女性が，周辺に住む他の少数民族同様，定期市などで購入した安価な化学繊維でできた衣服（ブラウスとズボン）という形式のものを常用しだした。ミャオ族の伝統的な女性の衣裳は，上衣とスカート（プリーツスカート）というツーピースを基本としている。現在では，上記のように上衣（ブラウス）とズボンという

形式の衣服が流行している。このように，女性がズボンを常用するというのは漢民族の影響かと思われる。

なお，ミャオ族とほぼ同地域に分布・居住するヤオ（瑶）族の女性も，同様の類似した伝統的な民族衣裳を着用してきた。そのため，両民族の識別がいっけん困難である。しかし，ヤオ族の女性は上衣とズボンを常用しているので，容易に判別が可能である。とはいうものの，西南中国に分布する少数民族の外観上の観察では，民族間の識別が非常に困難となりつつある（金丸・久野 1999：11）。

またミャオ族の男性の場合，衣服に関して早くから他民族とくに漢民族などの影響を強く受け，固有の民族衣裳は着用しなくなっている。したがって，男性の衣服からは民族識別がほとんど不可能である。しかし，冠婚葬祭のときなどには上衣とズボンを基本としたツーピースの伝統的な民族衣裳を着る習慣が残っている。

しかしながら，「苗年」[4]などに代表される「ハレ」の日や，ほぼ月に6回の割で開催される定期市など多数の人びとが集合する特定の日には，ミャオ族の女性は年齢に関係なく，民族衣裳を着用することが多い。このことから，ミャオ族居住地区においては，定期市が非常なにぎわいをみせる。

その理由は，一部地区では携帯ラジオなど乾電池を動力としたものが普及しているが，つい最近まで電気が通じていない集落が大半を占めていたこともあり，ラジオやテレビなどには縁がなかった。そのため，外部世界との情報の収集および交換源としての機能や，若者にとっては配偶者を探す絶好の機会であった。なお，『人民日報』紙をはじめとする新聞などは郷人民政府どまりで，しかも数日から10日ほど遅れて配達される。

さらに定期市においては，ミャオ族を筆頭に周辺地域に分布・居住する少数民族および漢民族も多数集まる。そのため，ミャオ族としてのアイデンティティを保持し，ミャオ族としての連帯意識をより強固なものとしようと努めているように思われる[5]。とりわけ，漢民族に対して歴史的に反抗や抵抗を企て，すべてが失敗に帰したミャオ族にとっては，このような傾向が他の少数民族よりも強いように感じられる。

本書の目的は，以上論じた民族的特色を有するミャオ族の集落を取り上げ，複数の集落間を比較することで，この集団の生活の経済的基盤である生業形態を中

心に，主として物質文化に関して分析・検討していくことである。

2　少数民族の研究動向

1）少数民族研究における三つの段階

　前項の本書の研究目的でも指摘したように，中国では政府が少数民族として認知した55にのぼる少数民族が存在する。これらの少数民族が展開している地域は，国境や砂漠地帯の周辺部に集中する傾向がみられるのであるが，そこでは狩猟，遊牧，オアシス農業，焼畑農業を代表とする，実にバラエティに富んだ生業形態が発達している。そして，これらの種々の生業が少数民族の生活の経済的な基盤となっている。

　西南中国の一角を占める雲貴高原は，これらの少数民族の集中地域である。そのため，雲貴高原に分布・居住する少数民族に関しては，中国における少数民族の調査・研究としては早くから実施されてきた。その端緒を開いたのが，19世紀から20世紀にかけての外国人宣教師や探検家であった。

　このような傾向はその後も続き，中華人民共和国成立の直前まで及んだ。1949年の中華人民共和国成立後は，中国人研究者による調査・研究も次第に多くみられるようになり，雲貴高原の少数民族の実態がほぼ正確に知ることができるようになった。近年では，日本人研究者による調査・研究も進められている。日本人研究者による雲貴高原に分布・居住する少数民族に関する中華人民共和国成立後の研究動向を整理すると，次の三つの段階に区分できる。

　第1段階は，外国人研究者が中国国内においてフィールドサーヴェイ[6]に従事することはもちろんのこと，友好訪問すら自由に行なえなかった時期である。中華人民共和国成立の1949年から1970年代までの期間が該当する。

　この期間は中国が国際連合に加盟していなかったため，諸外国との国交がなく，そのため自由に中国に行くことができなかった。ちなみに日本は1972年に中国との国交を樹立した。この段階では，中国人研究者の書いた論文や新聞記事などを参照あるいは依存したりしなければならなかった。しかも当時においては，中国人研究者自身がフィールドサーヴェイを実施する余裕があまりなく，その研究成果も乏しかった。その数少ない研究成果に関しても，大部分が外国人研究者の関

覧が禁止されている内部資料とされた。そのため，外国人研究者には入手困難どころか，その存在すら知られていなかった。

　したがって，この段階では中華人民共和国成立以前に刊行された内外の研究者による著作や論文，あるいは正史や地方史（誌）などの諸史料の分析が主体となった。その結果，この段階においては雲貴高原の少数民族の調査・研究をはじめ，少数民族研究は一般に低調であった。

　1980年代に入ると，外国人研究者が友好訪問という形式ではあるが，少数民族居住地区を短期間参観することや，少数民族を日本から直接訪問する目的の企画旅行が徐々にであるが可能となってきた。そして，それらの参観あるいは旅行を通して，社会主義体制を堅持する中国での少数民族の生活の一部が知られるようになってきた。第2段階の開始である。

　この期以降，中国における外国人の少数民族研究には日本人研究者が増加してくる。またこの時期になると，わずかではあるが中国の少数民族研究を専門とする研究者が輩出したり，日本文化の源流を中国―西南中国とりわけ雲貴高原の少数民族地帯―に求めようとする研究も実施され出した。この期間は約10年弱続いた。

　その後1980年代末になると，中国の大学をはじめとする専門研究機関での語学研修を主体とする留学が可能となった（第3段階）。その結果，中国で語学研修を修了した学生あるいは若手研究者の中から，中国の少数民族に興味・関心をもつ人びとも出てきた。これら中国で語学研修を行なった人びとは，懇意となった中国の少数民族研究者の協力などを得て，少数民族居住地区に単独でフィールドサーヴェイに出かけることになった。

　しかし当時，少数民族居住地域は対外「未開放地区」の指定を受けていた。そのためフィールドサーヴェイは困難をきわめた。一方，この期になると多くは少数民族出身者であるが，少数民族に関心をもつ中国人留学生が多数来日し，日本人研究者の指導を受けて中国の少数民族調査に従事しだした。

　このような段階がその後10年以上を経過した現在においても続いている。というのは，少数民族居住地帯などに設定された外国人の立ち入りを禁止する対外「未開放地区」の指定は，1990年ごろから中国が市場経済に代表される近代化政策に移行するに従って徐々に解除され出し，現在では指定がほとんど解除されている。

　しかしながら，このように対外「未開放地区」の指定が解除されたにもかかわ

らず，少数民族居住地帯において外国人が自由に出かけることができるのは，限定されたものとなっている。すなわち，外国人が自由に立ち入ることが可能となったのは，2，3の観光用の少数民族のモデル集落を除き，県の行政中心である県城あるいは地方中心集落である鎮ないし郷のみである。少数民族が居住している村，さらにはその下部（位）行政単位である寨または組[7]に入るのは，かなりの困難が伴うのが実状である（金丸1997・B，ダニエルス・金丸・長谷川・松岡1999など）。このような状況のためか，一時期に比べてわが国の若年研究者で中国の少数民族地帯において，フィールドサーヴェイを主体とした調査・研究が増加しているとはいえない。

以上の中国の少数民族研究の一般的な動向を踏まえて，以下では本書の調査研究対象であるミャオ族の研究動向を検討していくことにする。

2）少数民族に関する調査・報告書

中国は漢字を発明・発展させた国家である。この漢字を用いて，今日まで非常に多くの書物が出版されてきた。雲貴高原に居住する少数民族についても，多くの正史や郷土史（誌）の一部にその記載が確認できる。しかし，1920年代以前には，漢字で記された特定の雲貴高原の少数民族に関する書物は皆無であった。ただ，19世紀以降，ヨーロッパ人の宣教師や探検家が中国の辺境地帯に分け入り，伝道あるいは探検に従事した。とりわけ，1840年に勃発したアヘン戦争の結果，中国が門戸開放政策をとらざるを得なくなって以後，その活動が本格化し，少数民族に関する調査・報告書もみられるようになった。

当時のミャオ族についての調査・報告書として注目されるのは，次の書物があげらる。最初にイギリスの陸軍少佐で，英領インド測量局にも関与したと推定されるデーヴィスが著わした書物（Davies 1909；田畑・金丸編訳 1989）があげられる。この書物は，ビルマ（現ミャンマー連邦）と昆明間の鉄道（当時滇緬鉄道と称された）建設に伴う，アセスメントの記録を日誌風に記述したものである。本書の付録として，ミャオ族だけとは限らないが，雲貴高原の西部を占める雲南地方を中心に分布・居住する少数民族の概要を，多数の写真を呈示しながら記している。その内容は，少数民族の実態を非常に生き生きと描写することに成功しており，大変すぐれた民族誌となっている。

雲南地方に関しては，このデーヴィスの著作以外にも，例えばフランス人の税関吏であったロシェーの紀行文（Rocher 1890）が存在する。しかし，ミャオ族を筆頭に少数民族に関してはデーヴィスの著作ほど詳細かつ具体的な記とはなっていない。

20世紀に入ると，ショッター（Schotter 1908, 1909, 1911），クラーク（Clark 1911），サヴィナ（Savina 1924），グラハム（Graham 1937・A, 1937・B, 1938）などをはじめ，ミャオ族に関する著作や論文が続々と刊行されてくる。これら一連の著述の中でも，クラークの書物は，筆者が貴州省のミャオ族居住地帯に20年以上も宣教師として定住し，布教の間に調査を行なった貴重な記録である。またグラハムの諸論文は，当時四川省成都の西南連合大学に奉職していた筆者が，たびたび調査を試みた四川省南部のミャオ族に関する，主として習俗や儀礼についての詳細な報告である。これらの両著作はともに長期間，実際に現地に滞在したフィールドサーヴェイの記述であるという点から，現在でもその資料的価値は大変高い。

この他，ミャオ族に関する外国人の調査・研究として，上述の著作や論文に匹敵するか，あるいはそれ以上に資料的に高い価値を有する書物が存在する。鳥居龍藏の著作がそれである。

鳥居龍藏は，わが国の考古学および人類学の先駆者としても非常に著名な研究者である。鳥居龍藏は，1902年から翌年3月までの9カ月間にわたる長期間，西南中国を独力で踏査旅行した。鳥居龍藏の調査旅行の目的は，かつて実施した台湾の生蕃（先住民）の人類学的調査に関連するものとして計画されたものである。つまり，台湾北部に住む黥面蕃（タイヤル族）と称される民族集団が，西南中国に分布するミャオ族の一部と同一集団であるという説を知った。そこで，台湾調査後西南中国に出かけ，その真偽を確かめようとしたのであった。

その西南中国調査の概要は，詳細な調査報告書（鳥居 1907）および調査記録（鳥居 1926）の2冊の著作となって結実している。とくに前者は，ミャオ族に関する最初の人種的および民族的な調査報告書であるといっても過言ではない。

1920年代以降になると，凌純声・芮逸夫の湖南省湘西地方の「紅ミャオ」族の調査（凌・芮 1947），芮逸夫・管東貴による四川省のミャオ族調査（芮・管 1962）が1地域のインテンシィヴなミャオ族調査として存在する。雲貴高原のミャオ族

に関しては，その西部に住む「白ミャオ」族の分派と推定される「大花ミャオ」族の報告（楊 1942, 1943），東南部に分布するミャオ族の詳細な報告書（呉・陳ほか 1942）があるぐらいである。なお，本書でもとりあつかう貴州省の従江県のミャオ族に関しては，ボークレール女史が1947年に概括的な調査を実施し，その成果も刊行されている（de Beauclair 1960）。

3）中国による本格的民族調査と外国人研究者

中華人民共和国成立後の1956年に，中国科学院研究12年計画が制定された。それを受けて全国人民代表大会民族委員会の指導の下に，内蒙古，新疆，西蔵，四川，雲南，貴州，広東，広西の八つの少数民族社会歴史調査隊が組織され，また同時に七つの民族語文工作隊も組織されて，本格的な少数民族調査が開始された。さらに1958年には，甘粛，吉林など八つの省も加えられ，合計16の調査隊に拡大された。

これらの調査隊による調査結果は，1959年から『少数民族簡史』，『少数民族簡志』，『自治地方概況』という3種類の叢書として刊行された。それらは1966年に中断されるまで190種が印刷され，原稿段階のものを含めると340種にものぼる膨大な量であった。これらの叢書，報告書類は最近一部が公開出版され，国外の研究者の眼に触れることが多くなった。しかし，まだその全容は明らかにされていない。

ミャオ族に関しては，貴州省の凱里市舟渓地区，丹寨県，剣河県，台江県，黔西県，赫章県などが主要対象地域で，調査報告書（中国科学院民族研究所貴州省少数民族社会歴史調査・同貴州分院民族研究所編 1963, 1964）が刊行されている。また，貴州省文聯・貴州省民族語文指導会および貴州大学が中心となって苗族文学史編写組が組織され，多数の民間文学の収集が行なわれた（貴州省文聯編など 1957〜85）。

その後，文化大革命による混乱が収拾され，季刊理論専門誌『貴州民族研究』（貴州民族研究所，1975年創刊）を中心に，ミャオ族をはじめ各民族出身の研究者が育成されて活動を開始するのは1980年代に入ってからである。主要研究分野と著作は次のとおりである。

歴史を中心とした概説書としては，『苗族簡史』（《苗族簡史》編写組 1985）の

刊行があげられる。同書の出現によってはじめてミャオ族の概要を詳細に知ることができるようになった。言語方面では『苗語簡志』(王輔世主編 1985) が代表とされ，より資料的価値の高いものとしては『苗瑤語方言詞滙集』(中央民族学院苗瑤語研究室編 1987) がある。また，地方概況を解説した書物としては『黔東南苗族侗族自治州概況』(《黔東南苗族侗族自治州概況》編写組 1986) を筆頭に，各苗族自治州や自治県を対象としたものが順次刊行されている。さらにフィールドサーヴェイの資料に基づいた調査報告書としては，『苗族社会歴史調査（1～3）』(貴州省編輯組 1986, 1987・A, 1987・B) が出版されている。

　外国人研究者についていえば，中華人民共和国成立後，外国人研究者によるミャオ族に関する本格的な調査は長い間皆無という状態が続いた。しかし，近年ミャオ族に関する研究書や報告書（鈴木・金丸 1985, 萩原 1987, 田畑・金丸 1989, 福田編 1996など）が出版され，今後の研究の端緒を開いた。

　このように，中華人民共和国成立後，雲貴高原に居住するミャオ族に関して本格的にフィールドサーヴェイに最初に従事したのは著者らであった。著者がミャオ族に代表される少数民族に興味・関心をもったのは，次のような理由からであった。

　著者は1979年から81年にかけて山東省済南市にある山東師範大学に日本語担当の外国人教員として，当時全国統一試験を再開して間もない学生の指導を行なった。その折，著者は学生時代から日本各地の民俗調査（小松・金丸 1975, 金丸 1976・A, 1976・B, 1977, 1978）に従事した経験をもつので，山東師範大学での教鞭の合間や休暇を利用して，身近な地域の漢民族の民俗調査を行なった。そのときのフィールドサーヴェイの成果を中心に単行本（金丸 1987）にまとめたことがあった。しかしながら，フィールドサーヴェイを実施したのが1980年前後ということや，調査方法が日本と異なることなどから，十分な調査を行なうことができなかった。

　その後，山東省以外に中国各地を旅行する機会に恵まれ，旅行を通して漢民族以外の少数民族に遭遇することになった。そのような経緯もあり，一部には漢民族調査を行ないたいという気持ちを残しつつ，少数民族調査を実施することにしたのであった。しかし，元々中国文学を専攻していたということから，正式にフィールドサーヴェイの方法論を学習した経験がなかった。

そこで，この点を克服しようとして中国民俗研究会（会長，早稲田大学教育学部教授鈴木啓造）を設立し，その会員諸氏の協力をあおぎながら，ミャオ族を筆頭に少数民族調査に従事することになった。著者による便宜的な区分でいえば第2段階に相当する。

3 ミャオ族における生業形態分析の方法

これまで論じた研究目的および研究動向を踏まえて，次のような研究・分析方法を用いることで，本書を展開していくことにする。すなわち本書では，ミャオ族の生活の経済的基盤とでも称すべき生業形態の分析を主体に行なう。その場合，調査・研究の主対象は個人あるいは特定のミャオ族ではなく，山棲みの民族として社会集団を形成するミャオ族を対象とする。具体的には，集落がこの社会的な集団の生活空間の中心を占めているので，ミャオ族の集落が主要な調査・研究対象となり，その比較を行なう。

なお，本書では集落を多様性に富む居住の形態で，「いずれも人類の土地への定着を意味する言葉である」（木内・藤岡・矢嶋編 1957：1）という定義を踏襲しつつ，その集落を成立させている生産用地（耕地，森林など）や，交通路をはじめとする社会的な集団がつくったものも含むことにする。つまり，集落を社会的な集団が担う生活空間の中核的なものというような，多少広義の意味で用いる[8]。

また，本書の分析視角としては地理学的手法を用いることとする。その理由は，生業形態に代表される経済活動ないし行為の実証分析に関しては，生業形態の分析・検討だけでは地理学的に十分に解明されたとはいえない，と考えるからである。

この点に関しては，中藤康俊が「科学が世界・存在の合理的連関を理論的に把握しようとする知識の体系であるならば，地理学もすべての科学のなかで相対的に独自の対象をもたなくてはならない。伝統的に地理学は地表の諸現象の場所的な相違＝地域性を解明する学問とされてきた。…（中略）…社会の発展が時間と空間の両側面をもち両者が密接不可分な関係にあるかぎり，地域的にとらえる必要があることは言うまでもないことである」（中藤 1985：18-19）と説くように，個々の生業形態が時間や場所つまり生活空間的にどのように相違しているかという分析視角を十分に踏まえたうえで，分析・検討すべきであろう。このように主

張する中藤康俊の指導を受けて，複数のミャオ族の集落間にみられる生業形態の相違つまり比較を，フィールドサーヴェイで入手した第1次資料を中心に試みたのである。

以上の分析視角は，一定地域の経済的個性や地域自体の形成過程の説明には地理学的視点とりわけ経済地理学的な観点の導入が必要であると強く提唱する，中藤康俊の恩師にあたる黒正 巖（黒正1941：73-74）にも通じる観点であるといえる。本書も黒正 巖，中藤康俊の両先達の見解に導かれて論を進めていこうとするものである。

本書で行なった研究手法は，次のとおりである。

地理学は，以前とりわけ第二次世界大戦以前には，自然（環境）と人間との相関関係を主要研究テーマの一つとしてきた[9]。ミャオ族に代表される中国の少数民族は，それぞれの居住地域の自然環境に適応した独自の生活様式を営んできた。その結果，各々の生活様式に見合った少数民族固有の習俗や習慣などが伝承され，独自の伝統文化が形成されてきたといえる。このような生活様式を持続してきた少数民族の地理学的手法の分析手段としては，上述のように自然と人間との相関関係の解明を研究テーマの一つとしてきた地理学的手法が，とくに適しているように思われる。

とはいうものの，著者は自然と人間との相関関係つまり地人相関論的な立場のみで，研究対象であるミャオ族を分析すべきであると主張するものではない。論点を再度繰り返すことになるが，本書の目的は上記の中藤康俊が強調する「地表の諸現象の場所的な相違＝地域性」の解明である。その手段の一つとして自然と人間との相関関係にも留意しようとするものである[10]。

本書の具体的な分析手法は，ミャオ族が分布・居住する最大の集中地域である，西南中国の高原・雲貴高原の地形や気候などの自然環境をあつかった第1章，ミャオ族を中心とした雲貴高原に展開する主要民族の特色を論じた第2章に続く，最後の付章を含めた第3章以下の実証的研究において示される。その分析手法を端的に表現すれば，次のようになる。

すなわち，ミャオ族の生活空間の自然環境がその生活様式にいかなる影響を与えているかを，主として彼らの生活の経済的基盤であるといえる生業形態を中心に集落単位で比較・検討しようというものである。その場合，上述したように黒

正 巌および中藤康俊両先生の学恩を最大の根拠として，とりわけ中藤康俊の力説する「地表の諸現象の場所的な相違＝地域性の解明」を中心に論を展開していくことにする．

また，調査対象集落の大半は，これまでフィールドサーヴェイがまったく実施されてこなかった．そこで，フィールドサーヴェイをとくに重視し，そのフィールドサーヴェイに基づいてより正確な第１次資料を作成することで，信憑性の高い現状分析ができるように努めた[11]．

(注)

1) 少数民族問題は，何も社会主義体制を堅持している国家に限るわけではない．例えば，日本においても少数民族であるアイヌの一部が強く主張するように，北海道分離・独立問題などが存在する．
2) 勿論，近年中国の経済的な発展には著しいものがある．しかしながら，このような経済発展は，社会主義体制内での市場開放を行なうことで進展してきた．つまり，中国政府はあくまで社会主義体制を堅持するという立場をとっている．
3) 中国では西南中国という用語は存在しない．一般には西南区という用語が使用される．西南区とは，ほぼ雲南省の全域と四川省の西南を含む比較的狭い範囲をいう（任主編 1982，阿部・駒井訳 1986：181）．これに対して，わが国で使用されている西南中国の範囲はやや広い地域で，雲南，四川，貴州の互いに隣接する３省を指す．
4) ミャオ族の伝統的な正月．ミャオ語では「ニィアン モン」(Ningx hmongb) などと呼ばれる．秋に主食である稲の刈り入れ修了後，その収穫の祝いを兼ねた年越しが行なわれ，正月がはじまる．ミャオ族最大の年中行事である（鈴木・金丸 1985：30-36）．そのため現在では，ミャオ族は漢民族の正月とされる「春節」（２月上旬），さらには太陽暦の正月（１月１日）の合計３度の正月を過ごすことになる．
5) 例えば，ミャオ族の集落内に設置されている民族小学校では，民族教育の一環としてミャオ語を学習させるとともに，さらに一部の学校は生徒に民族衣裳を着用させ，踊りやそれを現代風にアレンジしたものを学習させている．これらの舞踊は，遠方からの客人が訪問したときに歓迎の意味で披露される．このことも，幼少のころからの民族としてのアイデンティティを学習させる教育方針の一環であると推定できる．
6) 地理学では，野外で行なう調査を一般にフィールドワークと称することが多い．このフィールドワークという用語には，特定の地点を集中的に調査するという意味がある．中国における少数民族調査は，中国が社会主義体制を堅持していることなどから，

調査地点を自由に選定して，数カ月あるいは1年間という長期間の定着調査，つまりインテンシィヴ調査は不可能である．

　著者のミャオ族調査は，雲貴高原という広範囲における短期間の宿泊を伴うエクステンシィヴな調査を主体とする総合調査である．そのため，厳格にはインテンシィヴ調査とはいえない．すなわち，本書の研究事例として，特定の集落を事例として選定し，その選定した集落だけではなく，周辺地域との関連にも大いに配慮をしつつ，雲貴高原全域のミャオ族の集落間の比較・検討を行なった．そのような意味から，インテンシィヴな調査を中心に行なう狭義のフィールドワークとは少し性格が異なっている．そこで，本書では木内信蔵がその著書（木内 1985）において，地理学の調査をフィールドサーヴェイと称していることなども参考にして，フィールドサーヴェイと呼ぶことにした．

7) 周知のように，本書の対象地域である西南中国の少数民族居住地区においては，一般に省―州―県―郷―村―寨―組（設置されていない場合もある）という順で，行政的な区分がなされている．

8) 本書で用いている社会的な集団および生活空間という用語に関しては，水津一朗の著書（水津 1968, 1969）を参考にした．ただし，同著では社会集団に対して独自の意味をもたせている．すなわち，本書で用いているような一般的な意味の「社会的な集団」ではなく，独自に提唱する基礎地域の担い手として「社会集団」という用語を使用している（水津1969：8）．

　なお，著者もかつて本書で使用している意味で「人類集団」という用語を用いたことがある（田畑・金丸 1988：43）．しかし，人類集団という用語は，その概念規定があまりにも漠然としたものであると考え，対象がより明確であると思われる「社会的な集団」という表現に変更した．

9) この立場は地理学では一般に地人相関論と称されることが多かった．地人相関論は，地理学の主要研究分野の一つである経済地理学研究者間では，交替作用の理論または相互作用論などと称され，佐藤 弘の著作（佐藤 1933：49-65）を筆頭に広められた．しかし地人相関論を唱える研究者の多くは，飯塚浩二が「地理的決定論と国家有機体説との混血児「地政学」（Geopolitik）といつたやうな怪物が，獨逸の電撃戦の華々しさに声援されて流行しはじめたりすると，忽ち足もとが怪しくなりだし，口をぬぐつて合流してしまふといふやうな風景…（中略）…それというのも彼ら（地人相関論者…著者注）が環境論的な決定論から退却してゐただけで，これを超えて一歩前進してゐたのではなかつたからである」（飯塚1948：297）と大変鋭く批判したように，地政学と関連をもつようになったという事実が存在する．そのような経緯から地人相関論

は第二次世界大戦以後正面切って論じられることがなくなってきた.

10) この点に関して,文化景観の形態学を唱えるシュリューター（Schlütter, O.）でさえも,水津一朗の指摘によれば「自然と人間の両面にかかわる地理学にとって,「自然と人間との関係」を関心の外におくことはできない.…（中略）…自然といっても,現実のフィールドから純粋な姿でぬきだすことは困難であり,現実の自然は,さまざまな形で人間集団のいとなみの跡をおりこんでおり,したがって「歴史的自然」,「人間にとって制御された自然」,「人間化した自然」にすぎない.…（中略）…いっぽう人間の現象といっても,自然的要因や要素が奥深くまではいりこんでおり,自然に対する人間的なものを純粋な形でとりだすことも,同じく困難である」（水津 1974：157）と述べているように,自然と人間の相関関係にも注意をむける必要があるといえる.

11) その際には「地理学はおよそ実態とはなれて存在しえない学問である.しかし単なる調査,つまり調査のための調査であってはならない.調査がこれまでの理論よりいっそう深化させ精緻にさせるものでなくてはならない.したがって理論と実証は車の両輪のようなものであって,そのいずれをも欠かせない.地理学が科学的なものを求めるならばわれわれはつねに両者を究め,統一的にとらえなくてはならない」(中藤1985：24) という指摘にもあるように,調査のための調査にならないように極力努力した.

第1章　中国・雲貴高原の自然環境

　中国は序章でも論じたように，非常に広大な面積を有する国家である。そのため，地形や気候などに代表される自然環境に関しても多様性に富んでいる。本章では，このような多様性を有する自然環境の中でも，とくに少数民族との関係が深いと思われる地形，気候，土壌および植生など自然環境を構成する諸要素を検討していく。とりわけ，雲貴高原に分布・居住する少数民族の多くは，水田稲作をはじめとする農業が生業の中心となっているため，自然環境の影響が大であるといえる。

1　多様な特徴をもつ地形環境

　中国は地形的には崑崙山脈や天山山脈などを代表とする山地[1]，青蔵高原[2]や内蒙古高原などの高原[3]，遼東丘陵や山東丘陵などを典型とする丘陵，タリム盆地や四川盆地を筆頭とする盆地，および東北平原や華北平原を中心とする広大な平原の五つに区分できる。
　以上のように，多種多様の地形がみられる中国全域の地形の特徴は，次の4点であるとされる（黄編・山下訳 1981：14-16）。
　①地勢が全体として西高東低を示し，標高つまり海抜高度によって大きく4段階に分けられる。
　②世界最高峰チョモランマ峰（エヴェレスト山，8,848m）と天山山脈北麓に位置するエビノール（艾比湖，−154m）との標高差は約9,000mにも達するというように，地形の高低差がきわめて大きい。
　③上述したように，山地，高原，丘陵，盆地および平原など，いずれも広大かつ変化に富む地形が備わっていること。そのことが，中国の天然資源の豊かさと密接に関係があるとされる。
　④例えば，カルスト地形が卓越する雲貴高原，黄土に全域がおおわれている黄

第1図　中国の段階別地形図

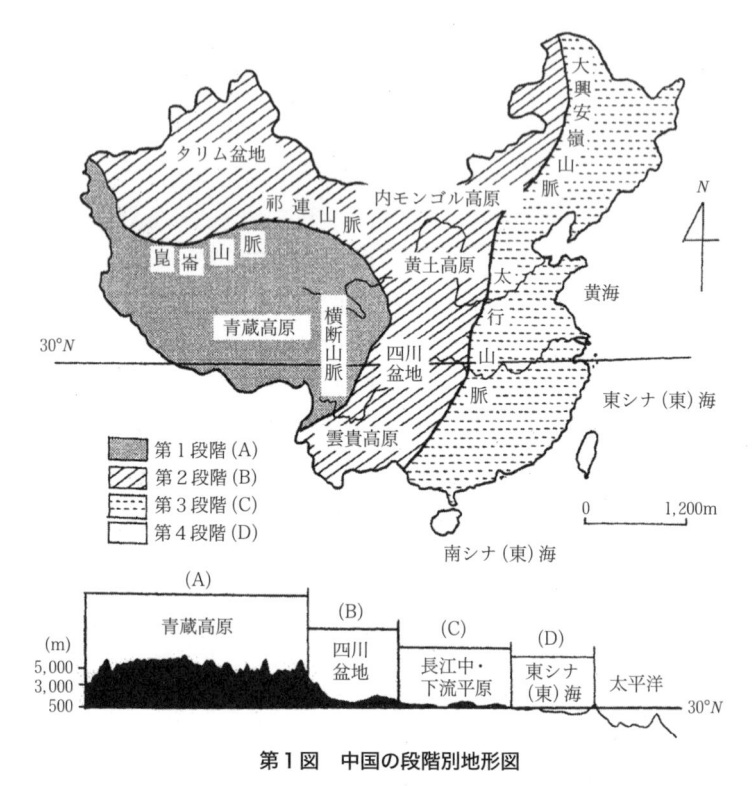

〔出所〕黄就順編著，山下龍三訳（1981）：『現代中国地理—その自然と人間—』，帝国書院，p. 16を一部修正．

土高原など，各地域の地形が著しく変化があり，非常にめずらしい地形がみられる。

その中でも上記①の地勢が，海抜高度をメルクマールにすると第1から第4までの4段階に区分できることが，最大の特徴といえる[4]（第1図）。

1）4段階に分けられる地勢
①西蔵高原を中心とする第1段階の地域

第1段階は平均海抜高度が4,500mにも達する青蔵高原を中心とした広大な地域である。その面積は約230万km^{2}で，全国総面積の4分の1を占めている。青蔵高原には北から南にかけて崑崙山脈，祁連山脈，カラコルム山脈，タングラ山脈，

ニェンチェンタンラ山脈，ガンディセ山脈およびヒマラヤ山脈などの大規模山脈が走っている。

また，青蔵高原には長江，黄河，瀾滄江（下流はメコン川），怒江（下流はサルウィン川），ヤルンツァンポ江（下流はガンジス川支流ブラマプトラ川），インダス川，タリム川をはじめとする，東南アジア，南アジアおよび中央アジアなどの多くの大河川の分水嶺や水源地がある。

さらに，青蔵高原には凹地も多くみられる。それらの凹地の大半は湖となっている。とくに青蔵高原の一角を占める蔵北高原は，ナムツォ，シリンツォなどの大湖を筆頭に，中国では湖の数が最も多い地域の一つである。これらの湖は塩湖である。塩は食塩用として利用される以外に，硫酸ナトリウム，硫化ソーダなどの化学工業用にも用いられる。

以上のような地形的特徴がみられる青蔵高原の北端を境にして，崑崙山脈と祁連山脈がほぼ連続して東西に走っている。また，東端には南北に走る横断山脈が大きく聳えている。気候は非常に冷涼で，年間を通して夏季が少ない。そのため，高温による水分の蒸発が著しく少ない。さらに山上周辺に形成された氷河が融けだす短期間の夏季には，周辺に多数の沼や湖が生じ，その水辺には水草の美しい花が開花し，豊かな大草原となる。

このような気候を呈するのは，当地域が世界最高度の位置，地形および大気循環によって，夏季にはインド洋上からの湿った大気が高原の東南部に達し，上空には高気圧が発生しやすくなる。逆に冬季には乾燥した冷たい西風が卓越し，高原東部を中心に低気圧が発生するからであるとされる。

青蔵高原を中心とする第1段階の地域には，日照時間が長い日向斜面を中心に草原が全面的に広がっている。この草原の一部では，ハダカオオムギの一種であるチンク（コ）ームギや冬コムギ，越冬ソバなどの耐寒性の作物が栽培されている。しかし大半の地域は，上述したような気象条件なので農業には適さない。そこで，草原を主体にヤクやヒツジなどの家畜の遊牧が生業の中心となっている。なお住民の多くは，チベット（蔵）族やメンパ（門巴）族などチベット系の民族集団である。

青蔵高原から北方または東方に向かって崑崙山脈，祁連山脈および横断山脈に囲まれた高度3,000mの等高線を越えると第2段階に入る。崑崙山脈はインド亜大

陸の北西に位置するパミール高原に発し，ほぼ東方に伸進し，四川盆地の西縁に達している。この山脈の地質構造の歴史はかなり古く，古生代の初期から中期にかけての褶曲運動の影響を受けたとされる。崑崙山脈が走っている青蔵高原北側の地域は，タリム盆地がすぐ北方に続いていることからもわかるように，気候は大変乾燥している。それ故，独特の高山砂漠地帯となっており，河川は深く開析していない。

崑崙山脈の東側に連続して伸びる祁連山脈は，山地の平均海抜高度が4,000m前後であるが，それ以上の高所では氷河がみられる。山間部の谷底の多くは，氷河地形のモレーンや洪積台地，沖積平野などによって形成されている。その南に位置する大山脈が横断山脈である。横断山脈は南に向かって次第に低くなる傾向がみられる。この山脈中には怒江や瀾滄江などの河川が流れ，非常に深い河谷を刻んでいる。

②広大な高原と盆地から構成される第2段階の地域

第2段階は，タリム盆地の北側に位置する天山山脈（主峰ポベーダ峰，7,439m）やカシュガル盆地をはさんでその北東に走るアルタイ山脈（主峰友誼山，4,374m）の周辺山地を除くと，主として広大な高原と大盆地によって構成される。平均海抜高度は第1段階の地域よりも数千m低く，1,000〜2,000m前後である。この段階に所属する主要な地域は，内蒙古，黄土および雲貴の3高原と，ジュンガル，タリムおよび四川の3盆地である。生業形態に関しては，地域的に大きく2通りの異なった形態がみられる。

第1の形態は，長江上流に位置する四川盆地や雲貴高原に特徴的にみられるものである。これらの両地域では水稲やトウモロコシなどの穀物を中心として栽培する定着型の農業が生業の主体となっている。しかし，周辺の山地においてはヤオ族やミャオ族の一部のように，焼畑農業や狩猟にあるいはイ（彝）族が放牧に従事するというように，移動生活を送っている集団もみられる[5]。

第2の形態は，天山，崑崙および祁連の3山脈に北，東，南の三方を囲まれた中国最大の盆地であるタリム盆地に，典型的にみられるものである。タリム盆地は広大な不毛の砂漠地帯が中心であるが，中心部から周辺部にかけて砂漠と塩水湖，オアシス帯，ゴビ帯と称される山麓礫石帯および高山帯という環状構造を呈している[6]。

タリム盆地で小規模なオアシス農業がみられるのは，上記のオアシス帯と呼ばれている砂漠周辺地帯である。この地帯においてオアシス農業を最初に行なったのは，屯田兵としてこの地に来住した漢民族とされるが，本格的に開拓されたのは中華人民共和国成立後の人民公社時代の生産建設兵団の手によるものである。ここでは，コムギや綿花などの主要作物の他に，現在ではブドウをはじめとする果樹などの生産も飛躍的に増加している。タリム盆地周辺地域の住民としては，ウイグル（維吾尓）族をはじめとしてイスラム教徒が多数居住している。

以上の第2段階の地域とその東側に続く第3段階の地域の境界には，北から南にかけて大興安嶺山脈，太行山脈，武陵山脈と連続する大規模な山脈が聳えている。大興安嶺山脈は，北はロシア国境を流れる黒龍江の河畔にはじまり，南はシャルモロン河上流の河谷に至る，全長1,400km，幅200〜300kmもある巨大山脈である。しかし地形的には，既に壮年期後期（晩壮年期）に達している褶曲断層地塊山地である。そのため山頂は丸く，河谷の開析は比較的浅い。山嶺の高度の平均海抜高度は1,000mから4,000mほどで，高山はほとんどない。

太行山脈は大興安嶺山脈の南側，すなわち山西高原と河北平原との中間に位置している。太行山脈の東線に沿って，大変長い断層線が走っている。したがって，この山脈は中国の西部高原と東部平原の分水嶺となっている。南方に位置する武夷山脈は，江西・福建両省の省境を中心に聳える山脈で，長江支流贛江と東シナ海（東海）に流れ込む閩江との分水嶺である。山脈は平均海抜高度が1,000mから1,500mで高くなく，走向は東北—西南方向を示している。

③広大な低地帯が広がる第3段階の地域

第3段階の地域は上述した3山脈の東側に位置し，海岸線まで続く非常に広大な低地帯が中心となっている。平均海抜高度は500m以下の低地が主体であるが，山東丘陵の泰山（1,524m）など1,000mを超える高峰もみられる。この地域には，北から南にかけて東北平原，華北平原および長江中・下流部平原に代表される大規模平野が形成されている。

東北平原は中国東北地区を代表する平原であるが，大興安嶺山脈と朝鮮民主主義人民共和国との国境ともなっている長白山脈の間に広がっている。東北平原は南北方面の長さが約1,000km，東西の幅が約400kmで面積は35万km^2に達し，中国最大の面積を有する平原である。この平原は，主として遼河，松花江，嫩江の

沖積作用で形成され，大部分は海抜高度200m以下である。

　華北平原は，東北平原に連続する面積31万km²を有する中国第2位の広大な平原である。黄河，淮河，海河，灤河の4河川の沖積作用で形成された平野が主である。地勢はきわめて平坦で，大部分は平均海抜高度が50m以下となっている。また，長江中・下流部平原は長江の沖積作用によって形成された。その範囲は，西は湖北省の宜昌から東は上海に及ぶ広域である。長江中・下流部平原では河道が曲折し，河川の流路が網状を呈し，洞庭湖や鄱陽湖をはじめとする多数の湖が分布している。

　この地域は古くから人びとの活動舞台となっている場所で，自然環境や交通をはじめとする生活条件にも非常に恵まれた地域である。また，人口密度も大変高く，水稲，オオムギ，コムギなどの穀物が栽培され，豊かな農業地帯を形成している。さらに，重工業などの産業の発展も著しく，経済的に最も恵まれた地域である。住民は漢民族が主体であるが，東北地区には満州族をはじめとして，漁業に従事してきたホジェン（赫哲）族，狩猟やトナカイ飼育を行なっているエヴェンキ（鄂温克）族やオロチョン（鄂倫春）族などの少数民族が居住している。

④海岸線を主とする第4段階の地域

　第4段階は，北は鴨緑江から南は北崙江の河谷にまで至る大変長い海岸線を中心とした領域である。海岸線は大きく分類すると南では山地海岸，北部では平地海岸に分けられる[7]。とくに前者の山地海岸では，山脈などの山地が直接海に迫り，波浪が長期間にわたり海岸を洗っている。そのため海食崖などの海岸地形が発達している。

　なお，この地域には海岸線が連続している平均深度200mの大陸棚も含まれている。具体的にいえば，この領域は北から黄海，東シナ海（東海），南シナ海（南海）などの広大な海域と，舟山諸島（群島），台湾，海南島をはじめとする大小5,000にも及ぶ島々が存在する。

　主要な産業は水産業で，フウセイ（大黄魚），キグチ（小黄魚）などの高級魚，タチウオ（帯魚），サバ（鮨魚）などの大衆魚を漁獲している。このように，中国の水産資源が豊富な理由としては，以下の4点が考えられる。

　①海岸線が全長18,000kmに及び，全体として波静かな多くの港湾を形成していること。

②好漁場となる大陸棚が南北に伸びているため，冷海性および暖海性の魚種の生息や繁殖に最適で，年間を通して操業可能であること。
③上記の第2点と関連するが，暖流である台湾海流と寒流である中国東部寒流の合流地域に発生する潮目が沖合いにできるため，好漁場に恵まれること。
④海に流入する河川の数がきわめて多いので，河口周辺地域を中心に魚類の生息や産卵の集合地が形成されていること。

近年では，山東半島の沿岸部や上海市沖に位置する舟山諸島（群島）では，かつての塩田を養殖池に転換し，クルマエビ（対蝦）を中心とするエビ類や，さらに沿岸ではコンブ（海帯）などの海草類の養殖が盛んに行なわれている。住民は中国南部の沿岸地帯において半農半漁の生活を送っているキン（京）族，海南島に居住するリー（黎）族，台湾の先住民族である高山族など少数民族も多く分布・居住している。

2）雲貴高原の地形

以上のように中国の地勢は大きく4区分できるのであるが，ミャオ族はその区分でいえば第2段階を構成する主要な高原である雲貴高原を中心に分布・展開している。そこで，以下では雲貴高原の地形に関して検討していくことにする。

西南中国に位置する雲貴高原は，その北西部に位置するチベット高原とともに，中国を代表する高原である。すなわち，雲貴高原は四川盆地の南側に位置し，西縁は雲南省大理の西方，蒼黔山（4,300m）の断層崖，東縁は長江支流沅江の河谷に臨む斜面で境される。行政区でいえば雲南省，貴州省を中心に，これらの両省に隣接する省・自治区―四川省，湖南省，広西壮族自治区―の一部にまで及ぶ。高原の平均海抜高度は1,000～2,000mである。高原全体としては，雲南省が位置する西部が高位で，北東に進むに従って傾斜が緩やかになるという一般的な傾向がみられる（浅川監修，人民中国編集部編 1975：72-73）。

雲貴高原を流れる諸河川の多くは，上述したように，比高差が西部から北東にかけて生じているため，例えば岷江のように北東部に源を発し東流して長江水系に注ぐものと，紅水河に代表されるように，東南に流れて西江に注ぎ珠江水系に至る河川とに大別される。これらの諸河川は，深い河谷を刻んで雲貴高原を分断している。そのため，起伏量がきわめて大きい。

その結果，典型的な山地性高原や開析高原面を形成したり，さらに高原上には現地で「壩子」(バーツ)と称されている山間低盆地も多くみられる（任主編1982, 阿部・駒井訳 1986：195）。この「壩子」の成因としては，新生代第三紀以降のネオテクトニック運動のため，上昇した軟弱な基盤から構成されている雲貴高原が，既に述べたように，高原上を流れる諸河川の侵食作用を強力に受けて形成されたと思われる（貴州省地方志編纂委員会編 1988：725-726）。

以上のような全般的な特色を有する雲貴高原の地形を最も端的に表現するものとして，カルスト地形があげられる。既述したように，雲貴高原にみられるカルスト地形は「熱帯カルスト」地形と称される。この「熱帯カルスト」地形が日本などの温帯にみられる「温帯カルスト」地形と異なるのは，次のような点である。

すなわち，前者の熱帯カルスト地形が主として凸地形を呈するのに対して，後者の温帯カルスト地形は凹地形を示すことである。このように両カルスト地形に相違点がみられるのは気候差によるものとみなされているが，両カルスト地形の形成プロセスに関しては不明な部分が多いとされる[8]。なお，熱帯カルスト地形では，地表に奇岩が露出することが多く，例えば雲南省の路南や弥勒の石林，広西壮族自治区の桂林をはじめ，観光の名所が多い。

このようにカルスト地形に代表される雲貴高原の地形的特色は，地形分類（第2図）においても明確に認められる。すなわち，雲貴高原には低山，中山，丘陵，台地，「壩子」に代表される盆地が存在する。本書の調査対象民族であるミャオ族は，中山などの森林地帯において焼畑農業（一部では狩猟）に従事してきた。しかし，現在では一部は移動生活を行なっているが，多数が国家の指導の下に天水利用の棚田の造成が可能な低山や丘陵に下山し，定着して農業に従事している。中国ではこれらの山地を海抜高度（絶対高度）で示すとともに，山麓から頂上までの高さである相対高度で表現することが多い。相対高度では低山は200〜300m，中山は300〜400mになる。

なお，低山は主要河川の流域を中心に雲貴高原のほぼ全域にわたってみられる。一方，中山は雲貴高原北部や南部に卓越するが，これらの地域では侵食が非常に発達し，河谷の開析も著しい。とくに南部を中心に円錐カルストに代表される典型的な熱帯カルスト地形が至る所にみられる。また，丘陵とは相対高度が200m未満の山地をいい，東部を中心に分布している。この丘陵が棚田としては最もよく

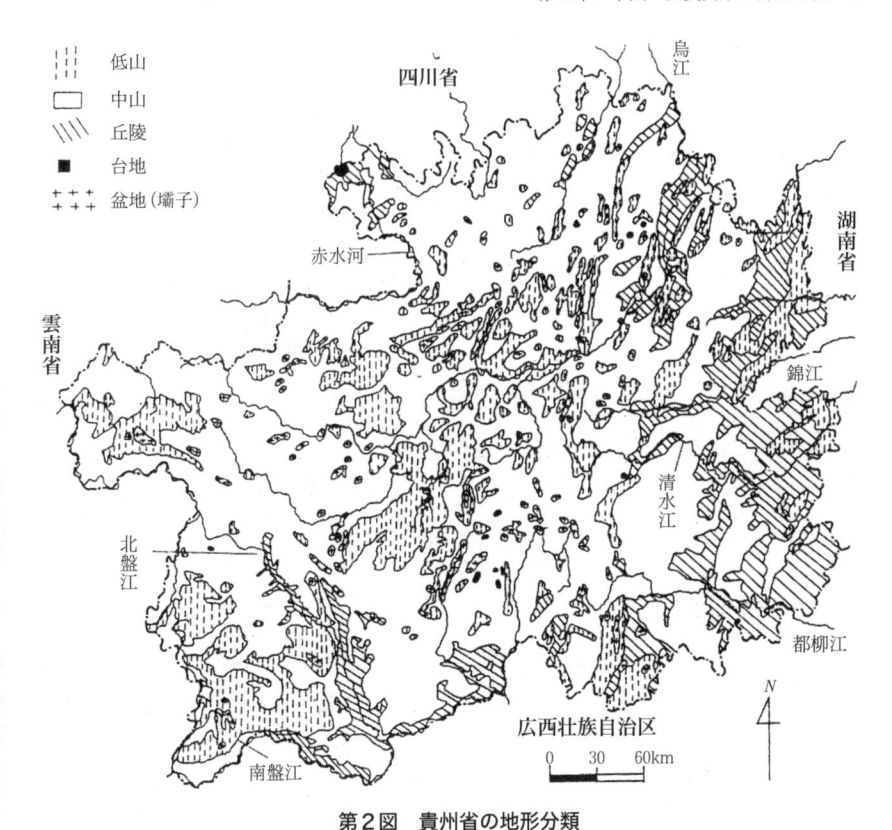

第1章　中国・雲貴高原の自然環境　23

第2図　貴州省の地形分類

〔出所〕貴州省地方志編纂委員会編：『貴州省志　地理志　下冊』，貴州人民出版社，1988所収．「貴州省地貌類型図」を簡略して作図．

利用されている（貴州省地方志編纂委員会編 1988：723-724）。

2　西南中国の気候環境

1）雲貴高原の気候的特色

　前項で論じた地形環境は，山地では平均気温が相対的に低いので，快適な生活空間を居住している人びとに提供することになる。しかし，一方では「壩子」に代表される山間部の低地では，年間を通して平均気温も高く，必ずしも住みやすい環境とはいえない。このように，気候は地形などの制約を大きく受けるのであ

るが，そこに居住する住民の生活にも多大の影響を与える。ミャオ族に代表される山間部つまり山棲みの少数民族にとっては，ある面では気候は最も重要視される自然環境であるといえる。というのは，ミャオ族をはじめとして山棲みの少数民族が実施している，山腹斜面に形成された棚田での稲作においては，農業用水のほとんどを天水に依存しているからである。

　雲貴高原はユーラシア大陸内部に位置している。そのため基本的には夏季には高温多湿，冬季には低温乾燥という大陸性気候となるはずである。ところが，冬季の雲貴高原上空には熱帯大陸気団が卓越するので，気温が比較的高温となる。また，雲貴高原は山地が大部分を占めているという地形条件より，低緯度の割には夏季は冷涼となる。それ故，生活に適した地域が多い。このような雲貴高原にみられる一般的特色は，雲貴高原特有のものではなく，アフリカ中部高原，メキシコ高原などを代表とする，海抜高度1,000〜2,000mの熱帯山地高原に共通する性格である（任主編 1982，阿部・駒井訳 1986：185）。

　しかしながら，雲貴高原の気候的特色をミクロに検討してみると，高原の東西では明確な差が認められる[9]。その理由としては，冬季を中心とした半年間（冬半年），雲貴高原の上空で大陸の東北からやってきた寒冷・乾燥の寒帯大陸気団と，南方からやってくる前述の暖かい湿気を含んだ熱帯大陸気団がぶつかって対峙し，停滞前線を形成することがあげられる。したがって，雲貴高原ではこの停滞前線の影響を直接受けて，一般には乾燥となる冬季でも雨の日が多くなる。しかし，西部では乾・雨季の相違は非常に明確で，11月から翌年4月までは乾季，5月から10月までは雨季となる。例えば，雲南省の省都昆明市では，乾季の総雨量がわずか全体の11％しかない（任主編 1982，阿部・駒井訳 1986：187）。このような点は，雲貴高原の東西を代表する都市である昆明市と貴陽市との降雨量を夏半年と冬半年とに区分した第1表からもうかがい知れる。

　雲貴高原の中でもミャオ族がとくに集中している貴州省は，ほぼ全域にわたって気温が温和で，年間平均気温が15℃前後なので，とりわけ快適に暮せる地域であるといわれている。また，年間総降水量は1,100〜1,300mmの間で稲作を中心とする農業に適している[10]。このように，住民にとっては気候条件が恵まれている地域といえる。しかし詳細に検討してみると，以下のようなことが判明する。

　貴州省では山地などの高原地域とともに，「壩子」と称される山間低盆地や河谷

第1表　夏半年（5～10月）と
　　　　冬半年（11～4月）の雨日の比較

都市	高度(m)	夏半年雨日の全年比(%)	冬半年雨日の全年比(%)
昆明	1,893	77	23
貴陽	1,070	55	45

〔出所〕任主編（1982），阿部治平・駒井正一訳（1986）：
　　　『中国自然地理綱要（修改版）』商務印書館，p.280
　　　より作成．

流域の低地も多く存在する。そのため地形の起伏が非常に多様性をもつ。貴州省では，そのような特色が顕著なので，河谷の低地から山地などの高地にかけて気候の垂直的変化が非常に明瞭である。それ故，「一山有四季，十里不同天」といわれるほどである（貴州省地方志編纂委員会編 1988：764-770）。

　また，貴州省では，冬半年（11月～4月）までは，北ないし東北方向から乾燥した冷涼な空気が侵入してくる。しかし，この風は中部および南部に存在する山地によって遮断され，侵入が阻止される。そこで，これら山地の前面ではこの期間比較的晴天が続くことになる。しかし，山地の背後では冬半年でも雨天の日が多い。一方，夏半年（5月～10月）では，貴州省は雲貴高原の中でも，海岸近くに位置しているため，中国人研究者のいう「西太平洋副熱帯高圧」下に入る。そのため，東部の一部地域では旱魃の被害が生じるほどの晴天の日が連続する。しかし，西部では多量の雨を伴うぐずついた日が多い。ただし，この「西太平洋副熱帯高圧」は停滞しているのではなく，たびたび北方に移動する。したがって，それに伴って降雨前線も北上するので，省の南北の両地域では天候の変化も早い。このため，夏半年の貴州省の気候はめまぐるしく移り変わるという特色をもつ（貴州省地方志編纂委員会編 1988：764）。

　以上述べたような特色をもつ貴州省の気候であるが，旱魃，集中豪雨を筆頭に各種の異常気象の多いことも目立つ。これら異常気象は，農業を主体としているミャオ族などの少数民族にとっては生死にかかわる大問題となることが多い。

2）農作物に多大な被害を与える旱魃

　旱魃とは，一般に「ひでり」と称されている現象で，通常の年度よりも降雨が

極端に減少する自然災害のことである[11]。それが大問題となるのは，生活の基盤となっている農作物の成育に多大の被害を与えるからである。とくに中国では，水稲耕作の場合，農作物の栽培限界地を越えて農業を行なう場合が多くみられるため，旱魃による被害が甚大である[12]。雲貴高原のなかでも，とりわけ貴州省は，旱魃が頻発することで非常に有名である。貴州省では，夏季に起こる旱魃（夏旱）と，春季を中心にみられる旱魃（春旱）が存在するが，前者である夏旱のほうがその規模も大きくかつ期間も長い。そのため，旱魃がもたらす被害も大きなものとなる。そのような理由から，以下においては，夏旱のほうに焦点をしぼり論を述べていくことにする（貴州省地方志編纂委員会編 1988：817–823）。

一般に中国では，旱魃を示すメルクマールとしては，水田（農田）の水分の有無によっている。そして，その数値が算出され，旱魃の区分の目安となっている[13]。貴州省の夏旱に関しては，次のような公式で求めることが可能とされている。

$$K = \frac{0.16 \Sigma T}{R}$$

K：乾燥指数(10日単位, m³)
0.16：定数
R：夏季(6月～8月)の総降水量(mm)
ΣT：夏季10℃以上の積算温度(℃)

上記の公式は，貴州省内の56観測地点における水田の蒸発量（1畝，6.67アール当たり。m³），163観測地点の月別降水量などの長期間にわたる観測結果から，体験的に得られたものである。このことは，第2表にみられるように，夏季の期間でも，7月と8月とでは，乾燥指数を示すK値を若干変更して使用していることからも推定できる[14]。つまり，7月では，無旱魃地区のK値を10〜50と想定しているが，8月ではそれが10〜40に変更されるなど，7月および8月の蒸発量の強弱とも関連するとはいえ，現状に則して公式を弾力的に運用しているのである。なお，第2表のなかで，7月および8月にみられるK値がプラス10というのは，水田に水がたまっている状態を示しているが，これぐらいの水量では，稲の成育には十分とみられないと判断し，軽旱としたと推察できる。次に，具体的な旱魃の実態を検討してみよう。

6月では，省全体の3分の1強にあたる21の県・市において，水田の水不足すなわち夏旱が発生している。6月の水不足は，1畝当たり10m³の不足で，軽旱と称されるものである。主要な旱魃発生地域は省の東部地区に集中し，この地域で

第2表　貴州省における夏の旱魃（夏旱）区分表

	無 旱 魃	軽 旱 魃	中 旱 魃	重 旱 魃
7月の水田乾燥度(K)	+10〜+50	−10〜+10	−30〜−10	−40〜−30
8月の水田乾燥度(K)	+10〜+40	0 〜+10	−10〜 0	−30〜−10

〔出所〕貴州省地方志編纂委員会編（1988）：『貴州省志　地理志　下冊』貴州人民出版社, p.817, 表7-7を一部変更して作成.

は6月において平均すれば4年に1度軽旱が発生するといわれている。

　7月になると旱魃は、6月の2倍以上の56県・市にまで拡大する。しかも、36県・市では、1畝当たりのK値が−20m³にも達する重旱地域となっている。さらに、そのうちの3分の1に相当する12県・市は−30m³以下という最大級の旱魃地域となっている。常習地域は、清水江・烏江・都柳江などの東部の河谷地域で、旱魃の80％が7月に発生するという特徴がみられる。また、過去10年間に9回も起こるという高頻度の地域でもある。このように、深刻な旱魃がたびたび生じるので、付近一帯では「年年都存六月（農暦）旱，不是大旱是小旱」という諺もあるぐらいである。

　これに対して8月は多少減少し（38県・市）、分布地域も東部地域が中心で7・8月とほぼ同様であるが、一部には中部高原地帯にもみられる。被害の規模は、東部に位置する従江県（前述の黎平県の南隣りの県）での中旱を除き軽少である。

　以上は月別の夏旱の概要であるが、これら旱魃は毎年範囲が拡大する傾向がみられる。こうした事実は、アフリカのサヘル地帯などと同様、焼畑農業に伴う森林破壊、あるいは山腹斜面における棚田の造成などの人為的な影響もその原因の一端となっていると推定される。以上のことを地域的に確認するために、省内の北東部から南西部にかけてほぼ直線上に位置する、銅仁・貴陽・安順・盤県の4都市を取り上げ、夏旱の規模を比較・検討したのが第3表である。この第3表から、東部から西部に進むに従って、例えば重旱が過去30年間に最北東部の銅仁では6回発生したのに対して、最南西部の盤県では皆無であるというように、旱魃が減少している様子が明確に理解できる。

　以上の各観測地点から得られた資料をもとにして、旱魃地域図が作成されている（第3図）。夏旱の地域的特色を把握する意味から、この第3図を分析してみよう。

第3表　1951年から1981年までの
各地の夏の旱魃（夏旱）の比較

	銅仁	貴陽	安順	盤県
重 旱 年 数	6	4	1	0
中 旱 年 数	13	7	4	2
軽 旱 年 数	24	18	15	6
無 旱 魃 年 数	7	13	16	25
年間平均少雨日数	45.0	33.0	23.5	10.9
年間平均旱魃旬数[1]	4.2	2.6	1.6	0.7
年間平均発生数	2.9	1.8	1.5	1.1

軽旱は中旱・重旱をも含む．中旱は重旱を含む．(1)の旬数とは10日間のこと．

〔出所〕貴州省地方志編纂委員会編（1988）：『貴州省志　地理志　下冊』，貴州人民出版社，p.819，表7-10に基づいて作成．

基本無夏旱区　夏季を通じて降雨がない日が25日未満の地区で，一般には旱魃にあうことはない。省の西部が中心である。したがって，この地区はいっけん稲作を中心とする典型的な農業地帯であると想像されやすい。しかし，海抜高度が1,000mを超える地域が大部分であるため稲作は不可能で，ソバ・コムギなどを栽培するか，山羊・ヒツジなどの放牧が主体となっている。

軽夏旱区　夏季には平均25〜30日降雨がない日がある。6月には水田の水は十分であるが，7・8月になると，水田には水は残っているが，稲の成育には不十分なので，旱魃が発生することもある。中・重旱の発生確率は15〜25％と低い。この地区では，水車利用による揚水などで十分旱魃を克服できる。

中夏旱区　夏季には平均33〜40日降雨がない日が存在する。6月には水田に多少水が残っているが，7・8月の2カ月は水田は乾燥してしまう（水田1畝当たり−40〜10m^3）。中・重旱の発生確率は，ほぼ軽夏旱区の倍に相当する25〜55％である。

重夏旱区　夏季を通じ40日以上も降雨のない日がある。期間中毎月水田では水不足の状態で，乾燥しきっている。被害が大きい場合，1畝当たり50m^{3}の水が必要となる。平均すれば，5年に3度中・重旱に襲われる地区である。

以上第3図からとくに注目されるのは，本書の研究対象である山棲みの少数民

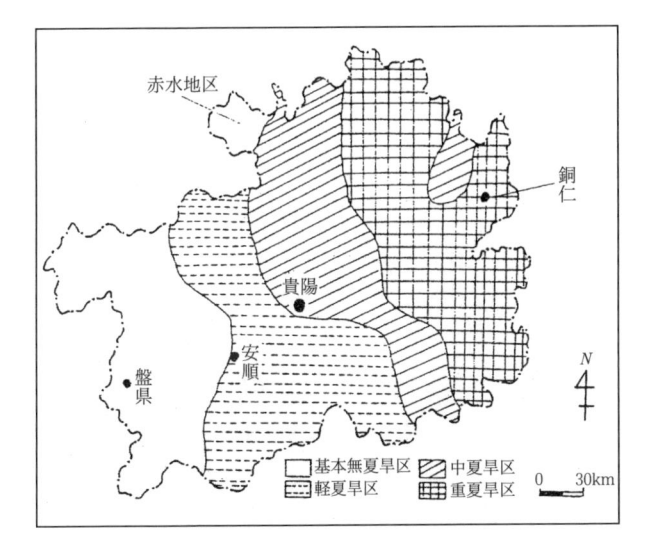

第1章　中国・雲貴高原の自然環境　29

第3図　貴州省の夏の旱魃区分図

〔出所〕貴州省地方志編纂委員会編（1988）：『貴州省志　地理志　下冊』，貴州人民出版社，p.821，図7-18を改図．

族が居住している生活空間は，典型的な重旱地区に属していることである。

3）貴州省の集中豪雨と秋季綿雨

　旱魃とは反対に，短期間に集中して降る雨が農作物や住民などに大きな被害を与える場合がある。貴州省では，集中豪雨[15]と9月から11月にかけてみられる秋季の長雨（秋季綿雨）がこれに該当する。本項では，主として住民が栽培する農作物により損害を与える可能性が高い前者に限定して，考察を試みる。

　中国では，降雨に関しては1日の総降雨量の規模により，中雨・大雨・集中豪雨などと統計上は分類されている。中雨とは，1日の総降水量が10mm以上，また大雨とは25mm以上と定義されている（張・林 1985：145-147）。集中豪雨については，中雨・大雨にみられた1日の総降水量の他に，12時間（半日）に降雨した量も基準の対象となる。すなわち，12時間に降った総降水量が25mm以上で，かつ1日の総降水量が50mmを超過した豪雨を集中豪雨と規定している。また，集中豪雨のなかでも，1日の総降水量が100mmを超える場合を大集中豪雨（大暴雨），200mmを超える場合を特大集中豪雨（特大豪雨）と称し，それぞれ区分し

ている（貴州省地方志編纂委員会編 1988：827）。

　以上のように中国において定義されている集中豪雨が，貴州省では，4月から10月にかけてたびたび発生する。とりわけ貴州省では，一度集中豪雨が降りだすと，他の中国各地においても同様であるが，豪雨などの洪水に対する排水設備がきわめて不備なため，集中豪雨が終了しても排水が流れず，冠水などの被害が長期間にわたることがよく見受けられる。

　したがって，このような理由から，集中豪雨による被害を受けやすい地域は，地形上からも知ることが可能であるといわれている。すなわち，棚田に代表される山腹斜面の緩傾斜地よりも，河谷流域に開かれた水田あるいは「壩子」などの低地であるとされる（貴州省地方志編纂委員会編 1988：827）。ただし，日本などと同様山腹斜面の緩傾斜地の造成地では，集中豪雨による地すべり現象などの被害が出ている。

　最初に，貴州省の集中豪雨の地域的特色を概観しておこう。貴州省では集中豪雨はほぼ全域でみられる現象で，年間平均8〜10回発生している。地域的にみると，集中豪雨が発生しやすいのは，省の南部一帯である。なかでも，黔南布依族苗族自治州の羅甸県と黔東南苗族侗族自治州の雷山県は，非常に激しい集中豪雨が多発する地帯として有名である。一般にこのような集中豪雨の常習地域は，年間の総降水量が多い地域と一致している。一方，これに対して集中豪雨が比較的少ない地域は，北西端の赫章地区を除く普安県・金沙県・水城県を結ぶ線より以西の西部地区と，東部のごく限定された地域（黔東南苗族侗族自治州の施秉・三穂・鎮遠の3県）である。これらの地域は，集中豪雨の発生が年間8回以下である。

　以上の地域的特色を総合すると，貴州省の集中豪雨は，発生の回数，規模などにより大きく三つの段階に区分できる（第4図）。

　集中豪雨の発生が比較的少ない地区（小暴雨区）　この地区の最大の特色は，年間の総降水量が1,100mm以下と少ないことである。12時間に降雨量が25mmを超える豪雨は年平均8回あり，また1日の総降水量が50mmを超過する日は年間2回程度みられる。それ以外の「大暴雨」・「特大暴雨」などと称される激しい降雨の集中豪雨はほとんど発生しない。分布地域としては西部が主体であるが，前述のように東部の一部にも島状に存在する。なお，この地区では集中豪雨による降水量は，年間の総降水量の約30％である。

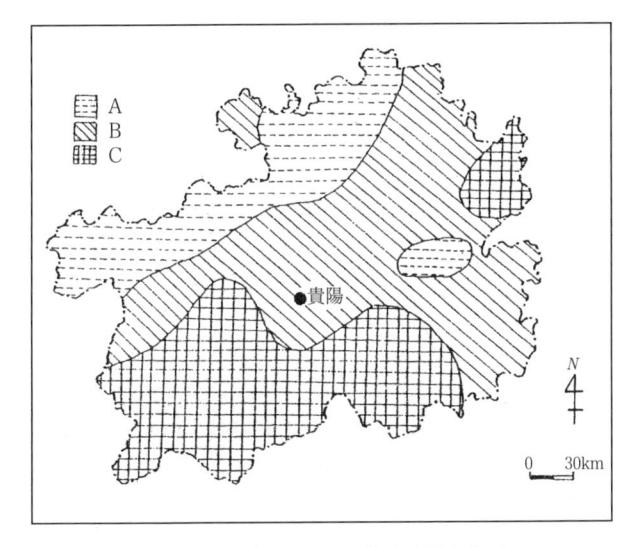

第4図　貴州省における集中豪雨区分図
A：豪雨の発生が比較的少ない地区，B：平均的な集中豪雨地区，
C：集中豪雨がとくに多発する地区．
〔出所〕貴州省地方志編纂委員会編（1988）：『貴州省志　地理志　下冊』，貴州人民出版社，p.829，図7-21を改図．

平均的な集中豪雨地区（一般暴風地区）　年間の総降水量が1,100〜1,300mmの地区にみられる。12時間降水量が25mmを超えるのは年間平均すれば8〜10回であり，1日の総降水量が50mmを超過する豪雨は年間2回程度である。また，前述の集中豪雨が比較的少ない地区ではまったくみられなかった，3日間もしくはそれ以上連続して降る比較的長期間にわたる豪雨は，年間みられる集中豪雨の10％ぐらいある。なお，分布地域としては東部が主体であるが，北東部の銅仁地区に属する思南県など数県では，中国でいう「特大暴風」と呼ばれている激しい集中豪雨の多発地帯も存在する。

集中豪雨がとくに多発する地区（多暴風地区）　この地区は，年間の総降水量が1,300〜1,600mmにも達する，貴州省での多雨地区である。12時間の総降水量が25mmを超える豪雨は年間10〜13回発生し，1日の総降水量が50mmを超える回数も3回と多い。さらに，3日間もしくはそれ以上連続して降る豪雨も多く，集中豪雨全体の10〜20％を占める。なお，この地区では，集中豪雨が年間の総降水

量に占める比率が高く，40％に達している（貴州省地方志編纂委員会編 1988：827-829）。

以上が貴州省の集中豪雨区分の概要である。本書の研究対象であるミャオ族をはじめ山棲みの少数民族は，集中豪雨が多発しやすい地域に居住しているという傾向が一般にみられる。この点は次項の植生と関連があるように思われ，非常に興味深い。

3 雲貴高原の植生と土壌

雲貴高原では，地形の複雑さ，気候条件の多様性に対応して，非常に多くの植物が分布している。その中でも気候条件は，植物の成育に多少の影響を与える土壌の性質をある程度規定している。

雲貴高原では成帯土壌が黄色土となる[16]。一般には海抜高度が比較的高い750～1,500mの山地が，この黄色土壌となっている（第5図）。とくに貴州省では，黄色土壌が全土地面積の約45％を占めている。照葉樹林（ユーラシア大陸東部の温帯常緑広葉樹）の大半は，この土壌帯に形成される。それ以下の海抜高度になると，赤色や紫色をした土壌が卓越する。これらの土壌は，熱帯性気候の影響を強く受けたラテライト性の土壌であり，黄色土壌とは土壌の鉱物組織が異なっている。また，カルスト地形が卓越している地域では黒色灰岩土（lengina）がみられる。この土壌は暗黒色で，有機質の含有量が高く保水力も強い。そのため雲貴高原の主要な畑作土壌として利用されている。

1）雲貴高原の東西で相違のみられる植生

以上のような土壌のもとに，雲貴高原では非常に多くの植物が繁茂している。例えば，雲南省だけでも植物は12,000種を数え，中国に生育する植物の約半分の種類があるといわれるほどである。

雲貴高原の東・西では，植生に相当の相違が確認できる。西部では，海抜高度1,000mを境にして，熱帯モンスーン林と「亜熱帯」性常緑広葉樹林とに大きく区分が可能である。前者は「壩子」などにみられ，ラテライト性土壌であるラトソル（latosol）が発達し，フタバガキ属（*Dipterocarpaceae*）の植物や，*Hopea*

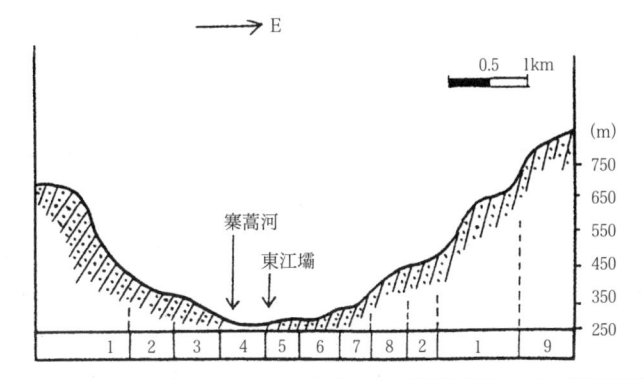

第1図　中国・雲貴高原の自然環境　33

```
          → E
                        0.5  1km
                              (m)
                              750
                              650
                              550
   寒蒿河                      450
   東江壩                      350
                              250
 1  2 3 4 5 6 7 8 2  1    9
```

1：黄紅色土，2：紅色土，3：紅泥土，4：潮砂泥湿田，5：潮泥湿田，
6：紅泥湿田，7：紫泥湿田，8：紫色土，9：黄色土．

第5図　榕江県東江壩土壌分布断面図

〔出所〕貴州省地方志編纂委員会編（1988）：『貴州省志　地理志　下冊』，
　　貴州人民出版社，p.996, 図9-3を改図．なお，原図は，貴州省農業庁・
　　中国科学院南京土壌研究所主編（1985）：『貴州土壌』，p.25による．

heinanensis（坡壘）で代表される植物が分布している．後者が照葉樹林帯となるが，主要樹種に関しては，以下で述べる東部とはまったく異なった品種が多い．すなわち，アカカシ亜属（Subgen Cyclobalanopsis）や，シイ属（Castanopsis）の単純な樹木が主体であり，それにやや耐寒性の樹種である Cyclobalanopsis glaucoides（アラカシの一種，滇青崗），Castanopsis delavayi（クリカシの一種，高山栲），Lithocarpus dealbatus（マテバシイの一種，白皮栲）などが加わる．なお，この地域では寒波が到達しにくいため，照葉樹林帯が海抜高度2,800～2,900mにまで分布範囲が上昇することもあるが，一般には生育限界の上限は標高2,500m前後である．さらにその上層部には，針・広葉樹林の混交林帯（海抜高度2,600～2,900m），針葉樹林帯（同3,000～4,000m）と続き，それより上層になると高山帯がみられるというように，垂直分布が非常に明確に認められる．

　以上論じたように，同じ雲貴高原といっても，基本的には西部のほうが東部より海抜高度が高いという地形的条件の相違に基づくものであるが，東・西部では棲息する樹種が著しく異なっている．西部の場合，次のような理由によるものであると一般的には説明されている．すなわち，西部では，冬の半年間，熱帯大陸

気団の支配下にあり，温暖で乾燥しやすい青海高原が大障壁となって北方からの寒気の侵入が防止されるため，温暖植物には非常に有利な越冬条件をつくり出している。とくに海抜高度が800mから900mにかけての低地に位置する盈江・芒市などの「壩子」では，年間の積算温度が7,000℃にも達することや，最寒月の平均気温も12℃であるので，熱帯性植物が生育することが可能となっている。次に，雲貴高原東部の植生をみていこう。

東部の植生の中心は，*Castanopsis megaphylla*（クリカシの一種，大葉栲）や，アラカシを主体とする湿地性の照葉樹林である。しかし，この地域の植生の最大の特色は，広範囲に分布している石灰岩と非常に関連している。つまり，この地域ではこの石灰岩の影響を受け，独特の石灰岩植生を形成している。石灰岩はとくに山棲みの少数民族の主要な生活空間である山腹斜面において露出しており，岩の溝，さけ目や山麓で，若干の薄層の土壌被覆層が認められるにすぎない。さらに，岩石は漏水し，岩の表面においては熱の吸収および発散が非常に早く，そのうえ昼夜の温度差もかなり大きい。それ故，土壌の乾燥はかなりのものとなる。

したがって，これらの石灰岩地域すなわちカルスト地形がみられる地域では，植生の主体は以上のような乾燥に適応するため，石灰岩性の落葉広葉樹と照葉樹林の混交林帯となっている場合が多い。上層を占めているのは前者の植生で，ニレ科（*Ulmaceae*），クワ科（*Moraceae*），クルミ科（*Juglandaceae*），マメ科（*Leguminoscae*），カエデ科（*Aceraceae*）などの好石灰石性の樹種で構成される。後者は下層を占めるが，アラカシ・クス・トウネズミモチ（*Ligustrum lucidum*，女貞）など樹種が主体となる。なお，このような石灰岩地域の原生林は，一度破壊されると，水利の条件が急速に変化をきたすため，回復は容易ではない。したがって，大部分の土地はやせてしまい，それに耐えるトゲ性の低木林および草地にかわってしまう。

以上のことから，雲貴高原東部の植生は，黄色土壌にみられる湿性の照葉樹林と，石灰岩質土壌を主体とした石灰岩性の落葉広葉樹および常緑広葉樹（照葉樹）との混交林や草地とが中心であるといえる。

2）雲貴高原東部の植生区分

上述した一般的性質をもつ雲貴高原東部の植生は，主として気候および岩石の

条件により形成されたといえる。西部でみられたほどの植生の垂直分布は明瞭でないが，竹林・灌木など分布範囲が限定された地域にしか棲息していない樹種を除外すると，次の6類型に区分される[17]。

　①針葉樹林　貴州省では分布が最も広範囲にわたっている森林である。しかも，マツ科（*Pinaceae*），スギ科（*Taxodiaceae*），カシワ（*Quercus dentate*, 柞樹）など経済的価値をもつ樹種が多い[18]。これらの針葉樹林は，スギ科とマツ科の大部分の樹木が酸性土壌を好むのに対して，カシワは前述した石灰岩地域に卓越しているというように，主として土壌によって分布している場所が異なっている。それ故，貴州省の針葉樹林はわが国などで一般的にみられるように，広葉樹林の上層部にのみ生育しているというのではなく，「壩子」などの低地においても広範囲にわたって群生している。

　貴州省東北端に位置する梵浄山（2,572m）は，雲貴高原東部では最も植生の垂直部分が明確に認められる山として著名である（第6図）。主要樹種としては，*Abies fanjingshanensis*（梵浄山冷杉）などのモミ属，シナツガ（*Tsuga chinensis*, 鉄杉）などのツガ属が中心である。

　②照葉樹林　照葉樹林も針葉樹林同様，全域にほぼ均等に分布しているが，とくに湿潤で地味の肥えた緩やかな丘陵や，「壩子」などの自然条件の良好な土壌を好む。しかしながら，このように照葉樹林が好む土地は，焼畑や山腹斜面に造成された棚田における耕作などの農業経営にとっても最適の空間となっている。それ故，集落周辺などでは開発が非常に進み，原景観はまったくみられないという状況である。したがって，現在では山奥などの交通の便がよくない地域——そこに山棲みの少数民族が居住しているのであるが——に分布が限定される傾向にある。

　照葉樹林のクライマックスは，高さ4.5mほどの照葉樹を中心に形成される。すなわち，傘形をした照葉樹が最上層を構成し，その下に高さ1～3mの灌木が続き，さらにその下層には下草が繁茂するという3段階の構造を呈する。分布する海抜高度は，中部では1,300～1,400m，西部では西南方向から吹く暖風の季節風を受けるので，1,500m以上の高地にも群生がみられる。しかし，針葉樹林ほど分布範囲に関する地域別の高度差は認められない。

　③落葉広葉樹林　海抜高度1,900～2,100mの高地に分布する。それ故，雲貴高原東部では，梵浄山・雷公山（2,197m）などの山頂付近に限られる。

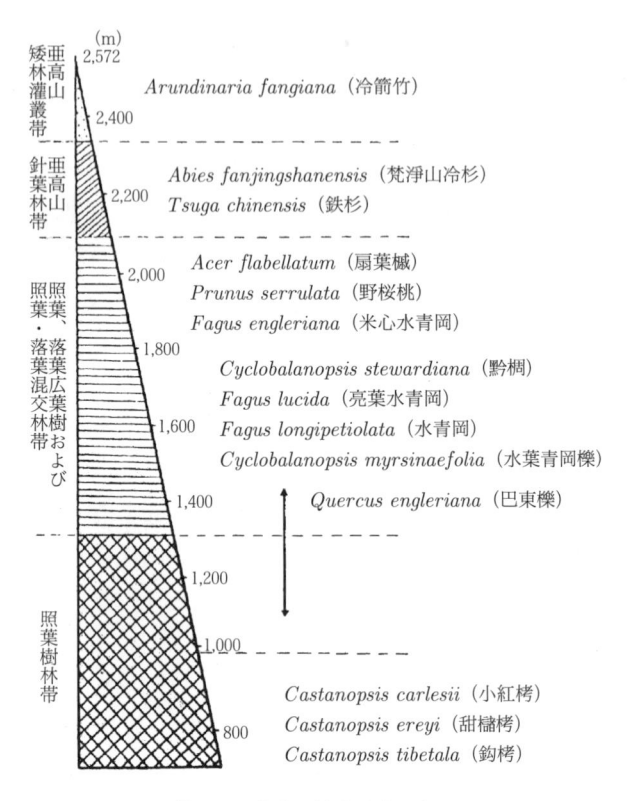

```
(m)
2,572  矮高山灌叢帯
2,400      Arundinaria fangiana （冷箭竹）
        亜高山針葉林帯
2,200      Abies fanjingshanensis （梵浄山冷杉）
           Tsuga chinensis （鉄杉）
2,000      Acer flabellatum （扇葉槭）
           Prunus serrulata （野桜桃）
           Fagus engleriana （米心水青岡）
1,800
           Cyclobalanopsis stewardiana （黔椆）
1,600      Fagus lucida （亮葉水青岡）
           Fagus longipetiolata （水青岡）
           Cyclobalanopsis myrsinaefolia （水葉青岡櫟）
1,400      Quercus engleriana （巴東櫟）
1,200
1,000  — — — — — — —
           Castanopsis carlesii （小紅栲）
 800       Castanopsis ereyi （甜櫧栲）
           Castanopsis tibetala （鈎栲）
```

照葉・落葉広葉混交林樹帯および / 照葉樹林帯

第6図　梵浄山植生垂直分布図

〔出所〕貴州省地方志編纂委員会編（1988）:『貴州省志　地理志　下冊』,貴州人民出版社,p. 1110,図10-2を一部修正して作図.

④照葉樹・落葉広葉樹混交林　　上記の照葉樹林と落葉広葉樹林の中間帯,すなわち海抜高度1,400～1,900mに分布するが,東西では高度差がみられる。すなわち,東部では平均すると海抜高度1,400m以上,西部では1,700m以上に卓越して群生している。したがって,雲貴高原の高原地帯ではほとんどみられず,梵浄山・雷公山・佛頂山（1,869m）などの高山の中腹以上に分布が限定されている。これらの地帯は元来照葉樹林の原生林が群生していたが,これらの原生林を焼畑などの目的で伐採したために,その後成長が早い落葉広葉樹林が侵入するようになったと考えられている。また,針葉樹林帯と同様に水源の涵養にも役立っている。

第4表　貴州省特産植物および稀少植物

中 国 名	学　　　名	主要分布地域
青岩油杉	Keteleeria davidiana	貴陽市青岩
貴州蘇鉄	Cycas kweichowensis	興義　安龍　冊亨
貴州山核桃	Carya kweichoweawsis	安龍　冊亨　望謨
岩生紅豆樹	Ormosia saxatilis	貴陽市黔陽山
威寧短柱油茶	Camellia weiningensis	威寧　盤県
小黄花茶	Camellia luteaflora	赤水
赤水蕈樹	Altingia multinevia	赤水
納雍樹	Acer nayongense	納雍
平壩槭	Acer shihweii	平壩
灰葉槭	Acer poliophyllum	興仁　興義　安龍
貴州石楠	Photinia bodinieri	貴陽市
独山石楠	Photinia tushanensis	独山　三都
毛果石楠	Photinia piloscalyx	安龍
畢節水青岡	Fagus bijiensis	畢節
貴州椴	Tilia kweichowensis	遵義
貴州杜鵑	Rhododendron kweichowensis	梵淨山
全禿海桐	Pitosporum perglobratum	印江　梵淨山　雷公山
貴州瓊楠	Beilschmiedia kweichowensis	赤水
安龍油果樟	Sydiclis anlungensis	安龍
貴州水韮	Isoetes kweichowensis	平壩
黔蚊母樹	Distylium tsiangii	独山　梵淨山
大明松	Pinus taiwanensis	梵淨山
鉄杉	Tsuga chinensis	梵淨山　大方　松桃　赫章
鉄堅杉	Keteleeria davidiana	独山　納雍　安龍　錦屏
香榧	Torreya grandis	松桃
粗榧	Cephalotaxus sinensis	梵淨山　雷公山　松桃　黎平施集
三尖杉	Cephalotaxus fortunei	全省
花櫚木	Ormosia henryi	梵淨山　榕江　赤水
黔蛸辧花	Corylopsis obovata	梵淨山　施集
大果馬蹄花	Exbucklandia tonkinensis	荔波　恵水　榕江
小花紅苞木	Rhodoleia parvipetala	荔波
木菜紅豆樹	Ormosia xylocarpa	錦屏　荔波　従江　黎平
小葉紅豆樹	Ormosia microphylla	黎平　雷山　榕江　荔波　従江　丹寨
軟菜紅豆樹	Ormosia semicastrata	黎平　荔波
毛紅椿	Toona cilita	羅甸　安龍　冊亨
高山柏	Sabina squimata	梵淨山
雲貴水韮	Isoetes yunkweiensis	平壩
黒桫欏	Alsophyla podophylla	荔波
中華双扇蕨	Dipteris chinensis	荔波
燕尾蕨	Cheiropleuria bicuspis	荔波

〔出所〕貴州省地方志編纂委員会編（1988）：『貴州省志　地理志　下冊』，貴州人民出版社，pp. 1081-1082より作成．

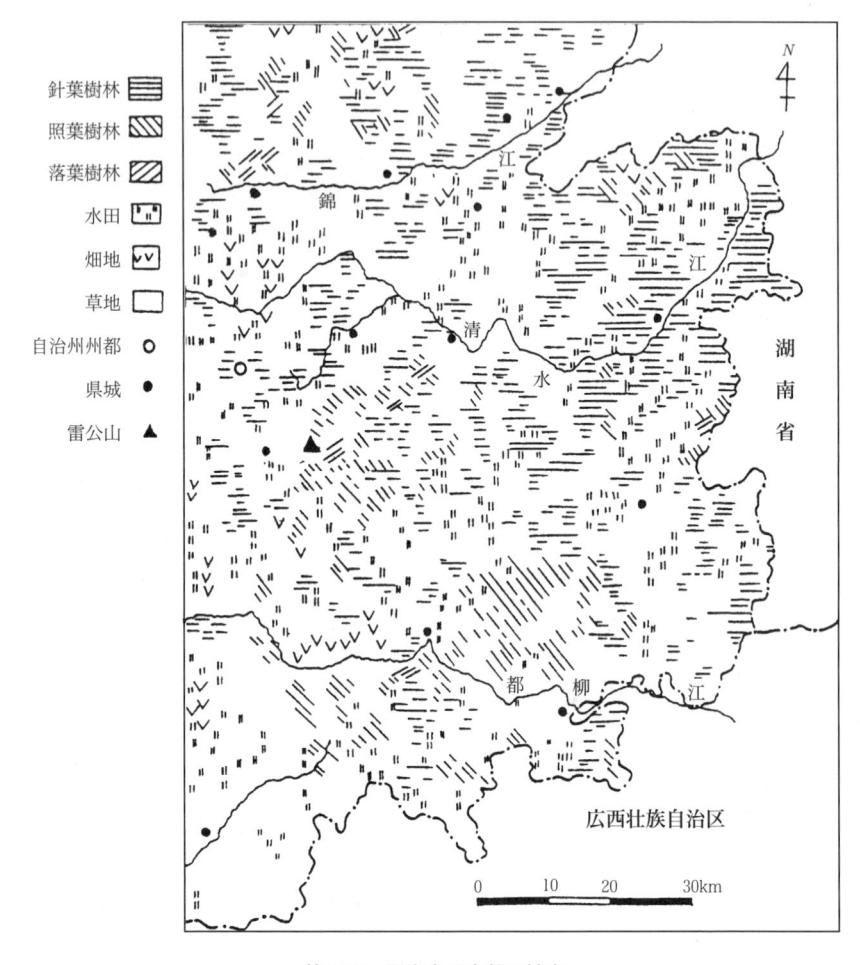

第7図　雲貴高原東部の植生

〔出所〕貴州省地方志編纂委員会編（1988）：『貴州省志　地理志　下冊』，貴州人民出版社，p. 725, 図10-1を一部修正して作図．

なお，コバナテングザル（*Rhinopitheacus roxellanae*, 金絲猴），ヒマラヤジャコウジカ（*Moschus berezovskii*, 林麝）などのめずらしい動物もみられる。

⑤山地硬葉樹林　広葉樹林帯の一種で，耐寒および耐旱性に富む森林帯である。分布範囲は，雲貴高原東部では植生が最上位層を形成する，海抜高度2,000mから2,800mにかけての高地に限られる。それ故，このような高地が乏しい東部で

は，分布は非常に限定された地域となる．この樹林帯では，低木で葉は硬く，葉の裏には灰色の繊毛をもつ樹種が多い．

⑥溝谷季雨林　貴州省南部のみに生息する森林．乾季には葉が落ちる落葉広葉樹である．分布は，海抜高度800m以下の河谷の側壁が主体である．なお，この森林帯も，主として焼畑による破壊が著しく，原生林は大変少なくなっている．

以上のように，雲貴高原東部の主要な植生分布は6類型に分けられるが，第4表に示したように，貴州省のみに生育が限定される樹木も少なくはない．それ故，中国政府は各種の保護政策をたて森林育成に努めている[19]．さらに第7図は，これらの6類型のうち，現在でも照葉樹林がよく残っていると思われる貴州省東部の一部地域の植生を，水田・畑地などの耕地とともに図示した．第7図から，南部を流れる都柳江沿いを中心に，多くの照葉樹林が群生しているのがみられる．この地域が，典型的な山棲みの少数民族地帯であることは，大変興味ある事実である．

なお，第7図全体に草地が多いが，これは主として焼畑や木材の伐採による森林破壊を受け，その後森林帯として回復することなく，草地になったものと推定できる．

(注)

1) 中国では山地を海抜高度2,000mを境として高山と中山に大きく二分する．地域的にも両山地は明確に異なり，前者の高山は蘭州，成都，昆明を結ぶ線よりも西側に主として分布している．山地の中でとくに顕著な脈状の部分を山脈と称すが，中国ではその走向にも地域性がみられる．すなわち，秦嶺山脈や南嶺山脈など中国の中・南部に聳える一部の山脈を含むが，ヒマラヤ山脈や崑崙山脈など中国の西部に位置する雄大な高峻山脈は東西走向，横断山脈や台湾山脈など中国の南部にみられる山脈は南北走向，長白山脈や大興安嶺山脈など中国の北部を主体とする山脈は北東から南西走向を各々示している（黄編・山下訳 1981：17-36）．なお，山地とは海抜高度1,000m以上をいい，1,000m未満500m以上を丘陵と呼んでいる．

2) 青蔵高原は，中国の西部から南西部にかけて東西に走る高峻な山脈を中心とする山地性の高原をいう．この高原は地形の相違から蔵北高原，蔵南台地，チャイダム盆地，祁連山脈，青海高原などに分かれる．そのうち蔵北高原を別名チベット高原という．

わが国においては青蔵高原をチベット高原と称することがあるが，青蔵高原とは前述のとおり蔵北高原や蔵南台地などの地形の総称であるので，厳密にいえば青蔵高原はチベット高原とはいえない（田畑ほか 2001：10-11）．

3) わが国の地形学の専門書（例えば，渡辺 1971 など）には，項目としてこのような用語がみられない．台地とほぼ等しい用語と推察されるが，台地の場合，その表面は平坦で起伏がほとんどみられない．中国でいう高原は，広い面積を占め，地形は複雑で大変起伏に富み，河谷は深く刻まれており，地表面はあまり平坦でない高地を意味している（黄編・山下訳 1981：36）．なお中国では，青蔵，内蒙古，黄土，雲貴の諸高原を四大高原と呼んでいる．

4) 以下4段階区分の記述は，主として黄就順および木内信蔵の両編著（黄編・山下訳 1981：36-91，木内編 1984：129-144，323）を参照した．

5) 焼畑農業に関しては，国家が森林保護という名目で全面禁止を打ち出しているが，ミャオ族やヤオ族などの山棲み集団が自給用のタバコや大根をごく小規模に行なうことは黙認されているようである．狩猟の場合，乱獲による熊・鹿などの主要捕獲対象動物の減少から，近年ではほとんど行なわれなくなっている．

6) タリム盆地の中央部は本文で述べたように砂漠地帯であるが，そこはタクラマカン砂漠と称されている．

7) ただし例外として，南部地域でも台湾の西岸および珠江デルタは平地海岸，北部地域でも山東および遼東の両丘陵の沿岸部は山地海岸である．

8) このようなカルスト凸地形を西村嘉助は石灰岩群集地形と呼ぶが，一般には円錐カルスト（kegelkarst）と称される場合が多い．なお，円錐カルストの中でも，比高の大きいものを塔カルスト(turmkarst)，比高の小さいものを円頂カルスト(kuppenkarst)と区分する場合がある．両者の区分は，石灰岩の厚さとか，侵食基準面の高度とかによるもので，本質的な分類ではない．しかし，塔カルスト地形はカルストの間隔が少し広く，比較的離れる傾向があるのに対して，円頂カルスト地形のほうは間隔が狭く，密集している傾向がみられる．

　なお，円錐カルストに類似しているカルスト地形には，コックピット，筍状丘陵（ヘイスタック haystack とも呼ばれる）なども存在する（西村1969：226-227）．

9) しかしながら，高原の気候的特色をミクロに検討してみると，高原の東西では明確な差異が確認できる．この事実は，例えば東部を代表する貴州省の諺として「天無三日晴」とあるように，また西部の中心である雲南省には，「四季如春」という言葉が存在することからも推定される．

10) 農牧業は，自然条件のなかでも，とくに降水量による制約が大である．すなわち，

一般に年間の総降水量が1,000mm以上なければ稲作は不可能とされている．しかし，中国では伝統的に河川灌漑や水車利用による揚水によって，年間の総降水量が750mm以上あれば，稲作を実施している．

11) 旱魃の定義は意外と困難で，多くの研究者が行なっているがまだ定説はない．しかしながら，一般には，Dando, W. A. が「すべての定義は，旱魃現象の"偶発的"性質をあげて説明している．大気の状態からみれば，旱魃は強風，寡雨，高温，異常な低温度の時期といったものであり，利用者の観点からみれば一つの条件，つまり作物生産に関係する降雨不足といったものである」(Dando 1980, 山本・斎藤訳 1985：15) と述べている見解が支持されているようである．

12) とくに雲貴高原を含む西南中国では，天水を唯一の水源とする棚田が多数存在するので，他の地域よりも旱魃の被害を受けやすい．

13) しかし，旱魃に関する量的な把握には種々の方法が存在し，現在でも試行錯誤中であるといえる．本項でみられる中国人研究者以外による成果の主要なものとしては，年間を通して最大可能蒸発散量が降雨を超えるところでは，旱魃が恒常的に存在すると考えたThronthwaite, C. (Thronthwaite 1948：55-94) や，旱魃条件を異常水分不足の持続期間と規模によるインデックスとし，それによって旱魃を量的に計測しようとしたPalmer, W. (Palmer 1964：173-178) などが代表的である．

14) K値がマイナスになれば，水田に水分がなくなる．つまり乾燥していることを示す．また，その絶対値が大きくなれば乾燥度が高くなる．

15) 日本ではとくに厳密な定義が存在しない．倉嶋 厚によれば，「空間的にも，時間的にも集中的に降る大雨を指している」(倉嶋 1966：122) という．

16) 以下の記述は『貴州省志』(貴州省地方志編纂委員会 1988：997-1019) および任美鍔の編著 (任主編 1982, 阿部・駒井訳 1986：183-212) を参考にした．

17) 以下の類型は『貴州省志』の内容 (貴州省地方志編纂委員会編 1988：1083-1102) を要約するとともに，著者のフィールドサーヴェイでの知見を加えた．

18) これらの針葉樹は，建設材料として貴重であるばかりか水源の保水にも非常に役立っている．

19) なお，中国では国家で保護する主要樹種を，主として経済的価値によって1〜3級まで区分している．1級保護林は，カタヤ，*Taiwania flousiana*（秀杉），ラクダギリ（*Davidia involucrata*, 珙桐），*Alsophyla spinulosa*（桫欏）の4種，2級保護林26種，3級保護林37種の合計67種である (貴州省地方志編纂委員会編 1988：1078-1081)．

第2章　ミャオ族を中心とした
雲貴高原の少数民族の特色

1　雲貴高原の少数民族

　雲貴高原には多数の少数民族が分布・居住している。その理由としては，次のことが指摘できる。すなわち，自らの生計を農業あるいは遊牧など第一次産業にほとんどといってよいくらい依存している少数民族にとっては，彼らが基盤としている自然環境に大きく頼らざるを得ない。雲貴高原は前章でも述べたように，少数民族にとって生活が適応しやすい多様な自然環境に恵まれているといえる。

　雲貴高原に分布・居住する少数民族としては，中国のほぼ全域に分散し展開している回族を除くと，広西壮族自治区を生活の基盤とするチワン族やヤオ族，主として貴州省に住んでいるミャオ族，プイ（布依）族，トン（侗）族，スイ（水）族，さらには雲南省に居住するものが大半を占めるペー（白）族，ナシ（納西）族，ハニ（哈尼）族，タイ（傣）族などが代表とされる。これら雲貴高原に分布・居住する少数民族に関しては，それぞれの少数民族が話す言語や習俗・習慣などの伝統文化に代表される生活様式が著しく異なっているという特色がみられる。そこで，雲貴高原に分布する主要な少数民族を，言語上の区分によって分類してみると以下のようになる（第5表）。

　中国にみられる少数民族のうち，西北端の新疆ウイグル自治区に主として分布しているインド・ヨーロッパ語族に所属するタジク（塔吉克）族とオロス（俄羅斯）族を除くと，少数民族は大きくアルタイ語族，漢・チベット語族，およびアウストロアジア語族の3語族に分類できる。以上の3語族の中で，雲貴高原に分布している少数民族は，その大半が漢・チベット語族に所属する民族である。ただ，アウストロアジア語族の一分派のモン・クメール語族に属すると推定されるコーラオ（仡佬）族のみ，貴州省を主要な生活圏としている。漢・チベット語族は，さらに雲南省を中心にその分布を展開させているチベット・ビルマ語群，貴

第5表　言語別にみた漢・チベット語族

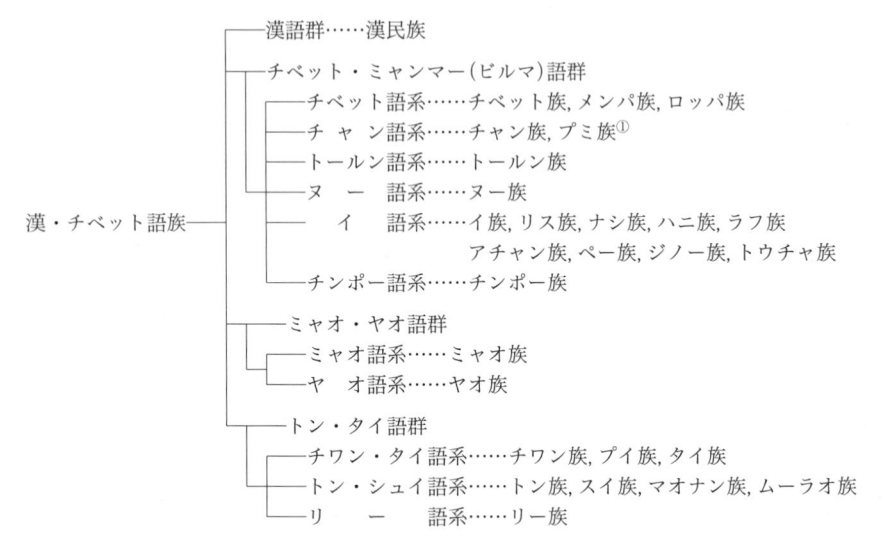

```
漢・チベット語族─┬─漢語群……漢民族
                 ├─チベット・ミャンマー(ビルマ)語群
                 │   ├─チベット語系……チベット族, メンパ族, ロッパ族
                 │   ├─チャン語系……チャン族, プミ族①
                 │   ├─トールン語系……トールン族
                 │   ├─ヌー語系……ヌー族
                 │   ├─イ語系……イ族, リス族, ナシ族, ハニ族, ラフ族
                 │   │               アチャン族, ペー族, ジノー族, トウチャ族
                 │   └─チンポー語系……チンポー族
                 ├─ミャオ・ヤオ語群
                 │   ├─ミャオ語系……ミャオ族
                 │   └─ヤオ語系……ヤオ族
                 └─トン・タイ語群
                     ├─チワン・タイ語系……チワン族, プイ族, タイ族
                     ├─トン・シュイ語系……トン族, スイ族, マオナン族, ムーラオ族
                     └─リー語系……リー族
```

①チャン語系に入れられているが詳細は不明.
〔出所〕松村一弥（1973）:『中国の少数民族―その歴史と文化および現況―』,毎日新聞社, pp. 304-306などにより作成.

州省と広西壮族自治区を主要な分布中心とするミャオ・ヤオ語群およびトン・タイ語群の合計三つに分割される。

　雲貴高原においては,「壩子」と称される山間部にみられる盆地などの低地が少数民族最大の生活空間で,また生産活動の中心地でもある。しかし「壩子」には,主として明代(1368〜1644年)以降屯田兵として当地域に入植した漢民族の子孫が居住している場合が多い[1]。したがって,元来「壩子」にも居住していたと推定される少数民族の一部には,付近の山間部あるいは山腹斜面に移動せざるを得なかった民族集団も存在する。とくにミャオ族は,既に述べたように歴代王朝に抵抗や反抗を繰り返した。その結果,漢民族からの弾圧から逃れるため一部は山間部や山腹斜面に移動したとされる(貴州省民族研究所編1980：3-4など)。これに対して,イ族を筆頭とする古代より山腹斜面や山頂部に住居を構えていた民族集団や,ミャオ族やヤオ族の一部のように,近年政府によって定着化が促進されるまで,山中を移動していった民族集団も存在する。以下では,ミャオ族について検討してみていくことにする。

ミャオ族は第1章でも指摘したように，西南中国を代表する高原である雲貴高原を中心に分布・居住している。しかも，その居住分布範囲は非常に広範囲に及ぶ。そのため，ミャオ族が居住している地域ごとに，方言を中心とした言語系統，生活の経済的基盤とでも称すべき生業形態，および主として女性が日常生活においても常用している民族衣裳の色彩などに関して，著しい相違がみられる。このようなミャオ族の分布や居住にみられる地域的な相違の解明は，ミャオ族の特徴を考えるうえからも非常に基本的なものであると思われる。以下では，上述の三つのメルクマールに基づいて，ミャオ族の分布状況の特徴をみていくことにする。

2 少数民族の分布状況

1）方言を中心とした言語系統による分類

ミャオ族は，彼ら固有の言語であるミャオ語を話しているが，長い歴史の中で周辺の諸民族と交流・接触した一部のミャオ族は，中国語（漢語）やトン語，一部のヤオ族が話すミエン語と称されるヤオ語方言などを日常的に話している（第6表）。このように，現在ではごく一部ではあるがミャオ族であるにもかかわらずミャオ語を話さない集団も存在するが，彼らが日常会話として使用している言語に関しては，地域別に次の(A)～(C)の3地域に明確に分けることができる（国家民族委員会民族問題五種叢書編輯委員会 1981：446，中国社会科学院民族研究所・国家民族事務委員会文化宣伝司主編 1994：824-828など）。

3地域とは，

(A) 雲貴高原東部に隣接する湖南省西部（湘西地方と呼ばれる）の山間部
(B) 雲貴高原東南端を占める貴州省東南部（黔東南苗族侗族自治州）の山間部
(C) 雲貴高原中・西部およびそれに連続するインドシナ半島北部の山岳地帯

である。

なお上記の(A)地域で使用されているミャオ語は湘西方言，同様に(B)地域の方言は黔東方言，(C)地域の方言は川黔滇方言と各々いわれ，さらにこれら3地域には下位言語（次方言と呼ばれる）がそれぞれ存在する（第7表）。

しかも，これら3地域を中心に居住する集団では，それぞれ(A)地域ではコ・ション（qo₃ɕoŋ）、(B)地域ではムー（mhu），(C)地域ではモン（mong）と称されるよう

第6表　ミャオ族の使用する言語

省(自治区)	ミャオ族人口 (1982年) (万人)	ミャオ族を 話す人口 (万人)	その他の言語を 語す人口 (万人)	省(区)別ミャオ語 を話す人口の比率 (%)
貴州省	258.8	235	漢　語(約22) トン語(約1.5)	90.8
湖南省	76.17	60	漢　語(約15.6) トン語(約0.5)	78.8
雲南省	75.22	68	漢　語(約7)	90.4
四川省	35.81	12	漢　語(約23.8)	33.5
広西壮族 自治区	33.8	25	漢　語(約5.8) トン語(約3)	74
湖北省	17.9	0.1	漢　語(約17.8)	0.5
海南省	4.0	0	ヤオ語(4)	0
合　計	503.08	400.1	漢　語(92) トン語(5) ヤオ語(4)	79.53

〔出所〕中国社会科学院民族研究所・国家民族事務委員会文化宣伝司主編（1994）:『中国少数民族語言使用情況』, 中国藏学出版社出版, p.824の表を一部修正して改表.

第7表　言語からみたミャオ族の区分

言語(方言)	(A)湘西方言	湖南省西部, 貴州省松桃, 四川省秀山, 湖北省(来鳳, 鶴峰)	コ・ション
	(B)黔東方言	貴州省(黔東南・黔西), 広西壮族自治区(桂北)	ムー
	(C)川黔滇方言	四川省南部, 貴州省(黔西・黔中), 雲南省, 広西壮族自治区(桂西)	モン

〔出所〕国家民族委員会民族問題五種叢書編輯委員会編（1981）:『中国少数民族』, 人民出版社, p.446より引用.

に, 自称がまったく異なり, 各地域間では一般的な日常会話も通じないとされる。また, これら3集団では自称のほか, 生活の経済的基盤とでも称すべき生業形態に関しても, 各々著しい相違がみられる。

(A)すなわち湘西方言地域は, 早くから漢民族が侵出してきたこともあり, 風俗や習慣についても漢民族の影響を強く受けてきた。そのため, 1949年10月成立の中華人民共和国成立以前においても, 民族衣裳を着用するというような風俗や習

慣がほとんど消滅してしまった。同様の影響は生業形態についてもみられ，現在では山間支谷にみられる盆地や平野，山腹斜面を造成した立派な棚田において，同地域に居住する漢民族同様，水田稲作に従事している。

(B)すなわち黔東方言地域に展開する集団も，基本的に(A)地域に分布する集団と変らず，水田稲作を行なっている。しかし，耕地の多くが山麓から山頂部付近にまで連続して造成された棚田である。この棚田は急斜面を造成して開かれたためか，1筆当たりの水田面積が極端に狭く，かつ湾曲している。農業用水についても多くを天水に依存している。そのため年度により収穫量の差が著しい。また，集落近くの山林の一部では自家消費用とみられるが，大根，タバコなどを小規模に栽培する焼畑もみられる。焼畑農業は，ミャオ族の一般的な農業形態とされてきたものである。なお当地域に住む集団は，定期路線バスが運行されるような主要道路を除いて，現在でも住民たちが日常的に民族衣裳を常用しているというように，従来の習俗や習慣が堅持されている。

これに対して，(C)すなわち川黔滇方言地域の集団は，政府の奨励によって定住生活を営むものが増加しているが，ミャオ族の従来からの習慣である同族単位での移動生活を行なっているものもいる。インドシナ半島の山岳地帯に南進したのはこの集団のみである。生業形態は基本的には現在でも焼畑農業である。しかし，中国国内では既述したように焼畑農業が森林破壊を導くという理由で，近年厳禁されている。そのため(C)地域に住む集団においても山腹斜面での耕作が主体となっているが，カルスト地形など劣悪な自然環境下に生活しているため，水田稲作を実施する水田が少なく，トウモロコシや陸稲を山腹の傾斜地（段々畑）で栽培している。この集団は，他の2集団と比較しても最もミャオ族の性格を強く残している集団であるといわれている。

以上述べたように，ミャオ族は主要な分布地域が3カ所に分かれている。従来のミャオ族研究者は，このように集中地域が大きく分散していることを承知していた。しかし，互いにそれらの地域を関連づけてインテンシィヴに調査が行なわれることがなかった。

ミャオ族に関しては，正史を筆頭に種々の漢籍史料にもたびたび登場しているが，その信憑性については疑問とされた。20世紀の初頭ごろになると，外国人の探検家や宣教師によって注目されるところとなり，多くの調査記録や報告書が出

版されたり刊行されてきた。しかしながら、これらの調査記録や報告書は、例えば第1章で紹介したデーヴィス（Davies, H. R.）の場合のように、西南中国およびインドシナ半島の調査の一部としてミャオ族の調査を行なったものであり、ミャオ族自体を直接研究対象としたものではなかった。また鳥居龍藏の場合も、ミャオ族を主要な調査対象として現地に出発したが、インテンシィヴな調査を実施するまでには至らなかった。

　一方、中国国内のミャオ族研究は、中華人民共和国成立以前においては、早くから漢民族と接してきた(A)地域に居住するミャオ族に限定された。理由は、現在でも同様の傾向がみられるのであるが、中国における少数民族研究の特殊性とでも称すべきものが存在するからである。つまりその特殊性とは、少数民族研究は漢民族が行なうのではなく、それぞれの少数民族出身の研究者が自らの民族に関する調査・研究に従事するという、一種のなわばりのようなものがみられるのである。そのため、固有の文字をもたなかったミャオ族については、ミャオ族の中でも早期に漢化が進展した(A)地域のミャオ族に関して、習俗や習慣などの伝統的文化を調査・研究するものがあらわれたのであった。当時では他地域のミャオ族は漢民族との交流が少なかったため、学問的な教育を受けていなかったからであると推察できる。しかしながら、上述したように漢化の進展の結果、(A)地域のミャオ族は固有の習俗や習慣などの伝統文化が消滅してしまったため、この地域に関する調査・研究は、中華人民共和国成立後ではまったくといってよいほど実施されなくなった。

　(B)地域に居住するミャオ族についての調査・研究が行なわれることになったのは、中華人民共和国成立後である。新政府は少数民族政策の重要性を認識し、北京に中央民族学院（現在は中央民族大学と改称）を創設するなどして、少数民族の人材ならびに民族幹部の養成に努めた。そのような政策の下で少数民族研究者も育成されたのであるが、ミャオ族の場合、ほとんどが(B)地域に居住するミャオ族であった。このような事情から、現在ミャオ族に関する研究書や報告書といえば、すべて(B)地域のものに限定されるという状況である。とりわけ、この地域に居住するミャオ族の習俗や習慣などの伝統文化が、わが国の伝統文化と非常に類似する点が多いという理由から、この地域が日本文化の有力な源流とみなされ、多くの研究者の注目をひいてきた。

(C)地域に居住するミャオ族は，上述したように最もミャオ族の文化を残している集団であると推定できる。しかし，これまで調査・研究が等閑視され続けてきた。理由は(C)地域出身のミャオ族研究者がいなかったためである[2]。

2）生業形態を例とした分類

ミャオ族の集落は，とくに集中して分布・居住している雲貴高原東部においては，周辺に居住する少数民族トン族・スイ族などと同様に，集落形態としては家屋が1カ所に密集するという集村形態をとる。しかも，集落規模は付近に住む他の少数民族の集落と比較するとかなり大きく，戸数が100戸前後のものが多い。さらに大規模な集落となると，小さな山の斜面を麓から頂上まで全体を家屋でおおってしまうほど密集することもある。

このような集村傾向がみられるミャオ族の家屋は木造2階建てが大半で，屋根は切妻造りの瓦葺きとなっている。住民は2階部分に居住し，階下は家畜小屋や農具入れなどとして使用され，通常人間は居住しない。

以上述べたような外見上の特色がみられるミャオ族の家屋であるが，家屋の立地すなわち集落の形成に関しては，雲貴高原東部では2通りのタイプが存在する。第1のタイプは，河谷や「壩子」を中心に，主として水田稲作に従事する集団によって形成されるものである。第2のタイプは，トウモロコシやアワ・ヒエなどの雑穀，タロイモなどのイモ類を，主として山腹斜面やあるいは山頂まで達する棚田，または集落周辺山中に散在する焼畑において栽培している集団である。前者の場合，集落・耕地などの生活空間が，海抜高度500～700mの比較的低所に位置するのに対して，後者の生活空間はより高所の海抜高度800～1,100mにかけて立地している場合が多い。

このように，同じミャオ族に所属している集団であっても，位置している生活空間の海抜高度が異なるため，生業形態に代表される生活様式も微妙に相違してくる。以上の理由から，第1のタイプに所属する集団が，河谷・「壩子」などの小規模な平坦地を主たる生活空間にしていることから，「平地苗」と称される。第2のタイプの集団は，現在では山腹斜面に形成された棚田において，天水利用による水稲などを栽培することが多い。したがって，このような伝統を継承しているためか，現在でも，集落は山腹斜面上か山頂上に形成される傾向がみられる。そ

のため，この集団は現地では「高坡苗」と称されることが多い。本書でもこの名称を踏襲することにする（田畑・金丸 1989：131-132）。

「平地苗」，「高坡苗」はともに山間部を主要な生活空間とし，農業経営が生業の中心となっているという共通点がみられる。しかしながら細部を検討してみると，原初形態としては前者が水田稲作，後者が焼畑経営が主体というように，農業形態が著しく異なっている。そして，さらにこのような農業形態の相違が他の生活様式に影響を与えているのである。その事例として，ミャオ族は女性が日常生活において着用する民族衣裳の色彩にその特色を有しているので，衣裳を取り上げて検討してみよう。

「平地苗」，「高坡苗」ともに，衣服は上衣とスカートの組み合わせのツーピースとなっている。しかも，上衣は日本の着物と同様に，胸で合わせる形式をとる点と，脛に脚絆をまとうという点などが両集団とも共通している。しかし「平地苗」の場合，足もとまで達する丈の長いプリーツスカートをはいているのに対し，「高坡苗」は膝までしかない丈の短いプリーツスカートを着用している。そのため，外見からも両集団の識別は非常に容易である[3]。

このように，両集団の女性が着用している衣服において著しく異なるスタイルをとるのは，生業の中心である農作業の相違に由来しているとみなされている。すなわち，一般に「高坡苗」の場合，山腹斜面での焼畑や薪取りなどの山仕事が主体となっている。そのため，「平地苗」が着用しているような丈の長いプリーツスカートでは，歩きにくいうえに作業を行なうのが困難であるといわれている。とくに雲貴高原東端に位置する貴州省東部でも有数の高山に数えられる雷公山（2,179m）の山中に居住するミャオ族は，非常に丈の短いプリーツスカートを着用している。そのため「超短裙苗」（非常に短いスカートをはくミャオ族）と称されている[4]（李 1991）。

それ故，同一の民族集団であるにもかかわらず，両集団間では婚姻関係がほとんどみられない。また，ミャオ族間では一般的に実施されている，歌のかけあいによる恋愛の一形態である「游方(ヨーファン)」と称せられている歌掛けも，両集団間では実施されることはない[5]。

さらに，ミャオ族にはイモ類や堅果類の木の実に関して，それに含まれている毒を抜くための水晒しの技術や，餅を食べる伝統などに代表される風俗・習慣が

存在する。このような風俗・習慣は，ミャオ族だけではなく，トン族・ヤオ族など周辺に居住している山棲みの民族集団に共通した文化的特色と考えられる。これらの文化的特色は，わが国の基層文化に多大の影響を与えたとみなされている照葉樹林文化を代表する主要な文化要素といえよう。

それ故，このような理由から，雲貴高原東部に住むミャオ族は近年多くの研究者間で注目されるようになってきた。しかしながら，その場合，典型的な山棲み集団とみなされる「高坡苗」のほうに，研究者の関心が集中してきたように思われる。この事実は，上述した照葉樹林文化にみられる文化的要素が，「平地苗」よりも「高坡苗」のほうにより多く確認できるからである。例えば，「高坡苗」の生業中心は焼畑経営であったと想定されているが，わが国の基層文化を検討する場合，その成立の根底として，稲作文化以前の文化すなわち焼畑農耕文化の存在を重視する作業仮説が存在する（佐々木 1971など）。この仮説は，今日では一般論として大変説得力をもっているのである。それ故，日本の基層文化の具体的な解明の手段として，「高坡苗」に関心が集中したのであると思われる。

3）民族衣裳による分類

雲貴高原とりわけ東部を中心に，広範囲の地域にわたって分布・居住しているミャオ族に関しては，これまで言語および生業形態を主要なメルクマールとした分類がみられることを論じてきた。前者の言語を中心とした分類は，主として中央の大学や研究機関に所属する研究者が言語系統に基づいて区分したものであった。しかし，このような分類が確定したのは比較的新しく，ミャオ族は勿論のこと地元に居住する研究者でも分類が十分に徹底していないという状態である。また後者の生業形態に関する分類は，ミャオ族居住地区に居住していない部外者が，この地域を訪問すると比較的容易に識別可能なのであるが，地域内に住んでいるミャオ族にとっては，近くで開催される定期市以外他地域に出かける機会がほとんどない。そのため，海抜高度差による生業形態の相違に気づくものが少ないようである。

以上の言語および生業形態を主要なメルクマールとした分類に対して，別名を古くから「百苗」と称せられることもあるミャオ族は，中華人民共和国成立以前までは女性が日常生活において着用している民族衣裳の色彩によって，分派集団

第8表　鳥居龍藏によるミャオ族の区分

分派集団名	特　色	分布地域
「紅ミャオ」族	赤色の衣服を着用	湖南省に接する貴州省東部
「青ミャオ」族	青色の衣服を着用	貴州省中央部
「白ミャオ」族	白色の衣服を着用	貴州省中央部
「黒ミャオ」族	黒色の衣服を着用	貴州省東南部
「花ミャオ」族	蠟纈染および縫取した衣服を着用	貴州省西部・雲南省・広西省（現広西壮族自治区）インドシナ半島北部

〔出所〕鳥居龍藏（1907）：『苗族調査報告』，東京帝国大学人類学教室，鳥居龍藏（1976）：『鳥居龍藏全集　第11巻』，朝日新聞社，pp.44-47より作成．

を区分することが慣例となっていた。理由は，ミャオ族の女性が着用している衣服が分派集団ごとに色彩の異なった上衣とプリーツスカートを着用することを基本型としているので，ミャオ族以外の人びとにとっても外見上容易に識別することが可能であることによると推察できる（金丸・久野 1999）。このような区分は，明，清両王朝時代（1368～1911年）からはじまった方式とされ，当時の史料である『苗防備覧』，『黔苗図説』，『皇清職貢図』，『黔書』などにも散見する（鈴木・金丸 1985：224）。

鳥居龍藏は，各種の漢籍史料のほか，多くの外国人研究者の見解を参照したのは勿論のこと，さらに実際に現地でのフィールドサーヴェイでの見聞した内容なども加味し，純粋のミャオ族[6]の分類を第8表のように行なった（鳥居 1907；〈鳥居 1976・B：44-47〉）。

なお，ミャオ族の女性が日常生活において常用しているプリーツスカートの素地は，伝統的には自らが木綿をつむいだものを使用した。そして，それを染色（藍染め）してスカートとして完成させた。

そのようなことなどから藍染めの技術は，ミャオ族が開始したといわれている。すなわち，ミャオ族が実施している藍染めは，現在日本で一般的に行なわれているタデ科のタデアイ（*Polygonum tinctrium*）を使用するのではなく，キツネノマゴ科のリュウキュウアイ（*Baphicacanthus cusia*）を用いる。また，その染め方も異なる。すなわち，リュウキュウアイの場合，夏季に刈り取った若葉を石灰水が入った桶に入れ，2日間寝かす。そうすると若葉が発酵しはじめ，酸化され

たインジコが生成できる。このようにして生成したインジコを含む泥状の溶液（泥藍という）に糸または布をつけて染めあげるという，簡便な染め方である。この点が，タデアイを使用する藍染めの場合，アイを発酵させた黒茶色の塊を，臼で搗き固めた藍玉をつくり，そこから藍汁をとり染色するという方法とは異なっている。リュウキュウアイを用いての染色方法は，古くから沖縄県地方で実施されている染色方法でもある（三木産業㈱技術室 1992：31-32）。

しかし鳥居龍藏は，第8表に示した分類というものは支配民族である漢民族が便宜的にわかりやすい衣服の色彩から行なった「土俗ノ区別」であると考えた（鳥居 1907,〈鳥居 1976・B：44〉）。このように学問的に明確な根拠をもたない分類なのである。しかし，このような「白ミャオ」，「黒ミャオ」，「紅ミャオ」などの区分を皮膚の色による分類と誤解している研究者も存在しているほどである，と鳥居龍藏は指摘する（鳥居 1907,〈鳥居 1976・B：44〉）。

以上のように，女性の民族衣裳とくにプリーツスカートの色彩を規模とした区分は問題が存在することは否定できない。とはいうものの，実際にミャオ族居住地区をフィールドサーヴェイしてみると，当事者であるミャオ族間でもこのような区分で他の分派集団を互いに呼び合っている。例えば，「黒ミャオ」族，「白ミャオ」族というように，異なった分派間での通婚をはじめとする交流・接触は，それぞれの集団間ではほとんどなされていないという状態である。また，地元に居住するトン族，スイ族，漢民族なども，ミャオ族をこのような女性が着用しているプリーツスカートの色彩による名称で呼んでいる[7]。

なお，以上の主として女性が着用している民族衣裳の色彩は，上述した方言を中心とした言語による区分と同様に，地域的にもほぼ集中している地域が決まっている。といっても，早い時期から漢化現象が進展した(A)地域では，中華人民共和国成立直後から男女とも漢民族が常用している衣服を着ており，外観上ではミャオ族と漢民族との区別が困難である。また若者を中心に中国語（漢語）が普及している。

(B)地域では，現地で「黒ミャオ」族および「青ミャオ」族と称されている集団が主として居住している。前者のほうが後者よりもミャオ族の風俗や習慣を強く残しているといわれている。このような呼称は，日常生活において常用している女性の服装の色彩によるとされる。一般にミャオ族の服装は，男性が上衣とズボ

ン，女性が上衣とスカート（プリーツスカート）というツーピースが基本となっている。呼称は女性が着用するスカートの色彩によるものである。すなわち，女性が黒色のスカートを着用していれば「黒ミャオ」族，青いスカートを着用していれば「青ミャオ」族と称されているのである。

(C)地域では，女性が白いスカートを常用する「白ミャオ」族，およびスカートの裾などに赤い花柄模様の刺繍をほどこしている「花ミャオ」族や「紅ミャオ」が主として居住している。

それ故，本書では，現地のミャオ族さらには同地域に居住するトン族などの少数民族や漢民族などからも，このような名称で呼ばれているので，第3章以下の実証的研究においては，便宜的名称ではあるがこのようなスカートの色彩による名称を使用することにする。

3 住み分けモデル

前節の民族衣裳による分類で論じたように，雲貴高原には言語系統や民族衣裳の色彩が異なる，非常に多くの少数民族が居住している。しかもその分布上の特色の一つは，生活空間を海抜高度差による住み分けを実施している点である。雲貴高原の中でも第1章で既に指摘したが，従来内外の研究者の研究蓄積が最も多くみられるのは雲貴高原東部地域であり，著者フィールドサーヴェイの回数もこの地域が最も多い。そこで雲貴高原東部に限定して，主要な少数民族の生活空間を検討していくことにする。

1）生活・生産活動の場としての「壩子」

雲貴高原東部の平均海抜高度は，西部の平均海抜高度が2,000mであるのに対して，低く海抜高度1,000m未満の高原が卓越している。その高原上には「壩子」と称される山間盆地が所々にみられる。「壩子」の形態は非常に不規則で，円形に近いものから，多角形あるいは長方形のような形状まで変化がみられる[8]。「壩子」が低地に形成されると，水運に恵まれていることなどから，水田として利用されることが多い。その大規模なものになると，例えば榕江盆地（貴州省黔東南苗族侗族自治州榕江県）のように，県城（県の行政中心地）など地方中心集落が形成

されるなど，住民にとっては最良の生活空間となっている。

「壩子」は，上述のように，住民の主要な生活空間として利用されている一方で，生産活動の中心地でもある。それ故，「壩子」は自然環境を筆頭に多種の条件が優れている。

「壩子」には，主として明代以降，漢民族が屯田兵として開拓し定着しだした。そのため，それ以前から「壩子」を占有してきた住民すなわち少数民族は，その多くがこの地を放棄せざるを得なくなり，周辺の山間部など劣悪な土地条件の場所に移動しなければならなくなった。ミャオ族をはじめ雲貴高原東部の少数民族の多くは，一部は河谷や「壩子」などの平坦地にも展開しているが，大部分はこのような山間部や山頂付近に居住する山棲みの集団である。しかも，現在においては政府の指導の下，山腹斜面などを開拓して棚田をつくり，水稲などを栽培する集団も増加している。しかしながら，このような山棲みの集団は，山中を移動するという移動生活を余儀なくされてきた。その理由は，これらの少数民族に共通する生業形態である焼畑農業の場合に典型的にみられるように，山林などに火入れして造成した耕地の地力が衰え，雑草が茂り出すと，他に新しい耕地を求めて移動することなどからも推測できる。

2）高度により住み分ける少数民族

以上論じてきたような生業形態上の共通点を有する少数民族としては，雲貴高原東部では本書の調査対象民族であるミャオ族のほかトン族，ヤオ族が代表的である。これら3民族集団は，生活の場所が山間部である点が共通している。そのため，本書でもしばしば使用してきたように，山棲みの集団と称されてきた。この3民族集団は，原初形態（proto-type）として野生動物を含む山地に存在する多数の豊富な資源を利用することによって，生計を営んできたという共通点が存在する。したがって，周辺の山地資源が枯渇すれば，新しい生活空間を求めて移動するという移動性が，最大のメルクマールとしてあげられる。この点こそが，平野に代表される平坦地において，河川水を利用した水田稲作を主体とする農民が，先祖伝来の田畑を代々維持しているという，定着型であるのと際立った相違といえる。

しかも非常に興味深いことであるが，これら山棲みの集団が居住する主要な生

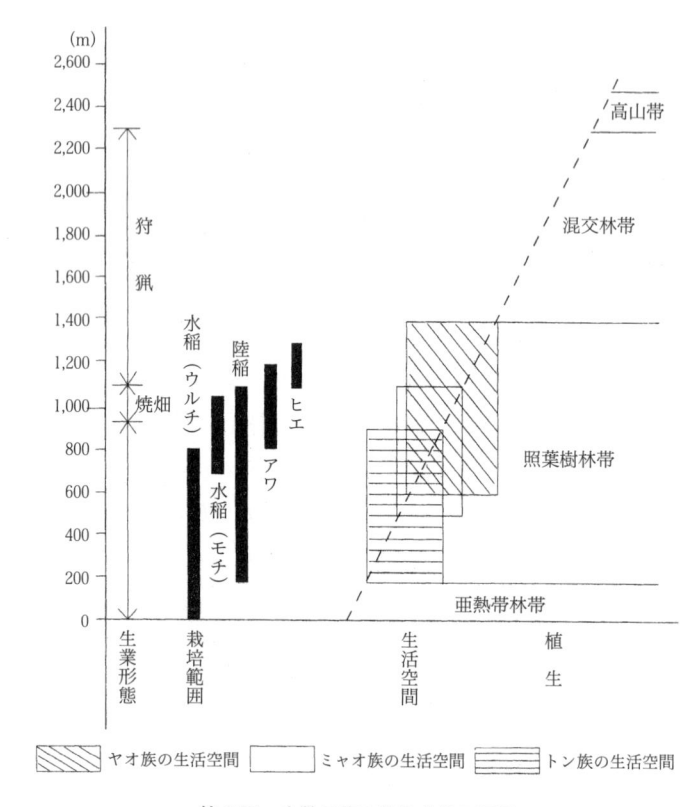

第8図　少数民族の住み分けモデル
〔出所〕現地での聞き取りにより作成.

活空間は，海抜高度差による住み分けが明確に実施されていることである。具体的にいえば，海抜高度200～900mの比較的立地条件の良好な地域にはトン族が主として分布している。ちょうどトン族の生活空間の高度限界に相当する海抜高度900mが，水田稲作の限界にあたっている。少数民族ではないが，同地域に居住する漢民族はトン族とほぼ生活空間が共通しているのであるが，より土地条件が良好な海抜高度200～500mぐらいの河谷や「壩子」を主体に分布している（第8図）。

　ミャオ族の主要な生活空間は，海抜高度600～1,100mぐらいである。それ故，一部はトン族と生活空間の競合がみられる。同地域に両民族が分布している場合，ミャオ族のほうがトン族よりも高所に居住するという傾向がみられる。当地域の

水田稲作の高度限界が海抜高度900mにあたっているので，それ以上の高所に居住するミャオ族は，山腹斜面を造成した畑地（段々畑）に，トウモロコシ，アワ，ヒエ，ハト麦などの雑穀および陸稲を栽培している。段々畑での農業用水は，河川水ではなくて天水に依存する確率が高い。

　さらにそれより高所にヤオ族が居住している。ヤオ族の主要な生活空間は海抜600～1,400mである。このため低所ではトン族，ミャオ族と生活空間が共通している。しかしミャオ族の場合同様，同一地域に以上の3民族が居住している場合，ヤオ族が最も高所に住むという傾向がみられる。生業としては，一部では水田稲作が行なわれているが，段々畑でのトウモロコシ，アワなどの雑穀栽培が主体となっている。一部のヤオ族が居住しているより高所では，これら雑穀の栽培も不適である。そのため，現金収入を得るために製茶や製紙を行なっている。製茶や製紙などの製品は軽くて運搬するのに負担があまりかからないからである。なお，ヤオ族の生活空間の高所限界である海抜高度1,400mは，ちょうど植生でいえば照葉樹林の生育の高所限界と一致するとともに，トン族の生活空間の最低高度200mは，照葉樹林の低所限界とも一致している。つまり，トン，ミャオ，ヤオという山棲みの3民族は，照葉樹林帯の範囲内が主要な生活空間であるといえる。以上述べたように，3民族は主要な生活空間に関して，住み分けを実施している。この点は以下のような理由によるとみなすことができる。

3）住み分けられる理由

　第1点としては，上述してきたことでも判明するように，3民族集団の生活基盤となっている生業形態の相違があげられる。つまり，おおまかにいえば，これら3民族集団の生業形態が農業であるという点が共通している。しかし詳細に検討してみると，トン族は河川水利用による水田稲作，ミャオ族は一部には同様に河川水による水田稲作も行なうが，大部分は棚田における天水利用の水田稲作，ヤオ族の生業の中心は段々畑による雑穀栽培というように，明らかに相違している[9]。このような相違がみられるのは，海抜高度差による気候条件を主とした自然環境のちがいによると思われる。

　第2点としては，当該地域における漢民族の進出も無視できない。つまり漢民族がこの地域に進出してきた結果，トン族に代表される河谷などの平坦地に居住

してきた集団の一部が，その生活空間を奪われることになった。そのため，生活空間を河川の上流域や山間部に移動することになったのである。そうなれば，これらの山間部を主たる生活空間としていたミャオ族やヤオ族は，さらに山間部でも条件の劣悪な高所に追いやられることになったと推定できる。

　第3点としては，前記の第2点とも関連するのであるが，山間部に居住していたこれらの民族間でかつて対立が存在し，その対立に勝利した集団が条件の良好な海抜高度の低い場所を占有したことも考えられる。

　つまり，これら3民族集団の主要な生活空間の相違は，上述したようにこれら3民族集団の主要な生業形態を決定づけていると推定できる。換言すれば，海抜高度差から生じる温度差に代表される自然環境に伴う土地条件が，これらの少数民族の生業形態を大きく左右しているといえる。さらに注目されることは，このことが各々の少数民族の集落規模の相違ともなっている。すなわち，海抜高度が低い場所では土地条件に恵まれることが多いので，生産が大となる。その結果，人口支持力も高くなるため，集落は大規模となるのである。具体的にいえば，これら3民族集団の中で最も低い場所を占有しているトン族では，集落規模が数百戸前後となることが多い。その上部に居住するミャオ族では平均的な集落規模が50～100戸となる。さらにその上部に位置するヤオ族の集落では，戸数が10～50戸と小規模となっている。

4　生業形態の比較

　前項でも論じたように，雲貴高原東部に居住するトン族・ミャオ族・ヤオ族の主要な生活空間に関しては，海抜高度による住み分けがみられた。また，経済生活の主体とでも称すべき生業形態についても，農業が中心であるという共通点では一致しているものの，細部では異なっており，それが各々の民族集団の特色ともなっていることも判明した。このように，雲貴高原東部という同一地域に居住しているにもかかわらず，生活空間や生業形態に相違が存在するのは，現在ではこれらの3民族は山棲みの民族集団と総称されているが，各々の民族集団の生活基盤が伝統的に異なっているためと推定できる。以下では，以上のような特色が認められるトン族・ミャオ族・ヤオ族の生業形態を具体的に比較検討してみよう。

1）トン族の生活空間
①トン族の生業形態

　トン族の生活空間は、既出の第8図にみられるように海抜高度200〜1,000mである。人口は296万人強を擁する（2000年）。主要分布地域は貴州省東部およびそれに接する湖南省西部なので、雲貴高原東部を代表する少数民族といえる。トン族は古代より漢民族から「洞人」・「洞家」などと呼ばれてきたことからも推察できるように、「洞」を生活の単位として集落を形成していた（貴州省民族研究所編1980：51）。なお、自称は地域などにより異なるが、カム（gaeml）、ゲン（geml）、チン（jeml）と呼ばれることが多い（《侗族簡史》編写組 1985：9）。

　トン族の歴史に関しては、民族固有の文字を所有していなかったのでその詳細は不明である[10]。現地に残っている伝説などを総合すると、祖先はかつての百越の一支族であり、長江下流に位置する江蘇省が発祥の地らしい。その後、漢民族の南下などにより、主として長江および西江上流都柳江などの河川を遡上して、現在の地に定着したとされる（田畑・金丸 1989：120-131など）。

　以下では、トン族の生業形態の事例として、貴州省黔東南苗族侗族自治州黎平県岩洞郷岩洞村新洞寨を取り上げることにする[11]。一般的に新洞寨に代表されるように、比較的標高の高い「壩子」や山腹斜面などを主要な生活空間としているトン族は、生産形態といえば山地資源に依存するものが主体であったといえる。つまり、かつては焼畑農業が生業の中心であったとみなされる。しかしながら、人口増加に見合うだけの耕地を焼畑で確保することが困難となってきたため、「壩子」や山腹斜面を開拓して「定着型」の農業に従事するようになった。新洞寨のトン族も、この典型的な事例といえよう。

②トン族の集落，新洞寨

　新洞寨は、「壩子」の東側の山麓に位置する南北方向に細長く伸びた集村である（第9図）。海抜高度は750mで、トン族の集落としては比較的高所に位置している。住民は全員トン族である。戸数は380戸、人口は1,700人余りを数える（1986年3月現在）。現在における生業の中心は水田稲作である（第10図）。水田は、集落前方の「壩子」の中央部全体に展開している[12]。

　水田には、ウルチ米とモチ米の両方の米が栽培されている。中心は飯米となるウルチ米で、ほとんどの家庭ではモチ米の収穫量の数倍から10倍前後を栽培して

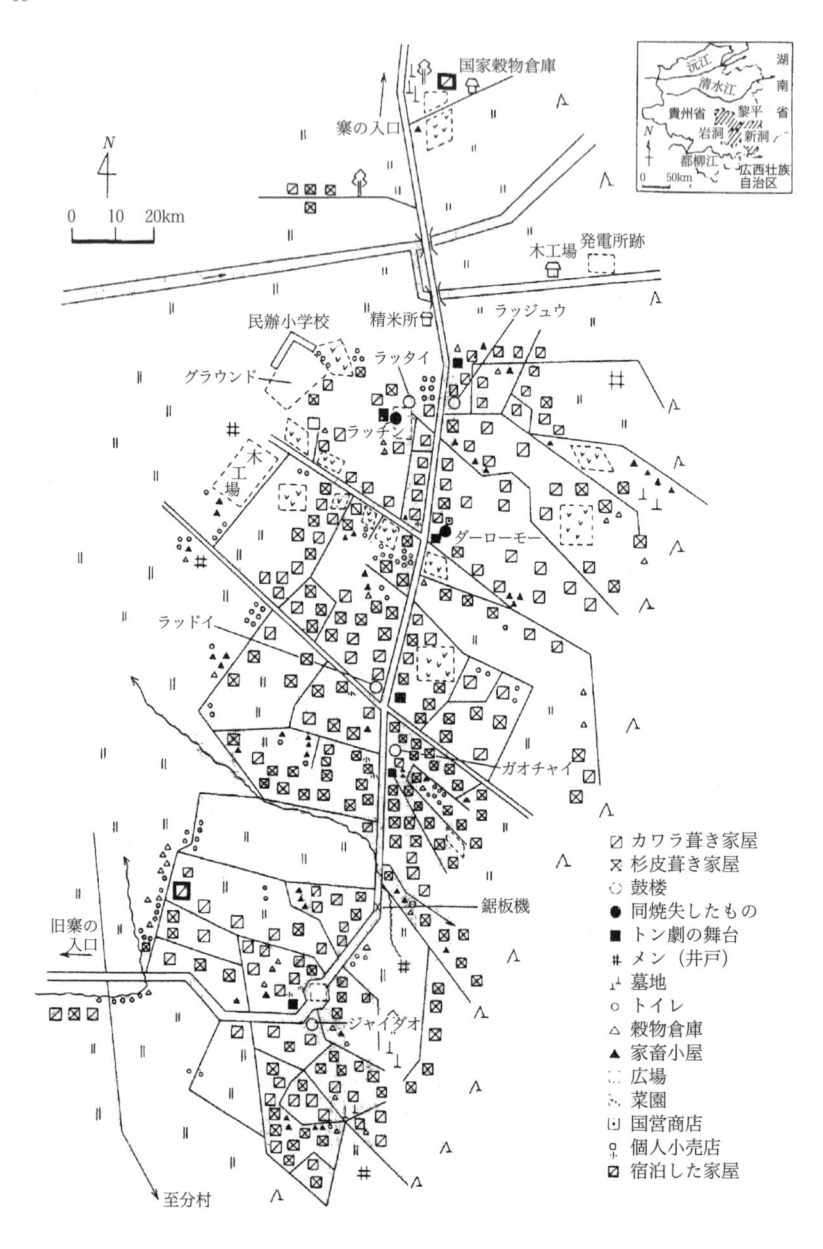

第9図　新洞寨概略図

〔出所〕現地での聞き取りにより作成.

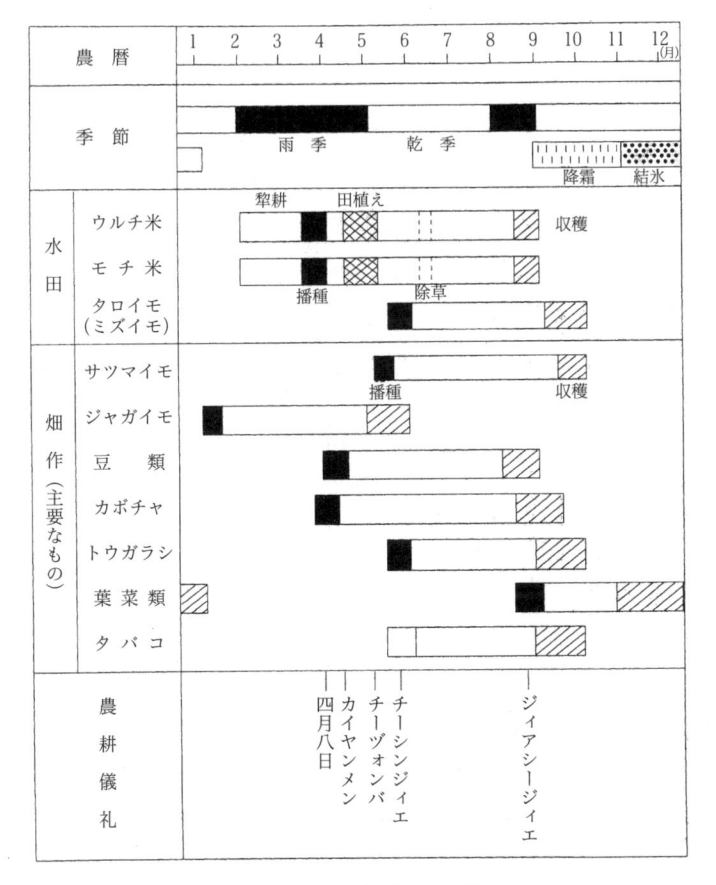

第10図　新洞寨農業カレンダー

〔出所〕現地での聞き取りにより作成．

いる[13)]。農作業は，水牛（一部では毛が黄色かかった「黄牛」）による唐鋤を使用した犂耕，苗代における播種，田植えと連続するのであるが，ウルチ米，モチ米とも同時期に同様に作業が行なわれる。

ただし，刈り入れに関しては異なる。すなわち，ウルチ米の場合，日本でもよくみられたように，鉄製の鎌で根元から刈り取られる。これに対して，モチ米では，石包丁に類似した三日月型の穂摘み具（ディプと称す）を使用して，穂刈りが実施される（第11図）。このように，両種では刈り入れ方法が異なるのは，モチ

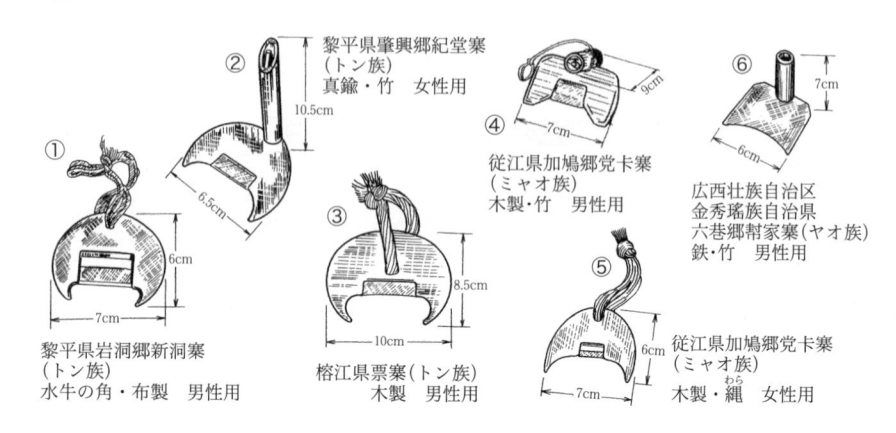

① 黎平県岩洞郷新洞寨
（トン族）
水牛の角・布製 男性用

② 黎平県肇興郷紀堂寨
（トン族）
真鍮・竹 女性用

③ 榕江県票寨（トン族）
木製 男性用

④ 従江県加鳩郷党卡寨
（ミャオ族）
木製・竹 男性用

⑤ 従江県加鳩郷党卡寨
（ミャオ族）
木製・縄 女性用

⑥ 広西壮族自治区
金秀瑤族自治県
六巷郷葑家寨（ヤオ族）
鉄・竹 男性用

第11図　穂摘み具
〔出所〕現地で収集したものを作図.

米の場合，穂先からの脱粒性が高いため，根刈りをすると籾が穂から落ちやすいからであるという[14]。なお，低地のトン族の集落ではたびたびみられる，水田の一部にタロイモ（ミズイモ）を栽培することもあるが，量的には多くない。

水田稲作の裏作としては，低地では食用油を採取する目的でナタネを栽培することがある。しかし，新洞寨では農暦9月初旬から霜が降りはじめ，11月から翌年1月にかけては結氷がみられる。そのため，ナタネなどの裏作はみられない。これに対して，水田に水を張り，コイ（鯉魚）をはじめとする魚の水田養殖は非常に盛んで，ほとんどの家庭で行なわれている。水田で養殖された魚の大半は，トン族の代表的な民族料理である「腌魚（アンユイ）」にされる。「腌魚」とは，わが国の鮒鮨に類似した一種の熟鮨（なれずし）であり，貯蔵して蓄えられる。

新洞寨の稲作に関して，注目すべきことが存在する。それは，集落近くの山中に出作り[15]小屋を各家が所有し，主として天水あるいは湧水を利用する棚田を造成していることである。棚田までは集落より距離がかなりあるので，肥料を運搬するには大変な労力を要する。そこで，「パオ」（bao）と称されるトン族独特の肥料の作成方法が存在する。

「パオ」とは，草木の灰からつくられた肥料のことである。一般には次のようにしてつくられる。最初に，肥料を投入したい水田の上部の山腹斜面の山林などを伐採し，焼畑と同様の要領で火入れを行なう。その後，残った。灰を出作り小屋

などにいったん収納し,田植え直前に木の葉,堆肥などと混ぜて水田に投入する。なお,「パオ」として焼いた山腹斜面の跡地には,タバコなどを栽培することもある。

以上述べた水田稲作が新洞寨の農業の中心であるといえる。この他,新洞寨では,ごく小規模であるが畑作も実施されている。畑作の主要作物としては,サツマイモ・ジャガイモのイモ類が中心である[16]。その中でも,サツマイモのほうが重要で,ほぼ全戸で栽培されている。これは,かつて用水路が完備していなかった当時の名ごりともいうべきものである[17]。すなわち,当集落においては,以前サツマイモは主食である米を補完する重要な作物だったのである。現在では,主として子供の間食となっているようである。食用にならない葉・蔓などは,カボチャの葉などとともに,豚の飼料とされる。トウガラシもサツマイモも同様に,全戸で栽培されている。トウガラシは,食塩を定期市などで購入しなければならないことなどから,とくに貴重な調味料となっている[18]。

その他,大豆などの豆類,白菜,青菜などの葉菜,タバコなどの工芸作物も栽培されているが,すべて自家消費用に限定される。この点は,新洞寨が比較的水田に恵まれており,それに費やされる労働力が多量に必要なことや,後述のように各種の副業が発達しているために,畑作が敬遠されることになったものと思われる。

なお,焼畑に関しては,1957年までは実施されていたが,それ以降完全に廃止されている。この点については,後述のミャオ族・ヤオ族の場合とは異なる。その理由として,新洞寨では,上述した「パオ」の存在があげられる。すなわち,タバコなど他の地域では主として焼畑で栽培されることが多い作物に関しても,「パオ」として火入れした跡地に栽培することが可能だからとされる。

新洞寨では,繰り返し強調してきたように,現在では,水田稲作を中心とした農業が生業の主体となっている。しかしながら,この農業は自給を前提としたものであるため,そこから得られる現金収入はごくわずかである。そのため,大半の家庭では副業を実施する必要がある。副業の主要なものを示したのが第9表である。第9表の中で新洞寨を特色づけるものとしては,養兎・養蜂・竹細工があげられる。

養兎は,新洞寨を含む周辺地区が気候条件に適しているなどの理由から,国家

第9表　新洞寨におけるおもな副業

種　類	内　　　　容	戸数(戸)
養　豚	子豚を周辺の集落,定期市で購入.約10ヵ月後に屠殺.1斤1.4元で寨内で販売.	○
養　魚	春に交配・産卵,稲の収穫時に捕獲.大部分は自家消費,一部は定期市などで販売.	○
養　兎	1983年より開始.主として兎毛を広州外貿局などに販売.1斤40元.	150
養　蜂	現在中断状態.	
竹細工	野菜入れ,米いれなどの籠が中心.	30余り
製　炭	100斤7〜8元で販売.自家消費中心.	○
製　材	電動製材機1台.使用料板1枚につき5元.	4
木　工	家屋の柱建てなど大工仕事中心.木工場あり.	40*
林　業	1983年より個人的興味より開始.杉の植林主体.まだ伐採していない.	1
石　工	墓碑づくり中心.石材は付近の山より切り出す.	30*
小売り	1984年より開始.日用品中心.	8

＊　十数人が他寨に出稼ぎに行く．　〔出所〕現地での聞き取りにより作成．
○　大部分の家で実施．

　の指導を受けて開始された。ウサギを成育し、その兎毛を売却するものである。飼育されている品種は西ドイツ（当時）原産の白ウサギで、1対の子ウサギが80元した。成長したウサギの毛は一時1斤（500グラム）当たり108元の高値もついたことがあった。しかし、その後は下落し続け、1986年には1斤当たり40元までに下った[19]。そのため、新洞寨では一時ほど養兎に対する住民の期待感は少ないという。

　養蜂も養兎同様開始は比較的新しい。開始は1960年代で、湖南省からやってきた養蜂家の作業を住民がみて開始した。新洞寨の養蜂の特徴は、一般的にみられるように花を求めて、各地を移動するという型式ではなく、場所が集落周辺に限定されるという点である。すなわち、飼育している蜜蜂は野生種なので、他地域に移動させることは不可能だからである。新洞寨ではこのような野生種の蜜蜂が養蜂家当たり数十万匹飼育されており、養蜂家は年間数百斤の蜂蜜を採取していた。しかし、数年前に蜂蜜の価格が1斤当たり1.2元から0.4元と3分の1に下落し

たことと，花を求めて移動しないので採取が季節的に不安定であるという点から，現在では中断している。

　竹細工では，各種の籠を製作している。しかし，原料となる竹は新洞寨には存在しない。それ故，近くの集落から竹1本につき0.5元で購入する。主要な製品である野菜籠の場合，1対を製作するのに1日かかり，1本の竹が必要である。売値は1組（1対）1.5〜2.0元で，定期市に持参し販売する。製作は冬季などの農閑期が中心となるため，年間1人当たり10組を製作する程度である。これらの製作技術は世襲制ではなく，他人が製作する技術をみて，独力で習得したものである。そのため，編み方など人によって少しずつちがいがあるという。

　なお農耕儀礼に関しては，周辺に住む漢民族同様赤色などに色づけた強飯（こわめし）を家族全員でそろって食べる「四月八」，水口祭に相当する「カイヤンメン」，田植え終了後ちまきを食べる「チーヅォンパ」，穂掛けの儀礼に該当する「チーシンジィエ」，収穫祭をしめくくる最大の儀式となる「ジィアシージィエ」などが存在する。これらの儀礼はすべて稲作に関係したものであり，畑作に関する儀礼はみられなかった。

2）ミャオ族の生活空間
①広大な地域に展開するミャオ族

　ミャオ族は，その居住区域が雲貴高原東部に限定されるトン族とは異なり，分布範囲は非常に広範囲に及んでいる。すなわち，雲貴高原を中心に北は湖北省・湖南省，南は国境を越えてインドシナ半島北部の山岳地帯にまで達している。

　とくにミャオ族が南下した理由としては，漢民族との抗争の結果であるといわれている。

　このように，国境を越えて広範囲にわたって分布しているため，中国内の一部では「ムー」（mhu），インドシナ半島北部の山岳地帯では「モン」（mong）というように，自称も国や地方ごとに異なっている。しかし，基本的には現在では山腹斜面に造成した棚田において，ヒエ・アワ・陸稲・トウモロコシなどの穀物を栽培したり，一部では天水利用による水田稲作にも従事しているが，焼畑農業に従事する焼畑農耕民であったと推定されている。

　このように，ミャオ族は広大な地域に展開しているが，中国領内だけでも896万

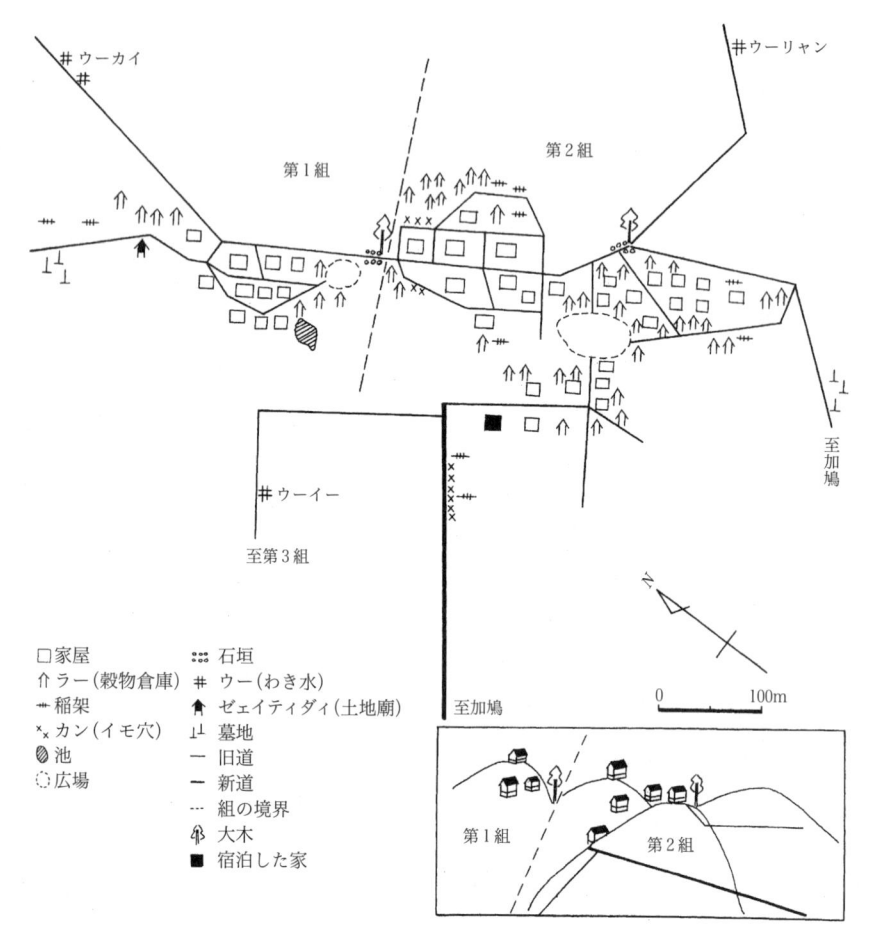

第12図　党卡寨概略図
〔出所〕現地での聞き取りにより作成.

凡例:
- □ 家屋
- ⇧ ラー(穀物倉庫)
- ⊢ 稲架
- × カン(イモ穴)
- ⬤ 池
- ○ 広場
- ∷ 石垣
- ♯ ウー(わき水)
- ♠ ゼェイティダィ(土地廟)
- ⊥ 墓地
- ― 旧道
- ― 新道
- … 組の境界
- ♣ 大木
- ■ 宿泊した家

人が居住している (2000年)。主要居住地は貴州省である。とりわけ, ミャオ族は近年における人口増加は著しく, 最近の10年間に中国だけでも約154万人の増加がみられた。ミャオ族の歴史に関しては, トン族同様固有の文字を所有していなかったため, 詳細は不明である[20]。

　それ故, 歴史的な事実については, 主として漢民族の手になる漢籍史料に依拠せざるを得ない。これらの史料を総合すると, 『書経』呂刑, 『史記』五帝本紀な

どの書物に記載されている,「三苗」がその祖先と考えられている。「三苗」とは,『史記』五帝本紀中の帝堯条に「三苗在江淮荊州……」と記載されている「三苗」のことである。文中の江淮荊州は,現在の江西・湖南両省の地域と比定されている(鈴木・金丸 1985：13-23)。「三苗」は元来,長江中・下流から淮河一帯の平原の地を本拠地として暮していたが,その後洞庭湖周辺に移動した。そして,さらに雲貴高原東部一帯に進出し,定着したといわれている。その証拠として,ミャオ族に伝承されている古歌の中にも,祖先が東から西に移動してきた経緯を歌っている「遷西歌」と呼ばれている歌が存在するという。雲貴高原東部では,ミャオ族の生活空間は海抜高度500〜1,100mである。以下では,事例として,黔東南苗族侗族自治州従江県加鳩郷党卡村(寨)を取り上げて分析していくことにする[21](第12図)。

②ミャオ族の集落,党卡寨

　党卡寨は,加鳩郷の中心集落でもある加鳩村(寨)に最も近い。集落は,海抜高度800mの山頂上に位置している。住民全員はミャオ族で,戸数は73戸,人口は293名(1988年3月現在)である。寨は第1組から第3組までの3組に細分割される。

　第1組(戸数16戸)と第2組(同31戸)の両組は,互いの境がわからないほど接近している。そのため,外見上合わせて1集落を形成しているような印象を受ける。一方,第3組(同26戸)は,河谷を越えた対岸の山腹斜面に位置している。しかも,3組は,元来摆文寨と称されていた。それ故,第3組は,本来独立した集落であった行政上党卡寨に合併されたものと推定できる。

　このような理由から,本書では,第3組を考察の対象から除外し,第1,第2の両組を便宜上党卡寨と称することにした。寨全体の面積は2,800畝である。その大部分は山林が占めており,耕地は約17％に相当する478畝(水田236畝,常畑242畝)にすぎない。数値には焼畑による耕地は含まれない。耕地の多くは,集落付近の山腹斜面に集中しているので,棚田となっている。しかし,棚田の開発は比較的新しいといわれている。その大部分は焼畑放棄後の土地を開墾したもので,棚田は山麓から集落が位置する山頂まで連続している。

　党卡寨は,加鳩地区の他の集落と比較してみても水田が多いという特徴がみられる。党卡寨では,1981年に生産責任制が導入された。それを機会に,水田をは

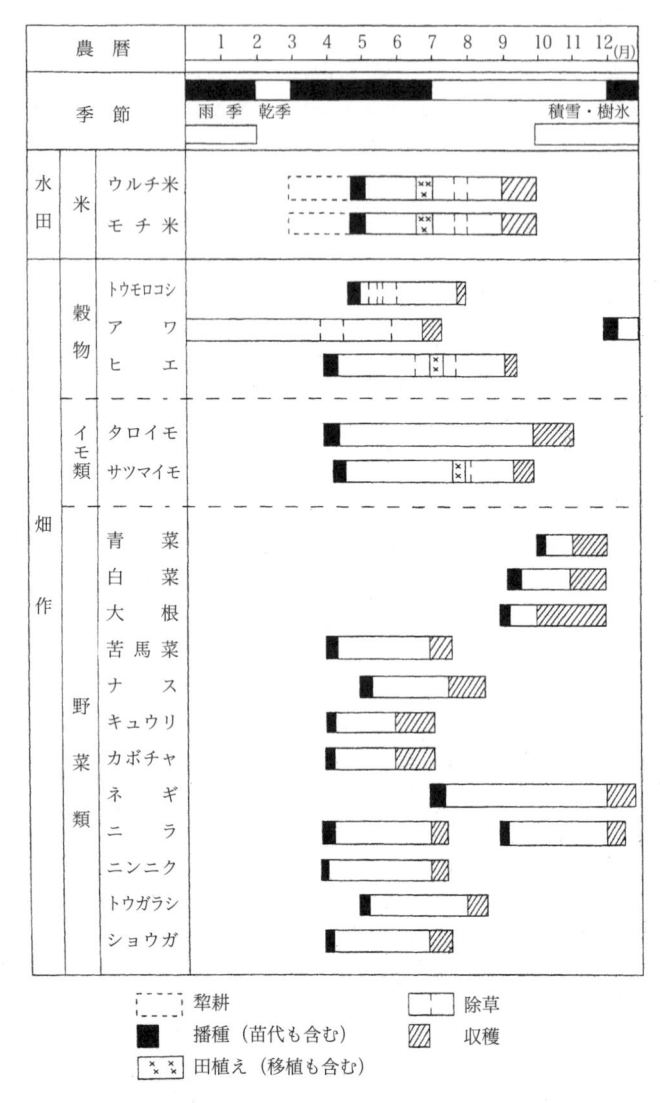

農暦	1 2 3 4 5 6 7 8 9 10 11 12 (月)
季節	雨季　乾季　　　　　　　　　　積雪・樹氷

水田	米	ウルチ米
		モチ米
畑作	穀物	トウモロコシ
		アワ
		ヒエ
	イモ類	タロイモ
		サツマイモ
	野菜類	青菜
		白菜
		大根
		苦馬菜
		ナス
		キュウリ
		カボチャ
		ネギ
		ニラ
		ニンニク
		トウガラシ
		ショウガ

凡例：犂耕／播種（苗代も含む）／田植え（移植も含む）／除草／収穫

第13図　党卡寨農業カレンダー
〔出所〕現地での聞き取りにより作成.

じめとする共有財産が分配された。水田の場合，男女を問わず等面積の分配を原則とし，組ごとに異なるが1人当たり0.6〜0.76畝分配された。

なお，寨の面積の大部分を占める山林は未登記のままで，個人には分配されなかった。その理由としては，集落が位置している海抜高度と関連していると推定できる。すなわち，党卡寨周辺地域においては，水稲の中心であるウルチ米は，気候などに代表される自然条件から，海抜高度800m以上は栽培が困難となる。しかし党卡寨は，上述したように栽培の高度限界に位置しているため，用水さえ十分に確保できれば，棚田は水田として利用可能だからである。モチ米も，第13図に示されているように栽培されている[22]。しかし，党卡寨においては，量的に多くない。

また，水田ではトン族ほどではないが，ミャオ族の集落でも養殖を実施する家庭も増加しつつある。本来ミャオ族は，水田で魚を養殖する習慣がなかったらしく，養殖の技術はトン族より習ったものといわれている。養殖の魚は，「腌魚」として貯蔵されることもあるが，量的にも少ないこともあり，「ハレ」の日の食事などに御馳走として供される。

なお，海抜高度の関係からか水田においてはナタネなどの裏作はできない。加鳩郷では気候の年較差が非常に大きい。郷の平均気温は，夏季では28℃，冬季では−10℃前後に下がる，典型的な大陸性気候を呈する。そのような気候条件なので，裏作は不可能である。したがって，秋の収穫後，ほとんどの水田は翌年の農暦3月の田起こしまで放棄される。

常畑も大部分が棚田である。常畑ではトウモロコシ・アワ・ヒエなどの穀物と，タロイモ，サツマイモなどのイモ類が主要な作物として栽培されている。そのうち，アワ・トウモロコシに関しては，地区の集落の高度限界近くの1,100mぐらいまで栽培が可能である。なお，ヒエは，比較的冷涼な気候条件の下で栽培可能で，海抜高度1,250mぐらいの高所でも栽培されている。これらの作物は，現地でも主食である米を補完する貴重な食糧となっている。なお，陸稲は耕地の地力さえ良好であれば海抜高度にさほど影響なく，河谷近くの低所から山頂付近の高所まで栽培可能である。しかし，党卡寨ではたびたび夏季に旱魃が発生するので，現在では陸稲はまったく栽培されていない。野菜類は，前出の第13図にみられるように多種類に及ぶが，いずれも自家消費に限定される。

さらに，集落近くの山腹斜面においては，焼畑が随所にみられる。焼畑農業は党卡寨でも生業の中心であったと推定できるが，1958年ごろより森林を保護する

という目的で，原則として禁止されることになった。しかし，前述したように，生産責任制が導入された1981年より，杉などの経済林を植林するということであれば許可がおりることになった。このようなタイプの焼畑の様子を，呉・U家（第2組所属）を事例として取り上げてみよう。

③呉・U家の焼畑耕作

呉・U家の家族構成は，母親と本人（52歳）の2人だけである。母親は自称122歳であると主張する。しかし，呉・Uの年齢などから判断してもこの年齢は疑わしい。本人は独身のため子供はいない。寨には極端に男性の独身者が多い。このことは，同寨の劣悪な経済状況を示しているものと思われる。耕地は1.7畝，畑地は1.5畝有している。

しかし，他の多くの家庭同様，食糧は十分ではない。それを補うことが焼畑を造成する本来の目的であるが，当家などでは杉を植林するという名目上の目的で，焼畑農業を実施している。1988年度は，自分が管理している山林2畝に火入れをし，杉苗の植林の合い間に作物を植える予定である。伐採は農暦の8月に実施し，その後しばらくの間乾燥させ，9月に火入れを行なう。11月になると，火入れの跡地を整地する。この作業は男性が人力で行なう。そして，12月から翌年の1月にかけて，杉苗を植林すると同時にアワを播く。杉苗は300株ほど植える。苗は，付近の山中に生えていたものを集め，一定の大きさに成長したものを耕地に移植する。苗の間隔は作物が十分に成長できるように，通常の植林よりも少し間隔をあけるという。アワは1畝につき4～5斤の種に肥料を混ぜて直接播く。播種作業のときには，種播き専用の掘り棒を用いるものもいるが，鋤の先で小さな穴をあけて，これの代用をしている。その後5月から6月にかけて除草を2回実施する。8月には収穫が可能であるという。収穫時には，水稲のモチ米で使用する穂摘み具で穂刈りを行なう。さらに期間をあけず直ちに，トウモロコシを播種する。このトウモロコシは，数カ月後の10月には収穫可能なので，「十月包穀」と呼ばれている短期間で結実する品種である。人手があれば，トウモロコシ代わりに大根などの野菜を播くこともある。2年目には，「早熟包穀」を植える。この品種は3～4月ごろに播種し，7～8月には収穫できる。2年目以降も同様にトウモロコシが栽培される。しかし，5年を過ぎると杉が大きくなるので，トウモロコシの栽培は行なわれなくなる。

第10表　党卡寨の農耕儀礼

日時(旧暦)	名称(ミャオ語)	内　　容
4月末のスイ(「卯」)の日	ヤンニィウナイ	水口祭り
6月末のスイ(「卯」)の日	ニャジャン	田植え直前の儀礼
田植え終了後の吉日	ノギィ	ちまきを食べる儀礼
8月末のスイ(「卯」)の日	ノゲェヘエ	初穂祭り
10月末のスイ(「卯」)の日	ノジィア	苗年の祝い

〔出所〕現地での聞き取りにより作成.

　農耕儀礼に関しても，トン族同様水稲に関するもののみである。それらの儀礼を整理すると，第10表のようになる。その中でも，とくに盛大に実施されるのは「ノジィア」である。「ノジィア」は，ミャオ族の正月（苗年と呼ばれる）に相当し，年間を通しての最大の祭りとなる。夜には蘆笙舞が舞われる。この他，ミャオ族最大の祭事である「ナウ・チィアン・ニオ」（喫鼓臓・鼓社節とも称される）が存在する。この祭礼は一般には13年に1度行なわれる。その内容は各家ごとに牛を1頭殺して祖先に捧げ，祖先の霊を和める儀礼であると同時に，一族の団結を誓うものである（鈴木・金丸 1985：58-82）。

　なお，新洞寨でみられた副業は存在しない。その理由は，県城などの中心地から遠く離れているので，運搬するのが困難なためといわれている。

3）ヤオ族の生活空間
①ヤオ族の現在と歴史
　ヤオ族の現在の居住中心は，雲貴高原最東端の一角を占める広西壮族自治区西部の山間部であるが，一部は南下してインドシナ半島北部の山岳地帯にまで進出している。この点はミャオ族と同様である。しかし，ヤオ族は比較的早い時期に漢化現象が進展した地域を植民しつつ，漢民族の全体社会に吸収・同化されることなく，独自の民族的アイデンティティを保持しながら，外部世界との文化的境界を維持してきたといわれている（竹村 1981：7）。その好例が浙江・福建両省の山岳地帯に分布しているショオ（畬）族と呼ばれているヤオ族の分派とみなされる集団である。

　人口は中国領だけでも約264万人である（2000年）。集落形態としては，トン族・

ミャオ族が比較的大規模な集村形態をとるのに対して，集村を堅持するが規模は大変小さい。ヤオ族の生活空間は，雲貴高原東部では海抜高度750～1,450mであり，民族集団としては最も高所に居住している。

ヤオ族の歴史に関しては，トン族・ミャオ族同様固有の文字を所有していなかったため，不明な部分が多い[23]。しかも，漢民族社会においては，長い間ミャオ族と同一視される傾向があったことなどにより，歴史については解明されていない点が他の民族集団よりも多い。一般には以下のような歴史をもつといわれている（《瑤族簡史》編写組編 1983：15-63）。

すなわち，後漢（25～220年）の時代に登場してくる「武陵蛮」・「長沙蛮」と称される民族集団がヤオ族の祖先と考えられている。その後，隋・唐の統一王朝（589～907年）が成立し，漢民族の勢力が強大になると，これらの民族集団は漢民族に同化するが，その一部は逃れるために南進する。後者の集団が，貴州省や四川省南部の山岳地帯に展開することになる。この集団は，当時「山猺」などと称されていたが，現在の「過山瑤」あるいは「高坡苗」と呼ばれている集団の祖と考えられている。一方，「壩子」などの平坦地に住みついた集団は「平地苗」と呼ばれ，ミャオ族の祖先とみなされている。こうして，ヤオ族の祖先たちは生業の中心が焼畑農業だったので，それに従事しながら，山岳地帯を移動していったのである。明代（1368～1644年）になると，貴州省において勢力を増したミャオ族に押されて，現在の居住中心地区である広西壮族自治区北部や，遠く広東省から浙江省に移動するものが増加してきたのである。

②台里村高留組の盤ヤオ族

以上述べたような歴史を経過してきたため，ヤオ族に関しては多くの支族が存在する[24]。ヤオ族の支族については詳細は割愛するが，貴州省東部においても，「白褲ヤオ族」・「青褲ヤオ族」・「盤ヤオ族」・「紅ヤオ族」・「長衫ヤオ族」・「油邁ヤオ族」の合計六つの支族が存在する。以下では，黔東南苗族侗族自治州従江県斗里郷台里村高留組に居住する「盤ヤオ族」を事例として選定した[25]（第14図）。

台里村には九つの組すなわち自然村が存在する[26]。村の行政中心は台里組におかれている[27]。そこから，徒歩で山道を約3時間登ると，高留組に到着する。住民は全員ヤオ族である。戸数は17戸，人口は115人である（1993年12月）。住民の話を総合すると，祖先は広東省の山岳地帯に居住していた。その後，山伝いに広

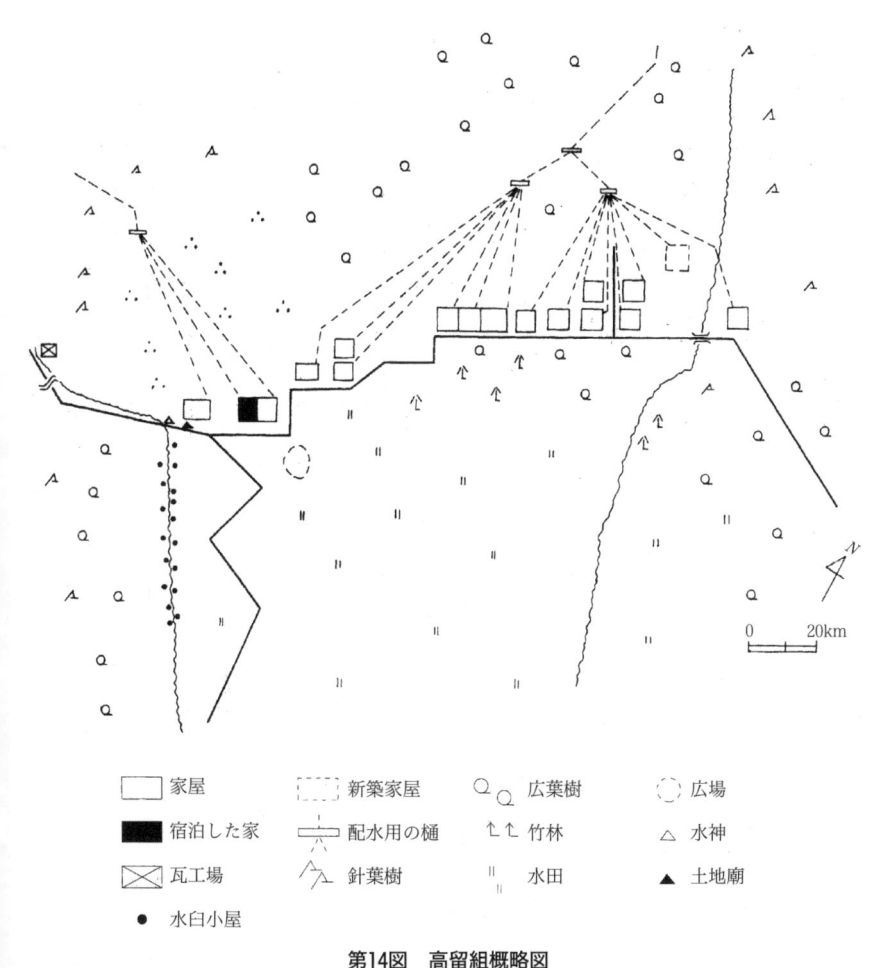

第2章 ミャオ族を中心とした雲貴高原の少数民族の特色　73

第14図　高留組概略図

〔出所〕現地での聞き取りにより作成.

凡例：□ 家屋　┆┆ 新築家屋　Q 広葉樹　◯ 広場　■ 宿泊した家　配水用の樋　竹林　△ 水神　⊠ 瓦工場　針葉樹　‖ 水田　▲ 土地廟　● 水臼小屋

西壮族自治区の龍勝県に達し，烏翁を経由して当地に定住することになった。前住地の烏翁は，当組から3華里（1.5km）の距離のところに位置し，台里村に所属していた。烏翁では50～60年間生活したが，強盗によって家屋を焼かれたので当地に移住してきた。時代は今から約50年前のことである。

　高留組には，盤（4戸）・趙（13戸）の両姓のみが居住している。組全体では，水田64.6畝，常畑18畝，杉などを主として植林している山林200畝が存在する。生

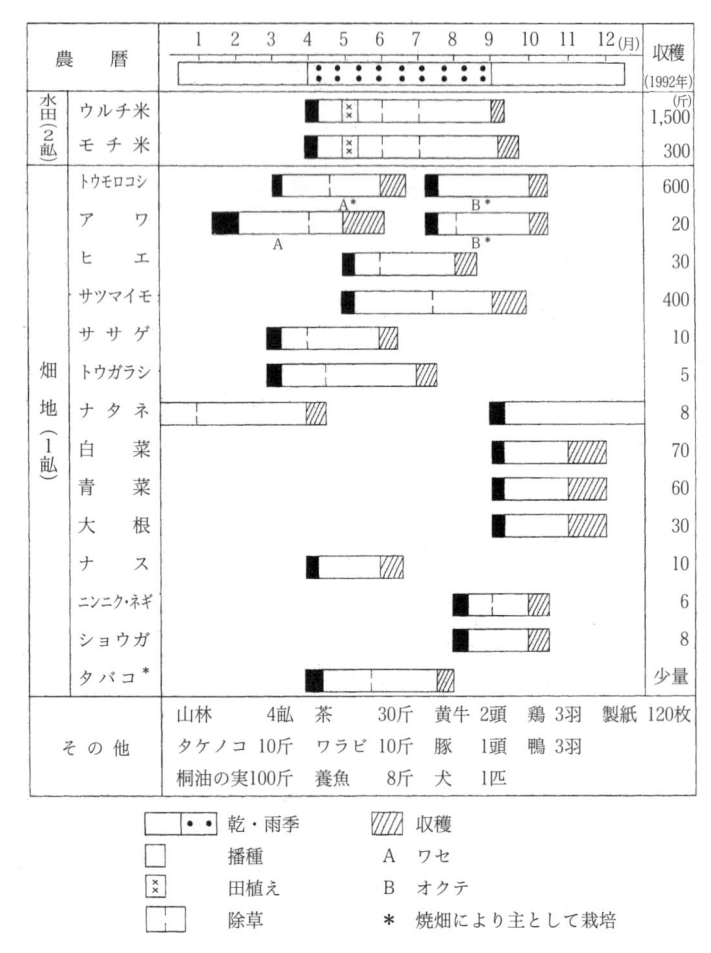

農暦		1　2　3　4　5　6　7　8　9　10　11　12 (月)	収穫 (1992年)
水田 (2畝)	ウルチ米		(斤) 1,500
	モチ米		300
畑地 (1畝)	トウモロコシ	A* / B*	600
	アワ	A / B*	20
	ヒエ		30
	サツマイモ		400
	ササゲ		10
	トウガラシ		5
	ナタネ		8
	白菜		70
	青菜		60
	大根		30
	ナス		10
	ニンニク・ネギ		6
	ショウガ		8
	タバコ*		少量
その他		山林　4畝　　茶　30斤　　黄牛　2頭　　鶏　3羽　　製紙　120枚 タケノコ　10斤　ワラビ　10斤　豚　1頭　　鴨　3羽 桐油の実　100斤　養魚　8斤　犬　1匹	

凡例：　■■ 乾・雨季　　　▨ 収穫
　　　　□ 播種　　　　　　A ワセ
　　　　× 田植え　　　　　B オクテ
　　　　□ 除草　　　　　　* 焼畑により主として栽培

第15図　高留組盤・S家の経済的基盤
〔出所〕現地での聞き取りにより作成.

業形態の中心は農業で，山腹斜面に形成された棚田で水稲が栽培されている。その他，谷川の水を利用した紙づくり，集落周辺での茶の栽培などの副業もほぼ全戸で実施され，貴重な収入源となっている[28]。また，盤姓のうちの1戸が，「過山榜」と称されているヤオ族独自の文書を所蔵している。以下では，上述の副業を除いた生業形態を中心に分析してみよう（第15図）。

水田には，ウルチ米・モチ米の両方の稲が栽培されている。高留組に代表されるように，ヤオ族では，トン族，ミャオ族よりもモチ米の割合が過半数には達しないが，比較的高いということが指摘できる。その理由は，ヤオ族の生活空間が位置している海抜高度が高いことと関連していると推定されるが，詳細は不明である。

　水稲は，農暦4月に苗床に播種し，5月に田植えを行なう。その後6月と7月に各々一度ずつ除草を実施する。収穫は9月である。これら一連の農作業は，ウルチ・モチの両種も同様に行なう。ただ，モチ米の刈り入れに関しては，「ゼィヴ」と称している穂摘み具を使用する。穂摘み具は，トン族・ミャオ族で使用されているものと同型で，本体に紐または握り棒が付いた2タイプが存在する。しかし，他の民族集団にみられるように，使用に関して各々のタイプの男・女間の区別はない。水田の一部には魚を養殖しているが量的にも多くなく，自家消費に限定される。なお，ごく一部の家庭では裏作としてナタネの栽培がみられる。

　常畑では，トウモロコシ・アワ・ヒエ・サツマイモが不足ぎみの主食である米を補完する重要な作物となっている。トウモロコシは，早く収穫できるワセと，成長に時間のかかるオクテの両方が栽培される。しかし前者のほうが多く栽培され，ほとんどがモチ種である。一般にはトウモロコシ・アワともワセには肥料を散布するが，オクテには散布しない。ヒエは4月に苗床をつくり，20日ぐらい経過すると移植する。収穫は8月である。その他調味料の原料となるトウガラシ・ショウガなども全戸で栽培されている。ヤオ族はトン族・ミャオ族とは異なり，調味の中心はショウガである。この点は，広西壮族自治区や広東省に居住する民族集団と共通しており，興味がもたれる。たぶん移動中にショウガの使用を学んだものと推定される。さらに，ササゲなどの豆類，カボチャに代表されるウリ類，ナス・ニンニク，白菜・青菜などの葉菜と品種は豊富に栽培されている。しかし，これらの野菜類は量的に多くなく，すべて自家消費用である。

　焼畑を実施する家庭も多い。これは上述のように，食糧が不足するためだと思われる。例えば盤・S家では，毎年0.1畝ほど以下のように実施している。

　山林を伐採するのは農暦2月である。半月後には火入れを行なう。4月になるとタバコを植える。タバコは7〜8月に収穫できる。その後直ちに「オクテ」のアワまたはトウモロコシを播く。両方とも収穫は10月ごろである。翌年1月には

「ワセ」のアワを播き、5・6月に収穫する。この「ワセ」のアワを収穫すると焼畑は放棄される。そして、その年度の9月には跡地に杉が植林される。このように、高留組の焼畑農業の特色は、短期間にタバコ・アワ・トウモロコシなどの品種を栽培することであると思われる。しかし、その理由は不明である。

山林には杉を植林することが多いが、一部の家庭では竹の子を採取する目的で竹も植林されている。なお、茶を栽培しているためか、油桐、茶油などの木を植林することは少ない。

農耕儀礼はみられない。しかし、春節、土地神を祭る清明節、4月8日に行なわれる端午節、土地神を祭る「六月六」、祖宗神を祭る「七月一四」、廟神を祭る「八月二」などの祭礼が存在する。当日は多くの場合、餅などをついて祝うが、ほとんどの祭りは漢民族の影響によると思われる。

(注)

1) この種の代表的な漢民族は貴州省で老漢族と称されている集団である．老漢族に関しては外国人宣教師が興味をもち記録している (Clarke, R. 11：9).
2) 本文で言及したようなミャオ族研究の研究動向を踏まえて、本章では(B)および(C)地域に分布・居住するミャオ族の集落を取り上げ、生業形態を中心とする現状分析を行なった．(A)地域に住むミャオ族の集団を研究対象から除外したのは、早くから漢化現象が進展していることから、生業形態においてもミャオ族の特色を既に消失してしまっていると判断したからである．

   なお、(B)地域および(C)地域において各々調査対象に選定した集落はすべて、外国人研究者としては最初であり、いずれの集落においても短期間ではあるが集落内に宿泊し、調査を実施することができた．この点は、従来のミャオ族研究にとってみられなかったことであり、調査内容を深化させることになったと考えている．
3) このことから「平地苗」は別名「長裙苗」（長いスカートをはくミャオ族）、「高坡苗」は別名「短裙苗」（短いスカートをはくミャオ族）と称されることもある．
4) しかしながら、丈の短いプリーツスカートの場合、山腹急斜面での作業は、とくに怪我などの危険にあうことも多いと考えられる．それ故、むしろスカートよりもズボンを着用するほうが安全であると思われる．このようなことから、本文で述べた一般的な説明以外に、「高坡苗」が短いスカートをはく他の要因も存在するものと推定される．この点に関しては、現在のところ不明である．

5) さらに以前では「平地苗」が「高坡苗」をさげすんだり，小作に使って支配していたという事実も存在したという（鈴木・金丸 1985：26）．

6) 鳥居龍藏によれば，ミャオ族に関しては以下のような広・狭の2通りの解釈が存在するという．すなわち，「一ハ即チ苗族ノ文字ヲ広義ニ用ヰ「苗」，「猺」，「獞」，「黎」，「土人」，「猓玀」等ノ諸族ヲ包合スルモノニシテ，一ハ即チ狭義ニ用ヰ，僅カニ「苗」ノ一種族ノミヲ云ヘルモノナリ」（鳥居 1907，〈鳥居 1976・B：25-26〉）と論じ，後者つまり狭義の立場を採用するという．そして後者に所属するミャオ族を純粋のミャオ族と称すのである（鳥居 1907,〈鳥居 1976・B：26-29〉）．

7) しかし1980年代初期ではほとんどの女性が民族衣裳を着用していたが，その後道路沿いの交通の便がよい地点に居住するミャオ族は，「ハレ」の日は例外として日常生活では諸民族と同様のブラウスとズボンという形式の衣服を着ている者が増加し，外観上みわけがつかなくなっている．

8) このように，「壩子」の形態に種々変化がみられるのは，高原上を走る構造線と大変密接な関係があると考えられている．例えば，貴州省のほぼ中央部に位置する恵水盆地は，高さ28km，幅1〜3kmの非常に細長い形状を呈する（貴州省地方志編纂委員会編 1988：725）．

9) しかもトン族に関しては，海抜高度により主として河川沿いに居住し，その河川水を利用する水田稲作や河川漁業に従事する「河辺トン族」と，山腹斜面や海抜高度の比較的高い「壩子」に住み，棚田を中心とする水田稲作および焼畑農業に従事する「高山トン族」に分けることができる（金丸 1992：30-32）．同様の区分は本文で述べたように，ミャオ族についても該当する．

10) トン族が国家より少数民族として承認を得たのは1950年である．また，1958年よりローマ字式の国際音標文字が制定され，トン語が記録されることになった（梁 1965：15-23）．

11) 調査は1986年3月および8月に実施し，その後収集した資料も加えた．調査には田畑久夫が同行した（田畑・金丸 1989：150-162）．

12) 新洞寨では，毎年のように旱魃に悩まされ続けてきた．しかし，1975年の「農業学大寨」期に「壩子」の東西を中央に貫く用水路が完成し，その後収穫も安定することになった．なお，新洞寨では生産責任制が1981年より導入され，人民公社の集団所有であった水田は，老若男女を問わず，1人当たり1〜1.6畝（1畝は6.67アール）の割合で均等分配された．

13) 例えば，標準的な周・H家（7人家族）の場合，4.75畝の水田を所有しているが，ウルチ米は4,000〜5,000斤（1斤は500グラム）の収穫があるのに対して，モチ米は500斤

程度であるという．なお，このように，ウルチ米の収穫量が極端に多いのは，栽培面積が広いということ以外に，ウルチ米の単位面積当たりの収穫量がモチ米の約1.5倍にもなるからである．

14) なお，穂摘み具は男性用・女性用の区別がある．男性用のものは本体を水牛の角で製作し，刃の部分のみに鉄が用いられている．本体上部にあけられた二つの穴には，布切れを撚った紐が通されている．女性用のものは本体上部の男性用の穴とほぼ同位置に，竹製の握り棒が刃とほぼ垂直になるように取り付けられている．このように，後者には握り棒が付いているのは，本体を固定しやすく，作業を長時間行なっても疲労が少ないためであるという．

15) 徒歩で片道約2時間ぐらいかかる地点に散在する．出作り小屋は，トン語では「タン」(dan) と呼ばれる．通常，田植えなどの農作業が多忙になる3～5月は家族の一部は出作り小屋住いとなる．

16) トン族の他の集落では，トウモロコシが畑作の中心となることが多い．しかし，新洞寨では各戸の畑地が小規模であることと，主食がほぼ自給できるという2点から，ほとんどの家庭では栽培されていない．

17) しかしながら，サツマイモの原産地はメキシコからグアテマラ地域と推定されている．中国には，万暦22年（1584）にルソンから福建に導入されたのが最初であるという．それ故，当地においても栽培されるようになったのは比較的新しいと思われる．この点は，チチカカ湖周辺が原産地とされるジャガイモの場合もほぼ同様である（星川 1978：114-117）．

18) 新洞寨をはじめ，雲貴高原で栽培されているトウガラシは，わが国の「鷹の爪」と同様にカプサイシン（capsaicin）を多量に含む辛味種である．

19) 価格が下落した原因は，養兎を開始した当初においては，兎毛を自由に売買することができたが，1985年5月より兎毛の自由売買が禁止され，国家の統制品となったためとされる．

20) 1956年にローマ字式の音標文字の試案が作成され，ミャオ語も表記可能となった．現在では，音標文字を漢字によって表記することが多い（鈴木・金丸 1985：2）．

21) 1988年2月下旬から5月中旬にかけて調査を実施した（田畑・金丸 1989：141-151）．同行は田畑久夫である．なお，雲貴高原東部の行政村においては，その下部組織（単位）として寨が設置されているのが一般的である．それ故，寨は「ムラ」にほぼ相当する集落を指す．ところが加鳩郷においては，村の下部組織（単位）としての寨は存在しない．そのため，郷の住民は行政村を寨と呼ぶ習慣がみられる．それ故，本書でも党卡村という行政上の名称を用いず，党卡寨という名称で統一することにした．

22) 水稲のモチ米の栽培範囲はウルチ米よりも広く，海抜高度1,000mぐらいまで栽培可能であるという．収穫の際には穂摘み具が使用される．それには，トン族同様男性用・女性用の区別が存在する．
23) ヤオ族の一部には「山関簿」あるいは「評皇券牒」などと称される漢字で書かれた文書が存在する．これらの古文書の分析から，ヤオ族の先住経路の概略が推定できるといわれている（山本 1955：191-270，白鳥編 1975，金丸 1994：1-17など）．
24) 分派集団を中国人研究者間では支系と称すことが多い．しかし，系という用語は，中国では言語上の区分を示す語系という形式でたびたび使用される．それ故，言語上の区分との混同を避けるため，本書では支族という述語で統一した．
25) 調査は，1993年12月下旬から1994年1月上旬に実施した．同行は田畑久夫・水野優子（麗澤大学外国語学部学生）である．
26) 9の組のうち，台里・高留など合計4集落は「組」と称される．一方，岩寨・拉寨など合計5集落では集落名の末尾に「寨」がつけられている．それ故，当村においては「組」と「寨」とは同一の行政村の下部組織（単位）とみなしても差し支えないと思われる．
27) 台里村にはミャオ族の集落が6カ所，ヤオ族の集落が2カ所，漢民族の集落が1カ所存在する．
28) 近年一部ではあるが，冬季間広東省などに出稼ぎに出かけるものもではじめている．一般にいえば，ヤオ族は農業以外の経済活動を活発に行なっているように思われる．

第3章 水稲耕作を主体とした「黒ミャオ」族

はじめに

　前章までにおいて，雲貴高原に分布・居住するミャオ族に関する基礎的な諸問題，すなわち概論を論じてきた。本章以下第5章および付章まではその各論とでも称すものである。その内容は，著者が1983年にはじめて雲貴高原に足を踏み入れて以来のフィールドサーヴェイの成果に基づく，ミャオ族の生業形態を中心とする現状分析である。

　本書の研究方法については，序章第3節においても指摘したのであるが，再度次の点をとくに留意したい。一般に我々人類は個人単位で生活が不可能であり，両親や兄弟などとともに暮す家族が生活の基本である。その家族が集合したのが集落であり，それが一つの社会を形成しているといえる。ミャオ族の場合も，この集落が社会の単位になっている。それ故，本章において分析・検討する女性のスカートの色彩によって区分されたミャオ族の分派集団に関しても，集落単位での分析・検討が加えられている。

　ミャオ族の分派集団「黒ミャオ」族という名称は，既に論じたように女性が「ハレ」の日は勿論のこと，日常生活においても伝統的な民族衣裳である黒色の上衣およびプリーツスカートを好んで着用していることにちなんでいる。女性が着用している衣服が黒色を呈するのは，彼女らが伝統的に行なってきた藍染めの技術の結果である。ミャオ族は，着用する衣服に関しては自らが糸を紡ぎ布を織り，染色つまり藍染めを行なってきた。アイによる染色は，藍色つまり青色に仕上がるという性格をもつ。それ故，このようにして仕上げられた民族衣裳を常用しているミャオ族の分派集団は，「青ミャオ」族と呼ばれた。

　「黒ミャオ」族も「青ミャオ」族とまったく同様に，リュウキュウアイを用いて染色を行なう。しかし，この集団が染色した藍染めは青色ではなく，黒色を呈す

ることになる。理由は,「青ミャオ」族の染色と同じく「泥藍」と称される藍汁によって染色するのであるが,「黒ミャオ」族の場合, いったん青色に染色された綿布にさらに何回も染色を繰り返して実施する。そうすると, 藍汁がさらに綿花に浸透し, 黒色となる。「黒ミャオ」族が着用している衣服はこのようにして何回も染色を繰り返すことによって黒色になった布を用いているためである。

ただし,「白ミャオ」族だけは藍染めの技術を知らなかったようである。つまり,「白ミャオ」族が着用する衣服の素地は, 木綿からではなく麻(火麻)からつくる麻布を使用した。彼らが木綿の栽培の適さない高地に, 主として居住しているためである。麻布は綿布と比較すると繊維が荒く, ごわごわして堅いという特質をもつ。そのため, 藍染めには適さないのである。

以上指摘したように, 黒色の衣服を着用するというのが「黒ミャオ」族の最大の特色となっているが, その他彼らが居住している家屋の形態に関してもきわだった特色がある。つまりミャオ族は, 家屋が密集している集落を形成する。いわゆる集村形態をとっている。理由は, 盗賊などから財産である牛などの家畜や収穫した穀物を保護するためであるとされる。この点は, 西南中国に居住する少数民族も同じような形式の集落を形成している。ミャオ族よりも海抜高度の低い土地条件の良好な場所に居住していたトン族の場合,「鼓楼」と称する砦に相当する木造の多重塔を設置し, 盗賊などの見張りに用いた。しかし, ミャオ族の中でも「黒ミャオ」族の場合は, 集村形態を採用しているが, それには独自の機能が付随していた。すなわちこの付随機能とは, 各集落では集落の出入口に該当する箇所に門(寨門と呼ばれる)をつくり, 夜になるとその寨門を閉じ, 翌朝開門するというものである[1]。

現在では「黒ミャオ」族の多くの集落では, この種の寨門がとりこわされたり, あるいはその跡だけとなっている場合が多い。しかし, とくに「黒ミャオ」族の集落にはこのような寨門が設置されたのは, この集団が比較的早い時期から焼畑農業主体の移動生活をやめて, 山腹斜面などに開墾して棚田を造成し, 天水利用による水田稲作に従事してきたことと関連していると推定できる。つまり, 棚田から収穫した籾などの収穫物を天井裏や集落内に設置した穀物倉庫に保管したためであると思われる。さらに, ベトナム北部の山岳地帯に分布・居住するモン(Hmông)族と呼ばれる「白ミャオ」族の集落は, 中国領のミャオ族の集落ほど

大規模なものが少ないが，集落の周囲全体を高さ1.5mぐらいの石垣で囲み，その出入口には門が設置されていることが多い。主として家畜・穀物などの盗難に対する防御策のためであるという。

また，「黒ミャオ」族などのミャオ族の家屋は，切妻屋根の木造2階建て住居が基本である。しかし「黒ミャオ」族の家屋は，前述の通り山腹斜面上に建設されることが多い。そのため，これらの家屋の一部は，家屋後半部の土間領域から前半部に向かって板敷がせり出した「吊脚楼」（脚を吊した家屋）と称される，独特の構造をしている。つまり，このタイプの家屋は，山腹斜面の傾斜を利用しているため，敷地が上下の2段から構成される。具体的に述べれば，下段の敷地には長い柱を，上段の敷地には短い柱を当てる。そうすると，家屋の前半部の床板と，後半部の地面がちょうど水平の状態となる。すなわち，家屋の前半部は2階建ての構造となり，後半部は土間形式の平屋という構造になる。その前半部の1階部分は家畜小屋や農具などの収納庫として利用され，2階部分が家族の生活空間として利用されている。家族も1階部分は家畜などが住む場所で，2階部分に居住しているという意識をもっている[2]。

以上述べたように，「黒ミャオ」族はミャオ族の中でも比較的早くから定着し，棚田を中心とする水田稲作に従事してきた。この点に関しては，同様に早くから定着し，農業に従事するようになった湖南省西部の「湘西」方言を話すミャオ族の集団は，漢民族居住地区に近いためか，漢化の影響を強く受けた。つまり，中華人民共和国成立以前においても，この集団はすべてミャオ族ではなく，中国語（漢語）が会話の中心となっており，衣服も漢民族と同様のものを着用しており，民族衣裳は若い女性が祭りなどの「ハレ」の日のみ着用するという状態となっている。つまり「黒ミャオ」族の場合定着したにもかかわらず，湖南省西部の「湘西」方言を話す集団とは異なり，言語および民族衣裳にみられるように従来からの風習を堅持してきたといえる。

なお「黒ミャオ」族は，早くから水田稲作に従事してきたので，それに伴う農耕儀礼（一部は漢民族など他民族の影響もみられる）が比較的豊富である。この点は，現在でも焼畑農業などに従事し，移動生活を行なうことが多い「白ミャオ」族あるいは漢化を早くから受けた「紅ミャオ」族などの集団では，前者については農耕儀礼が非常に少ないという傾向が，また後者に関しても漢民族と同様の農

耕儀礼が多いという傾向がみられ,「黒ミャオ」族とは異なっている。さらに上述した寨門などが残っていることからも推察できるように,生産責任制導入後に公布された集落内の規則である「郷規民約」に関しても,それ以前の慣習法が取り入れられ,規約として最も整備されているのが「黒ミャオ」族であるといえる。

以上述べたような特色を有する「黒ミャオ」族について,貴州省黔東南苗族侗族自治州に所属する丹寨県雅灰郷送隴村,従江県加勉郷党翁村および同県加勉郷別鳩村の3村落を事例として取り上げ,具体的に分析・検討を行なう。

なお,これら3集落の「黒ミャオ」族は,かつては森林などの天然資源に大変恵まれた地域を主たる生活の場としてきた。この地域に定着を開始した「黒ミャオ」族の集団は,当初焼畑農業を生業としていた。しかし,その後の人口増加などに伴い,周辺の山腹斜面を開墾して棚田を造成し,天水利用による水田稲作が生業の主体となっているという共通点がみられる。

第1節 丹寨県雅灰郷送隴村送隴寨の「黒ミャオ」族

1 雅灰郷送隴村の概略

1) 雅灰郷への経路

雅灰郷送隴村は,貴州省黔東南苗族侗族自治州の西南端に位置する丹寨県に所属している[3]。丹寨県は黔南布依族苗族自治州に隣接し,県城丹寨(龍泉鎮,以前は八寨と呼ばれた)は,黔東南苗族侗族自治州の州都凱里市および黔南布依族苗族自治州の州都都匀市との両州都に近いため,交通上の要所となっている。県の住民はミャオ族が多数を占め,その他,漢民族,スイ族,トン族,プイ族などにより構成されている[4]。主要な産業は農業である。また金の採掘も盛んで,埋蔵量は貴州省最大とされる[5](第16図)。

雅灰郷に行くには排調鎮を経由する。排調鎮は県城の東方43kmの所に位置する,県東部の中心集落である。排調鎮までの道路の一部は未舗装のため,車で2時間から3時間も要する。路線バスの定期便も日に数回運行されている。排調鎮

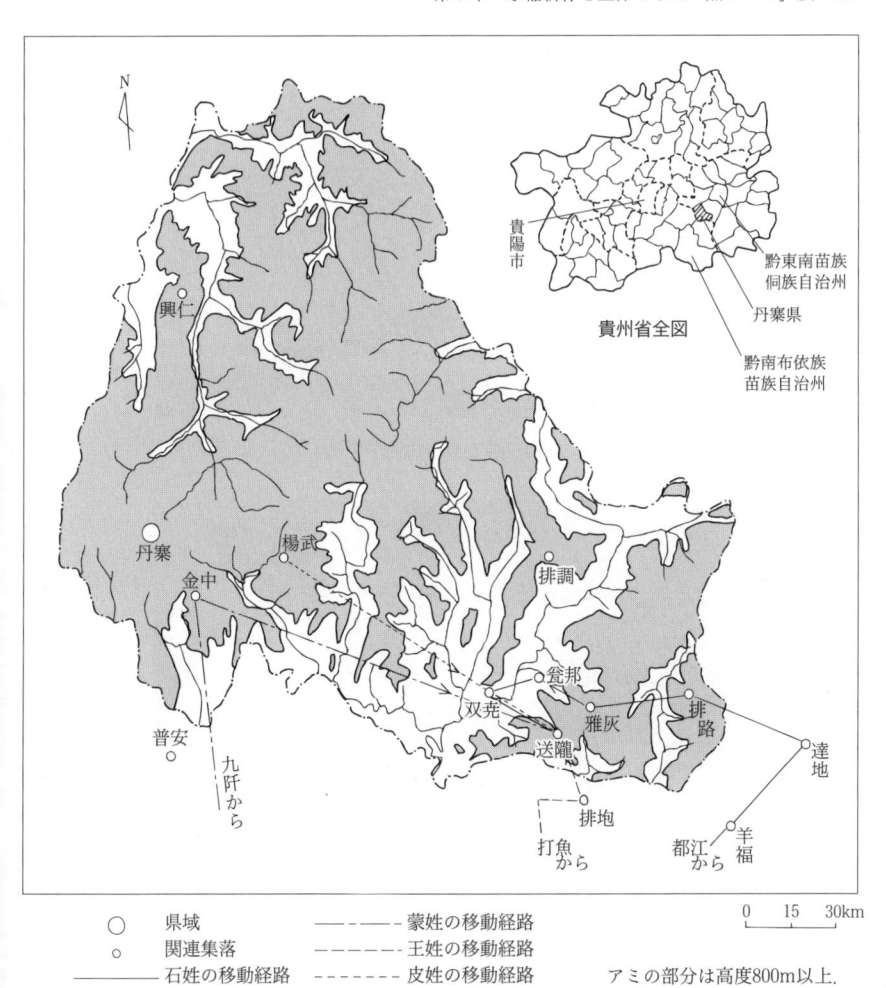

第16図　雅灰郷周辺の地域概略図
〔出所〕現地での聞き取りにより作成.

凡例：
○　県域
○　関連集落
──── 石姓の移動経路
──・── 蒙姓の移動経路
──── 王姓の移動経路
──── 皮姓の移動経路

アミの部分は高度800m以上.

から雅灰郷までは，1979年に開通した馬車のみが通行できる小道を進む。しかし，この小道は狭く道路も悪いので，他の車両が通行できない。そこで，1995年から道路の拡張工事が行なわれている[6]。そのため，途中からは，山腹斜面を削ってつくられた馬車道ではなく，以前から使用されてきた西江上流都柳江の支流を川舟で下る。川舟はかつては塩あるいは米などの重量のかさばる物品を運搬するの

都柳江の支流を川舟で下る

川舟から馬車に乗り換える

に用いられていた。現在工事により馬車道が通行不能なので，川舟による物資の輸送がかつてのように盛んになっている。

　約2時間，川舟で下り再度上陸する。その後は馬車に揺れながら雅灰郷の郷人民政府がおかれている雅灰村雅灰寨に到着する。雅灰寨に着くまでに6時間以上も要したのは，川舟に乗船したことや，排調鎮（海抜680m）とここ雅灰寨（海抜900m）との高度差があったためである。すなわち，船着場からは急な登りで，馬車ですら休憩のためにたびたび休むという状態であった。

　雅灰村雅灰寨は急な坂道を登りきった所，すなわち小山の山頂近くに位置して

第11表　雅灰郷の概要

A. 各村の概要

村名	海抜高度(m)	人口(人)	寨数	組数	主要民族
雅灰村	950	700	3	9	ミャオ(85)・漢(15)
排寿村	780	780	3	4	ミャオ(100)
瓮邦村	800	462	2	4	イ(50)・漢(30)・ミャオ(20)
巫棉村	800	455	2	3	スイ(60)・漢(40)
送隴村	900	1,109	4	8	ミャオ(95)・漢(5)
叮咚村	650	482	2	4	漢(80)・ミャオ(20)
羊高村	850	410	5	5	ミャオ(50)・漢(50)
羊場村	780	241	3	3	漢(40)・イ(20)・トン(30)・ミャオ(10)
殺邑村	800	611	10	10	漢(90)・ミャオ(10)
殺高村	1,004	844	8	10	漢(60)・ミャオ(35)・イ(5)
套鳥村	1,100	530	5	5	漢(40)・ミャオ(30)・スイ(10)・その他(20)
上従村	850	271	3	6	スイ(40)・ミャオ(30)・トン(20)・漢(10)

(　)内は％．
〔出所〕雅灰郷人民政府での聞き取りにより作成．

B. 民族別人口

名　称	人口(人)	比率(％)
ミャオ族	3,578	54.9
漢　族	1,270	19.5
トン族	491	7.5
スイ族	788	12.0
イ　族	378	5.7
他の民族	15	―

〔出所〕雅灰郷人民政府での聞き取りにより作成．

いる。雅灰郷の人口は6,516人（1997年統計，以下同様），戸数は1,522戸である。郷は12の行政村から形成されるが，各行政村は複数の寨によって構成されている。寨の総数は50で，それは70の組[7]に分けられている（第11表A）。

2）雅灰郷の黒ミャオ族

　郷人民政府所在地は，既に指摘したように雅灰村雅灰寨にある。ここには政府の各機関の出張所[8]のほかに，農暦の「牛」と「羊」の日に開催される定期市がある。定期市は郷内では1カ所のみで，塩・砂糖・洗剤などの日用雑貨品や衣類

および近くで生産された野菜などが中心である。前者の日用雑貨品や衣類は、定期市を回っている行商人が持ち込んだものである[9]。そのためか、雅灰には行商人が宿泊する旅社（旅館）も存在する。

しかし、黔東南苗族侗族自治州の南部に位置する従江県の山間部に居住する「黒ミャオ」族とは異なり、雅灰郷の「黒ミャオ」族は日常生活において、女性が民族衣裳を着用していることが大変稀であり、定期市においてもほとんど民族衣裳を着ている女性をみかけなかった。この点は、比率として多くないが漢民族なども雑居しているので、漢民族の影響を受けたのではないかと推察できる。

中華人民共和国成立後の1953年に土地改革が実施され、1956年には雅灰人民公社が成立した。その後1980年に人民公社解体の一環として雅灰人民公社も解体され、生産責任制が導入された。なお郷内で電気が通じているのは雅灰村と排寿村の2カ村のみである。また、学校は1年生から6年生までの「公辦小学」（小学校）が雅灰と排路（以前郷であったが、1992年に雅灰郷と合併、郷人民政府は殺高村におかれた）に設置されている。その他、教員の給与や校舎の一部を村民が負担する「民辦小学」（1年生から3年生まで）が各村におかれている。上級の中学校は郷内に設置されていないので、中学校に進学するには排調鎮にまで出かけなければならない。

雅灰郷の民族別人口は、ミャオ族・漢民族・トン族・イ族・スイ族の順となる（第11表B）。ミャオ族は全体の過半数の55％弱を占めている。イ族の多くは三都水族自治県普安から移動してきた。またトン族の場合は、漢民族に嫁いで当郷に来住した者が多く、漢化が著しく進んでいるとされる。

雅灰郷のミャオ族は「黒ミャオ」族であるが、当郷では「黒ミャオ」族を女性が着用しているプリーツスカートの長短や居住している場所などによって、次の4集団に分けられている。すなわち「雅灰ミャオ」族、別名「長裙ミャオ」族（長いプリーツスカートを着用しているミャオ族）、「短裙ミャオ」族（短いプリーツスカートを着用しているミャオ族）、「八寨ミャオ」族（八寨〈丹寨の古名〉に住むミャオ族）、「白領ミャオ」族（丹寨県白領地方に住むミャオ族）である。

これら4集団の自称はすべて「ガノウー」と称している。黔東方言地区のミャオ族は、前述したように「ムー」などという自称をもつ集団が多いのであるが、「ガノウー」という自称は、他の黔東方言地区では聞いたことがない。しかし、女

性の民族衣裳からみれば，これらの4集団は「黒ミャオ」族であることが明白である。その中でも「雅灰ミャオ」族が半数近くの40％を占めているが，それぞれの行政村ではミャオ族の集団が異なっている。

なお，郷内の各寨においては，一つの民族集団によって形成される集落もあるが，複数の民族集団が同居つまり雑居している集落もみられる。さらに一般には，異民族とミャオ族との間では通婚などがみられないことが多い。しかし，郷内においては「黒ミャオ」族の異集団や異民族間の通婚もみられる。この点も漢民族の影響であると思われる。

3）調査対象集落の送隴村

調査対象集落である送隴村は，当初「ワンジュ」と呼ばれていた。しかし，周辺の人びとがこの名前を笑うので，「套弄」と改名した。「稲藁」という意味である。当寨では火災防止のために稲藁を家の周囲に積み上げることを禁止していた。そのことにちなんで改名されたのである。「套弄」は中華人民共和国成立以前まで使用された。送隴村までは雅灰寨から距離的には約4kmと大変近い。しかし道路は道幅が非常に狭く，一部は水田の畔道を歩かねばならないが，山腹斜面を横断する行程がほとんどを占めるので，急な登り下りは存在しない。

送隴村は4寨から構成されているが，そのうち送隴寨のみは戸数・人口とも多いので，5組に区分されている（第12表）。それぞれの寨は近くに位置しているが，互いに目でみることはできない。村全体で水田が560.5畝，畑地が300畝ある。

第12表　送隴村の戸数と人口

名	組	戸数（戸）	人口（人）	水田（畝）	畑地（畝）
摆久寨	第1組	19	81	36.5	20.0
羊福寨	第2組	21	103	45.5	35.0
送隴寨	第3組	41	172	90.0	40.0
	第4組	31	151	67.5	30.0
	第5組	19	97	49.5	25.0
	第6組	48	189	85.5	60.0
	第7組	32[①]	159	92.0	50.0
也五寨	第8組	36[②]	157	94.0	40.0

①漢族6戸（30人），②漢族6戸（24人）．
〔出所〕送隴村での聞き取りにより作成．

盛装する娘たち（雅灰郷送隴村）

　山林面積は統計がないため不明である。1983年に生産責任制が導入された。それを契機として水田・畑地および山林を住民に均等分配した。水田・畑地は1人当たり0.5畝程度，山林は住民と相談して分配した。つまり，樹木が多い山林では比較的多く分配した。

　送隴村には，上述したように，1年から3年生まで教える「民辦小学」（小学校）が設置されている。創設は1968年である。児童は69名で教員は「公辦教師」2名，「民辦教師」3名の合計5名である。児童はすべて送隴村の住民の子弟で，1年生40名，2年生16名，3年生13名である。「公辦教師」の2名は雅灰郷の他村出身の漢民族で，師範学校卒である。3名のうち1名の「民辦教師」は本寨出身の「黒ミャオ」族である。学歴は3名とも初級中学校卒である。

　これらの教師は，国家が各戸より徴収した教育付加費より，「公辦教師」の6ないし7分の1の月給60元前後が支給されるほか，以前は村から食糧の支給を受けていた。しかし1983年からは，食糧の供給の代わりに，住民同様水田・畑地および山林が分配された。これを責任地という。この点は，他の少数民族地帯での「民辦教師」の多くが，依然として月給と米・トウモロコシなどの食糧の現物支給で

第13表　送隴寨の井戸

名　称	使用する姓	備　考
ジィユイ	石・皮	寨より1km離れている
ヤンパ	石・蒙・王	
オンリィア	王・皮・石	
オンリュー	韋・石・蒙	
イェゴ	石・蒙	寨より0.7km離れている

〔出所〕送隴村での聞き取りにより作成.

あるのと大きく異なっている。以前は教育費がすべて無償であったが，現在では学費・本代として，1年生では学期ごとに20元余り，2年生は25元余り，3年生は30元余りを徴収している。そのため，通学できない子供や1年だけで退学する児童もあるという。

また，村内には郷人民政府の出張所などの政府の建物は存在しない。それ故，村内での会議は，党支部書記宅かあるいは村の幹部の自宅で開催される[10]。1994年には送隴寨内の数十戸が共同して小規模な水力発電を建設した。テレビは村内で1台だけある。この発電のおかげで受信が可能となった。他の多くの家では石油ランプが日常的に使用されている。

井戸は各寨内に存在する。送隴寨には5カ所井戸があるが，そのうち2カ所は寨から離れた場所にある。第13表にみられるように，各井戸は使用者が決まっている。つまり姓によって使用できる井戸が異なっているのである[11]。なお，送隴村では，近くの小川からひく水道工事が1995年から開始された。翌1996年からはその水を使用することができるようになった。しかしながら，国家がその工事代の一部を補助するというものの工事費がかさむため，水道はごく一部の家屋にしかひかれておらず，多くの家では従来どおり井戸を使用している。

村内で他に目にとまるものとしては，ディーゼルエンジンで可動させる米搗き機があげられる。他のミャオ族の集落に宿泊すると，早朝足踏み式の横臼で米を搗いている「バッタン」，「バッタン」という音で目を醒まさせられることが多い。送隴村全体でこの種の米搗き機が11台ある。最初の導入は1983年のことで，当地域に生産責任制が導入された直後に，一部の住民が使い出したようである。この点も他のミャオ族の集落とは異なっているが，漢化の影響を受けたものと推定で

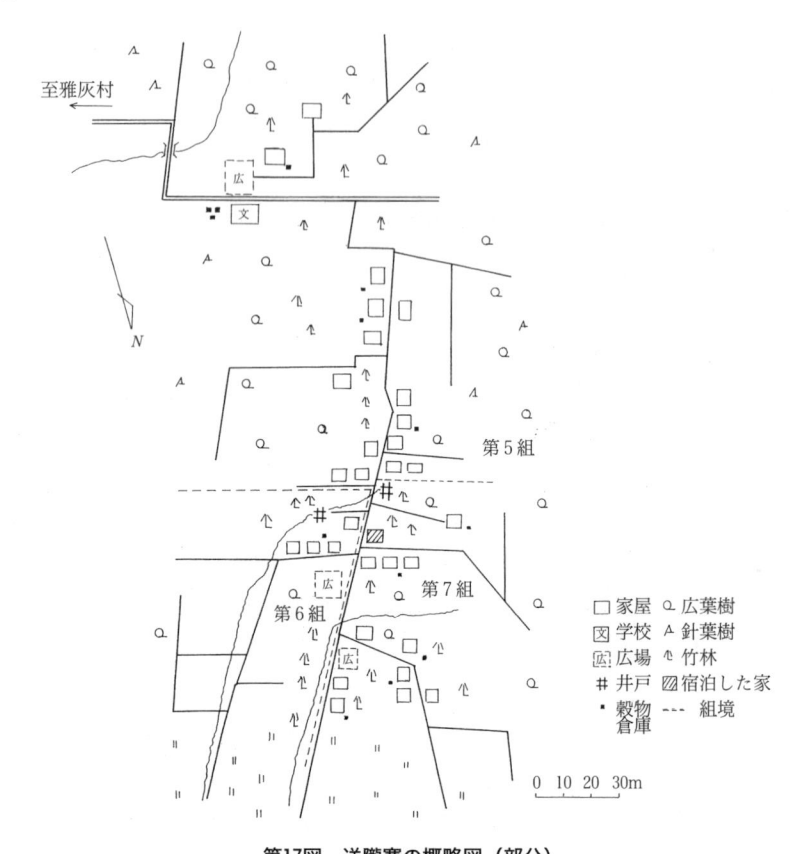

第17図　送隴寨の概略図（部分）
〔出所〕現地での聞き取りにより作成.

きる。

　調査地は，上述したように村が4寨に分散していることや，村の人口が1,000人以上であり大規模ということなどから，村の中心的な寨である送隴寨に限定した。送隴寨は5組からなり，戸数171戸，人口768人の比較的規模の大きな集落である（第17図）。住民は漢民族6戸，30人を除くとすべて「黒ミャオ」族の「長裙ミャオ」族である。

　送隴寨を含む各寨の住民は，例えば石とか蒙というように，各姓ごとに寨に移住してきたようである[12]。というのは，各姓ごとに当寨に到着するまでの経由した地点を，伝承という形式ではあるが知っているからである。石姓の場合，祖先

は江西省珠市巷から山伝いに湖南省経由，榕江（黔東南苗族侗族自治州榕江県）に移動し，都江・羊福（ともに黔南布依族苗族自治州三都水族自治県）などを通過し，達也（黔東南苗族侗族自治州雷山県）に移り，その後丹寨県内の套鳥・排路・雅灰・瓮邦・双尭と主として河川沿いに遡上して当寨に到着した。当寨に定着してから既に13代目であるという。

このように祖先の移動経路を比較的よく記憶しているのは，結婚式あるいは家屋の新築のときなどに歌う「古歌」あるいは「逃歌」の中に，祖先がかつて居住していた地名が織り込まれているからである。「逃歌」とは，老人がある場所から他の場所へと逃げのびてき

日常的な民族衣裳（雅灰郷雅灰村）

たことを示す歌で，老人つまり祖先を想起するために歌い続けられているという。他姓の場合も石姓と同様に，江西省方面から西進して当寨に移動してきたという伝承を有している（第16図の矢印を参照）。しかし，当寨に定着したのは比較的遅く，定着してから7〜8代しか経過していない。

第17図は送隴寨の全域を示してはいないが，送隴寨の家屋配置の特色はわかる。家屋は山腹斜面の山頂近くの傾斜地に細長く展開し，その下方前面には水田が広がっている。家屋の形態は全体としては集村形態といえるが，1戸1戸が明確に離れており，少し間隔が生じていると竹林や雑木林となっている。また，家屋規模も比較的大きい。この点は，兄弟が分家したといっても食事の煮炊きをする囲炉裏や竈を別にするという意味で，結婚後も男性の兄弟が両親と同じ屋根の下に住むという習慣がみられる。そのため，部屋数が必要となり，増築している家も多い。

集落上方には，雅灰村からの道路が通じている。道路の終点が送隴寨の入口で，

井戸（雅灰郷送隴村）

近くに小学校が建てられている。集落はここを最上部として谷沿いに山腹斜面を下るようにして形成されている。集落の中央部には井戸が2カ所存在する。「オクリア」と「オリリマー」である。これらの井戸を水源として河川が流れている。集落周辺の傾斜地には竹林や雑木林が繁っている。

2　送隴村の抽出農家からみた生業形態

1）土地改革と生業形態の実態

　送隴村は1952年に土地改革が実施されたとき，戸数119戸，人口も650人であった。そのうち，送隴寨は戸数が86〜87戸，人口は490人であった[13]。寨には土地改

ネズミ返しがついた穀物倉（雅灰郷送隴村）

革以前，地主が2名のほか，「中農の上」，「中農」，「雇農」に属する家がそれぞれ数戸，その他は「貧農」であった。つまり土地改革以前において，農民は所有する耕地面積に応じて「地主」，「富農」，「中農」，「貧農」，「雇農」の5階層に区分されていた。このうち地主は，基本的には耕作を行なわず，耕地を小作に出していた。また「雇農」は耕地をまったく所有していなかった。送隴寨には「地主」が2名，「中農の上」が3戸，「中農」が5戸，「雇農」が2戸その他はすべて「貧農」であった。

なお，当時当寨では所有している水田面積の規模で，このような区分がなされたのではなかった。つまり当寨では，収穫した籾の量を「挑」で表し，その挑によって区分したのである。1挑は80斤（40キログラム）である。良田の場合，6

畝の水田から1挑の籾が収穫できた。地主では90挑余,中農の上では70挑,中農では50挑,貧農では多くが10挑の収穫があったが,畑地はあるが水田を所有していない者もいた。送隴寨の地主といっても所有している水田の面積が大規模ではなく,他人に貸し出すほどの余裕がなかった。また雇農の2戸は,同郷内の瓮邦村に居住する3名の地主(漢民族)が,大規模でないが送隴寨内に水田を所有していたので,その耕地を借りて耕作していた。これら瓮邦村の地主は,合計130挑の収穫が期待できる水田を送隴寨内に所有していた。

　上述したように,土地改革後はこれらの耕地はすべて没収され人民公社の所有となった。このように送隴寨を含む送隴村は,近くの村々と同様,農業とくに水田稲作が生業形態の中心であった。しかしながら,水田稲作といっても,水田は集落の下方前面の山腹斜面に展開している。つまり水田は,山腹斜面を切り開いて造成した棚田である。用水は集落内を流れる谷川をはじめ,同様の小河川が数河川山頂より流れているが,棚田を満たすほど十分な用水が確保できない。そのため,用水の大半は天水に依存している。当地域では雨季が年1回ある。期間は4月から7月にかけてなのであるが,この期間降水量が極端に少ないと旱魃を起こす。近年ではとくに1992年の旱魃がひどく,大きな被害を受けた。このほか虫害もたびたび発生する。とくに1994年度は雅灰村だけではなく,雅灰郷全域にもその被害が拡大した。このように,用水の大半を天水に依存しているため,年ごとの収穫量には相当の開きが存在するという。

　以上述べたように,生業の中心である水稲は,収穫が非常に不安定であるうえに現在でも食糧が不足する家も存在する。そのため寨の住民の中には,竹細工・木工・鍛冶などの副業を農閑期を中心に細々と行なっている。これらの技術は,先祖代々受け継がれてきたものではなく,人民公社時代に近くの公社からやってきた職人が数カ月から1年間ぐらい住み込み技術指導した結果,取得したものである[14]。この他,製炭も行なっているが,ほとんど自家消費中心で出荷することは少ない。

　それ故,寨の住民の最大の収入源といえば,各戸が数頭ずつ飼育している牛などの家畜の売却である。それにもかかわらず,寨内には6名が小規模ながら小売店を構えている。小売店を営業している者はすべて10代から20代までの青年で,資金は50元から300元程度出費している。この資金に関しては,榕江県興華郷高排

村のアンチモニー鉱山で働いて貯金した1名を除き，他の者は両親から出してもらった。小売店では主としてタバコ，アメ，酒などを販売している。小売店を開店するには営業許可証，税務登記証などが必要で，1カ月に1元上納している。彼らはまた排調鎮，雅灰などの定期市に出かけ商売することもあるという。

なお，アンチモニー鉱山への出稼ぎは1994年8月のことで，紹介する者があり送隴村の者40数名が集団で出かけた。作業は鉱石の運搬が主体であったが，労働が過酷なため全員2カ月でやめ村に帰った。賃金は高く，2カ月で500元余りを得た。

以下では，送隴寨の典型的な農家を取り上げ，具体的に検討していくことにする。

2）漢民族，皮・X（第7組）の生業形態

主人の皮・Xは55歳の漢民族である。家族は6人である（第18図）。皮という姓は大変めずらしく送隴村では6戸のみである。当寨には曾祖父の時代（第18図 Ⅲ世代）に西方に位置する楊武郷の朱砂廠から，70年ほど前に移ってきた。前居住

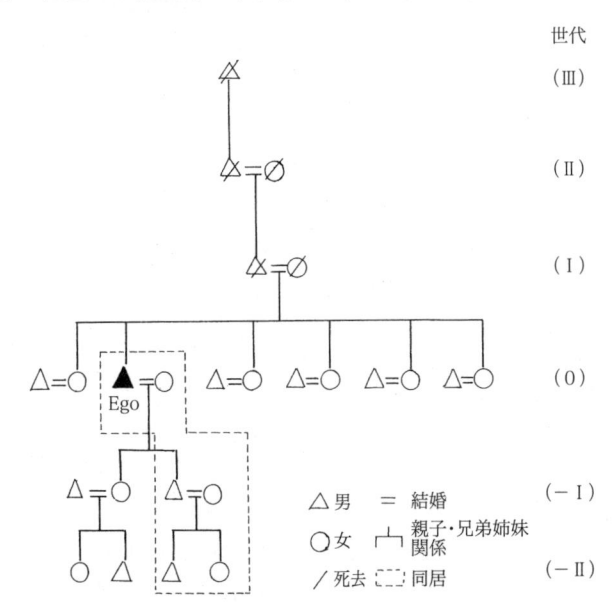

第18図 皮・X家の家族構成
〔出所〕皮・X家での聞き取りにより作成．

皮・X家の堂屋（雅灰郷送隴村）

地の朱砂厰は郷人民政府所在地で，水銀が産出することからこのような名前がついたとされる。

　曾祖父は，元々「王」姓を名乗るミャオ族であったという。しかし当寨に定着して以来，漢民族となり皮姓を名乗ることになった。改姓した理由は，曾祖父の性格が皮すなわち「のろま」という意味があるように，あわてず急がずという大変慎重なもので，かつ歩くのも遅かった。そこで，他人から「老皮」と呼ばれることになった。その皮が姓となったのである。また事情が不明であるが，ミャオ族から漢民族へと民族名称も変更した。

　1937年に亡くなった祖父には皮・Xは会ったことがないが，現在住んでいる家はこの祖父が建ててくれたものである。祖父は農業のほかに商業も手がけていたようで，川舟で三都水族自治県の県城三都や榕江県の県城榕江に出かけ，村内で集めた米を売り，その代金で塩を買い，村で販売した。父親は一人っ子で配偶者はスイ族である。

　皮・Xは6人兄弟であるが，皮・X以外はすべて女性である。配偶者は同寨6

組のミャオ族である。皮・Xには男女2人の子供がいるが，娘は結婚して2児をもうけている。皮・X家の家族は勉強好きで，祖父・父親も私塾で学習した。村の私塾は1944年から送隴寨で開かれており，教師は近くに住む漢民族やミャオ族が担当した。塾の費用は高く，年間2枚の「大洋」と呼ぶ銀貨，1斗の米およびラード・塩・トウガラシ各1斤であった。

　土地改革以前，父親と姉妹の6人家族であった。当時は水田を50挑所有し，「中農」に区分されていた。畑地は所有しなかったが，山林を100畝余り所有していた。これらの山林は父親が購入したものである。主食である飯米は不足しなかった。現在では上述の通り6人家族で，水田3.7畝，畑地3畝，山林20畝を所有している。

　水田は大小合わせて6筆所有している。そのうち1筆（0.6畝）にモチ米の稲を栽培している（第19図）。モチ米の稲は従来からの品種で収穫量が少なく，虫害にも強くない。1980年代になると，収穫量の多いウルチ米の稲が普及しだした。当寨でもほとんどウルチ米の稲を植えるようになった。しかし，ウルチ米の稲が選択されるようになったのは，他のミャオ族居住地区でみられるように強制されたものではなかった。現在でも「ハレ」の日などに餅として食べるために，モチ米の稲を植えているのである。ウルチ米の稲とモチ米の稲は，ほとんど同時に種子を播き，田植えを実施するが，モチ米の稲のほうが10日間ほど遅れて収穫する。収穫に際しては，ウルチ米は根元から鎌で刈り取るが，モチ米の場合「ミ」と呼んでいる半月形をした穂摘み具で穂刈りを行なう。

　水稲の収穫後は，ナタネ，大根および白菜・青菜の葉菜類を裏作として植える。これらの作物はすべて自家消費用である。また水田の一部には収穫後水を張り，コイ（鯉魚）の養殖を行なう。当寨の住民のほとんどの水田ではこの種の養殖を行なっている。水田養殖は近くに居住するトン族が開始したものであるという。現在では，ミャオ族を筆頭に他の少数民族間でも実施していることが多い。しかし，水田養殖を行なうと，農薬を散布することができないという問題も引き起こしている。水田養殖の方法は，水田の一角に年中水を張り親魚を養う。親魚が春先産卵すれば，それを他の水田に移し，8月に漁獲する。当家では年間300〜400斤の漁獲がある。貴重な動物性タンパク源で「ハレ」の日などに食卓に供せられる。それ以外の水田には，収穫後レンゲが植えられる。水田の肥料とするためで

ある。

　送隴寨では畑地は，主として食糧とする作物を中心に栽培する畑地と，ごく小規模の野菜を主体として栽培する野菜畑が明確に区分されている。皮・X家の畑地では，主食となる飯米を補完するサツマイモ，トウモロコシなどを植えている。トウモロコシは通常の収穫が7月よりも1カ月近く早く収穫可能な品種もあるが，当家では収穫の遅い品種のみを栽培している。キャッサバは，1993年に三都水族自治県盖頼郷より導入された。主として飼育している豚をはじめとする家畜の餌となっている。なお，中華人民共和国成立以前には陸稲も栽培されていた。

　一方，野菜畑は0.2畝所有しているが，独力で開いたものである。自家用の大根，ニラなどの野菜が中心で作物の数が豊富なことが特色といえる。この他，当家では毎年少しずつではあるが新しく山林を開いて畑地としている。1997年は0.2畝開いた。その場所は所有している山林で比較的傾斜が緩やかな場所である。またこの新地とは別に，焼畑も非常に小規模であるが実施している。1997年には0.05畝火入れを行ない焼畑とした。火入れは晩秋から春先の晴天が続く乾季に行なう。当家では，1年目はタバコ，2年目はトウガラシ，コムギ，トウモロコシなどを植える。3年目以降耕地は放棄する。1997年度は1年目の焼畑にはタバコ，2年目の焼畑にはトウガラシを栽培した。

　山林には杉を植林している。植林は1991年から開始し，2,000本余り（16畝）植林した。他の山林には松が生えているが自生のものである。家畜としては水牛（成牛1頭，子牛2頭）3頭，豚3匹，ニワトリ1羽を飼っている。1996年水牛を1頭2,000元で売却した。この代金が当家の現金収入の大半を占めている。当家では，長男が村の小学校の「民辦教師」として働いているので，家畜の売却以外に定期的な現金収入がある。税金としては籾200斤を「公糧」（農業税）として上納し，現金での納税はない。その他教育税として10元余りを納入する。教育税は子弟が通学していなくても村民の義務として課せられている。

3) 黒ミャオ族，王・R（第4組）の生業形態

　父親，配偶者と男子2人の5人家族である。母親は既に他界しており，祖父母のことは何も知らない。王姓は送隴寨に定着して以来7～8代目を数える。王・Rは50歳である。配偶者は三都水族自治県打魚郷排垉村出身の「黒ミャオ」族で

ある。

　水田は3.5畝所有しており、20筆に分かれている。年間3,200斤の籾を収穫するがほとんどウルチ米である。裏作としてはコムギ、ジャガイモを少量ではあるが栽培していることが目立つ。ジャガイモは、1993年から植えはじめた新しい作物である。また2畝の水田にレンゲを栽培する。主として豚・牛などの家畜の餌とする。皮・Ｘ家と同様、水田養殖を実施し、40斤の漁獲がある。

　畑地は3畝所有している。10筆に分かれている。当家の畑地の作物でとくに目につくのは量的には少ないがアワである。アワは古くから当地域一帯で栽培されていた作物で、トウモロコシやサツマイモが導入される以前、米と並ぶ重要な作物であったと推定できる。当寨ではアワは当家のほか数戸しか栽培していない。

　なおタバコ、トウガラシおよび一部のトウモロコシは、現地で「パン・ラオ」と称している新しく開いた土地で栽培している。その開墾の方法は、山地に生えている雑木や草を伐り、火入れを行なう。その後鍬で整地する。この点が農具を基本的に使用しない焼畑と異なる。いわゆる切替畑である。1年目にはタバコ、2年目にはトウガラシ、3年目にはトウモロコシを植える。その後は畑地として利用する。

　野菜畑も1畝所有し、5筆に分かれている。栽培している作物の種類は、皮・Ｘ家よりも多い。この点は、家畜を売却する以外現金収入に乏しいので、より自給的な生活を強いられる結果だと思われる。飯米は自給できる。

　山林は20畝所有、3筆に分かれている。この山林の中に果実から桐油がとれる油桐の木が100本ほどある。収穫した果実は400斤ほどであるが、雅灰で開催される定期市に持参し油と交換する。桐油は食用油として利用されている。当家では山菜としてワラビを採取している。年間200～300斤の収穫があり、ゆでて乾燥させ保存食としている。

　家畜としては毛並みが黄色をしている「黄牛」2頭、豚1匹、ニワトリ10羽を飼育している。「黄牛」は、1995年、1997年に各々600元、1,200元で売却した。また、1996年にこれまで生まれた子豚をまとめて19匹、雅灰の定期市で販売した。1匹4～6元で売却できた[15]。

　当家では穀物倉を1棟所有し、収穫した穀物はすべてこの倉庫に保管している。また、1995年までは製炭も実施し、年間300～400斤生産していた。税金としては

籾を230斤上納するほか，教育費20元余りを納めている。教育費も米で上納することができる。

4）石・Y（第6組）の生業形態

主人石・Yは55歳である。現在8人家族で，長男は1994年に分家した。そのため次男夫婦と一緒に生活している。長女は結婚しており，子供も2人もうけているが，両親と同居している。当家は土地改革のとき貧農に区分され，10人家族であった。当時水田65挑，畑4畝，山林5畝を所有していた。現在の耕地面積はその当時と変わりないが，長男が分家したので少しではあるが耕地を分筆した。

水田は5筆で合計4畝所有している。他家同様ウルチ米の稲が圧倒的に多い。高収穫が期待できるからである。王・R家同様，コムギを裏作として栽培している。コムギは寨では1961年から植えられはじめた。ジャガイモは他家が栽培しだしたので，その様子をみて栽培を開始した。それ故，他家より栽培が数年おくれ，1995年からである。水田養殖（年間30斤漁獲）も実施しているが，レンゲは植えていない。

畑地は4筆に分かれ，3畝ある。トウモロコシ，サツマイモなど主食である飯米を補完する作物が中心となっている。野菜畑は0.5畝である。栽培している作物の中でとくに注目されるのは，コンニャクで，1980年より植えはじめた。自家消費用であるが，調理方法は次の通りである。すなわち，根茎を輪切にして乾燥させ，それを砕いて粉にする。その粉にアルカリを加えると凝固する。これを食用とするのである。当寨では食用コンニャクは調理方法が多少複雑なこともあり，御馳走で「ハレ」の日など好んで食べられる。

山林は5畝で4筆に分かれている。当家では1975年に油桐を100本植え，現在ではその果実を500斤収穫している。同様に乾燥した樹皮が漢方薬の材料として高価に販売できる杜仲を栽培している。さらに竹林もあり，初春には竹の子を300斤ほど収穫する。そのうち100斤は雅灰の定期市で販売する。

家畜としては，「黄牛」2頭，豚3匹，ニワトリ10羽を飼育している。税金は「公糧」として籾250斤，教育税として20斤の籾を上納している。

衣服を自宅でつくっていることもあり，毎年三都水族自治県の都江まで出かけ，染色用の藍を20斤ばかり購入する。1斤1.5元である。なお，当家では端境期であ

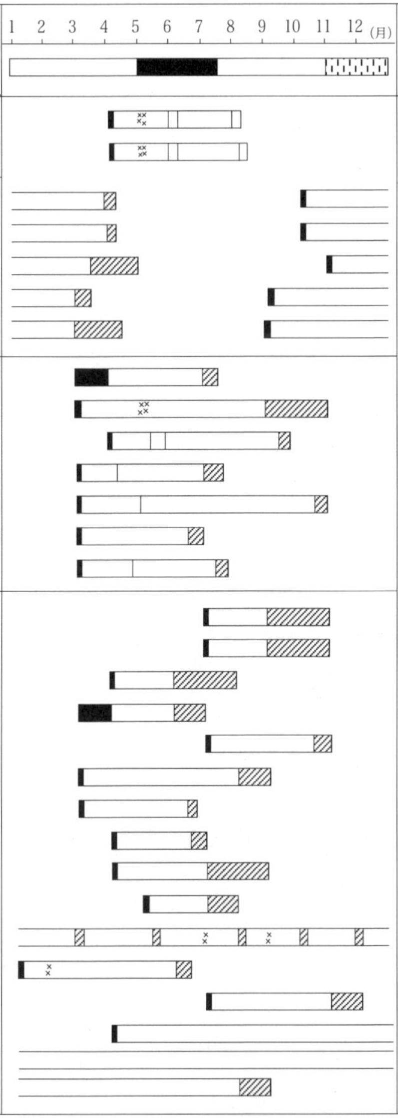

第3章 水稲耕作を主体とした「黒ミャオ」族

主要作物		農暦 1〜12月	皮・X家 (1996年度) (斤)	王・R家 (1996年度) (斤)	石・Y家 (1996年度) (斤)
水田	ウルチ米		4,200	3,000	3,000
	モチ米		300	200	200
	ナタネ		100	40	50
	コムギ			100	100
	ジャガイモ			100	100
	大根		1,000	1,000余	200
	葉菜		800	2,000	500
畑地	トウモロコシ		900	1,000	1,200
	サツマイモ		1,500	1,000	1,500
	アワ			60	
	落花生			110	60
	キャッサバ		800		
	トウガラシ※		400〜500	300	50
	タバコ※		20	20	
野菜畑	大根		100	200	250
	葉菜		100	800	500
	ナス		20	100	100
	トマト		140〜150	100	100
	ネギ・ニンニク		20	40	60
	カボチャ		100	100	60
	白ウリ			70	50
	四季豆		40〜50	20	60
	小豆			50	
	大豆			60	60
	ニラ		400〜500	600	150
	苦馬菜			300	200
	キャベツ			600	150
	コンニャク				20

凡例: 乾季／雨季／結氷／播種／(移植) 田植え／除草／収穫　　※焼畑で栽培

第19図　農業カレンダー

〔出所〕現地調査により作成.

る6月を中心に主食である飯米が不足する。そのため米を比較的安価な三都水族自治県の県城まで買いに行く。その購入代金は数年に1頭ずつ売却する「黄牛」や毎年生まれる子豚などの家畜を売却した代金を充てている。

　以上，送隴寨の3戸を事例として取り上げ，各戸の農業カレンダーを作成するなどして，検討を加えてきた。事例として選んだ3戸に共通しているのは，主要な生業である農業による現金収入がほとんどなく，現金収入は飼育している家畜の売却代金に依存しているという点である。このように，ほぼ自給自足に近い形式で生活を送っているが，石・Y家のように年間の食糧が不足する家庭もみられる。この点を克服しようとして，竹細工・木工・鍛治などの副業を起こそうとしたが成功したとは思われない。

　以上のような非常に厳しい生活を余儀なくさせられているが，人びとの唯一の楽しみは「ハレ」の日つまり祭日である。当寨の祭日は農耕儀礼と深く結びついているといっても過言ではない。以下では，「春節」などを除く主要な農耕儀礼をみることにする。

　田植えは5月5日（以下すべて農暦）前後に実施するが，他地域では田植えを開始する前に，水田の一角に祭壇をもうけ，「開秧門」と称する儀礼を挙行することが多い。この種の儀礼は本寨では省略されている。しかし，水田に茅草を1本さすという行事，つまり茅草が神への依代となる儀礼は実施されている。この儀礼を現地では「ジュリャー」と称している。「開秧門」に相当する儀礼である。

　9月の初めの「卯」の日に新米を食べる儀礼がある。この儀礼を「ネイニュカン」と称しているが，収穫祭に該当する。前述の「ジュリャー」同様集落全体で実施するのではなく，各戸で御馳走をつくり祝う。

　ミャオ族の年越しは収穫が終了し，一段落ついた11月上旬である。ミャオ語では「ネイニィアン」といい，チマキをつくり食べたり，餅をつく。ミャオ族最大の祭りである。このほか祖先祭りで，ミャオ族最高の儀礼とされる「喫鼓臓」は，当寨では100年以上も前（1896年）に実施されただけで行なわれていない。「喫鼓臓」は「鼓社節」とも称され，13年に一度挙行される儀礼である。祭礼にあたっては集落全体あるいは祖先祭りを行なう一族が，全戸水牛を1頭ずつ殺して祖先の霊を鎮めるというもので，そのとき木鼓が打ち鳴らされ，祖先を呼び戻すとされる（鈴木・金丸1985：58-78）。中華人民共和国成立後，内容があまりにも残酷

であるとの理由から禁止されてきた。

なお，送陇村の周辺では1953年に三都水族自治県の排坦村で，1954年に同県打魚郷盖頭村で挙行された。どちらも「黒ミャオ」族の集落で，これらの儀礼に参加した住民も存在する。

このように，農耕儀礼それ自体が少ないというのが送陇寨のミャオ族の特色といえよう。理由としては，元来ミャオ族とくに「黒ミャオ」族は，水田稲作を中心とする農民でなかったことが考えられる。この点に関しては資料を収集して再検討したい。

3　日本人研究者が注目する黒ミャオ族

ミャオ族の中でも「黒ミャオ」族は，山間支谷や山腹斜面を主体に水田稲作に従事してきた集団である。「黒ミャオ」族が居住している自然環境が日本の風土と類似していることから，生活様式においても類似点が多く，日本人研究者が調査や関心をもってきた民族集団である。しかしながら，本文でも言及したように，実際に彼らの居住している集落に入り調査することは，社会主義体制を堅持していることもありほとんど許可されない。したがって，本調査も地元の各種の関連機関の協力により，短期間ではあったが現地の農家に宿泊して実施することができた。しかし，宿泊先を指定することが不可能なことをはじめ調査に当たって制約が存在したことも事実である。

以上のような調査上の問題が存在したが，「黒ミャオ」族の生業形態の特徴は十分に把握できたと思われる。とりわけ，今回の調査では，現在においてまだ主食である食糧が不足している家が存在するということ，さらには人民公社時代本寨の生活レベルを向上させる目的で，竹細工・木工・鍛冶などの技術を習得させたが，その技術を生かして副業としている者が少ないことなどが判明した。今後は他地域において，具体的なフィールドサーヴェイを重ねることで，より密度の高い生業形態の比較を行ないたいと考えている。

また，以上で論じたように，決して経済的には豊かでない送陇寨の住民に対して，それにもかかわらず，税金のみは全戸徴収している。このような政府の対応は問題があると思われる。税金を徴収するのであれば，少なくとも郷人民政府か

ら車両が通行できる道路網の整備,全戸の送電などの基盤整備を行なうとともに,当地域の自然環境にあった換金作物の栽培の奨励,例えば製茶およびミカンの一種であるポンカンの栽培は近くの少数民族居住地帯でも実施されており,成果をあげている。政府による適切な指導が切に望まれる。近くのミャオ族をはじめ少数民族が職を求めて広西壮族自治区や広東省の都市に出かけ,若年労働者層を中心に集落から転出する以前に,何らかの政策を提示する必要があろう。政府の強力な指導に期待したい。

第2節　従江県加勉郷党翁村羊你・羊略両集落寨の「黒ミャオ」族

1　加勉郷地域の概略

前節で紹介した送隴村が所属する丹寨県と同様,貴州省黔東南苗族侗族自治州の最東南端を占める従江県にも多数の「黒ミャオ」族が分布・居住している。本節の研究対象集落である党翁村が属している加勉郷は県内でも典型的な「黒ミャオ」族の居住地となっており,長年中国の諸大学において教鞭をとっていたボークレール（de Beauclair）による概括的な調査報告（de Beauclair 1960）もでている[16]。

本節の調査研究対象集落は従江県加勉郷党翁村に所属する二つの隣接する羊你および羊略の両寨である[17]。両集落の住民は全員「黒ミャオ」族で,自称は「ドウマイ」（dou mai）である。羊你・羊略の両集落には,1995年秋に当地域の中心集落であり,周辺の杉などの経済林の集散地でもある宰便まで直接ジープなどの小型車輌が通行可能な道路が開通することになっている[18]。この道路が開通すればより外部世界との接触が可能となり,従来の自給を主体とした生活パターンが大きく変わるものと推定される。

加勉郷は広西壮族自治区に接している（第20図）。その境界には月亮山（1,490m）を最高峰とする山々がまるで屏風のように聳えている。それ故,加勉郷が最奥に位置する集落のような印象を強く受ける。加鳩郷の中心集落でもある郷人民政府

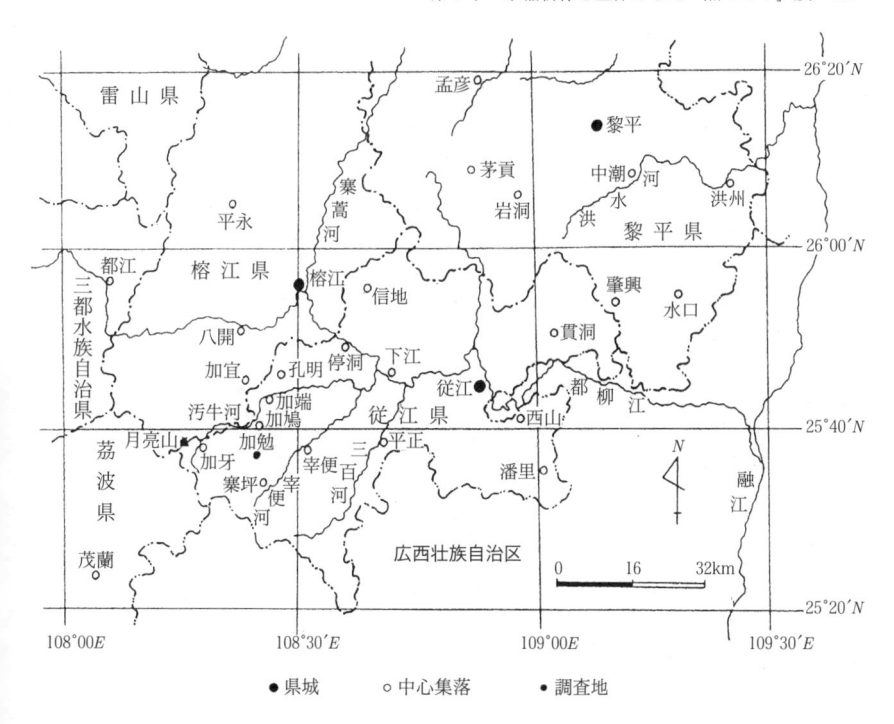

第20図　加勉郷周辺地域の概略

　所在地加鳩村加鳩寨までは，従江県県城から定期路線の小型バスが2日に1回運行されている。しかしながら，加勉郷の各集落までは現在のところ徒歩で山道を進むしか手段がない。

　加勉郷人民政府所在地党翁村羊你の海抜高度は1,050mである。したがって，加鳩寨よりも約200mも高所に位置することになる。そのため，加勉郷への行程は全体として登りが主体となる。とくに，加鳩からの数時間の徒歩は山腹斜面を遠巻きにしての登りの連続となる。山道の傾斜はそれほど急なものとはいえない。しかし，歩いていると相当疲労を感じるが，所々に湧水があるので大変助かる。このような山腹を三つほど越えるのであるが，河谷ははるか数百m下まで連続している。そのため，一歩道から足を踏みはずすと谷底まで一直線に落下するということになる。山道は，降雨後は勿論のこと，普段でも湿っている。そのため，露出した石などの表面にはコケなどが生えているものもあり，大変滑りやすい。し

たがって，歩くときには非常に注意を必要とする。それ故，このような山道を歩くことに慣れている住民でも，木材などの重たい荷物を担ぐときには，通常馬の蹄の底に打ちつける蹄鉄を草鞋の底に打ちつけ，岩や石にあたるとカチャ，カチャと音を鳴らしながら歩く[19]。

　以上のような山道が通じている途中の山腹斜面は，非常に急傾斜である。にもかかわらず，これらの斜面にはかつて一面に繁茂していたであろうと推定される照葉樹林が既に伐採され，跡かたもなく残っていない。というのは，このような急斜面にもかかわらず，日向斜面などの土地条件の良好な場所は，谷底から山頂付近まで農業用水を天水のみに依存する棚田が連続し，また，日陰斜面や棚田造成不可能な山頂部のより急な斜面には，杉をはじめとする針葉樹の経済林が植林されているからである[20]。さらに，遠くの山腹斜面の一部には焼畑が存在するが，いずれこれらの耕地も常畑化するのではないかと思われる。なお，途中には2,3の集落を除いて集落はみられないが，通過した集落はすべて戸数が数十戸の集村で，服装などから「黒ミャオ」族の集落であると思われた。

　このような長時間にわたる登りが終了すると，今度は一転して急な下りとなる。西江上流都柳江の支流汚牛河を渡河するためである。渡河地点にはコンクリート製の立派な橋がかけられており，傍には現在は故障のため稼動を停止しているが，小型の水力発電所が建設されている。この水量豊かな河川を通過すると，数百mの比高差を一気に登ることになる。登り道は非常に急でジグザグコースである。飼育している牛などの家畜さえも，山道から足を踏みはずしてすべり落ちることもある。道の周辺は一部耕地として開かれているが，ほとんど照葉樹などの雑木林で，至る所に小規模な焼畑がみられる。約1時間後に郷人民政府所在地党翁村羊你に到着する。ここまでの全行程は，住民の足では約4時間である。しかし，著者らの足では6時間近く要した。距離でいえば40華里（20km）である。なお，加勉郷は，従江県の中でも交通の便がよくないことなどから，最も辺鄙な地域といわれている。

　加勉郷の戸数は1,803戸，人口は7,656人である（1993年12月31日現在。以下統計の数値は同年同月）。加勉郷の下部単位（組織）は行政村（村と称される）で，20の行政村により構成される[21]。これら行政のうち2カ村[22]を除いて，他村はすべて住民が全員ミャオ族である。なお，行政村の下部単位（組織）としては，村民

委員会が設置されている村民小組[23]があり，さらにその下には最小単位として，一般に寨と呼ばれている集落が存在する。すなわち，党翁村が所属している従江県の行政組織としては，県―郷―村（行政村）―組（村民小組）―寨というように編成されているわけである。

2　羊你・羊略両集落の概略と特色

　調査研究対象村である党翁村には第21図に示したように，六つの組と10の寨が存在する。村全体の戸数は134戸，人口は599人を数える。党翁村は，従江県でも海抜高度が最も高い地点に位置しており，郷人民政府所在地羊你の標高は1,050mに達する。党翁村の最高地点は汚扣村徳坡で1,570m，最低地点は党落村の河谷地帯で700mである。

　郷名となっている加勉は，当地のミャオ語の「ジィアメイ」（Jiamei）に由来するといわれている。「ジィアメイ」とは，党翁村周辺一帯の地域の総称であった。また，党翁とはミャオ語の「ヤンニィ」[24]が変化したものとされる。「ニィ」とは

組	寨名	郷人民政府からの距離(km)	戸数(戸)	移住関係
1	羊你	0	22	②
	別拉	0.03	3	
2	羊略	0.1	30	
3	別呉①	0.5	21	
4	卡膽	5.5	13	
5	羊河	2.0	15	
	別呉①	1.5	5	
6	羊丟	5.0	14	
	羊脳	5.5	10	
	羊弄	7.0	1	

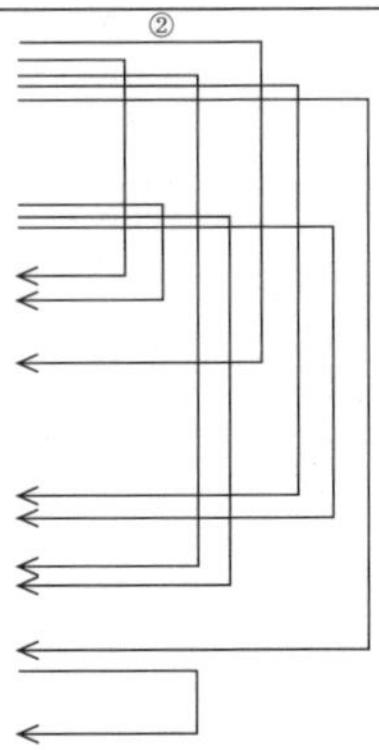

①同名であるが異なった寨
②9戸移住
⇐　移住

第21図　党翁村の組と寨
〔出所〕現地での聞き取りにより作成．

ミャオ語で水牛を意味する。すなわち、党翁には元来人家がなく、加勉郷別鳩から水牛を連れてきて水を飲ます場所であった。その後、同村から人びとが移動してきて、定着したという。古老の話では、別鳩から34代前に移ってきたというが、確固たる証拠はない。

このように、党翁に人が住みつくようになったのは、生活用水など水の便が良好なためとされる。しかし、現在では過剰人口のためか、後述するように寨内の水不足は非常に深刻である。また、過去においても水不足のため、例えば1937年には羊你・羊略の2集落などで、コレラが発生し、両集落だけでも70人余りの死亡者がでたという。なお、加勉郷一帯では別鳩（戸数120戸、人口477人）が最も起源が古い集落であると伝えられ、現在の擁里郷龍江村から移住してきたという伝承を有している。

1）羊你寨の概略

羊你寨は党翁村の中心集落で、加勉郷人民政府が設置されている（第22図）。寨は山頂部近くに形成され、集落の入口には木造の屋根付きの門がまるで道路を跨ぐようにして建てられている。現在では、この門には扉がないので、通行はまったく自由となっている。しかし、かつては門には扉が付けられ閂もかけられており、夜間などはしっかりと閉じられていたと想像できる。このような形式の門は、周辺に居住する「黒ミャオ」族の集落ではほとんどの場合実在しているようである。

門を入って少し進むと、非常に小規模な広場に達する。そこには、現在上海市などにおいても大変流行しているビリヤード台が1台置かれている、個人が経営している小売の売店がとくに目立つ。現在、寨内には数軒の小売店が存在する。しかし、日常休みなく営業しているのはこの小売店のみである。寨には、国営の加鳩供銷店が1958年から営業を開始しているが、この店は現在休業中である。なお、寨内の個人経営の小売店はすべて1993年に営業を始めた。

小売店で取り扱っている商品は、その種類が限定されており、石鹸・塩・電池[25]などの日常必需品と、タバコ・飴・白酒などに代表される嗜好品が主体で、しかも少量である。小売店は、郷人民政府に勤務する幹部の配偶者が副業として開業しているとのことであった。店はごく近くに郷人民政府が設置されていることなどから、今後売り上げの上昇が大いに期待できる。しかしながら、現在のところ、

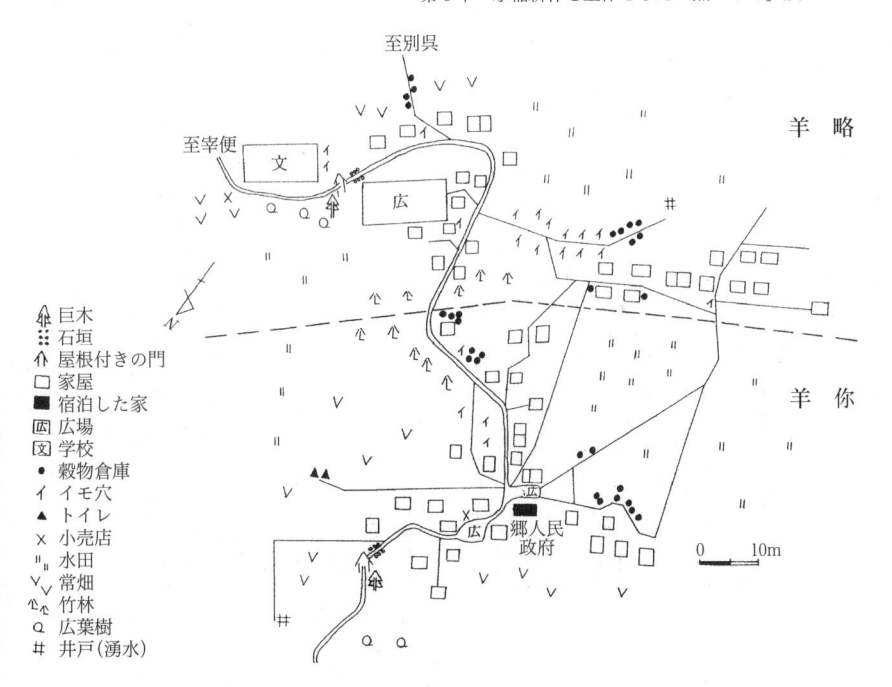

第3章 水稲耕作を主体とした「黒ミャオ」族　111

第22図　羊你・羊略の家屋配置略図

同居世帯が存在するため，家屋数と世帯数は一致していない．
〔出所〕現地での調査により作成．

営業を開始してまだ日時をあまり経過していないためか，繁栄していないようにみうけられた。その最大の理由としては，党翁村には多額の現金収入を得る産業がないため，購売の能力が高くないことが指摘できる。さらに，隣接する羊略寨の学校近くには通学してくる生徒たちをターゲットとした小売店（汚俄村の住民が経営）が同じく1993年より開業しており，競合がみられることも見逃せない。

郷人民政府は数軒分の家屋を連結したような外観を呈する，細長い木造2階建ての建物である。このように，郷人民政府の建物が大きいのは，建物内に人民政府関連の事務所とともに，県から派遣された役人およびその家族が居住する部屋や会議室なども含まれているからである[26]。人民政府の前面には，小規模の長方形の広場がある。全住民を収容することができる会場をもたない羊你寨では，この広場が住民たちの集会所に使用されたり，「ハレ」の日には蘆笙などを吹き，そ

「民家」と「郷人民政府」（加勉郷党翁村）

れに合わせた踊り（盧笙舞と呼ばれる）の会場となっている。

　なお，「黒ミャオ」族を筆頭に，ミャオ族は一般にはトイレを設置する習慣をもたない。しかし，郷人民政府の役人の中には，チワン族・トン族などの他の少数民族も含まれていることや，住民も税金などの納入や陳情などにたびたび郷人民政府を訪問することがあることなどから，数十m離れた集落はずれにトイレを設置しているのである。

　寨の主要道略は，家屋の間に点在する籾・トウモロコシ・アワなどの穀物を収納する倉庫，秋季に収穫したサツマイモ・サトイモなどのイモ類を長期間保存するために用いられるイモ穴などの間を通って，少々下り坂になる。坂を下り切ったところが谷頭で，ここが寨境となっている。谷頭といっても，水が湧き出ていたり，谷川が流れていないため，注意しないと気づかないぐらいである。しかし，寨境には，寨の入口でみられたような門など，特別なメルクマールは存在しない。

2）羊略寨の概略

寨境から先は羊略寨となる。左右に竹林が繁っている緩やかな登り坂を登り切ると，広場に出る。この広場は，羊你寨にあった2カ所の広場を合わせたよりも広範な面積を有し，形状はほぼ長方形をしている。その東端には，現在では老朽化して幹のごく一部しか残存していないが，1本の広葉樹の巨木が存在する。現在においても，わが国の水口祭りに相当すると推定され，3日間連続して行なわれる当寨最大の祭祀である「開秧門」は，羊你・羊略および隣接している別呉の3寨が合同して，この広場を会場として実施される。

別呉寨も合同して実施されるのは，別呉寨が1981年に羊你および羊略から住民が移住して成立した比較的新しい集落だからである。なお，別呉には井戸がなく，羊略の井戸を使用させてもらっている。これらのことから，東部にその一部が残っている巨木を，神が降臨する依代と考えるならば，広場は「聖なる空間」とみなすことが可能となる。さらに，巨木の傍には大きな石を積みあげた石垣の跡らしきものが存在する。しかし，この石垣は外形をとりとめないほど風化してしまっている。なお，石垣の先には，羊你寨の入口で確認されたものと同形の屋根付きの門が建てられ，道路を塞いでいる。したがって，これら広葉樹の巨木，屋根付きの門，石垣がセットになって存在し，以上の3点が集落の入口を示すメルクマールとなっていたのではないか，と推定される。

現在では，羊你寨の入口には，広葉樹の巨木，石垣の2点は存在しない。しかしながら，注意深く観察すると，これらのものが存在したような形跡が認められる。さらに，羊你寨にみられる2カ所の小規模な広場は位置から考えると，本来連続していたものと推察できる。つまり，郷人民政府などの建物が新しく建設されたために，広場が分断されたものとみなすことが可能だからである。

民族衣裳の女性（加勉郷党翁村）

授業風景（加勉郷党翁村）

　門を挟んで広場と対称的な位置に，学校が建設されている。学校は，木造2階建ての校舎1棟とバスケットボールなどができるグラウンドからなっている。正式名称は「加勉中心小学」と称し，山頂の一部を新しく切り拓いて，1961年に開学した。以前には党翁村には学校がなく，私塾の夜学が開かれている程度であった。したがって，羊你・羊略など党翁村の子弟は，村が中華人民共和国成立以前白岩郷に所属していたため，「白岩郷小学」に通学していた。「白岩」は，その名前が社会主義にはそぐわないという理由で，1965年に「紅岩」と改称された。紅岩は加鳩郷加鳩村から党翁村にくる途中にあり，羊你・羊略から徒歩で約1時間30分の距離のところに位置している。

　現在では，第1年次から第6年次まで合計6クラスが存在する。教員はすべて国家が給与を負担する「公辦教師」で，8名いる[27]。教育の給与は辺地ということもあり非常に優遇されており，平均すれば月額300元ぐらいである[28]。党翁村の子弟は男・女とも学齢に到達すると，ほぼ全員1年生として通学する。しかし，早ければ第1学年終了時に，学力上あるいは経済上の理由などから退学するものが多く，最終学年である第6学年まで進級するものは非常に少ない。学費は学年

によって若干異なるが,無償ではない。すなわち,第1学年では年間7元,第2・3学年では13元,第4～6学年では19元かかる。さらに,加鳩郷加鳩村加鳩にある初級中学校に進学すれば,寄宿舎代も含まれるが70元かかる。これらの学費は,現金収入が乏しいうえに,平均すれば2人ないし3人の子供がいるので,負担が大変であろうと推察できる[29]。このような事情から,老人や女性は勿論のこと,若い男性さえもミャオ語以外話せないものも多い。

3）両集落の全体的特徴

　羊你・羊略の両集落とも山頂部近くに位置している。そのため,見晴らしがよく遠望もきく。したがって,一見すれば居住には最適の場所であると思われがちである。しかしながら,過去のことは不明であるが,現在では生活環境の不備を訴える住民が多い。すなわち,生活に不可欠な飲料水などの水が不足するからである。この点を少し詳細に説明しておくことにする。両寨とも,飲料水としては山腹に存在している湧水を利用している（住民は湧水を井戸と呼ぶ）。しかし,湧水の水量が少ないため,多くの家庭では洗濯などの水は天水をためて利用しているほどである。とくにほとんどの家庭では,糸を定期市などで購入し,栽培しているアイ[30]を使用して藍染めを実施している。海抜高度など主として気候条件から党翁村では糸の原料である綿花は栽培できない。藍染めのときに使う木桶が井戸の周辺に所狭しという状態となる。とりわけ,藍染めが集中する期間は,井戸の水が奪い合いとなっている。井戸からの水の運搬は子供を含む女性の仕事と定められており,かなり重労働である。以上のように,羊你・羊略の両寨では年中水不足に悩んでいる。そのようなことから,寨の長老たち[31]は両寨の位置がよくないのではないかと考えており,真剣に集落移転を議論しているとのことであった[32]。

　さらに,羊你・羊略の両寨は西南斜面に位置しているうえに,両寨の家屋は寨境となっている谷頭に巻き込まれるように密集している。したがって,両集落の眼下に展開する棚田は日照時間が多いとはいえない。しかも,これらの棚田は,常畑・水田ともすべて天水に依存している。それ故,たびたび旱魃の被害を受けている。例えば1993年の大旱魃では,棚田は勿論のこと多くの樹木が枯れるほどの被害が出た。また,1987年および1991年の両年の旱魃も酷く,前者では村の平

```
            谷
```

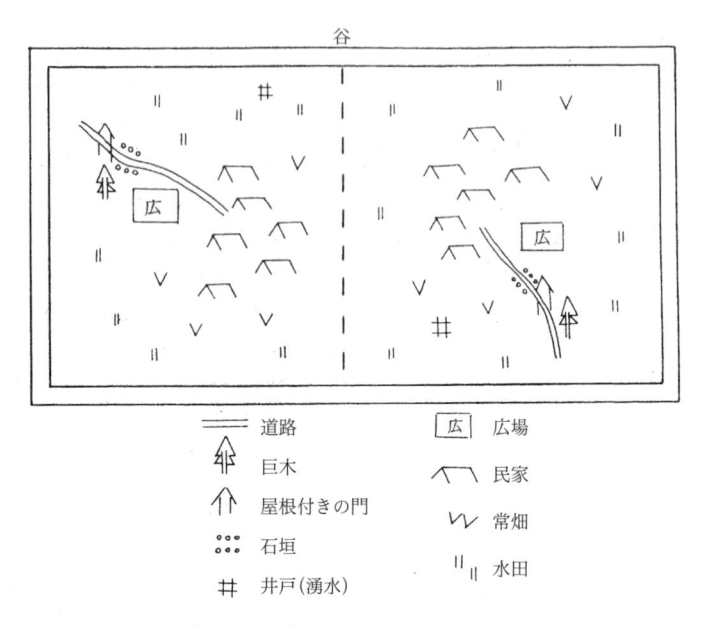

凡例:
- ═══ 道路
- 巨木
- 屋根付きの門
- ∷∷ 石垣
- ♯ 井戸(湧水)
- 広 広場
- ⋀ 民家
- ⋁ 常畑
- ‖ 水田

第23図　羊你・羊略両寨の双分モデル
〔出所〕現地での聞き取りなどにより作成.

年作の30〜40％，後者では60％しか収穫がなかった。しかも，集落周辺の山林はほとんど開発されつくされ棚田に変わっており，遠くの山中には焼畑も多い。このようなことから，地盤が非常に緩くなっており，一度集中豪雨など多量の降雨が発生すると，土砂崩れに代表される二次的な被害も多い。例えば1983年夏季の水害では，大規模な土砂崩れが発生し，穀物が村の平年作のわずか30％しか収穫できなかった。

　以上，羊你・羊略の両集落の概略をやや詳細に論じてきた。全体的な特色としては，両集落には他のほぼ同地域の少数民族地帯の集落に顕著にみられるように，集落全体をほぼ均等に2等分する，いわゆる双分原理（dualism）が働いているように感じられる。すなわち，第23図にみられるように，羊你・羊略の両寨は巨木・屋根付きの門・石垣をメルクマールとする集落の入口，「ハレ」の日に使用される「聖なる空間」と推定できる広場，利用者が固定されている井戸が各々セットになって存在することである。それ故，両寨は現在では浅い谷頭を寨境として，別々の寨となって独立しているが，本来は一つの集落であった可能性が非常に高

かったと推定できる。

　なお，古老の談によれば，学校の北側の寨はずれに土地廟が存在するという。この点は，土地廟が羊伱寨には鎮座していない点からも，両寨がかつて一つの集落であったことと関係するかもしれない。ただし，土地廟は本来漢民族固有の習性と考えられている。したがって，その場所にはミャオ族固有の神が鎮座していた可能性も考えられる。

3　主要な生業形態

　前項で述べた特色を有する羊伱・羊略の両集落は，農業が主体の経済生活を営んでいる。主要な生業となっているのは，現在では山腹斜面に造成した棚田での農業である。しかし，以前では焼畑農業が中心であったと推定できる。その理由は，現在でも周辺の山中において，杉に代表される経済林を植林するという目的で，焼畑が実施されているからである[33]。しかしながら，当村における農業は，中華人民共和国成立後の国家による焼畑禁止政策および過剰な人口圧のため，集落周辺を中心に山腹斜面を河谷から山頂部まで連続して開墾し，棚田を造成しているという状態である。棚田には水田，常畑が存在するが，主食となる米を栽培する前者のほうが広い面積を占めている。水田には，1990年まではモチ米のみで，ウルチ米を栽培していなかった。海抜高度が比較的高く，ウルチ米を栽培する条件としては最適でない点がその理由と考えられる。常畑では，トウモロコシ・陸稲・サツマイモ・ヒエ・ソバ・サトイモなどが栽培されている。

　党翁村では，上述したような作物を480畝の水田，57畝の常畑で栽培している。その他，山林地も4000畝所有している。村の年間の水稲を主体とする穀物の総生産は，旱魃・水害などの自然災害，日照不足に代表される天候不順などにより，年度によって一定していないが，平均すれば30万斤余りである。このように，土地条件が劣悪なうえに，自然災害をたびたび被る党翁村においても，農業税（公糧）として年間3,000斤の米を国家に納税している。

　中華人民共和国は1949年10月1日に成立したが，党翁村は1952年まで民国時代と同様に白岩郷に所属していた[34]。土地改革は1953年に実施された[35]。改革直前には党翁村の戸数は80戸であった。そのうち3戸が地主[36]で，残りは「富農」「中

農」「貧農」および土地をまったく所有しないで，地主などの土地を借りて小作している「雇農」であった[37]。1958年には加勉郷人民公社が発足し，集団所有体制に入った。人民公社は1983年に廃止されることになったが，廃止以前の1981年に生産責任制の導入が開始された。当初，水田は，老若男女を問わず均等に1人当たり0.8畝ずつ分配された。また，常畑は，生産責任制導入よりも早い1975年に同様に1人当たり0.1畝ずつ分配していた。1982年には山林地も分配されることになった。

　しかし，山林地に関しては，水田・常畑などの耕地とは異なる分配方法がとられた。すなわち，山林地は個人別に分配するのではなく，各戸別に人数などを勘案して配分された。このようにして分配された山林地には，自留山と責任山の2種類が存在する。前者は各戸が自由に開墾して，棚田などを造成することが許されるが，後者に関しては各戸に分配されたといえども，依然村の集団のもとに所属し，各戸が村からその管理を依託されたものであった。それ故，例えば枝払いをしたり，薪などを採集することや，ワラビなどの山菜を採集することは認められるが，自由に伐採などはできないものとされた。植林目的の焼畑が実施されているのはこの責任山のほうである。したがって，焼畑などの耕地は税金納入にさいしては，その対象外となっている。各々平均すれば3～5畝所有している。その他，「黄牛」が各家に平均1頭ずつ，さらには集団所有していた犂などの主要な農具も各戸に均等に分配された。それ以外には，とくに分配されたものはなかった。

　第24図は，党翁村羊伱・羊略の両寨にみられる生業形態の中心となっている農業に関するものである。最初に，第24図を参照しながら両寨の農業の様子を検討していこう。

　党翁村を含む加勉郷一帯では，雨季と乾季とが明確に分かれている。それ故，第24図からも明白なように，田植えや播種などの農作業は，3月初旬（以下暦はすべて農暦）からはじまる雨季に開始されることが多い。また，この地域の気候的な特色としては，海抜高度が比較的高いためか低緯度（約25度）にもかかわらず，冬季を主体に積雪・結氷がみられることである。

　農作物が栽培されている棚田は，前項においても指摘したように，河谷からほぼ山頂付近にまで連続して展開している。その大部分は，水田として利用されている。これらの水田の1筆当たりの面積は，水田が山腹の急傾斜面に形成されて

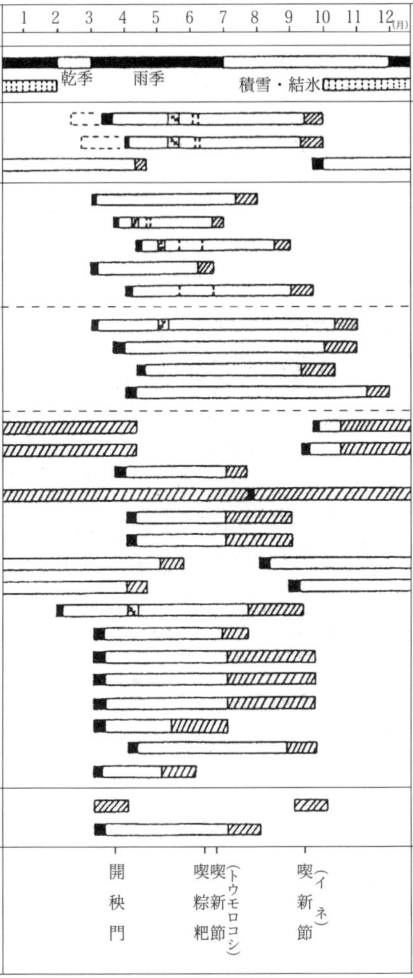

第3章 水稲耕作を主体とした「黒ミャオ」族　119

農暦			1 2 3 4 5 6 7 8 9 10 11 12月	龍・G家(1993年度)	梁・Y家(1993年度)	王・Y家(1993年度)
季節			乾季　雨季　積雪・結氷			
水田2.8畝	米	ウルチ米		4,000(斤)	2,500(斤)	1,200(斤)
		モチ米		70	400	100
	裏作	ナタネ		30①	20	10〜20
畑地0.5畝	穀物	トウモロコシ		500	300	100
		アワ		250	300	100
		ヒエ		500	80	30
		ソバ			50	40
		陸稲				
	イモ類	サツマイモ		500	300	300
		サトイモ		10	20	60
		ヤマイモ			20	
		ミズイモ		100	30	200
	野菜類	青菜類		800	300	1,000③
		大根		300	500	800
		苦馬菜			50	
		ニラ		600	200	300
		トマト			10	10
		ナス		20	10	30
		ニンニク		1	1	
		ネギ		1	1	10
		トウガラシ		7	7	15
		ショウガ			1	
		キュウリ			60	20
		カボチャ			20	50
		白ウリ			60	100
		ササゲ			15	
		飯豆		40	10	8
		四季豆		10	10	10
工芸作物		チャ②		30	3	50
		アイ		100	100	40
主要農耕儀礼			開秧門　喫喫(トウモロコシ)粽新粑節　喫(イネ)新節	タバコ 200 ワラビ 50 竹の子 40 養魚 10 スモモ 400 など	ワラビ 100 竹の子 50 養魚 20 など	タバコ 20 ワラビ 10 竹の子 10 養魚 10 など

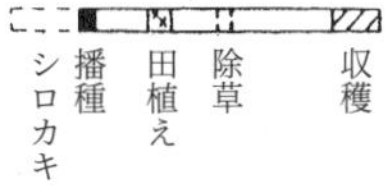

凡例：シロカキ　播種　田植え　除草　収穫

①常畑にて栽培
②収穫期
③水田での裏作400斤を含む．

第24図　党翁村農業カレンダー
〔出所〕現地での聞き取りにより作成．

いるため大変狭い。例えば，5畝の水田を所有している農家の場合，40から50筆の耕地に分散し，しかも各々が1カ所に集中していないという状態である。した

踩耙（ツァイパ）と称する「田下駄」　　　踏犁（ターリー）と称する「ふみすき」
　　　　（加勉郷党翁村）　　　　　　　　　　　　（加勉郷党翁村）

がって，田植えをはじめとする一連の農作業の効率は非常に悪い。現在，水田には他地域同様，飯米となるウルチ米が多く栽培されている。しかし，上述したように，ウルチ米が当村に導入されたのは1990年以降のことであった。そのため，それ以前は，現地で「麻穀」・「糖穀」と称されているモチ米の在来種のみであった。稲に害虫がつく虫害は，これら伝来型のモチ米を栽培していたときにはあまり目立たなかった。しかし，ウルチ米の導入がはじまると急に虫害が多くなってきたという。

　これに対し，常畑は各戸とも面積的には広くないが，各々自宅の周辺か集落近くの棚田に多く所有している。これは，常畑のほうが水田よりも農作業に手間がかかるためであると推定できる。常畑で栽培される主要作物としては，トウモロコシ・アワ・陸稲に代表される穀物と，サツマイモ・サトイモなどのイモ類，およびニラ，青菜・白菜などの葉菜類と大根である。前者の穀物およびイモ類は，

第3章 水稲耕作を主体とした「黒ミャオ」族　121

不足しがちな主食である米を補完する目的で，後者のニラは年中食用可能な副食として，葉菜および大根の一部は牛などの家畜の飼料として利用価値が高い。それ故，両寨ではこれらの作物が多く栽培されている。その他，山林地の一部を使用して焼畑農業を実施している家庭も多い。このような特色を有する羊你・羊略両寨の農業に関して，羊你寨の中から事例として農家3戸を選んで，以下において具体的に論じることにする。

1）龍・G家の生業形態

主人の龍・Gは56歳である。祖父母および両親は既に他界している。龍・Gの兄弟は6人であった。しかし，3男はベトナム戦争に従軍し殉職した。

水田の代掻きは「大石」に縄をつけて行なうという（加勉郷党翁村）

この戦死した3男を除いてすべて独立している。すなわち，長女は同郷汚規村のスイ族[38]の家に，次女は同郷整由村のミャオ族の家に各々嫁いでいる。一般にミャオ族社会においては，男性による末子相続が原則となっている。しかしながら，龍・G家では，父親（母親は1967年に死去）は，末弟（4男）と同居するのではなく，晩年においては次男と同居していた。3男は上述のように戦死しているので除外するとしても，ミャオ族社会の慣習とは異なっているような印象を受ける。この点は，末弟と次男との年齢差が26歳も離れているので，長女が嫁として転出し，次いで長男が結婚後分家した段階においては，末弟はまだ幼少なので父親を扶養することができなかったため，父親とともに住んでいた。その後，末弟は配偶者を迎え，子供も生まれたので分家したと思われる。それ故，上述のように父親は次男とともに暮していたのである。

龍・Gの配偶者は，加鳩郷党丢村出身のミャオ族である。龍・Gは中華人民共

和国成立前に従江県師範学校を卒業し，数年前までは「加勉郷中心小学」の教員をしていた。子供は5人（男子2人，女子3人）いるが，長女および末妹（3女）はそれぞれ嫁として転出している。現在では，長男夫婦の子供を含めて，7人家族の大世帯である。龍・Gの父親は，中華人民共和国成立以前までは「貧農」に分類されていた[39]。

①水稲の栽培

水田は5畝所有している[40]。水田ではウルチ米・モチ米の両種を栽培しているが，現在では圧倒的にウルチ米が多い。ウルチ米は，3月下旬から4月上旬にかけて苗代をつくり播種する。播種の前には1カ月半ほどかけて代掻きを実施する。この作業は水田に水を充たし，犂などの農具を用いて土塊を砕き，整地するものである。河谷などの平坦地では，動力として水牛などの畜力を利用して行なわれる。しかし，当村では水田は急傾斜地に造成された棚田であるうえに，1筆ごとの水田面積が極端に狭いという劣悪な条件のため，畜力を利用することが不可能である。そのため，人力だけで整地が行なわれ，農具としては鍬などが使用される。しかし，一部では大きな底が平らな石に縄をかけ，それを引くことにより田面の整地を行なうという，いわゆる「石頭耙田」と呼ばれている従来からの方法が実施されている。

田植えが完了して半月ほど経過すると，雑草が繁茂しだす。そこで除草を行なう必要が生じる。通常は6月初旬と7月上旬の2回実施する。しかし，ウルチ米の場合1回のみ，モチ米の場合3回行なうこともある。このように，除草の回数が異なるのは，ウルチ米・モチ米という品種によるのではなく，水田の土地条件などにより雑草の成育状態がちがうからであるという。現在ではこの作業は，わが国と同様に農薬を背中に背負ったタンクから噴霧器によって散布する方式が普及している。しかしながら，当家をはじめ羊你・羊略の両寨の各家では水田が大変狭いということもあり，手で除草を実施している。

収穫はウルチ米が8月中旬，モチ米は8月下旬である。ウルチ米はこの地域に導入されたのが大変新しいこともあり，すべて白米(シロゴメ)である。これに対してモチ米のほうは，従来からの在来種を継承して栽培しているため，芒が長く一見すればモチ米であると判明する。白米のほか赤米(アカゴメ)など色のついた品種もみられる。収穫に関しては，ウルチ米はコンバインなどの機械類が導入される以前わが国でも一

般的に使用されていたのと同型の鎌によって，根元から刈り取られる。しかしながら，モチ米の場合，陸稲と同様に，本体が半円状の木製で刃の部分のみが鉄製の穂摘み具によって，穂刈りされる[41]。

　当家には羊你寨の他家と同様に，収穫した籾などを収納する穀物倉庫が一つある。この穀物倉庫は自宅に隣接しているのではなく，集落はずれに数戸分集中して設置されている。このような穀物倉庫には，刈り取られた稲が直接収納されない。すなわち，稲は水田の畦道などに仮設された稲架でしばらくの間乾燥された後，刈り取られた水田あるいは広場などで，木棒などを使って脱粒する。脱粒するとき，脱穀機を使用しない。すなわち，木棒を使わないで直接穂先を地面にたたきつけることもあるが，多くは木棒が使われる。このとき使用する木棒はごく普通の小枝で，木軸に取り付けた先の打撃部が振りあげると回転する，いわゆるわが国で「連枷」あるいは「クルリ棒」と称されている特殊な道具を用いない。そして，籾の状態で竹籠などに入れられ，収納されるのである。穀物倉庫に収納された籾は，晴天の日再度取り出され，広場や庭先などで干して乾燥される。なお，翌年，種籾として使用する籾は，最初から選定されて穀物倉庫の隅に隔離して保存される。したがって，他の籾とは混合することはない。

　裏作は実施していない。しかし，水田の一部ではコイ（鯉魚）などの魚を養殖している。龍・G家では，養殖する魚の親魚を越冬させて交配させ，産卵させるのではなく，春先に数cmに成長した稚魚を購入して，水田に放流する。稚魚は毎年4月ごろになると，従江県下江鎮平正村のものが寨まで売りにくる。当村には，以前からミャオ族やトン族が稚魚を売りにきていたので，それを購入するものが多かった。放流を開始する時期は播種が終了した後である。1993年度には稚魚4〜5斤購入して，秋には10斤余りの収穫があった。

②常畑での農作物

トウモロコシとサツマイモ　　常畑は0.2畝所有している。常畑で最も収穫が多いのはトウモロコシとサツマイモである。ともに主食である米を補完する貴重な作物であるといえる。当家の栽培しているトウモロコシは，すべて早植えのいわゆる「ワセ」のトウモロコシである。すなわち，3月下旬に播種し，6月中旬になると収穫可能である。後者のサツマイモは，3月下旬に種イモを苗床に伏せこまし，発芽さす。およそ1カ月後に芽が数十cmに伸びると，この芽を切りとっ

て苗とし，畑地に移植する。このとき，苗を少し斜めにさすことがコツであるという。その後，本来ならば，除草を兼ねて蔓が地面を覆うまでの期間（1～2カ月），中耕，培土を行なうのが理想である。しかし，龍・G家では，この作業に時間がかかるということもあり，除草しないでそのままの状態で放置している。収穫は9月である。収穫したイモには紫色など異なった品種が数種類含まれているが，すべてイモ穴に収納され貯蔵される。このように，イモ穴に収納されるのは，サツマイモが適温で，湿潤な貯蔵条件を必要とするからである。土中にあるイモ穴は，とくに低温に弱く簡単に腐敗してしまうサツマイモにとっては最適の保存場所といえよう。龍・G家ではイモ穴を2カ所所有している。

ヒエとアワ ヒエは，龍・G家ではトウモロコシとともに主要な位置を占めている。当家を筆頭に党翁村では，ほとんどの家庭でヒエを栽培している。ヒエがこのように寨のほぼ全戸で栽培されているのは，比較的冷涼な気候を好むことと，旱魃に大変強い作物であるからと推定できる。当地域で栽培されているヒエは，種子が紅色と白色の2種類が存在する。両品種とも在来種であり，古くから栽培されている若干粘性を伴うウルチ種である。1988年ごろから，紅色をしたモチ種のヒエも栽培が開始された。また最近では，アフリカのサバンナ地帯が起源とされるシコクビエも栽培され出した。ヒエの調理方法としては，かつて日本でも行なわれていたように，米と混炊したり，餅にしたりするのが一般的である。4月に苗代に播種し，5月に常畑に移植する。党翁村では，わが国にみられるように，冷水田で栽培されることはなかった。しかし，水田の中にヒエが混入しているのがたびたびみられた。8月から9月にかけて収穫できるが，刈り取りは茎葉が黄化し，子実が8分通りに成熟した段階で行なわれる。完熟をまたないのは，脱粒性が高いためである。刈り取りに際しては，上述したように穂摘み具が使用される。乾燥された後，穂先に子実が付いた状態で，穀物倉庫に収納し貯蔵される。龍・G家では，焼畑の3年目にヒエを栽培している。

一方，アワも当家にとっては貴重な穀物である。アワはすべてモチ種の春アワである。党翁村では，ワセのアワとも呼ばれている。この他，当地では「オクテ」のアワと称せられている4月に播種し，9月に収穫する夏アワも栽培されている。春節前後に種子を苗代に散布し，雨季になり常畑の土壌に水分が十分含まれるようになると，移植を開始する。移植終了後20日間ぐらい経過すると除草を行なう。

その後，数回除草を実施し，6月には収穫が可能となる。調理方法は，精白して米と混ぜて炊くか，モチ米と混ぜて蒸して搗き，アワ餅とする。現在では，このような調理方法が中心であるが，水稲のウルチ米が当地域に導入されたことが近年であることなどから，ヒエと同様に，餅として食べるほうが一般的であり，好まれている。龍・G家でも，餅として食べられる回数のほうが多い。餅は木製の横臼と杵を用いて搗かれる。そのときゴマなどを加え風味を出すこともある。ヒエ同様，アワも焼畑で栽培されることもあるが，初年度に限られる。

イモ類と野菜　イモ類に関しては，上述のサツマイモの他，4月に植えて9月に収穫するサトイモ，3月下旬に植え11月に収穫が期待できるミズイモの2種類が栽培されている。とくに後者は，1958年より導入された品種で，茎葉および根塊はすべて豚など家畜の飼料となる。それ故，近年各家とも年々増加傾向にある。通常，ミズイモは小さいうえにえがらっぽいので食用とはしない。

野菜としては，龍・G家では前述したように家畜の飼料にもなるため，白菜・青菜などの葉菜，大根の収穫がとび抜けて多い。前者は播種後20日もすれば食用可能で，食用として利用できる期間も長い。その他，年中利用できるニラはとりわけ野菜が不足がちな冬季においては，他季節より収穫量が少ないとはいえ貴重な副食といえる。なお，龍・G家では，ナタネを水田の裏作として栽培するのではなく，常畑で栽培している。ナタネは9月末に播種し，翌年4月に子実を収穫する。収穫された種子は，村内には油を搾る機械がないため，加鳩郷加鳩村加鳩寨まで持参して搾ってもらう。3斤のナタネの種子から1斤の油がとれる。加工賃は，1斤につき0.2元である。このようにして，龍・G家では食用油を入手する。しかし，量が多くないので「ハレ」の日など特別の日以外は，食用油は調理用として利用されない。

本文でもたびたび言及しているニラは，党翁村を筆頭に加勉郷を代表する野菜である。ニラは株分けによって非常に容易に増やすことが可能である。そのため，気温が低下し，成長のおそい冬季を除いて，年中安定した収穫が期待できる。したがって，当地域の副食といえば，年中ニラのスープであると称されるほどである。食塩が貴重で現在でもあまり使用されない党翁村の調味料としては，トウガラシが中心である。しかしながら，龍・G家にみられるように，その収穫はきわめて少ない。それ故，周辺のトン族などの地域では考えられないほど薄味になっ

ている[42]。なお，周辺に居住するヤオ族の場合，現在の居住中心が広西壮族自治区となっているため，広東風の料理の影響を受け調味料としてショウガを多量に使用する。党翁村も広西壮族自治区に隣接しているが，ショウガを調味料としては重視していないように思われた。その他，ナス・ニンニク・マメ類なども栽培しているが量的には多くない。

工芸作物　工芸作物としては，チャ・アイ・タバコがあげられる。羊你寨の他家ではチャなどは定期市に持参し販売しているが，龍・G家ではいずれも自家消費用として栽培されているに過ぎない。チャは，9月に一度だけ茶摘みを行なう。この季節に摘まれた葉は「老茶」と呼ばれ，香りがとくに優れているという。

製茶の製法は，まず摘んだ茶葉を木臼の中に入れ搗く。その後，木桶に入れて数時間ゆっくりと蒸す。蒸し上がるとゴザなどの上に広げて陰干しにして乾燥さす。その後，囲炉裏の真上の天井などに吊された竹籠の中に入れられて保存される。「老茶」は一度蒸すことから茶葉が多少発酵している。したがって，風味は烏龍茶に近いもので，若干甘味を感じる。

アイは3・4月に植え，7月に葉を収穫する。葉は既述のように藍染めの原料となる。タバコは2月に種子を苗床に播く。移植は苗が数十cmに達した4月から5月にかけて実施する。8月から9月上旬になると葉の収穫が可能である。わが国では通常花は5～6月ごろに開花するが，開花後1週間ぐらいで「心どめ」と称して花枝部を切断する。収穫対象である葉に養分を蓄積し，葉の充実と成長を促進させるためである。しかし，党翁村ではこのような「心どめ」は行なっていない。葉の収穫は1枚1枚非常にていねいに実施する。その後，軒下などに吊して，天日で乾燥さす。

ソバ　山林地として，自留山を5畝，責任山を3畝各々所有している。山林地の大部分は杉の木が植林されている。植林は生産責任制が導入された1981年より行なっている。1992年には3畝の自留山を開いた。このように，毎年ではないが度々山林地を植林のために開いている。通常伐採は7～8月に行なう。その後1カ月ほどかけて伐採した樹木が下草を乾燥させる。火入れは8月から9月である。その後しばらくの間放置し，翌年の春節前後に整地を実施する。初年度の3月にはアワを播種し，7月に収穫する。アワを収穫すると直ちにソバを播く。

龍・G家をはじめ党翁村で栽培されているソバは，「苦いソバ」・「甘いソバ」と

呼ばれている異なった品種が存在する。前者はダッタンソバ, *Fagopyrum tataricum*と称される品種で, 黄色の美しい花を咲かせる。このソバを「苦いソバ」というのは, 餅などにして食用にすると苦味が感じられるからである。餅などに加工すると, 色が草色となる。一方後者は, 日本でも通常みられる品種で, 学名が*Fagopyrum esculentum*である。花は紅・白の両方がみられるが, 党翁村では赤く開花するものが多い。子実は3稜のある三角形をしている。調理方法としては, 両品種ともモチ米と混ぜてソバ餅とされる。ソバ餅は,「ハレ」の日よりもむしろ日常において食用とされることが多い。なお,「甘いソバ」の餅は多少赤みがかかっているが, ヒエ餅ほど赤くはない。子実は10月になると収穫できる。

2年目には陸稲を栽培する。陸稲は直播きで, 4月に播種し10月に収穫する。この一連の作業に関して, 龍・G家では何ら儀礼は行なわない。3年目が焼畑の最終年度で, ヒエを5月に植え9月に収穫する。このような焼畑で, 1994年にはアワを300斤, 1993年にはヒエを300斤, 1992年にはソバを300斤, 陸稲を500斤それぞれ収穫した。しかし, これらは山林地で収穫したので, 課税の対象とはなっていないようであった。なお, この耕地には初年度より杉苗も植林している。したがって, 上述の作物は杉苗の間で栽培されているのである。

③山の生産物と家畜類

山林地にある杉は, 自留山を中心に現在まで70本ぐらい伐採した。伐採した杉はすべて林業局に売却し, 合計すると4,000元前後の収入を得た。この収入が当家にとって最大の現金収入となっている。その他山林地には, 竹林を0.2畝, 油桐樹を0.1畝植林している。前者から40斤余のタケノコ, 後者の植林開始は1981年からであるが50斤の果実の収穫があった。また, スモモも10本植えており, 400斤ぐらいの収穫を得た。収穫したタケノコ, スモモはすべて自家消費した。なお, 4月から5月にかけてはワラビを採集し, 50斤ほどの収穫があった。これらのワラビは, 定期市近くで採集したのであれば販売可能であろうが, 遠いのですべて煮て食用とした。日本で自生しているワラビ*Pteridium quilinum*とは異なり, 中国で「菜蕨」(*Callipteris esculenta*) と称される品種である。この品種は, アク抜きをしないで煮るだけで食用とすることができる。　家畜・家禽に関しては,「黄牛」1頭, 豚2頭, ニワトリ12羽, アヒル9羽を飼育している。「黄牛」以外の家畜・家禽はほとんど自家消費用として,「ハレ」の日などの御馳走として供され

る。ただし，龍・G家では現金収入を得るため，1993年当村の特産物である小型の黒豚（香猪）1頭（100斤）を250元で売却した。

「高坡苗」は焼畑農業（一部では狩猟）を生業の中心とし，移動生活を送ってきた。そのため，狩猟に関してもなお住民の間では強い関心がある。しかしながら，周辺の山林の大部分を棚田として開墾してしまったため，捕獲対象とすべき野生動物は非常に少なくなっている。したがって，現在の狩猟対象は，キジ・野バト・スズメの鳥類が主体となっている。龍・G家には鳥打ち銃が1挺，「粘膏」[43] 5斤，鳥籠約30個を所有し，それぞれ年間に10羽余り，400～500羽，200～300羽捕獲している。これら捕獲した鳥類はほとんど漬物[44]にして保存し，食用となる。それ故，当家にとっては貴重な動物性タンパク源となっている。この他，魚を捕獲する筌（2個），漁網（4組）も所有している。1993年度は10斤の魚を捕獲した。

以上が農業を主体とした龍・G家の経済的基盤の概略である。龍・G家では「公糧」として国家に80斤の籾を納入している。その他，農業税として年間14元納めている[45]。このように，税としての米の供出，金納は非常に苦しい。しかしながら，龍・G家では主食は雑穀・イモ類を併用すれば基本的に充足できる状態である。とはいうものの，余剰がまったくないため貯蓄することができず，将来に対する不安は大きい。

2）梁・Y家の生業形態
①結婚のかたち

現在5人家族である（第25図）。すなわち，長男および次男は結婚し，子供ができたために各々1984年・1988年に新しく家を建設して，分家した。また，長女・次女・3女もそれぞれ別鳩村・党翁村羊河寨・党翁村別呉寨3組[46]に嫁として転出し，現在同居していない。兄弟・姉妹の配偶者はすべてミャオ族である。したがって，3男夫婦と同居している梁・Y夫妻のように，両親が末子（男性）と同居する，いわゆる末子相続を行なっている典型的な事例だといえる。さらに，嫁として他家に転出した姉妹夫婦を含めて，結婚してまだ年月があまり経過していない末弟夫婦を除き，いずれの夫婦も子供を2人以上出産している。この点は，「一人っ子政策」を厳格に守ることが義務づけられている漢民族とは大変異なり，少数民族に対する優遇政策の現われといえよう。しかしながら，少数民族といえ

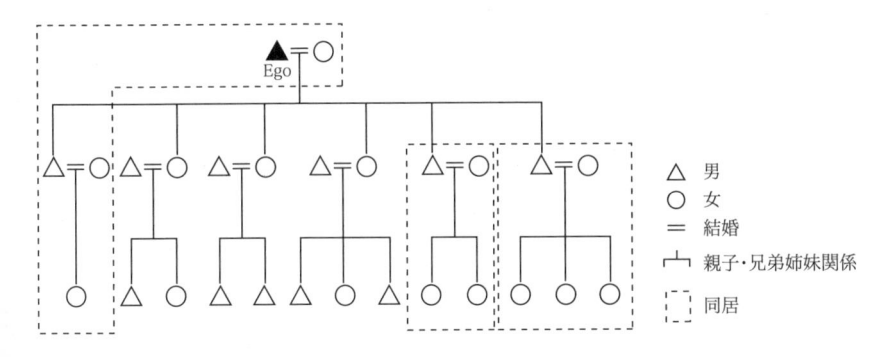

第3図　水稲耕作を主体とした「黒ミャオ」族　129

第25図　梁・Y家の親族
〔出所〕現地での聞き取りにより作成.

ども，子供は2人までと決められているので，ここ数年は子供が2人までという家庭が多くなっている。

　主人の梁・Yは56歳である。配偶者は同郷汚規村汚規寨出身のスイ族である。一般にミャオ族を筆頭に雲貴高原東部に居住する少数民族は，同じ民族集団同士で通婚することが多い。しかしながら，羊你・羊略の両寨に居住するミャオ族は，男・女とも周辺に居住するスイ族との通婚がたびたび認められる。例えば，前節紹介した龍・G家の場合，長姉の配偶者および長弟の配偶者もスイ族である。とはいっても，全体としてはその数は多くない。このような意味からも，他の少数民族を配偶者として迎えることは非常に興味ある事例であると思われる。梁・Yの場合，具体的には次に述べるような方法で，結婚を行なった。

　結婚は勿論，自由恋愛である。梁・Yの場合も，両者がともに愛し合うことになった。結婚を相手（女性）が同意すると，男性側から女性側に仲介人（男性）を派遣する。仲介人が正式に相手方に結婚を申し込む。このようにして，結婚を申し込まれた女性側では，最初に父母，次いで本人が同意すれば，1羽のメンドリが潰される。これは，両名の結婚の吉凶を占うためである。すなわち，潰したメンドリの両眼が同様に盛り上がり，腫れておれば縁起がよいとされ，結婚がめでたく成立のはこびとなる。しかし，両眼がこのように盛り上がっていなければ，今までの結婚話はなかったことになる[47]。

　以上の占いの結果，吉となり両名の結婚話が成立すると，男性側が金をもっておれば50元あるいは100元を女性の家に贈る。ただし，この現金は，男性側が金子

を所有している場合のみで，所持していなければ贈呈しなくても結婚に差しつかえるという性質のものではない。その後，男性側が吉日を選定して式の日を決定し，女性側にその日を通知する。式の日は，一般的には生業の中心である農作業が比較的少ない農暦の9月から12月にかけての吉日が選ばれる。結婚式の当日，女性側は花嫁を補佐する付添の女性を1人準備する。一方，男性のほうは，2名の男性を派遣して嫁の家まで迎えにやる。もし女性側に付添いの女性がいない場合，男性側は男・女1名を派遣して新婦を迎えにやる[48]。結婚に際しては，女性側は1羽のオンドリと1羽の雌鴨，あるいは1羽のメンドリと1羽の雄鴨を用意する。その他，6斤（1斤は500グラム）の強飯でつくった大きな餅を男性の家に贈る。

このように，主として女性側から男性側に贈り物を贈呈することで，結婚式は終了する。式の終了後，わが国の結婚式において一般的にみられるように，両家の親類・縁者・友人などを一同に会して盛大な披露宴を開催するようなことは行なわれない。式後，新婦は新郎の家に住むことになるが，新婦は一度里がえりをする。里がえりをする日は，新郎と相談して決定する。式の日から数えて1・3・5・7・9日間の奇数日間，新郎の家に滞在してその後里がえりすることが多い。この新婦の里がえりにあたっては，新郎側に牛がいれば，牛を新婦側に贈る。一般には1頭贈るが，余裕があれば何頭でもよく，頭数には制限がない。もし，男性側に牛がいなければ，牛1頭分に相当する300元ぐらいのお金を贈る。一方，これに対して新婦側では，その返礼として新郎側からもらった牛の頭数と同頭数の豚を贈る。なお，当村には夫が妻のもとに通う，いわゆる妻問い婚の習慣は存在しなかった。

以上の結婚に対して，離婚は以下のようにして成立する。

a）男性側から離婚を申し出た場合。まず，寨の長老であり，集落の秩序を伝統的に維持する役目を担っている寨老に相談する。その相談の内容によって，寨老による調停が開始される。調停が成立すると，男性側は新婦が結婚時に持参した豚の頭数分の価格を，現金で女性側に補償金として支払う。

b）女性側が離婚を申し出た場合。女性側は，新郎が結婚時に贈った牛の頭数に応じたお金を男性側に補償として支払う。

なお，男性あるいは女性のどちらかから申し出た離婚において，両者がともに

離婚に同意した後には，相手側に支払うお金のうち 6 元を寨老の調停費と男女双方の離婚公証費として差し引く。そうしなければ，他人からは両名の結婚が解消したと認められないとされる。

②水田と常畑の農業形態

水田は，2.8畝所有している。しかし，水田はすべて山腹斜面に造成された棚田に存在するので，1 筆の耕地面積は広くない。そのため，当家の水田は合計12筆に分散している。これらの水田では，国家の奨励もあり，現在ではウルチ米が大半を占めている。しかしながら，最近までは寨の大半の家庭と同様に，モチ米のみを栽培していた。裏作も毎年実施しているが，水田が上述したように分散していることもあり，すべての耕地では行なっていない。1993年度の冬季には，裏作として0.3畝の水田にナタネを植え，子実20斤を収穫した。

また，水田の一部にはコイ（鯉魚）を放流し，秋の稲の収穫時には約20斤の魚を得た。当家では，コイの親魚を水田の一部で越冬させ，交配・産卵させるのではなく，春先に寨にやってくる行商人から幼魚を購入し，養殖している。1993年は幼魚を 3 元分購入した。漁獲した魚のうち，約半分は「腌魚」にして祭日など「ハレ」の日のために保存する。すべて自家消費に供せられる。なお，党翁村では，水田の一部において魚を放流し，養殖する養魚を行なうのは近年にはじまった習慣ではなく，中華人民共和国が成立する以前からも実施していた。当家でも，梁・Ｙが幼少のときから一部の水田で養魚を行なっていた。

常畑は水田に対して少なく，0.5畝しか所有していない。栽培作物の中心は，トウモロコシ・アワ・陸稲などの穀物と・サツマイモに代表されるイモ類である。これらの作物は，不足しがちな主食である米を補完する目的をもっている。梁・Ｙ家をはじめ，党翁村の農業形態において特徴的なことは，前者のトウモロコシ・アワなど主力となる雑穀に関しては，播種がいずれも 3 月下旬に終了するという，いわゆるワセ種が栽培されている点である。その理由ははっきりと断定はできないが，3 月に入ると雨季に入り播種に適することや，海抜高度が1,000ｍを越えるため，夏季の高温の期間が少ないことなど，主として自然条件の結果であると推定できる。

なお，アワ・トウモロコシはモチ米と同様に，穂摘み具により穂刈りが行なわれている。穂摘み具は，寨では「ウェン」（wen）と呼ばれ，本体が半月型で，刃

の部分のみが鉄製のものである。これには，本体中央部に数十cmの竹製の握り棒が付いている「ウェン・ロン」(wen long) と，本体上部に穴を二つあけ，そこに指を通す縄を付けた「ウェン・ロー」(wen lo) の2種類が存在する。しかし，トン族など他の少数民族の場合にみられるように，両者を男性・女性用と区別することはしない。

　この他，白ウリ・キュウリ・カボチャなどのウリ類の収穫も多い。これらのウリは，子実が副食として家族にとっては不可欠なものであるが，サツマイモの葉茎と同様に，葉茎は豚などの家畜の飼料としても利用される。トウガラシは，羊你・羊略の両寨をはじめ，党翁村では全戸において栽培されている。調味料とするためである。しかしながら，梁・Y家で代表されるように，各家の栽培量は多くない。それ故，定期市で購入される食塩とともに，大変貴重な調味料となっている。したがって，日常の副食の味付けは非常に淡白で，いっけんするとまったく塩分が感じられないような気がする。中華人民共和国成立以前からの習慣と推察できるが，調味料として食塩を直接煮物などの中に入れるのではなく，水に薄めて塩水にしてから使用することが多い。この点も，貴重な塩を大事に使用するという生活の一端であると思われる。

　また，周辺に居住するトン族・ヤオ族などの少数民族の場合も同様であるが，牛・豚などの家畜やニワトリに代表される家禽を食用とする場合，肉だけではなくその血も煮たりして食用としたり，湯を通した肉と混ぜたりする。この点は，血液に含まれている塩分をもれなく摂取する目的であるためと推定できる。このような血液の利用も，羊你・羊略の両寨のミャオ族は上手に行ない，すべての血液を料理に使用していた。また，トウガラシも，「ハレ」の日や，来客があった場合のみ使用されるだけで，日常の生活ではほとんど用いられない。

　さらに，常畑では，アズキ（飯豆）・四季豆など各種のマメ類も栽培している。これら豆類の調理方法としては，他家では御飯または粥の中にマメを入れて食べることが多いが，当家では栽培している量も非常に少ないことなどから，米を混入するのではなく，炒めたりカボチャなど他の野菜とともに煮たりして食べている。その他，トマト・ナスなども常畑で栽培しているが量はともに多くなく，自家消費用としても足りないぐらいである。このように，常畑では上述のように各種の野菜類が栽培されてはいるものの，その量は極端とでもいえるほど少ない。

この点に関しては，耕地が大変狭いということが最大の理由と考えられるが，その他にも，トウモロコシ・アワ・サツマイモなど，少しでも主食である米を補完することが可能な作物を植えることを最優先させているためであると推定できる。このようなことからも，当寨の生業形態の中心とでもいうべき農業の劣悪な状態が推察できる。それ故，住民の生活は貧困をきわめるものである。

一方これに対して，大根，白菜・青菜などの葉菜類およびニラは，比較的収穫量が他の作物に比べて多い。前者の大根や青菜類については，家族が副食として利用するのは勿論のこと，飼育している「黄牛」，豚などの家畜の飼料としても用いられるからである。また後者のニラは，龍・G家でも述べたように，当村の代表的な副食の地位を占め，ほぼ年間を通してスープにして供される。なお，ニンニク，ネギ，生姜も栽培しているが，これらの野菜は，「ハレ」の日の御馳走の薬味かあるいは調味料としてトウガラシを補完するために使用され，通常食用となることはほとんどない。

③アイと染色

梁・Y家でも，他家の多くと同様，アイを栽培している。当村で栽培されている品種は，当地域を含む雲貴高原東部で一般的にみられるリュウキュウアイ（*Baphicacanthus cusia*，キツネノマゴ科）で，わが国の徳島県などの諸県で現在でも栽培されているタデアイ[49]とは異なる種類である。

リュウキュウアイを用いた染色は，次のような比較的容易な工程で行なうことができる。すなわち，原料となるアイの葉茎は，夏季に収穫される。葉茎は乾燥せず，水を十分に満した木桶の中に入れ，井戸の傍など水の便がよい場所に2昼夜ほど放置する。そうすると，木桶の中からは絶えず気泡が発生し，発酵がはじまる。つまり，リュウキュウアイの葉茎にはインジカンという物質が含まれており，これが酸化してインジゴを生成するわけである[50]。そのため，液は青色を呈するようになる。このようになると，木桶の中の暗褐色になったアイの葉茎は取り出され，石灰が加えられる。そして杵のような形状の棒によって激しく攪拌すると，木桶の底に青色の石灰の塊が沈殿する。これが一般に泥藍（藍靛）と称されるものである。その後，木桶のうわ水を数回捨て，新しい水を加えるという作業を行ない，数日間放置すると，泥藍が完了する。これを使用して家屋の屋根裏などで織った布，あるいは定期市で購入してきた麻布・絹布などを染めあげるの

である。梁・Y家では，織布の原料となる綿花・麻などを栽培していないので，布を定期市で購入して染色している。女性の衣服はすべてこのようにして自家製の藍によって染色される。

④焼畑農業の実施

以上述べたように，梁・Y家を筆頭に羊伓・羊略両寨の耕地は非常に少ないといわざるを得ない。そこで，寨の他のほとんどが実施しているように，杉などの経済林を植林するという名目で，焼畑を開いている。梁・Y家では，このような焼畑を毎年連続して開くのではなく，例えば，1991年には1畝，1993年には0.5畝というように，ほぼ隔年ごとに開いているとのことであった。新しく開く耕地は，それぞれの家庭が，生産責任制導入後の1982年に実施された，以前の人民公社所有の共有財産の分配時に配分された山林地（自留山）の一部を使用することが原則となっている。しかし，当時，森林を管理する目的で分配を受けた山林地（責任山）については，森林保護が主任務のため伐採できないことになっている。しかし，一部の「責任山」も新しく杉などの経済林を植林・管理するという理由から，伐採し，焼畑農業を実施しているようである[51]。

伐採は，羊伓・羊略両寨の他家の場合と同様，7月（農暦，以下同様）から8月にかけて行なわれる（第26図）。この時期になると，ちょうど3月から4カ月間ほど続いた雨季が終了し，晴天の日が多くなるためである。伐採は，晴天が連続し乾燥している日が選定される。樹木や下生えの草が伐採しやすいためである。このとき，杉・松などの針葉樹は勿論のこと広葉樹であっても，大木は伐採しないで残しておく。したがって，伐採後は跡地が完全なオープンランドになるのではなく，所々に大木が残存しているという状態となる。また，大木を伐採する場合，根元から斧などで切り倒し，根を残しておくことが多い。これは，根を掘り起こすには非常な労働力がいるからである。それ故，牛などの家畜を使って整地などを行なうことは非常に困難となる。元々，焼畑農業は，その栽培方法が非常に原初的な農法であることを最大の特徴とし，農具・畜力をまったく使用しないか，使用するにしても最小限に限られている。その理由は，開いた土地が山腹斜面の急傾斜地で畜力の使用に適さないという自然条件に起因する場合と，このように，現実問題として使用できないことが考えられる。このように伐採された樹木や草は，一部分が薪や家畜の飼料として自宅に持ち帰られるが，大部分はその

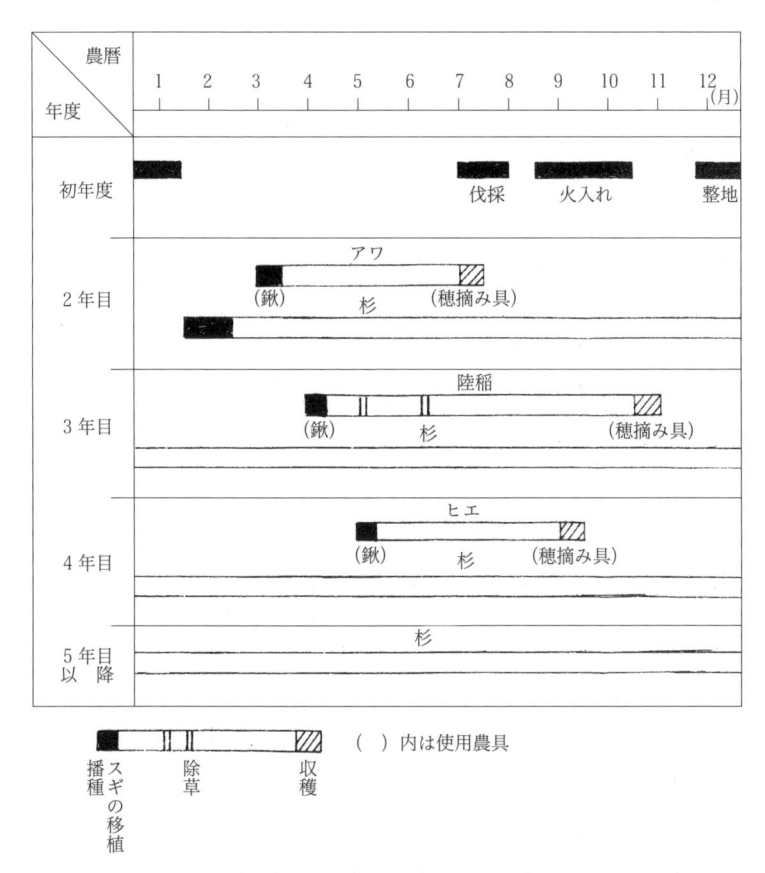

第26図　梁・Y家の焼畑カレンダー
〔出所〕現地での聞き取りにより作成.

場に放置し，1〜2カ月間乾燥させる[52]。

　火入れは，したがって8月下旬から10月上旬となることが多い。また，この作業は以前では夜半に実施されることもたびたびあった。しかし，周辺の森林に火が類焼することが心配なため，昼間に行なわれることが多くなってきている。点火は，火の手が急速に拡大することを避けるため，下手より上手，風上側より行なう。また，類焼を防止するため，火入れ中は戸主の梁・Yが鎮火するまで傍にいて監視しているという。

　整地は，ミャオ族最大の行事とでも称すべき，正月に相当する「苗年」を過ご

した後，漢民族の正月である「春節」前後（1月下旬から2月上旬）に行なうことが多い。このように，火入れ終了後から整地まで数カ月間耕地を放置するのは，火入れによって地表の温度が上昇しているのを低下させるためであると思われる。なお，整地は1カ月という短期間の雨季を利用して実施される。一般に焼畑農業の場合，火入れ終了後短期間そのまま放置し，その後直ちに作物を栽培する。すなわち整地を実施しないことが多い。しかしながら，当地の焼畑農業では少しでも多くの収穫を得ようとする目的からか，鋤など最小限の農具を用いて行なわれる。それ故，他地域の焼畑において一般的に実施されているように，初年度に農作物を栽培することはない。

　整地終了後，雨季に突入した3月上旬にアワを直播きする。播かれるアワの種類は，常畑で使用するものと同品種である。収穫は常畑よりも遅い7月下旬である。収穫に際しては常畑のアワと同様，陸稲の収穫にも使用する穂摘み具によって穂刈りされる。既述の龍・G家では，アワの収穫後直ちにソバを栽培していた。しかしながら，当家では地力などを考慮して，同年度には他の作物の輪作をしないことにしている。アワの播種と同時期に，あらかじめ周辺の山林などから採集し，1カ所に集めておいた10cmの杉苗を，通常の植林の場合とは異なり，多少互いの間隔にゆとりをもたせて，1本ずつ植林していく。その間に，アワなどの作物を植えるのである。これら一連の作業には鍬が使用される。他地域の焼畑では，播種には先の尖った，木製の棒（掘り棒と称される）が使用されることが多い。しかしながら，梁・Y家をはじめ羊你・羊略の両寨においては，鍬のほうが能率的であるという理由で，掘り棒は使われていない。

　3年目には陸稲が植えられる。陸稲は4月に籾を畑地に直播し，移植すなわち田植えは行なわない。5・6月ごろに2回除草を実施し，9月に収穫する。水稲の場合，近年では郷人民政府の奨励もあり，除草時に農薬の散布を行なうことが多くなってきた。しかし，陸稲の場合，現在のところ農薬の散布は実施されていない。これは，近年，国家および郷人民政府が奨励している多収量の品種がとくに害虫に弱いためで，在来種を栽培している陸稲に関しては，水稲ほど虫害を受けないためという。当家でも他家同様，1990年よりウルチ米を導入した。焼畑で栽培する陸稲はすべて在来種のモチ米である。収穫量は平均すれば水稲の半分以下で，不作のときは数十％の収穫しかないとのことである。

梁・Y家では，同年度陸稲のみを栽培し，他の作物は植えない。この点は，他家も同様で，3年目は地力を回復するためか，他の作物との連作は行なわないことが多い。最初から杉を植林しないで，3年目に陸稲とトチュウ（Eucommia ulmoides, 杜仲）を植える場合も若干存在する。例えば，羊你寨から卡寨に1974年に転出した梁・W家では，1995年に1畝ほどの焼畑に，約1,000本のトチュウを植える予定をしている。苗は定期市などで購入するが，1本当たり0.4元と比較的高価である。しかし，樹皮を乾燥したものは杜仲と呼ばれ，強壮剤，腰痛・関節炎・リュウマチなどの鎮痛剤として幅広く利用されているので，成木になれば多大の利益が期待できる。最近，日本で流行している「杜仲茶」は，この木の葉を乾燥させたものを主成分としている。

4年目には，ヒエが栽培される。焼畑で栽培されるヒエは，陸稲と同様，移植は行なわず，直播きである。ヒエが栽培されるころになると，耕地内には雑草も増え，杉も0.5m近くに成長する。それ故，この年度を最後として農作物の間作は終了する。その後は，完全な杉林となる。以降の作業としては，数年に一度杉の下枝をはらう程度で，基本的にはそのまま放置しておく。わが国では40〜50年経過して，杉が十分に成長した段階で伐採を開始する。しかし，羊你・羊略の両寨を筆頭に，中国においては植林後20年前後から伐採することが多い。その理由は，とりわけ近年に著しい国内における深刻な材木不足によるためであるという。

⑤自留山と家畜・狩猟

梁・Y家などで，一般に山林地といえば「自留山」を意味する。この山林地を当家では3畝所有している。現在，山林地には200本ほどの杉の成木が植えられている。当家では責任生産制導入の結果，分配を受けた1982年から現在まで15本の杉を伐採し売却した。販売価格は木の大きさなどによって異なるが，平均すれば1本100元で，合計1,500元の収入を得た。現金収入が非常に少なく，かつ限定されている当家にとって，山林地の杉は，飼育している牛・豚などの家畜とならんで貴重な収入源といえる。その他，山林地には50本の竹を植林している。竹は販売していないが，年間平均すれば50斤ほどの竹の子が収穫できる。収穫した竹の子は，皮をむき煮た後，野菜の漬物などとともに食卓に供せられる。勿論，自家消費のみである。山菜も採集され，重要な副食物となっている。当家では，ワラビのみが採集される。ワラビは，3月から4月にかけて採集する。梁・Y家では，

他家で一般的に行なわれているように，乾燥して保存したり，漬物にして長期間食用にするのではなく，採集したものを直ちに煮て食用としている[53]。

家畜としては，「黄牛」1頭，豚1頭を飼育している。豚はメスの親豚で，1990年に寨内から購入したものである。1992年には，この親豚から生まれた子豚5頭を，寨に購入にやってきた宰便のチワン族の行商人に1頭50元で販売した。豚などの家畜の売却価格は，全体の重さによって決定される。豚の場合，1斤当たり7～8元である。しかし，当地方特産の「香猪」と呼ばれている小型の黒豚は美味であるとの評判が非常に高く，通常の豚の価格の数倍の値段で取り引きされる。その他，ニワトリ20数羽（雛を含む），アヒル7羽など飼育している。これらの家禽類はすべて「ハレ」の日などで自家消費に供される。

狩猟は，周辺の多くの山林が開拓されたことにより，野生動物などが著しく減少したため，近年ではまったく実施していない。しかし，父親から譲り受けた鳥打銃1挺を所有している。この銃を使って狩猟したのは20年ぐらい前のことである。これに対し，集落の下方にある谷川ではたびたび魚をとっている。漁獲に使用するのは網である。この網は，10年ぐらい前に当寨に売りにやってきた湖南省の行商人から購入した。現在でもこれを使用しており，年間5～6斤の魚を捕獲している。

このように，梁・Y家の生活は決して楽とはいえない。つまり，当家では主食となる穀物が年間約3ヵ月分不足する。量としては300～400斤にも達する。不足する穀物は[54]，副業などの現金収入がないため，豚・杉などの売却代金によってまかなっている。しかしながら，そのような状態にもかかわらず，年間農業税として籾23斤を供出するほか，各種の税金として年間60～70元納入している。このような現状なので，将来が非常に不安であり，何らかの現金収入となる副業を模索していると梁・Yはいう。

3）王・Y家の生業形態
①王・Y家の事情

王・Y家は55歳である。配偶者は近くの光輝郷[55]加瓦村別棚寨出身のミャオ族である。王・Yの両親はともに羊你寨出身である（第27図）。母親は，1956年に正確な年齢は覚えていないが40歳ぐらいで他界した。しかし，父親は現在でも健在

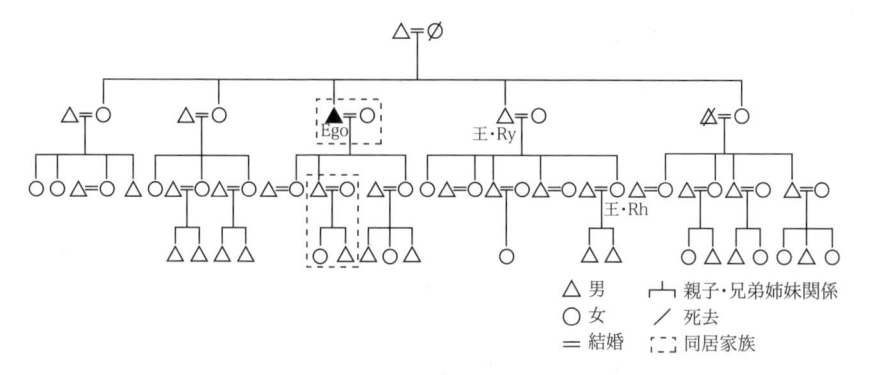

第27図　王・Y家の親族

〔出所〕現地での聞き取りにより作成.

で，90歳である。それ故，長年父親とともに暮していた。王・Yは，5人兄弟の第3子で，兄を除いて他はすべて女性である。3人の姉および妹は，それぞれ嫁として他家に転出してしまっている。父親は唯一家に残っている王・Y夫婦と同居していたが，形態としてはミャオ族の一般的習慣である男性の末子相続となっているといえる。

しかしながら，1990年代初めに王・Yの不注意から出火し，自分の家屋および隣りの家屋の一部に損害を与えてしまった。そのため，謹慎の意味をこめて羊你寨を離れ，同村別呉寨第3組に居住している[56]。しかし，非常に高齢な父親が羊你寨にいるため，最近では羊你寨にいることが多い。子供は3人（女子2人，男子1人）である。長女・次女はそれぞれ結婚し，転出した。また，息子も結婚し，2人の子供をもうけ数年経過したので，1993年に分家した。それ故，現在では妻と2人暮しである。

長姉（61歳）は，結婚し，配偶者の家に転出していった。しかし，配偶者が死去したので，長男夫婦とともに生活している[57]。このように，王・Yの兄弟は5人であったが，それぞれ独立して新しい家庭を築いている。これら王・Yの兄弟のなかで，長男王・Ryの長女（王・Rh，王・Yの姪）に関してある事件が発生した。この種の事件は，党翁村内ではこれまで聞かれなかった。しかしながら，周辺の郷などではたびたび発生しているとのことである。当地域の少数民族地帯の生活の困苦を知る手がかりとなると思われるので，事件の顛末を紹介すること

にする。

　王・Rhは，1986年に党翁村が所属する従江県に隣接する榕江県の投塘寨に長期間滞在して仕事をしていた，湖南省出身の農村を渡り歩いている鍛冶屋（漢民族）の男性と懇意となり，そのもとに嫁いだ。結婚して半月後，仮住いをしていた投塘寨の新居近くの住民のもとに，たまたま遊びにきていた古老（女性）と知り合った。その古老は，遠いが河北省に行けば仕事が豊富に得られ，しかも高収入になるとたびたび王・Rhに話をもちかけた。王・Rhも結婚はしたものの，生活はあまり楽ではなかったので，この古老の話にのり，河北省に出かけてみることにした。当時，王・Rhは，河北省が北京近くにある省とは知らず承諾すると，汽車に乗車させられた。数日間汽車に乗り到着したのは河北省西部の曲陽県東旺郷田家庄で，しかも，そこの漢民族の男性に知らないうちに嫁として売られていたのであった。

　このような事実が判明したのは，父親である王・Ryのもとに，数年前1人目の子供が生まれたと，行方不明になっていた王・Rhから手紙で連絡してきたからであった。王・Ryは，娘からの手紙を読んで大変驚き，とりあえず娘の様子を知りたいと思い，弟の王・Yを誘って田家庄を訪ねてみることにした。その費用は，手紙とともに送られてきた現金を使った。2人ははじめて汽車に乗車して田家庄に行き，漢民族の主人に会い種々と尋ねた。その結果，当地のほうが2人が住む党翁村よりも生活条件が良好で，豊かそうであった。娘のほうからもここに残りたいと申し出たこともあり，両名は娘の将来のことも考えて，党翁村に連れ戻すのではなく，そのまま田家庄に置いておくことにした。その後，親子は互いに直接の往来はないものの，手紙のやりとりはたびたび行なっている。現在では子供も2人になっているという。

　この事例だけでなく，同様の話は他の所でも数多く耳にした。当地域の生活の困難さ，および学力など文化レベルの低さから，このようにだまされることになったものと推定できる。しかし，王・Rhの事例のように，後に連絡がとれ，まがりなりにもうまく暮している場合は非常に少なく，大部分は何ら連絡がとれないことが多い。

②ウルチ米を主とする稲作

　水田は1.7畝所有している。生産責任制導入前後に水田・畑地などの耕地，山林

地が分配されたことは既に論じた。分配時は水田は住民1人当たり0.8畝を基準としたが，現在王・Y家の所有面積はほぼこの基準に合っている。このような意味からも，家族数は現在では2人だけであるが，標準的な事例であるといえる。水田には，他家同様，1990年以降ウルチ米を主体に植えている。それ故，かつて栽培していたモチ米は10分の1以下の作付けとなっている。同家では，1993年度収穫量がウルチ米1,200斤，モチ米100斤であった。栽培面積では，前者が1.6畝，後者が0.1畝と圧倒的に前者のほうが多かった。現在栽培しているウルチ米は他地域などでよくみられる赤米・黄米・黒米など色のついた品種ではなく，すべて白米種である。この点に関しては，当村においては国家からの指示もあり，1990年以降白米のウルチ米に栽培する品種を大部分変更していることが原因と考えられる。

なお，ウルチ・モチの両種は，田植えの実施については5月中旬を中心とすることでは同じである。しかし，苗床に籾を播く時期はウルチ米のほうがモチ米よりも約1カ月も早い。すなわち，前者が3月下旬に播種するのに対して後者は4月下旬に行なう。このように，播種の時期が明確に異なるのは，モチ米に関しては低温に強くない品種である在来種を栽培しているからであろうと推察できる。

9月下旬には米の収穫が終了する。収穫終了後，直ちに裏作として白菜・青菜などの葉菜類，子実より食用油を採油するナタネおよび大根などの野菜が栽培される。しかし，所有しているすべての水田で裏作を実施するのではない。高所に位置する水田は，水源から得られる用水が少ないため，一度溜めた用水は落さずにそのまま残しておくためである。すなわち，野菜を植えるためには畝をつくらねばならず，そのために用水を落とす必要がある。なお，当村の水田はすべて山腹傾斜に造成された棚田である。それ故，主要な水源は天水となっている。そのため，山頂付近の棚田の場合，山腹に湧き出る湧水の利用がまったく望めない。このようなことから，晴天が連続すれば極端な水不足となる。葉菜類および大根は合計0.1畝ほど栽培している。いずれも9月下旬に播種を開始し，収穫は籾が苗床に播種される直前の2月上旬である。ナタネも0.2畝ほど栽培されているが，播種は同様に9月下旬である。ただし，収穫は少し遅れ，田植え直前の4月中旬である。1994年春には，王・Y家では20斤ぐらいの子実を収穫した。なお，このように所有している水田1.7畝に対して裏作を実施しているのがわずか0.3畝と非常に少ないのは，当家では労働力が2人のみであり，年齢も若くないためであるという。

水田の一部では，他家と同様にコイ（鯉魚）を養殖している。1993年度は15斤の収穫を得た。当家でもコイの稚魚を購入し水田で成長させるだけで，親魚を越冬させて産卵させることはしない。コイの稚魚は毎年春先の4月に，従江県下江鎮平正村の行商人が当村に売りにくるものを購入している。1993年度は稚魚を2元ほど購入した。

当村には，かなり以前からトン族などの少数民族が稚魚を売りにきていたようである。そのためか，大多数の家庭では以前から産卵させる目的で親魚を越冬させず，行商人から稚魚を購入していた。その理由は，当村の海抜高度が比較的高所に位置しているため，親魚を越冬させるのが技術的に困難なためとされる。

水田で養殖したコイは，稲の刈入れ直後いっせいに捕獲する。1993年度では，平均すれば20cmぐらいの中型のコイが40～50匹捕獲できた。そのうち3分の1はナレズシの1種である「腌魚」[58]に加工し，保存食とした。「腌魚」は漬けてから1カ月経過すると食べることが可能となるが，主として「ハレ」の日の御馳走として食卓に供せられることが多い。その他は，囲炉裏[59]で焼いたり[60]，油で炒めたり，「酸湯魚」[61]と呼ばれている鍋物として食用にする。

③雑穀が栽培されない常畑

常畑は0.3畝所有している。面積はさほど広くないが，白菜・青菜などの葉菜類，大根，ナスなど合計17種類にも及ぶ多種類の野菜を栽培している[62]。このことからも，当家の常畑は，自給的性格の強い作物体系であるといえよう。白菜・青菜に代表される葉菜類および大根は裏作として栽培されているにもかかわらず，常畑においても植えられている。これらの野菜類は，王・Y夫婦の副食として利用されると同時に，あるいはそれ以上に家畜の飼料としての重要性が高いためであると推定できる。葉菜類と大根はいずれも播種後，半月から1カ月後には食べることが可能となる。ただし，播種時期は両者では異なり，前者では9月下旬，後者では7月下旬に播かれる。すべての収穫が終了するのは，翌年の2月である。それ故，これらの作物は典型的な冬作物で，野菜がとくに不足する冬季における人間および家畜の貴重な作物といえる。

王・Y家の常畑で特徴的なことは，不足しがちな主食である飯米を補完する目的で，他家のほとんどの常畑で栽培されているトウモロコシ・アワ・ヒエなどに代表される主要な雑穀がまったく栽培されていないことである。当家の場合，所

有している常畑の面積が小さいとはいえ，いっけん不思議な感じがする。しかしながら，後述するように，これらの雑穀に関しては，焼畑および「自留山」を独自に開墾した畑地に栽培しているため，常畑では野菜が主体の作付けとなっているようである[63]。それ故，当家の「自留山」の一部は，山林地というよりはむしろ常畑に近い景観を呈している。一般に農業税がかかるのは，水田および常畑だけのようである。つまり，このような「自留山」に独自に開いた段々畑や焼畑に関しては，永久的なものとみなしえないなどの理由から，課税されていないようである。それ故，この種の畑地は今後増加してくるものと思われる。

イモ類に関しては，サトイモは常畑に，サツマイモおよび山頂付近の谷頭などの湿地に植えられ豚の餌として主として利用される。現地で「ミズイモ」と呼ばれているタロイモの一種は，「自留山」にというように，明確な区分が認められる。しかしながら，常畑に栽培されているサトイモは，サツマイモ，ミズイモよりも栽培量がはるかに少ない。この理由は，前者が副食として食卓に供せられるのに対して，後者は家禽の飼料としての性格が強いためと推定される[64]。

ニラは他家ほど多くない。しかし，栽培している野菜類の中では重要な位置を占めている。その理由は，他家と同じように，副食の中心となっているからである。使用形態は専らスープの具として利用される。王・Y家では年間を通して栽培しているので，収穫もほぼ年中期待でき，ニラの丈が成長して大きくなった時期を見計らって収穫する。それ故，年間8～9回の収穫が可能である。

これに対して，トマト・キュウリは量的にはそれほど多くない。しかし，毎年かかさず植えられている。両野菜の特徴は，常畑で栽培されている葉菜，大根と同様，収穫期が非常に長期間にわたる点である。つまり，両方とも4月上旬に播種が開始されるが，約2カ月後の7月に入ると若果が実りはじめ，その後2カ月間収穫が可能となる。しかし，わが国において通常実施されているように，大型の子実を獲得するために剪定などを行なわない。それ故，量的には多く収穫できるが，子実は小粒となる。またトマトに関しては，果物感覚で賞味されるというよりも，野菜の一種として炒めるなどして食べられる。このトマト・ナスと同様に，長期間食卓にのぼるのがネギである。ネギは6月下旬に播種し，2カ月後の8月下旬から食用が可能となり，翌年の3月まで収穫できる。

白ウリ・キュウリ・カボチャなどのウリ類も栽培されている。これらのウリ類

も，上述のニラ，トマトなどの野菜と同様，賞味期間が長い。ウリ類は若果が食用に供されるのは勿論のこと，葉茎はともに家畜の飼料となる。ウリ類ほど多くは栽培していないが，アズキ（飯豆），ササゲ（缸豆）などの豆類も植えられている。食べ方としては，後者が他の野菜類とともに主として炒めものにされるのに対して，前者は粥の中に混入され主食を補う形で利用されることが多い。

アイも他家同様，王・Y家でも栽培されている。女性の衣服などの染色の原料となる。このように，当村を含むミャオ族などの少数民族地帯で藍染めが一般的に実施されているのは，藍で染色すると，汗の吸収がよい，虫がつかず長く着用できるなどの利点が存在するからであるとされる。

④タバコとチャの栽培

また，王・Yが喫煙するためタバコも植えられている。王・Y家を含む当村のタバコ栽培は，冬季に播種し，4月から5月にかけて苗を移植することが特色となっている。なお，タバコに関しては喫煙者がいない家庭では栽培しない。このことからも，当村におけるタバコ栽培は自家消費専用である。収穫した葉は軒下などに吊され，天日乾燥される。このようにして乾燥された葉は，現在ではビニールの袋などに少量入れ，上衣の中にしまったりして常に携帯する。喫煙するときは，愛用の自家製の煙管の雁首に，ビニールの袋から取り出した葉を手で揉むようにして押し込み吸煙する。それ故，日常では紙巻きタバコはほとんど吸わない。王・Y家では，常畑の他に焼畑においてもタバコを栽培している。後者で栽培されるのは多くないが，味がまろやかなどの理由から，住民の多くは焼畑で栽培した葉のほうを好む。

喫煙者がいる家庭のみで栽培されるタバコに対して，同じ嗜好品の原料となるチャは，党翁村の全戸で栽培されている。嗜好品の種類が極端に少なく，不足ぎみの当村においては，酒・タバコと並ぶ数少ない嗜好品の一つとなっている。そのため，全戸で栽培されているチャは，自宅で製茶され家族の飲用とされる。しかしながら，王・Y家では家族が少ないこともあり，家族だけの飲用では余裕が生じる。そこで，一部は売却することもある。といっても，量的には多くないため村の住民に売却することが多い。当村では茶摘みは，3月の「清明節」が過ぎたころと，9月上旬の2回実施される。王・Y家では前者のみの期間に茶摘みを行なう。その理由は，新芽が2月に出るので，この時期に摘んだ茶葉のほうが味

に甘味があるからであるという。製茶づくりの過程に関しては，既に紹介した工程とまったく同様で，木臼で搗いた後，木桶に入れ蒸すのが特色であり，完成品は少々発酵している。この時期にできた製茶を「水茶嫩」と称している。売却するときには，布製の袋や竹籠に入れられる。

⑤自留山での雑穀・イモの栽培

「自留山」は5箇所有している。しかしながら，これらの山林地は1カ所に集中しているのではなく，分散している。すなわち，近くに位置するものは，自宅から1〜2華里（1華里は500m），遠くのものは4〜5華里離れている。「自留山」は合計すれば9カ所に分かれている。それ故，1カ所の「自留山」の面積はそれほど広くはない。これら「自留山」の4割に相当する2畝には，杉の成木が約1,000本植林されている。そのうち，幹の周囲が50cmにまで成長した大木が2本存在する。ここ数年，当家では毎年のように杉を伐採している。合計すれば20本近くになる。伐採した杉は，県の林業所（林業站）にすべて売却し，1,000元ほどの収入を得た。将来のことを考えて伐採するだけではなく，杉苗の植林も積極的に行なっている。焼畑に植えられた杉苗を含むが過去数年間に約1,000本の杉苗を植林した。

この他，「自留山」には，竹と油桐を植林している。前者は0.1畝ほどで，本数に換算すると20本ぐらいである。春先きに竹の子を10斤程度収穫するが，すべて自家消費する。後者は，1992年から植林を開始した。現在あまり多くないが，竹の子が高く売却できるので，植林の本数は増加するつもりである。

このように，「自留山」には，杉，竹，油桐などの植林がみられる。しかし，その他の山地は王・Yが自力で開墾した畑地となっている。この畑地では，野菜を植えるのではなく，主食を補う各種のイモ類や雑穀が栽培の中心となっている。その理由は，第1点として常畑よりも耕地面積が数倍もあり広大なこと，第2点として耕地までの距離が常畑より遠方にあるため，栽培に際して手間のあまりかからない作物が選択された結果であると推察できる。

イモ類としては，サツマイモ，当地で「脚板薯」と呼ばれているタロイモの一種，および「ミズイモ」が植えられている。その中ではサツマイモの栽培が多い。サツマイモの栽培は，3月に種イモを苗床に伏せ込み，発芽さす，そして，約2カ月後茎の長さが30cmぐらいに成長すると，耕地に移動する。収穫は10月であ

る。収穫したものは，耕地近くの山腹斜面にあるイモ穴に入れて保存する。なお，葉茎は豚などの飼料としても利用される。「脚版薯」もサツマイモ同様に10月に収穫する。このイモは大型で，特長ある長い茎も食用となり大変美味である。ミズイモはイモの部分も含めて豚の餌として利用され，一般に人間は食べない。理由はいがらっぽいからであるとされる。

　栽培されている雑穀の種類も多岐にわたっている。すなわち，量的にはアワとトウモロコシが卓越している。前者はワセのモチ種が栽培の中心である。種子を苗床に播くのは3月下旬であるが，発芽後の成長は早く，数週間後に移植される。その期日は，降雨後の土中に水分が十分含まれている日が選ばれる。除草も実施され，移植後20日ぐらいに一度，その後数週間後に一度と合計2回行なわれる。収穫は6月である。調理方法としては，蒸した後，木臼で搗いてアワモチとして食べることが多い。この他，4月に播種し，9月に収穫される栽培期間の長いオクテのアワ（モチ種）も栽培できるが，当家ではあまり栽培していない。後者のトウモロコシもアワ同様，「ワセ」，「オクテ」の両品種が存在する。ワセは3月に播種，7月に収穫，オクテは4月に播種，10月に収穫する。いずれも，一部にはウルチ種も栽培されるが，モチ種のほうが多い。

　その他，ソバ，ヒエも少量ではあるが植えられている。ソバは白い花をつける甘味の品種，ヒエは子実が赤いモチ種である。後者は，アワと同様に苗代で成長させた苗を移植することを特徴としている。調理方法もアワ同様，搗いてモチとして食べることが多い。

　「自留山」には，上述したように，イモ類，雑穀類などを主として栽培する常畑に近い畑地を所有している。その他にも，毎年0.3〜0.4畝ほどの「自留山」の一部の山林を焼き，焼畑も造成している。火入れ，整地などの一連の作業に関しては，既に述べた梁・Y家の場合と同様である。しかし，2年目からの輪作体系の一部が多少異なっている。すなわち，この年度から杉苗を植林することは同じであるが，同時に栽培する作物としてアワの他，少量ではあるがトウガラシ・タバコも植えている。当家ではトウガラシは常畑などの他の畑地ではなく，焼畑のみで栽培している。当村ではこのような事例は少ないが，他地域のミャオ族の集落ではたびたびみかけられる。理由としては，焼畑で栽培したトウガラシのほうがより辛くなるため，調味料としては最適であるという。タバコに関しては，常畑の

みの分では不足するからである。その後，3年目には陸稲，4年目にはヒエを栽培するのは梁・Y家と同様である。5年目以降は杉苗が大きく成長するのと，雑草も多くなるので作物を栽培することが困難となる。

この他，「自留山」ではワラビの採集も行なう。王・Y家では，採集してきたワラビを直接食用にすることは非常に少なく，天日による乾燥や麹漬けにして長期間保存される。このように加工されるワラビは，後者のほうが前者の2倍近くの20斤ぐらい採集するとのことであった。王・Y家では，常畑や「自留山」などにおいて栽培する野菜が他家よりも豊富なため，山菜として採集したワラビは加工して，保存食にしているように思われた。

⑥家畜と魚撈

家畜としては，「黄牛」（雄1頭），豚[65]1頭，また家禽としてはニワトリ，アヒルを各々5羽ずつ飼育している。狩猟に関しては王・Yはあまり関心をもたない。ただ，水田で稲の収穫後，自家製の竹鋏を20ぐらい仕かけ，ネズミを捕獲している。1993年度は，この竹鋏で数10匹のネズミを捕獲した。ネズミの肉は多少独特の臭みをもつ。しかし，野菜などと炒めると美味だという。

一方，魚撈は，夏季の7・8月に集落下方の谷川まで出かけ実施する魚網[66]による漁が中心で，シマドジョウ（*Cobitis sinensis*，花魚），コイの一種である「黄魚」（*Gymnodiptychus dybowskii*）などが主として捕獲される。また，谷川に流れ込む沢などの小川では，大きな岩や石の下に小型の沢ガニが棲息している。そこで，これらの岩や石を移動させ，網を入れて捕獲する。このようなカニ漁は，冬季以外年中行なっている。1993年度は不漁で，わずか0.5斤の捕獲しかなかった。なお，当家には，5〜6月の雨季に蛙やドジョウを捕獲する竹製の筌があった。しかし，1992年に不注意で焼失してしまった。1992年までは，この筌で平均すると蛙3斤，ドジョウなどの小魚を10斤ほど捕獲していた。捕獲する場所は河川ではなく，すべて自分の所有している水田であった[67]。なお，王・Y家の家族は行なわないが，当寨の住民数人が農閑期の冬季から春先きにかけて蛇[68]を捕獲している。肉を食用とするためである。蛇の捕獲方法は先が2叉に分かれた小枝で，頭を挟み捕える。すべて自家消費であるが，白酒（バイチュウ）に漬けて蛇酒とすることもある。

以上述べてきたように，王・Y家も自給自足に近い生活を送っている。主食である米を中心とする食糧に関しては，とくに旱魃による不作の年度を除き，当村

では非常に数少ない事例ではあるが，基本的には自給可能である。この点は，王・Yが青年時代3年間電話員として，当地域の中心集落である加鳩郷の加鳩寨に勤務していたことがあった。そのときに学習した農業に関する知識を生かし，「自留山」の一部などを開墾し，耕地を拡大してきた結果だといえる。税金としては，年間40斤の供出米を国家に納入するほかに，60元を支払っている。

4 農耕儀礼

前節の主要な生業形態において具体的に論じてきたように，現在では山腹斜面に造成した棚田などにおける天水利用の水田稲作が生活の中心といえる。しかしながら，ほぼ全戸で実施されているように，従来の生産形態の中心と推定できる焼畑農業も，小規模かつ杉の植林のためという制限付きながら，全戸で実施されている。このように，水田稲作および焼畑を中心とする相異なる耕作形態が認められるのが，羊你・羊略の両寨に代表される党翁村の農業の特色といえよう。以上の点を念頭において，農耕儀礼を検討していくことにしたい。

年間の農業（耕）に関する儀礼の最初は，「苗年」と称されるミャオ族独自の正月からはじまる。それ故，党翁村の住民をはじめ，ミャオ族は現在では漢民族の正月である「春節」との2回の正月を祝うことになる。しかし，「苗年」のほうが盛大に行なわれるようである。なお，太陽暦の1月元旦の正月は，漢民族同様他の休日並みのあつかいで，ほとんど行事らしきものは行なわれない。

「苗年」は農暦の11月上旬あるいは中旬の「寅」の日に実施される。この期間は独特のたて笛である蘆笙を吹き，「踩歌堂」と呼ばれる踊りが若い男女を中心に舞われる。党翁村では，「踩歌堂」は羊你寨にある郷人民政府前の広場か，集合した人数が多ければ隣接する羊略寨のはずれに位置する「民辧小学」の校庭で行なわれる。祭りには全村の住民が参加する。当日，各家ではそれぞれの家庭の経済事情に対応して，豚を潰すかニワトリを殺して祝う。何らかの事情から，このような儀式用の豚かニワトリが用意できない場合には，何斤かの豚か鶏肉あるいは魚を準備する。つまり，「苗年」の儀式には肉が必需品なのである。

当日早朝，自宅の囲炉裏付近に仮りの祭壇をつくり，酒・肉・紙銭が供えられる。各家の祖先を祀るためである。この祭祀は主人が行なうことになっている。

主人は供えられた食物を少量とって囲炉裏に直に置き，また酒も少量そこに注ぐ。この行為は，家族が飲食する前に祖先に供えることを意味している。その後，家族全員が囲炉裏を囲んで共食する。同様の儀式は村の全戸で個別に実施される。その後，上述したように広場に集合した蘆笙舞いなどに興じる。このような広場を「蘆笙坪」と称し，「聖なる空間」と住民にとっては認知されてきた広場である。

なお，他地域のミャオ族地帯では，2頭の水牛を広場などで戦わせる「闘牛」が行なわれることが多い。党翁村の場合，海抜高度が高く水牛も少ないこともあり，実施されていなかった。しかしながら，住民の意識を高めるなどの理由から，1993年より新しく闘牛場をつくって行なわれることになった。現在では，このように党翁村の「苗年」は祖先祭祀の性格が大変強い。しかし，本来は来年度の収穫の祝いを兼ねた年越しの行事としての性格を有していたと推定される。例えば，焼畑の場合，既述したように「苗年」を過ごしてから整地などの作業を開始する。

1月下旬から2月上旬には「春節」がある。「春節」でも「苗年」同様蘆笙が吹かれ，「踩歌堂」が踊られる。この行事が無事終了すると，村内に鎮座する土地廟に参拝する。作物の豊作などを祈願するためである。土地廟での祈願が終ると，農作業の開始となる。具体的には牛に牽かせた犁などを使用して代掻きを行なう。党翁村では，以前この作業は犁などの農具の代わりに，底が平らな大石を縄で縛り，それを人間が引くという方法で行なっていた。現在でも，山腹斜面の棚田の一部など面積が狭い水田では，このような従来からの方法で代掻きを実施している。

3月上旬，苗床に籾を播種する直前に，実施しなければならない儀式が存在する。この儀式は一般に「開秧門」と称され，わが国の水口祭りに相当する[69]。日程は3，5，7日間というように奇数の期間行なわれる。儀式に際しては，寨老と呼ばれる長老が主宰する。加勉郷などではこの儀式をとりしきる寨老は村ごとに決定している。しかし，すべての村で実施されているわけではない。加勉郷では党翁村の他，別鳩村・羊達村，白棒村，高山村，党扨村などで行なわれている。党翁村の場合，羊河寨の寨老が行なう。というのは，党翁村を構成する姓としては，龍・王・韋・梁の4姓が多数を占める。その中でも，龍姓の祖先が最も古くから当村に住みついたという伝承を有しているからである[70]。

具体的な儀式としては，龍姓の寨老がアヒルを1羽屠り，祖先に捧げる。その後，寨老を筆頭に龍姓の人びとが自分の苗床で種播きをする。このようにして龍

姓の全戸の播種が完了すると，他姓も播種できる。寨老による儀式が無事終了すると，「苗年」同様，村民は広場に集合し蘆笙舞いなどを踊り，楽しく過ごす。なお，蘆笙はこの日から「喫新節」まで吹くことが禁止される。

「開秧門」が終了すると，播種，田植え，除草と一連の農作業が進行する。党翁村では，これらの農作業に直接付随する儀式はみられない。6月上旬にチマキを食べる「包粽粑」が行なわれる。この行事は，チマキを食べて災厄を払うことを主とした祭祀であり，農耕との関連は薄い。

収穫祭を意味する「喫新節」は，当地では2回実施される。最初に行なわれるのは，6月下旬に実施される「包穀節」と呼ばれ，トウモロコシの収穫祭である。「喫新節」とは新しいものを食べるという意味なので，当日は本年度収穫した新しいトウモロコシを食べるという儀式である。儀式を行なう日時は，各集落のその年度の状況によって多少異なる。すなわち，早く子実が成熟した集落では先に実施されるからである。行事の内容としては，最初に収穫したモチ種のトウモロコシを踏み臼で搗き，チマキを包むのと同じ笹や茅などの葉で包んだ葉で蒸しあげる。最初にできたものは「粑(パー)」[71]に供える。蘆笙を吹くことは禁じられている。

9月上旬の「喫新節」は稲の収穫祭で「水稲節」と呼ばれている。当地では，一般には稲穂が成熟し，一部を刈り入れてから，「卯」の日を選んで行なう[72]。1994年の場合，8月24日であった。この日より蘆笙を吹くことが許される。なお，「水稲節」と関連した儀式と思われるものに，党翁村では次のような行事が存在する。すなわち，村では原則として各戸ごとに穀物倉庫を一つ所有している。穀物は収穫すると籾の状態で直ちにこの倉庫に収納し，晴天の日再度取り出して天日乾燥する。倉庫に収納された新しい籾は，吉日を選んで，女性によって取り出される。そのとき，卵を煮，線香，紙銭などを倉庫の前で燃し，倉庫を祀る。そして，籾をもちかえったこの女性だけがその日それを食べることができる。他の家族はその後でなければ食べられないという。

以上，農業に関する儀式を検討してきた。その結果，稲作に関連する儀式が非常に少ないことが判明した。このことは，本来党翁村などに居住する，いわゆる「高坡苗」が基本的には定着して水田稲作に従事する集団でなかったからであろうと思われる。すなわち，焼畑を中心とする移動生活を主体に行なってきたために，水稲の導入は遅れた。そのため，水稲に関する独自の儀式が発達せず，先行の漢

民族の儀式と同じものを行なうことになったと推定できる。また，それ故，儀式の一部を省略したのではないかと推察する。なお，トウモロコシについても，稲と同じ儀礼が存在するのは，稲作儀礼がトウモロコシに影響を与えたものと思われる。

5　両集落の特徴

　本節の調査対象集落羊你・羊略の両集落が位置する海抜高度は，本文でも言及したように1,000mを若干超えている。雲貴高原を中心に分布・居住している「黒ミャオ」族の中でも羊你・羊略のミャオ族は，比較的高度に住むミャオ族といえる。そのため水田稲作の栽培限界地に近く，多くの家庭では主食である飯米が不足している。そこで不足する飯米を補完する目的で，トウモロコシなどの雑穀，サツマイモに代表されるイモ類の栽培が各戸とも多くなっている。

　しかしながら，前節の送隴村でみられたアンチモニー鉱山への出稼ぎなど他地域への出稼ぎはみられない[73]。その最大の理由は，羊你・羊略の両集落が県の政治・経済の中心地である県城に行くには1日かかりであるという交通の不便な場所に位置していることから，閉鎖的な性格が強く，他地域との交流や情報が極端に収集しにくかったことがあげられる。また，このようにほぼ隔絶された地域なので，製茶や竹籠などの商品を製作しても，それらを流通させることができなかった。政府も以上のような劣悪な状況を把握していたためか，原則としては禁止している焼畑農業に関しても，自家消費用に行なうのであれば小規模なものは黙認しているようである。

　一方，羊你・羊略の集落形態が巨木，屋根付きの門，石垣をメルクマールとする集落の入口，「聖なる空間」と推定できる広場，および井戸がそれぞれセットになっているなど，いわゆる双分制を示していることは「黒ミャオ」族の典型的な集落形態を有する集落であるとも推定できる。この点は，交通が不便なため外部世界との接触や交流が少なかったことに起因するといえよう。自動車が通行可能な新道路が通じれば，ほぼ自給的な生産形態が改善され大きく飛躍することも可能であると考えている。住民の期待は大きい。

第3節　従江県加勉郷別鳩村の「黒ミャオ」族

　本節で論じる別鳩村は，既出の第20図からもわかように，前節で考察した党翁村の北部に位置している[74]。しかも別鳩村が党翁村と同じ加勉郷に所属していることから，生業形態を筆頭に生活様式なども類似しているように考えられる。しかし，例えば自称に関して，党翁村では既に述べたように「ドウマイ」(dou mai)と称しているのに対して，別鳩村では「ドンマイ」(don mai)と呼んでいることなど，距離的に近くに位置するにもかかわらず，異なった点がみられる。本節では生業形態を中心に別鳩村の「黒ミャオ」族の現状分析を行なう。

1　集落の概要

　加勉郷別鳩村は1983年まで上寨と下寨の2集落より構成されていた。しかし，同年下寨は隣接する羊達村に編入され，以降羊達村下寨と称されることになった[75]。住民は，後述するように集落が成立した当初チワン(壮)族も居住していた。しかし，その後結婚などによりすべてミャオ族に同化した。それ故住民は全員ミャオ族で，戸数123戸，人口は451人である(1995年度統計)。村はそれぞれ名称が付けられている5組から構成されている(第14表)。
　しかしながら，このような組は中華人民共和国成立後に行政上の必要などにより，便宜的に区画されたものと思われる[76]。というのは，第14表にみられるように，第1組党革と第2組，歹外は共同で同じ湧水(井戸と称している)である

第14表　別鳩村の組

組	名　　称		戸数(戸)	人口(人)	使用する湧水	
1	党革	ダンケ(dag ge)	25	90	烏龍	ウーロン(wu long)
2	歹外	ダイワイ(daiwai)	20	92	烏龍	ウーロン(wu long)
3	羊岡	ヤンカン(yang gang)	38	116	烏龍　革就	ケージィウ(gejiu)
4	改就	ガイジュウ(gai jiu)	30	111	哀牛	アイニュウ(ainiu)
5	羊牛	ヤンニュウ(yang niu)	19	75	哀睞	アイセイ(aise)

〔出所〕現地での聞き取りにより作成．

「ウーロン」を使用している。それ故，両組は元来分離していなかったものと推定できる。同様に第3組羊岡に関しても，現在では住民の半数が「ウーロン」を，他の住民は「ケージィユ」と呼ばれている別の湧水を利用している。しかし，「ケージィユ」は，「ウーロン」と同一の水系の上位に位置する湧水である点などから，第3組も合わせて本来一つの集落であったのではないか，と考えられる。実際これら3組は隣接しており，境界がわからないほどである。つまり，別鳩村は5組に分割されているが，利用している湧水などから，党革・歹外・羊岡，改就，羊牛の合計3集落より構成されていたと推察できる。

1）加勉郷における土地改革の歴史

加勉郷では1953年に土地改革が実施された。当時別鳩村の戸数は82戸，人口は621人であった。ミャオ語では，別鳩を「チィア・ミィエ」（qia mie）という[77]。別鳩村に関しては，「ダイ・ミェイ」（dai mei）と呼ばれることが多い。その理由は，周辺にミャオ語で「ダイ・ミェイ」（dai mei）と称されている柿の木が多いためであるという。

当村の住民は，王・韋（大韋と小韋に分かれる）・蒙・梁のいずれかの姓に所属している。戸数は王姓（22戸），韋姓（小韋55戸，大韋27戸），梁姓（13戸），蒙姓（6戸）である。そのうち王・韋・梁の3姓は，ミャオ族であるが，蒙姓は本来チワン族で，同県平正郷から移動してきたが，移住して長期にわたるのでミャオ族に同化している。当村に移住してきたミャオ族は，古老の話によると，別鳩村下寨（現在の羊達村下寨）の龍姓を名乗る一族が最も早く，従江県擁里郷龍江から移動してきたという。別鳩村の韋姓も龍姓と同一の祖先であった。しかし，その後の人口増加に伴い，一般に「破姓開親」と称されている改姓を行ない，韋姓を名乗ることになったという[78]。

上述のように土地改革は1953年に実施されたが，それまでは当村には地主などの富裕階層をはじめ，種々の階層に所属する住民がいた（第15表）。地主（3戸），「富農」（3戸），「中農」（5戸），「雇農」（4戸）の他はすべて「貧農」であった。これらの区分は主として水用などの耕地の有無などにより決められていた。すなわち，水田，山林などの土地を大規模に所有し，他人に貸している地主，耕地を所有している「富農」「中農」「貧農」，耕地などをまったく所有していない「雇

第15表　土地改革以前の農民の階層

耕地＼階層	地主			富農			中農					雇農		
	A	B	C	D	E	F	G	H	I	J	K	L①	M②	N③
水田	12	8	17	8	12	8	3	8	6	8	10	0	0	0.2
山林	30	20	50	8	5	4	2	3	2	3	4	0	0	2

単位は畝（6.67アール）．　　　　　　　　　〔出所〕現地での聞き取りにより作成．
①木桶・竹細工つくりを行なう．
②木桶つくりを行なう．元々は水田1.8畝，山林1畝を所有．
③狩猟，日雇い．

農」の5階層に区分されていた。「富農」「中農」「貧農」の区別は，所有している水田や山林などの多少によった。別鳩村の大半を占めた「貧農」の生活は，王・S（69歳，2人家族）の場合，以下のようであった。

当時，水田2畝，山林1畝を所有していた。当村でいう山林とは植林を行なう山地ではなく，トウモロコシ・アワ・ヒエなどを植えるために拓いた土地のことである。いわゆる「山畑」である。これらの耕地からモチ米500斤，アワ100斤，トウモロコシ80〜100斤，ヒエ40斤，サツマイモ100斤，タロイモ5斤などの作物を年間平均して収穫していた。しかしながら，年間数カ月分の食糧が不足するため，放牧・薪取りなどの手間仕事などをしたり，ときには麓の家々を巡回して食糧などをもらうこともあった。

1954年には加勉郷に「初級合作社」が設置され，翌年秋には「高級合作社」に発展した。その後，1958年に「加勉郷人民公社」が成立し，集団所有体制が確立した。生産責任制は別鳩村下寨が羊達村に編入された1983年に導入された。導入に際しては前年すなわち1982年の人口に応じて耕地などが個人に分配された。この政策を「分田到戸」という。その内容は，成人（男・女とも）1人に対して，1畝の水田，子供には0.7畝の水田が分配された。常畑は男女・老若の区別はなく，均等に各人当たり0.18畝配分した。山林に関しては，各個人に分けられたのではなく家ごとに2畝ずつ分配した。本来ならその後も人口の増減などにより再分配する必要があるが，現在までその後の再分配は行なわれていない。なお，その他，主要な農具，家畜なども分配したが，その詳細は不明であった。

なお，人民公社時代には，生産大隊の隊長，党書記などが主として村の行政を

担当してきたが，その期間以外は，寨老と称される村の代表が集落の秩序の維持を行なってきた。現在でも，86歳，71歳，70歳の3寨老が存在する。寨老は住民によって推挙され選ばれる。かつて別鳩村には5人の寨老がいたが，他の2人は現在既に他界している。なお，現在別鳩村には幹部として村長・会計，党書記の3名がおり，村民委員会を構成し行政を担当している。しかし，同委員会の事務所は1973年に発生した集落全域を覆う火災に会い，存在しない。

2）三つの集落からなる別鳩村

　別鳩村は，前述したように三つの集落から構成されている。第28図は，その内村の中心部とでも称すべき第1組党革，第2組歹外，第3組羊岡の家屋配置などを示したものである。第28図を参照しながら，別鳩村の集落の特徴を検討していくことにする。

　集落は，山頂部近くの山腹斜面上に位置している。集落が位置している海抜高度は870mである。それ故，決して高所に立地しているとはいえない。しかし，雲貴高原東部においては，相対的に西部や中部よりも平均海抜高度が低いため，東部としては比較的高所に位置していることになる。また集落は山腹の北斜面に面しているため，年間を通じて日照時間が短い。そのため，米などに代表される農作物の収穫量は多くを期待できない。湧水の量は飲料水として使用する程度でしかない。そのため，農業用水は天水に依存しているといった状態である。この点からも毎年のように水不足になっている。このことも，農作物の収穫量が少ない原因となっている。

　「ケージィエ」を過ぎて集落がみえてくると，右手下方に瓦（レイリ，rēidǐ）を焼く窯（ハイファレイリ，hái fa rēidǐ）がみえる。窯は1990年につくられたものであるが，現在では既に使用していない。その理由は，別鳩村全戸分の瓦を焼き終えたからであるという。窯跡付近および集落内の各家の庭先などには，焼かれた瓦が高く積まれている。それ故，別鳩村の特色の一つに，全戸が瓦屋根の家庭となっていることがあげられるほどである。

　さらに，集落中心に向かって50mほど進むと，道路の両側に長さ高さともに約2mの石垣跡がみえてくる。この石垣は寨門と称され，集落の出入口に設置されており，泥棒などの外部からの侵入者を防ぐ役割を担っていた。しかし，現在で

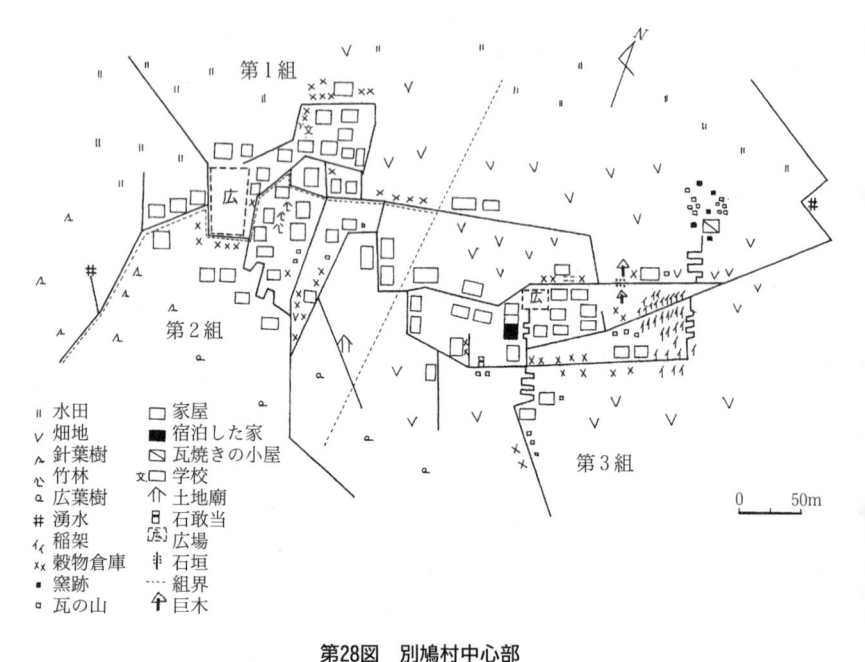

第28図　別鳩村中心部
〔出所〕現地での調査により作成.

は門は消失しており，両側の石垣も崩れかかっている。そのため，夜半も自由に来往することが可能である。なお，付近のミャオ族の集落である山崗寨（谷坪郷）においては，現在でも夜になると門番が木槌を打ちならすとともに，寨門を閉じるという従来からの習慣を守っている場合も存在する。第28図では図示することができなかったが，別鳩村にはこのような寨門跡が他に1カ所残っている。なお，寨門の背後の道路の両側には2本の広葉樹の巨木など数本の広葉樹が寨門を保護するようなかたちで植えられている。

しかしながら，第28図に示した寨門跡の巨木のうち1本は落雷にあったためか，幹が途中で折れている。これらの巨木を含む寨門付近の樹木は，村の集団所有（フウ，*Liquidambar formosana*，楓香と称している）となっており，住民といえども勝手に伐採することができない。現在では，人口が増加したためか，第28図からも判明するように，寨門外にも家屋が建っている。

集落内の家屋は，前述したようにすべての瓦葺き屋根で，木造2階建ての高床

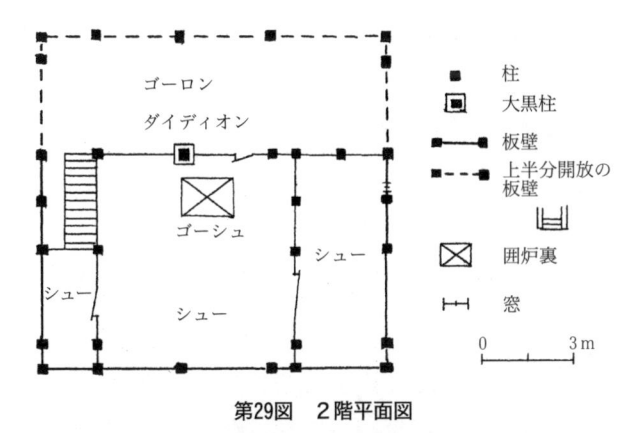

第 3 章　水稲耕作を主体とした「黒ミャオ」族　157

第29図　2階平面図

〔出所〕現地での聞き取りにより作成.

式建築である。この点は既述したように別鳩村の特徴といえるものであるが，周辺のミャオ族の集落では，家屋の大半が杉皮葺き屋根であることを考えると，著しい相違が認められる。しかしながら，このような点は，別鳩村が他のミャオ族の集落と比較すると生活が豊かなためではなく，偶然集落近くに瓦を焼くのに適した良質の粘土が存在した結果であると思われる。と同じに，別鳩村周辺の山地は河谷から山頂付近まで棚田となっており，杉などの植林はほとんどみられない。この点は，周辺一帯の人口圧の高さを示すものといえよう。そのため，杉皮などが極端に利用しにくい，ということも考えられる。現在では，他のミャオ族の集落と大いに異なり，食事のための煮炊き用の燃料にも困っているような状態である。

　住民の居住部分は2階に限定される。その空間は，廊下（ゴーロン，gō lōng）と部屋（シュー，xiu）とに大きく分けられる（第29図）。廊下の部分は，居住空間としては比較的広く，居間としての性格を有している。壁には鎌・山刀などの農具を吊したり，隅には機織り機などがおかれている。部屋は数カ所に区切られているのが一般的である。そのうちでも，中央の最大の広さをもつ部屋には囲炉裏（ゴーシュ，gòu xiu）が切られている。囲炉裏は年中火を絶やすことはないという。食事の調理はすべてここで行なわれる。また，囲炉裏の上には棚が設けられ，次年度に種子として使用するトウモロコシや，調味料として使うトウガラシなどを乾燥させて保存している。他の部屋は寝室あるいは倉庫として使用される。なお，雲貴高原東部では一般にはミャオ族は漢民族とは異なり，ベッドの上に寝

イロリの傍らでモチを丸める（加勉郷別鳩村）

る習慣はない。

　別鳩村では各家の規模については大小が存在する。しかし，大きな家屋でも居住空間の構造は，廊下・囲炉裏のある部屋・寝室などに使われる部屋で構成されており，基本的には同様である。ただ，部屋数が多くなっているだけである。

　1階部分の内部は戸がないが，数部屋に区切られ，牛や豚などの家畜小屋として利用されている。多くの家庭では，その一角に踏白（ジョション，jó shòng）がおかれ，毎朝食事前に精米している。なお，1階部分は壁は横長の長方形の厚板をはめ込んで板壁となっている。このように，厚板がはめられているのは家畜が盗まれたり，外に逃げ出さないためであるという。出入りするときや，餌を与えるときにはこの厚板が数枚はずされる。

第3章 水稲耕作を主体とした「黒ミャオ」族　159

竪杵でモチをつく（加勉郷別鳩村）

　集落の下方には小学校（別鳩小学）がある。学校の組編成は，第1学年から第2学年までである。しかし，学費が学期[79]ごとに数十元（1元は約12円）もかかることから全員が就学していないが，農村部における児童の就学が国家の重点政策の一つであることなどから，毎年就学率が増加しているという。教育は，給与のすべてを国家から保障されている「公辦教師」と，郷や村がその費用の一部を負担する「民辦教師」がそれぞれ2名ずつ合計4名が勤務している[80]。

　集落の上方，第2組の端に土地廟（オインディ，oin dei）が鎮座している。土地廟は小規模な祠で，線香・酒・献花などが供えられている。この土地廟の歴史は古く，既述したように龍姓の先祖「クチィユ」がこの場所に石碑を建てたのが最初であるという伝承を有する。現在まで62代を数えるという。毎年「開春」[81]（農暦の4月末，以下暦はすべて農暦）と9月の秋季の収穫準備時[82]には，この前で土地神の祭礼が開催される。

　「開春」では，1頭の雌豚を屠殺し，各戸ごとに竹筒1本に入れた米（一筒米）

を出し合って神を祀る。9月の祭礼では，各家ごとに乾魚1匹，1筒の米を供出し，「開春」同様の祭が挙行される。なお，供出される米は両祭とも約1カ月前に集められ，当村で「泡酒」と呼んでいる濁酒をつくる。これらの祭祀活動は，第3組在住の鬼神[83]（鬼師，ガーソン，gá sóng）によって主宰される。

他に，集落内に入ると至るところに，主として収穫した籾などを収納・保管する穀物倉庫および刈り取った稲を天日干しする稲架が存在するのが目につく。前者は，全戸が所有し，それぞれ収穫した穀物を収納している。後者は，道路沿いに建られ，長方形の大きな木枠の中にはしご状に10本ぐらいの太い竹を等間隔において横に通したものである。この木枠一つを1排と呼び，数軒で共同して使用している。

以上，第28図を参照しながら，集落中央部のとくに目立った特徴を列挙してきた。再度第28図全体を俯瞰すると，調査期間が短いため詳細に解明できなかったが，湧水・広場など住民にとって貴重な場所の配置を考えると，集落は，第1組党革・第2組歹外と第3組羊岡の二つに分かれているような印象をもつ。すなわち，外観上だけであるが，集落を二分する双分制（dual organization）の原理がはたらいているのではないかと思われる。

2 生業形態の特色

前項でも述べたように別鳩村の集落は比較的海抜高度が高い場所に位置している。全村では水田が420畝，畑地が250畝，山林が480畝である。これらの村の所有地は，人民公社解体後の1982年に生産責任制が導入されたときに，村の住民に分配された。

別鳩村の生業の中心は農業で，全戸が農業に従事している。主要な農作物は米である。その米の中でも，モチ米が同地域に分布・居住するヤオ族やトン族など他の少数民族居住地区と同様に，当村を筆頭にミャオ族居住地区においても栽培されていた。ミャオ族をはじめ，同地域に展開している少数民族間では等しく「ハレ」の日にモチをついて祝うという共通した習慣がみられ，また日常生活においてもモチ米の粥やオコワが非常に好まれたからである。しかし，モチ米はウルチ米ほどの収穫が期待できない。そのため，とくに飯米が不足している少数民族居

住地区においては，政府の方針で収穫量が多いウルチ米を栽培することが奨励されることになった。それは当村では1991年のことであった。それ以降別鳩村では稲作の大半がウルチ米の栽培に転換された[84]。

　上述したように別鳩村では米食が中心となっている。しかし多くの家庭では飯米が不足している。それを補完しているのがトウモロコシや，アワ，ヒエ，ソバなどの雑穀，サツマイモ，サトイモなどのイモ類である。その中でもアワ，ヒエは集落近くの山腹斜面に造成された焼畑において栽培されている。焼畑はほぼ全戸が行なっている。焼畑では火入れを秋季に行ない，冬季は結氷するため翌年の春季に播種を行なう。初年度はアワ，第2年度および第3年度ではヒエを植えるのが一般的となっている。アワの成長には多くの養分が必要とされるからで，地力の肥沃な初年度にアワが栽培されるのである。4年目になると耕地の除草を行なっていないため，雑草が多く茂り，作物の成育を阻害したり，地力の衰えが目立つので放棄される[85]。なお，トウモロコシに関しては集落近くの常畑で栽培されることもあるが，山腹斜面に造成した山畑に栽培されることが多い。その他，人民公社時代の1960年代初頭にキャッサバの導入がはかられた。

　第30図は別鳩村で栽培されている主要農作物の農業カレンダーである。この第30図を参照すると，主食である米およびそれを補完するトウモロコシ，アワ，ヒエ，ソバなどの穀物類，サツマイモ，サトイモなどのイモ類が中心で，野菜の種類が少ないことが指摘できる。このことは栽培可能な耕地であれば，主食となるものを優先的に栽培しているためであると推察できる。野菜の中心はニラである。ニラは多年生植物である。当村では1月と8月の2回株分けがされている。収穫は年に4回であるが，少量であれば年中食用とすることができる。そのため，多くの家庭では毎日のようにニラを材料とするニラスープが食卓に供せられている。

　また，ほとんどの家庭では水田の一部に水を張り続け，コイ（鯉魚）を養殖している。本来このような水田の養殖は周辺に住むトン族の習慣であったが，動物性タンパク質が不足しがちなミャオ族がトン族の影響を受けて水田養殖を開始したようである。そのためトン族で一般的な飼育方法である，水田の一部に年中水を張り親魚を越冬させ，卵を産卵させるという技術がなく，4月に田に水を入れると同時に，トン族から稚魚を購入し，それを育てている。以下では別鳩村の生業形態の特色を抽出した農家を事例として取り上げ，具体的に検討していくこと

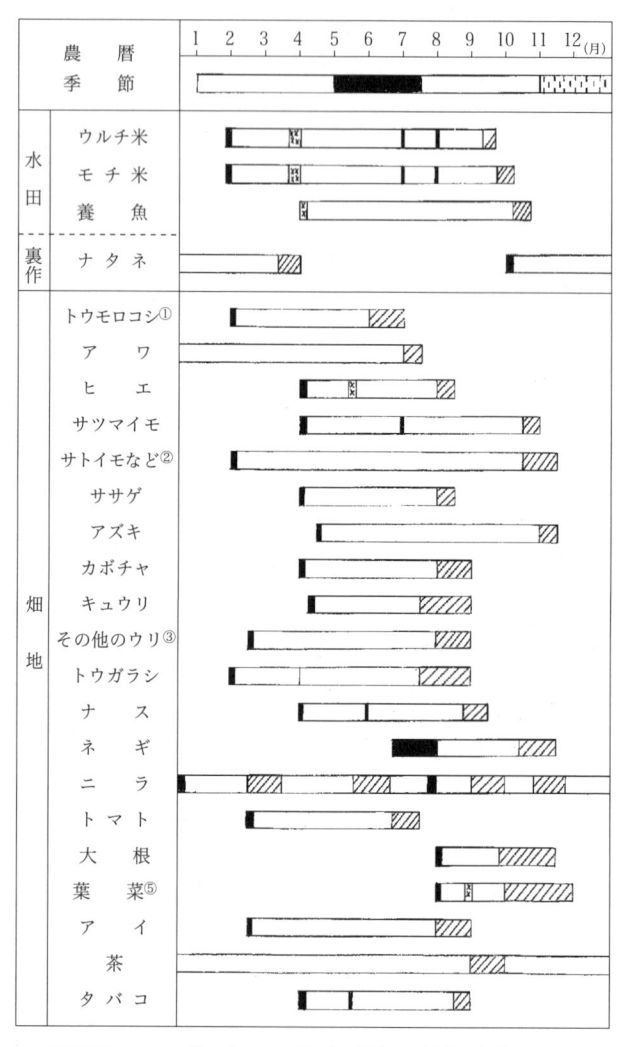

農暦 季節		1 2 3 4 5 6 7 8 9 10 11 12 (月)
水田	ウルチ米	
	モチ米	
	養魚	
裏作	ナタネ	
畑地	トウモロコシ①	
	アワ	
	ヒエ	
	サツマイモ	
	サトイモなど②	
	ササゲ	
	アズキ	
	カボチャ	
	キュウリ	
	その他のウリ③	
	トウガラシ	
	ナス	
	ネギ	
	ニラ	
	トマト	
	大根	
	葉菜⑤	
	アイ	
	茶	
	タバコ	

播種・田植え　移植　除草　収穫

乾季　雨季　結氷

①おくては，4月末に播種，10月末に収穫．
②キャッサバなど．
③白ウリ，ヘチマなど．
④株分け
⑤白菜，青菜

第30図　別鳩村農業カレンダー

〔出所〕現地での聞き取りにより作成．

1）蒙・R（70歳，第3組）の生業形態
①蒙・R家の生活史

別鳩村の住民は異なる四つの姓の家族によって構成される。現在ではこれらの4姓の住民はすべてミャオ族と称している。しかし，既に述べたように，蒙・R家をはじめ蒙姓を名乗る集団は元々ミャオ族ではなくチワン族であった。彼らは当村に移住後ミャオ族に同化したためミャオ族と称しているのである。この点に関しては蒙・Rも熟知している。すなわち祖父母はチワン族で，隣接する広西壮族自治区の融水苗族自治県杆洞郷より約100年前に移動してきた（第31図）。杆洞郷の住民の大半がチワン族であるが，人口過剰で食糧に困ったからであるという。蒙・Rによれば，ミャオ族に民族名称を変更したのは父親が当村第2組のミャオ族の女性（王・W）と結婚したことが契機だという[86]。

父親は1945年に他界し，その後兄も分家し，同じ第3組内に家を構えた。同家では理由が不明であるが，長男ではなく次男が同家を継いだ。それ故，1953年に実施された土地改革の時には，母親との2人暮しであった[87]。当時水田1畝余りと山林1畝を所有し，「貧農」と分類された。分家した兄の配偶者は別鳩村より20

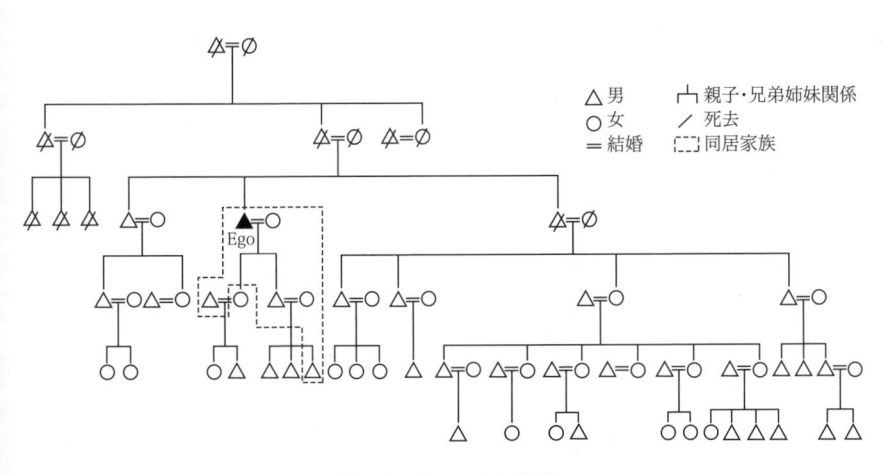

第31図　蒙・R家の親族
〔出所〕蒙・R家での聞き取り調査により作成.

華里（10km）離れた同郷高山村のミャオ族であった。土地改革時には子供が2人誕生しており4人家族で，水田2畝[88]，山林1畝を所有していた。当家も蒙・R家同様，貧農と分類された。なお長男は，別鳩村が所属している加勉郷人民政府共産党委員会書記をしている。

その後人民公社時代を経て，1983年に別鳩村に導入された生産責任制の結果，6人家族であった当家は水田6畝，山林5畝の分配を受けた[89]。その後，長男夫婦が分家した。そのため長男夫婦に分配された水田と山林の一部を与えたので，蒙・R家は現在水田2畝と山林4畝を所有している。

なお，蒙・Rはチワン語をまったく話すことができない。しかし両親はチワン語を話すことができた。蒙・Rは1942年から3年間400華里離れた広西壮族自治区の環江県牛洞郷の漢民族の下に農作業の補助を主とした出稼ぎに出かけた。手当ては食事付きで1日4枚の銅銭（銅毫）をもらった。そのようなこともあり学校に行かなかったが中国語（漢語）を話すことができるようになった。蒙・Rは現在寨老である。寨老とはミャオ族を筆頭に同地域に住むトン族などにみられる独自の制度で，長老という意味を有している。一般には住民によって推挙された数人によって構成され，村内で発生したもめごとなどを調停し，村の秩序の維持に努めた。

②自給に近い生産活動

蒙・Rの2畝の水田は集落近くに位置するものはなく，集落からかなり離れた小高い山の頂上付近に集中している。全体では17筆に分かれている。1筆当たりの面積にすれば非常に小規模な水田となる。理由は水田が山腹斜面に造成された棚田であるからである。蒙・R家をはじめとする抽出農家の年間の重要な農作物を中心とする経済状況を表示したのが第16表である。この第16表を参照して蒙・R家の農業を中心とした生業形態を分析・検討していくことにする。

前述したように蒙・R家は水田を2畝所有している。当家の水田の作物状況をみると，第16表に示した他の抽出農家と比較してモチ米の比率が高いことに気づく。この点は子供たちが分家および嫁として転出した結果，高齢な夫妻だけで生活を送っていることと関係があるように思われる。すなわち蒙・R夫妻は長年モチ米を習慣として食用としてきたため，その習慣が捨て切れず他家よりもモチ米の消費量が多いものと推察できる。

第16表　抽出農家の経済状況（1994年度）

作物など		蒙・R家 (2人家族)	王・R家 (9人家族)	韋・Rl家 (2人家族)	韋・Rw家 (4人家族)	韋・Rx家 (7人家族)
水田	面　積(畝)	2	4	3	2.8	4
	ウルチ米	600	1,200	700	1,500	700
	モチ米	400	700	500	80	2,000
	ナタネ		10		50	
	養　魚	10	30	50		30
畑地	面　積(畝)	若干	0.2	0.2	0.2	1
	トウモロコシ	50	200①	150	200	100
	アワ		200①	30	100	50①
	ヒエ	200	300	30	200	
	サツマイモ	30	400	200	300	300
	その他のイモ類	30		80	20	100
	ササゲ		20		10	
	アズキ	60	5			
	カボチャ	10	60		25	40
	キュウリ	70	60		18	
	その他のウリ	1	50		30	
	トウガラシ	10	10	6	16	2
	ナス	300	30	30	20	
	ニラ		400	200	300	1,000
	トマト	200余	20	10		
	大根	220	600	400	300	400
	葉菜	20	300	650	400	400
	アイ	10	20	20	15	50
	茶			10	30	3
	タバコ			8		5
山林	面　積(畝)	4	4	5	4	5
	杉(本)	100	200	100	60	60
	竹(本)	30〜40	60	80	70	100
		50〜60	50	10〜20	40	50
	ワラビ	200	200	40	150	50
家畜など	牛	1	2		1	3
	豚	1	2	1	1	2
	ニワトリ	2	5	2	4	
	アヒル	2	3	1	5	

①焼畑にて栽培．単位は斤（500グラム），1畝は6.67アール．
〔出所〕現地での聞き取りにより作成．

水田の一部ではコイを養殖している。春先に購入したコイの稚魚を飼育し，秋季の稲の収穫時に数十cmに成長したコイを捕獲するのである。コイは「ハレ」の日に御馳走として食卓に出せるように「腌魚」にして保存されることが多い。

野菜畑は集落近くにあり便利である。しかし非常に小規模である。理由は集落が山頂近くの山腹斜面に位置しているため，栽培可能な平坦な耕地が極端に少ないからである。野菜畑ではニラを中心とする自家消費に限定される作物が栽培されている。その中でもサトイモは，トウモロコシや1994年度は栽培しなかったがアワの間に植えることが多い。また，当家で栽培するトウモロコシは，収穫時期が早いワセのトウモロコシのみである。比較的多くの収穫がみられる大根，白菜や青菜などの葉菜は清物として食べることが多いが，一部では飼育している家畜の飼料となっている。さらに，蒙・Rでも植えられているアイは当村では全戸に栽培がみられる。現在でも女性中心に着用している民族衣裳は素材の綿布が定期市で購入されるが，各戸でつくられる。アイはその藍染めの原料として使用するためである。

山林も集落から数km遠方に位置している。山林には杉や竹が植林され，タケノコが収穫できる。しかしタケノコは量的に多くなく，すべて自家消費に供される。ワラビはかつて根からデンプンを取り，主食の代わりとして食べていた。現在では茎や新芽の部分を清物にし，副食としている。家畜としては毛が黄色を呈しているので「黄牛」と称されている牛と豚が，それぞれ1頭ずつ飼育されている。これらの家畜は子供を定期市で購入し，それを成長させて販売している。当家にとっては最大の収入源である。狩猟は以前盛んに実施されていたが，近年ではほとんど行なっていない。捕獲対象物である野生動物や小鳥が減少したからである。しかし，当家にはネズミやスズメを捕獲する竹ばさみを60組，小鳥を主として捕獲する網を一つ所有している。

以上述べたように，蒙・R家はほぼ自給に近い状態の生活を送っている。とはいっても，塩のみは毎年購入している。塩は中華人民共和国成立以前では隣接している榕江県の県城榕江に買いに出かけた。食塩1斤が10枚の銀貨（銀毫）であった。塩は家畜にも与える必要があるため，年間7斤ほど購入した。榕江は従江県の県城従江とともに西江上流都柳江に面している地方中心地で，山伝いに下って行けば従江よりも近かった。榕江には海塩が船で運ばれてきた。当時塩を多量に

購入する余裕がなかったので、日常的には塩は使用しなかった。現在では近くの加鳩や宰便で開催される定期市で購入している。加鳩では日曜日ごとに、宰便では5と10のつく日に開催される。

2）王・R（53歳，第2組）の生業形態

王・R家は土地改革時に水田0.9畝，山林1.5畝を所有していたが，「貧農」に区分された。現在は長男夫妻が同居しているため9人家族である。水田は4畝所有し，合計34筆に分かれている。山村も同様に4畝所有している。王・Rは小学校で3年間学習した。そのため中国語（漢語）の読み書きができる。弟も小学校に2年まで通学していることなどからも推測できるように，この世代の男性はほとんど当時加勉にあった小学校に数年間通学している。それ故，同世代以下の男性はほとんど中国語が話せる。しかし，同世代の女性は同家の姉妹にも該当するのであるが，小学校で学習した経験がない。その結果，中国語での読み書きあるいは会話ができないものが大半である。当村の日常会話は子供や若者を除いてミャオ語が話されている。

①王・R家の水稲栽培

王・R家では上述のように家族数が多いためか，ウルチ米およびモチ米の収穫も多い。両品種の播種，田植え，稲刈りなどの主要な農作業は，既出の第16表を参照してもわかるように同時期に実施されるが，モチ米のほうが成育期間に時間がかかるので，稲刈りの時期が数週間遅れることになる。当家では苗代を2月初旬（農暦，以下農作業はすべて農暦）に水田の一角につくり，籾を播く。苗代とする水田は決っており，道路に面した水利の便のよい，日当たり良好な場所が選ばれる。播種する籾は，前年度に刈り入れた籾の一部を特別に選定して保存しておいたものを，1昼夜水につけておいて播く。

田植えは50日後に実施する。そのころになると苗は20cm近くにまで伸びる。田植えは手で数株ずつ植えていくが，日本で「ユイ」と称しているような村民の共同作業は行なわない。各戸で個別に行なっている田植えの作業は男・女とも行なう。田植えは「石耙」あるいは「石頭耙田」と呼んでいる大きな石を縄でくくったもので整地した後に実施する。当村では田植え前の2月の「寅」あるいは「卯」の日で晴天の日を選んで「開秧門」（トンニォンヤー，dòng nióng yà）を行なう。

「開秧門」を実施する日は寨老が決定することになっているが「寅」の日が多いようである。この儀礼は3日間連続して行なわれ，ミャオ族固有の木製のたて笛である蘆笙が吹かれ，「踩歌堂」と称される踊りが舞われる[90]。この祭りが終了しなければ田植えを行なってはならないとされる。

　田植えが終了した後，農具である「石耙」や農作業の労をねぎらって「洗耙節」（ノウコモン，nǒ gè mòng）を行なう。「洗耙節」とは農具を洗う祭りという意味である。この祭りは個々の家庭で個別に実施するが，収穫したばかりのワセのトウモロコシを食べることが習慣となっている。しかし，現在では「ワセ」のトウモロコシは「オクテ」のトウモロコシに比べて同面積当たりの収穫量が少ないため，栽培していない家庭もみられる。「洗耙節」は時期的にみて漢民族が実施する「端午節」に相当する行事といえるが，後述の「喫新節」（ノギヒ，no gi hi）と同様にトウモロコシの収穫を予祝する行事とも考えられる。

　除草が終了すると，8月下旬「寅」，「亥」，「酉」のいずれかの日を選定して「喫新節」が実施される。儀礼の日を選定するのは寨老である。祭りは前述の「開秧門」同様全村をあげて行なわれ，ミャオ族にとっては10月に実施される「苗年」（ノーランノージェ，nǒ làng nō jiū）と並んでとくに重要な行事である。儀礼は前述のように収穫を予祝する目的で行なわれるもので，稲の初穂で実がまだ十分に熟していない青いままの状態のものを食べるのが特徴である。当日の早朝，主人が各自の水田に出かけモチ米の初穂を1～2束持ち帰り，盆の上にのせた前年に収穫したモチ米の前において祭りを挙行する。その後モチ米ごと蒸される。できた強飯はニワトリあるいはアヒルとともに先祖棚に供えるとともに，水田に設置した仮の祭壇にも供える。

　以上の行事が終了すると，強飯は先祖棚の前で家族全員が用意した御馳走とともに食べられる。その時魚があれば3匹の魚が煮られる。以前は各家がドブロクをつくり祭壇に供えていたが，現在では白酒を購入しそれをドブロクに代って供えることが多くなっている。また当日は蘆笙が吹かれ「踩歌堂」などが行なわれる。

　稲の収穫方法はウルチ米とモチ米では異なっている。すなわちウルチ米は鎌で根元から刈り取るが，モチ米は半月型をした穂摘み具で稲穂だけを刈り取る。両品種は栽培する場所も異なっており，比較的高度が高い水田はモチ米，低い場所にある水田はウルチ米を栽培している。刈り取られたウルチ米は集落の周辺など

闘牛の様子（加勉郷党港村）

に設置された稲架にかけられて1週間ほど乾燥させた後脱穀し，籾の状態で穀物倉庫などに保管される。モチ米は庭先あるいは路上で乾燥させた後，天井裏などに保存される。

稲の収穫後「苗年」が行なわれる。「苗年」とはミャオ族の正月のことであるが，その意味は年を越してモチを食べるという意味である。つまり新年のはじまりを祝い，年末に蘆笙を葺き，「踩歌堂」が踊られる。「苗年」は10月吉日に行なわれることが多く，挙行する日時は寨老が決定する。別鳩村のミャオ族を筆頭にミャオ族では最大の年中行事となっている[91]。

当家でも水田の一部でコイを養殖している。当家では稚魚を近くに位置する地方中心集落の宰便から売りに来たチワン族の行商人から3碗購入した。稚魚は食

事などに使用する大きめの丼に入れて1碗いくらという売り方がされる。1碗には約20～30匹の稚魚が入り，2元であった。1994年度は3碗購入し，6元支払った。

②野菜畑での栽培作物

集落近くに位置する野菜畑での栽培作物は，前述の蒙・R家とほぼ同様の作物を中心に栽培している。しかし家族数が多いこともあり，主食である飯米を補完することが可能なトウモロコシ，アワ，ヒエ，サツマイモなどの作物が主体となっている。また，所有している山林の使用形態も蒙・R家とほとんど同じで，タケノコ，ワラビなどを採取している。

なお，当家ではアワ，ヒエは所有している山林の一部を焼畑用に拓いた耕地で栽培している。毎年0.3畝ほどの土地を焼畑として拓いている。焼畑では初年度にアワ，それ以降はヒエを植えている。利用できるのは第4年目までで，それ以後の耕地は放棄される。その他，家では山林を毎年冬季になると0.3畝ほど開墾し，水田を造成している。このように焼畑や水田を毎年造成しているのは，家族が多いために年間に食糧が3～4ヵ月分不足するからである。

不足する食糧は政府の食糧管理所より特別に安価な料金で購入している。1994年度ではウルチ米1斤1元であったが，1995年度では1.5元に値上がった。当家では毎年500斤ほどの米を購入している。その代金は飼育した家畜やニワトリ，アヒルなどの売却代による。当村の豚は，とくに「香猪」と呼ばれている在来の小型の黒豚である。当家では母豚を所有しているので，2年に3回子豚を出産する。出産した子豚は2ヵ月後には6～7斤の重さになる。その幼豚を25元ぐらいで売却する。牛に関しては成牛になるまで数年かかるので，1994年度は売却することができなかった。このような状況なので生活が大変苦しい。それにもかかわらず，水田にかかる税として120斤の米を，さらにその他種々の税金として合計16元を納入している。

3）韋・Rl（71歳，第3組）の生業形態

韋・Rl家は小韋に所属している。父親は土地改革時地主（第15表B）であった。当時は7人家族であったが，その他に同村のミャオ族の男性1人を長期契約の小作人として雇っていた。その後両親は他界し，1976年に長男を分家させた。また7人いた娘はすべて嫁として転出したため，現在妻と2人暮しである。

水田はウルチ米とモチ米を両方栽培しているが，高齢者だけが暮している前出の蒙・R家同様モチ米の栽培が目立つ。第16表からも判明するように野菜などに関しても，作業を行なうには限界があるので，多くを栽培することができない。しかし，韋・Rlはタバコが好物なので，自分が吸うぐらいのタバコを栽培している。

主要な収入源は飼育しているニワトリ，アヒルが産む卵で，それを販売している。卵は定期市に持参すると，ニワトリの場合は1個0.3元，アヒルの場合0.4元で売ることができる。これらの卵の売却だけで年間25～30元程度の収入がある。現在では高齢なこともありそれ以外の現金収入はない。そのため水田税としての90斤の供出米，各種税金の合計12元は子供たちの援助を受けることが多い。ただ，当家では年間3カ月ほど食糧が不足する。その食糧の購入代金は貯えていたお金で支払っている。兄弟・子供たちの援助がなければ，生活が大変困難である。

4）韋・Rw（62歳，第2組）の生業形態

韋・Rw家は大韋に所属している。当家は土地改革時は「貧農」に分類された。家族はそのとき6人であったが，水田2畝と山林2.5畝を所有していた（第32図）。しかし，毎年食糧が不足し生活が困難を窮めた。そのため周辺の山中に自生しているワラビの根を掘り，デンプンを採取し，それをモチにして食べた。その調理方法は，採取したワラビの根を水でよく洗い，それを大きな木桶に入れ水に長期間浸す。すると水とデンプン質が上下に分離する。上水をとりかえ撹拌することを数回繰り返して放置しておくと，底に糊状のデンプンがたまる。それを大鍋にかけ粥のようにして食用とした。なお，日照りが連続し，さらに生活が困窮した年度は，田植え終了後に集団で「逃荒討飯」と称して他所に物乞いに出かけ，秋季の稲の収穫期に帰村した。

両親は父親が1962年60歳で，母親は1985年に72歳で他界した。また，1994年には3人兄弟の長男が分家・転出した。そのため現在では妻と合わせて4人家族である。

水田には面積当たりの収穫量が多いウルチ米を中心に栽培している。当家では裏作としてナタネを栽培している。収穫したナタネの種子は定期市に持参して食用油と交換している。他家で行なっている水田養殖は実施していない。

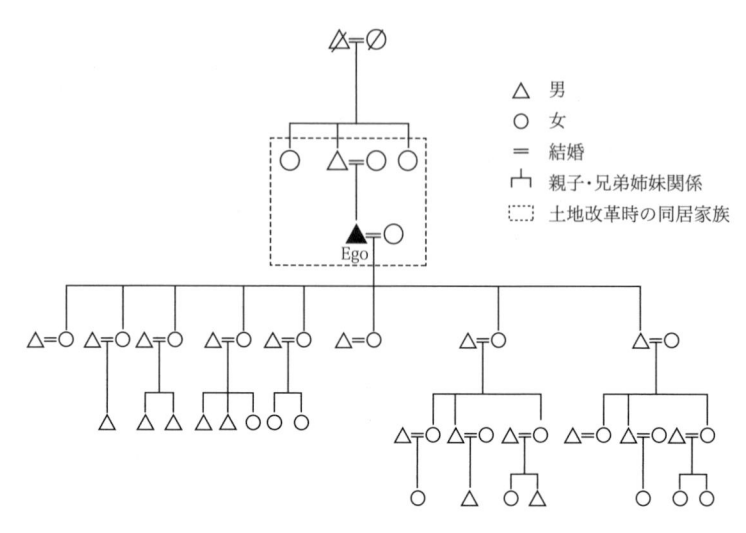

第32図　韋・Rw 家の親族
〔出所〕韋・Rw 家での聞き取り調査により作成．

　畑地で栽培している野菜類中心の作物の種類は他家とほとんどかわりがない。ただし，トウモロコシはワセのモチ種であった。トウモロコシは収穫直後であれば焼いて食べた。しかし大半は踏臼でついて殻をとり除き，石臼でひいて粉にした。それをウルチ米に加えて炊いて食用とした。このトウモロコシ入りの混合飯は，非常に美しい黄色となる。各家によってトウモロコシとウルチ米との比率が異なるが，5：5あるいは6：4で炊くことが多かった。またトウモロコシはモチ種なのでモチにして食べることもあった。
　当家ではアワは次のようにして調理した。その方法はトウモロコシと同様で，最初に踏臼でついて殻をとり除いた。そして石臼でひいて粉にした。それから水を加えモチ米と混ぜて蒸した。その後，横臼に入れて縦杵でついてモチとした。その他ウルチ米と混ぜて炊いたり，粥にすることもあった。
　ヒエも調理方法および食べ方は，上述したトウモロコシやアワと同様であった。当家ではモチにして食べることが一般的であった。なお，当村のヒエは在来種である実が紅色をしたものを栽培していたが，近年では収穫量が多い白色の品種が植えられている。当家では食塩を購入している。そのため，当家の調味料の中心

はトウガラシとなっている。しかし，モチにはトウガラシを使用しない。

　山林には杉を植えている。この杉は1984年に植林したので，切り出すには15年ほどかかる。他家同様タケノコ，ワラビを採取するが，後者のワラビは漬物として保存食とする。その場合米麹を入れるので麹漬けになる。当家ではほぼ年中ワラビの麹漬けが食卓にあがる。なお，飼育している牛，豚の家畜およびニワトリ，アヒルは，1994年度には売却していない。

　以上述べたように他家同様生活が苦しい。しかし水田税として82斤の米を納入する他，その他の税金として12元納入している。この代金は数年ごとに売却する「黄牛」の売却代より支払っている。韋・Rwは60歳を越えているので出稼ぎに行くことはない。

5）韋・Rx（68歳，第4組）の生業形態

　韋・Rx家は大韋に所属している。韋・Rxは学校などで学習したことがないので，簡単な中国語の日常会話は話せるが，漢字は読めない。しかし記憶力がよく，高祖父の名前まで覚えているという（第33図）。中華人民共和国成立以前は7人家族で水田4畝，山林5畝を所有していた。当時食糧が不足し，毎年半年分が足りなかった。土地改革時には「貧農」に分類されたが，水田5.5畝，山林5畝を所有していた。その後も食糧が不足し，平均すると2カ月分ほど不足した。そのため隣接する黔南布依族苗族自治州茘波県の茂蘭や水維などに出稼ぎに出かけた。これらの地域はプイ族が多数居住している。仕事の内容は収穫した穀物，炭，鉄鉱石の運搬であった。年間1〜2カ月出かけ

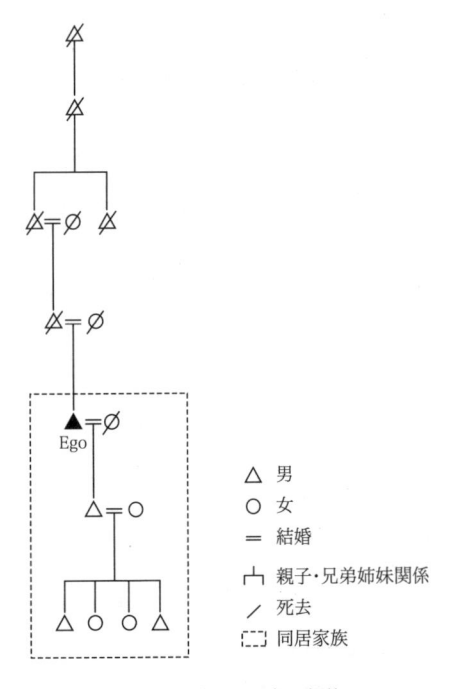

第33図　韋・Rx家の親族
〔出所〕韋・Rx家での聞き取り調査により作成．

た。1日の収入は食事込みで0.3〜0.4元であった。米でもらう場合もあった。

1983年に生産責任制が導入された。当家でも水田5畝,畑地1畝,山林5畝を所有することになった。家族は息子夫婦および4人の孫が同居しているので7人家族である。

周知のように,中国ではプロレタリア文化大革命後の1971年に,周恩来首相の提唱により計画出産運動が開始され,1979年にはいわゆる「一人っ子政策」が強力に推進されることになった。都市部においては現在でもこの政策が継続されている。しかし,少数民族居住地区では彼らを保護するという目的で,子供2人まで生むことが許されている[92]。それ以上の子供を出産すると3人目では1,200元の罰金,4人目では3,000元の罰金が課せられることになっている。韋・Rxの息子夫婦は上述のように4人の子供(男・女2人)を出産している。しかし,それぞれ「一人っ子政策」が施行された直後の1980年,1982年,1984年,1985年に生まれたこともあり罰金は支払っていない。

このように韋・Rx家では家族数が多いので,稲作中心の農業に精を出している。すなわち,生産責任制が導入された1983年以降から現在までに,山林を開墾して1畝ほどの水田を造成した。この新しく拓いた水田は,生産責任制で分配された5畝の水田とは別のものである。それ故,当家では実質的には6畝の水田を所有していることになる。新しい水田は,集落からかなり離れた比較的海抜高度が高い山の頂上付近にあるので,モチ米のみを栽培している。既出の第16表にみられる当家のモチ米の収穫量が多いのはそのためである。

さらに飯米を補完する目的で所有している山林の一部を焼き,それによって生じた耕地を使用して焼畑農業も行なっている。1994年に造成した焼畑ではアワを植えた。そこには1995年度はヒエを,1996年度にはサツマイモを植える予定である。第4年目に達すると土地の地力が衰えるのと雑草が多く繁るようになるので,耕地は放棄される。当家では4年に1度0.2畝ほどの焼畑を造成している。第16表にみられるアワは焼畑において栽培されたものである。

韋・Rx家の畑地での栽培作物を示した同じ第16表を参照すると,家族数が多いわりに栽培している作物の種類が比較的少ないことに気づく。これは労働力としては不十分な子供が多いためである。そのため成人の労働力は山林の開墾や水田の維持にとられ,畑地には十分な人手がまわらないためと推察できる。山林に植

えている竹を利用して、竹籠をはじめとする各種の竹製品を作成しているが、その収入源はあまり多くない。

　家畜は「黄牛」を3頭飼育している。「黄牛」は1989年、1994年にそれぞれ1頭300元で売却した。豚も2頭飼育しているが、そのうち1頭は牝豚である。1994年には10匹の小豚を出産し6頭の小豚を売却した。300元の収益になった。韋・Rxは1961年に鳥打ち銃を1挺購入し、雀などの小鳥を年間量にして4～5斤捕獲している。また鳥もちも自分でつくり、これをつかって主として秋季の8～9月に雀やウズラなどを数十羽捕っている。その他鉄製の虎ばさみ2挺を所有しているが、近年ほとんど使っていない。さらに魚をとる筌ももっており、4～5月にかけて水田に潜むドジョウを捕獲している。量としては10斤余りであるが、近年農薬を散布することが多くなり、漁獲量は激減している。

　以上韋・Rxおよび息子夫婦中心に農作業を行なっているが、食べざかりの子供が多いこともあり、食糧は年間2カ月分程不足している。不足は500斤ほどである。1995年度は600～700斤の食糧を購入し、不足分を補う予定である。その代金は飼育している家畜の売却代で支払うつもりである。しかし金銭的に余裕がないので、購入する食糧の大半は安価なトウモロコシである。なお、当家では水田税および各種の税金として300斤のウルチ米を納めている。

3　楽観を許さない別鳩村の生活

　加勉郷別鳩村は、本章第2節でも論じた同郷の党翁村と同様に、雲貴高原に分布・居住するミャオ族の中でも最も劣悪な状況にある。本節ではそのような悪条件の下に住む別鳩村の「黒ミャオ」族の生業形態を中心に、村の現状分析を行なった。

　別鳩村は王、韋（大韋、小韋）、蒙、梁の4姓から構成されている集落である。集落は山頂近くの比較的海抜高度が高いうえに、耕地にはめぐまれていない場所に位置していた。そのような劣悪な条件下にあるため、飯米を主体とした食糧は、抽出農家の事例からも判明するように、年間数カ月分不足するという状態である。政府も特別に安価な食糧を供給するなどして、その対策を講じているのであるが、現状は決して楽観を許さない。

以上のような状況であるため，住民の一部は山林を開墾して水田を造成したり，本来は禁止となっている焼畑なども実施している．しかしながら，基本的には耕地不足による食糧難はこの程度の住民の努力のみでは克服できないと思われる．当村の最大の貧困の原因は人口圧である．そのように人口が増加した理由の一つには，このような生活困難な地域に，例えば蒙・R家のように100年以上も以前から当村に移動してきた異民族の集団が存在するからである．この集団が本来の民族名を変更してまでも当村に定着したのは，故郷の土地が当村以上に生活困難であったと推察できる．

　以上の点を考えると，当村の現状は非常に厳しく，これを打開する方策は皆無のように考えられる．しかし，2002年には別鳩村が所属する加勉郷までは自動車が通行可能な新しい道路が開通した．この自動車路の開通の結果，当村の特性を生かした製茶，しいたけなどの人工栽培などを奨励し，住民の収入源を増大させるような行政からの指導が期待される．この点に関しては逆に新しい道路の開通により，交通の便が不良のため出稼ぎに出かけることができなかった住民が出稼ぎに行くことが増加し，村落が過疎化していくことも考えられる．

(注)
1) 貴州省黔東南苗族侗族自治州従江県谷坪郷山崗村の各寨においては，寨門が残っている．とくに同村燕窩寨の寨門は瓦屋根が付いた立派な門であり，扉に使用されている板木も厚く固いものである．扉は毎朝6時になると開かれ，夜も6時になると閉じられる．扉の開閉時間になると，扉がかけてある小型の木板が木槌によって打ち鳴らされ，その音が寨中に響きわたる．この開閉の役目を担う者は寨の住民の特定の家の者で世襲制となっている．そのため，寨の他の住民は寨門の開閉の依託料として，年間1戸当たり収穫が良好な年度では30斤前後の食糧，不足の年度は20斤前後の食糧を供出している（田畑 1998：33）．
2) この点に関して，建築学の専門家は「吊脚楼」が2階建て住居ではなく，平地土間式住居の変種であるという．その理由は，ミャオ族の「吊脚楼」では家族が生活している場所は，家屋の後半部と連続している空間（ここを一階とする）である．それ故，基本的には平屋建ての土間形式の住居であると主張する（浅川 1994：360-361）．しかしながら，著者の調査した「黒ミャオ」族を含むミャオ族の「吊脚楼」の家屋のほとんどは，山腹斜面の傾斜地に建てられていることもあり，玄関は妻入りにおかれ，ま

るで高倉式住居のように2階に入るという形式であった．以上から，「吊脚楼」の家屋がすべて平地土間式住居の変種であると断定できないと思われる．

　また，平地土間式住居となっているのは，ミャオ族居住地区でも比較的交通の便がよい地域で，周辺に居住する漢民族の影響を早くから受けた地域にみられる傾向が認められる．以上のことから，ミャオ族の「吊脚楼」の家屋は，むしろ高床式の木造2階建て住居の変種であるとみなしたほうがよいのではないか，と考える．

3) 調査は1997年8月に実施した．同行は昭和女子大学田畑久夫教授のほか，地元の行政官，公安（日本の警察官に相当）および地元のテレビ局のクルーなどが加わった．

4) 1990年度人口センサスによれば，ミャオ族105,805人，漢民族20,392人，スイ族11,468人，トン族1174人，プイ族723人，イ族713人，トウチャー（土家）族136人，回族78人，ヤオ族78人，チワン族54人，コーラオ族31人，その他の民族53人，未識別民族65人である（黔東南苗族侗族自治州地方志編纂委員会編1990：103）．なお，未識別民族とはどの民族にも入っていない集団をいう．

5) なお丹寨県は，1980年代末に対外「未開放地区」の指定が解除されたものの，県城（県の中心地，人民政府所在地）から遠方に位置するという地理的条件などから，県の担当者より住民の団結を乱さないことなど，調査項目や期間について制約されたことを指摘しておきたい．

6) 調査時点（1997年）では，雅灰郷までの道路の拡張工事が終了していなかった．1989年に雅灰郷までの拡張工事が完成し，ジープや4WDの小型車両が通行できるようになった．

7) 現地では村居小組と称している．寨が日本のムラに相当するのに対して，組は行政上便宜的に区切られた性格が強い．

8) 雅灰郷人民政府には，民政辨公室（事務室），社総辨公室，土管所，文衛辨公室，農推站（事業所），林業站，財政所，教育輔導站，医院，裁判所，婦聯，団委，党委辨公室，政府辨公室などの関連機関の出張所がある．その他郷内には派出所，供鎖站，信用社，糧站などもおかれている．

9) 近くの定期市としては雷山県の達地鎮および三都水族自治県の打魚（ともに開催日は農暦の「狗」と「龍」の日）がある．両定期市はともに20kmぐらい離れており，徒歩で4時間強の距離である．

10) 送隴村の幹部は次の通りである．村長（男性，45歳，ミャオ族），副村長兼会計（男性，27歳，ミャオ族），民兵連長（男性，40歳，ミャオ族），治保主任（男性，31歳，ミャオ族），婦女主任（女性，28歳，ミャオ族），党支部書記（男性，26歳，ミャオ族），調解主任（男性，35歳，ミャオ族）．なお，村長および治保主任以下は，住民（党支部

書記は党員のみ）の選挙で選ぶ．

11) 特別の事情があれば他の井戸も使用できるが，同意が必要である．なお井戸の衛生は使用する家が清掃することになっている．

12) 送隴村には王，蒙，李，韋，石，皮の6姓がある．送隴寨の場合，石姓が最も多く90戸，次いで蒙姓30戸以下王姓・李姓と続く．漢民族は6戸あるがすべて韋姓である．

13) 送隴寨の古老の話を総合した．以下の土地改革以前の状況も同様である．

14) このように，他所からやってきた職人により竹細工・木工・鍛冶を習えることを「三合一」と称した．「三合一」は当時の国家の政策でもあった．なお，現在当寨で農業以外に職業をもっている人は，「民辦教師」1名の他，外地に出稼ぎに出ている2名のみである．

15) 当家でも他のミャオ族の集落と同様に牛・豚などの売却に関しては，体重によって価格を決定した．そのため，1斤当たりいくらという価格が決まるのである．

16) 著者はかつて拙論（金丸1995・A：3）の中でも，党翁村が所属する従江県のミャオ族調査は外国人研究者がほとんど訪問して調査を実施したことがないと述べたことがあるが，それは本文で言及したボークレー以外に存在しないという意味であった．

　また拙論では，若干の疑問がみられる点を指摘しつつ，当村のミャオ族を「花ミャオ」族とみなし，論を展開した（金丸1995・A：23）．しかしその後，本論文第5章にみられるように他地域に分布する「花ミャオ」族の集落を実際に調査する機会を得たところ，女性が日常的に着用している民族衣裳を参照しても明らかに，「花ミャオ」族と異なっていることが判明した．

　党翁村で「花ミャオ」族と呼ばれている集団は，当地域に多くみられる「青ミャオ」族や「黒ミャオ」族とは異なり，女性が着用するスカートの一部に花模様の図柄の刺繍がみられることから，現地では他の集団との識別をより明確にするために，このように称されることになったと推定できる．それ故，本章では前節とは異なり，党翁村のミャオ族を本来の分派集団であると想定できる「黒ミャオ」族とすることにした．

　なお，周辺に多数分布・居住している現地では「青ミャオ」族と称されている集団も，彼らが着用している青色の民族衣裳が数回藍染めを繰り返して行なうと黒色となることから，基本的には「黒ミャオ」族の一派であるといえる．この点も，「花ミャオ」族同様，現地ではより分派集団を詳細に識別するため異なる名称で呼んでいるものと推察できる．

17) 調査は1994年8月から下旬にかけて実施した．同行は田畑久夫（昭和女子大学），斉藤豪（麗澤大学外国語学部中国語学科4年生）である．なお，両寨に関しては1995年3月にごく短期間ではあるが再訪する機会を得た．

18) 1994年8月の調査時点では，1995年6月に新しい道路が開通するということであった．しかし，1995年3月の再訪時の話では，予定が若干おくれて1995年秋に開通することになったという．実際に開通したのは2000年8月であった．
19) 子供の多くや大人の一部には素足の者もみられる．通常「解放鞋」と呼ばれているゴム底の布製の靴を，男・女ともはいている．
20) 一般には道路に面した山腹斜面や，県城などの周辺山地など，大材の搬出や需要の多い地域では，多くの森林が伐採され棚田化しているように考えられる．しかしながら，加鳩郷や加勉郷などの山中を調査してみると，このような木材の搬出ができるような車両が通行可能な道路が整備されていない山奥の地域のほうが，むしろ森林が伐採され棚田などの耕地として開墾されていることが多い．

　このような事実に関しては，住民の話によると主要道路沿いなどでは県の役人などの眼に入りやすく，森林保護上からも伐採が規制されるからであるという．確かにこのような行政上の指導も考えられるが，奥地においても人口圧のため生活が苦しいので，他に産業がないことなどから，山地を開いて耕地を造成しなければならないという経済上の理由が大きいのではないか，と想像できる．事実，これらの地域では現在でも山地が開墾されているのにたびたび遭遇する．なお，奥地において伐採された材木はすべて肩に担がれて搬出される．
21) 党翁村・別鳩村・羊達村・白棒村・整由村・党落村・加模村・加両村・汚規村・汚生村・別通村・党扭村・高山村・汚扣村・汚弄村・南焼村・摆格村・汚俄村・加坡村・加焼村の合計20カ村．
22) 汚規・汚生の両村で，ともに住民は全員スイ族である．前者は戸数81戸，人口345人．後者は戸数63戸，人口251人である．
23) 一般には組と称される行政組織である．組には村民委員会が設置されていることなどから，行政上の最小の末端組織と考えられるが，その成立は中華人民共和国成立後で比較的新しい．
24) 中国語（漢語）では「有水有塘」つまり川あり池ありで水の便がよいという意味である．なお，党翁と漢字表記されるようになったのは，中華人民共和国成立後である．
25) 党翁村では，1977年から水力利用の「発電站」（発電所）を建設し，1981年に完成し稼動できることになった．しかし，正常に作動しないので使用を一時中断してみあわせていたところ，1993年に中心となる発電機が破損してしまった．したがって，全体には電気は通じていない．そのため，懐中電灯が必需品で電池の需要も多い．
26) なお，郷人民政府には，県人民政府から任命された郷党委員会書記（38歳，チワン族・1993年2月赴任），郷長（39歳，ミャオ族，1992年3月赴任），秘書（トン族，1993

年9月赴任）などが幹部として常駐している．また，各種の事件をあつかう公安も1名郷人民政府内に駐在している．この他，村の幹部としては，村民の中から3年に1度実施される選挙で選ばれる村長（会計も兼務）と，村の共産党員の中から推挙された党支部書記がいる．

27) 他のミャオ族など少数民族の集落では，学校（小学校）が設置される場合，給与の一部を置かれている集落あるいは村・郷などの地域住民が負担する，いわゆる「民辦教師」を教員の一部に配属することが多い．「加勉中心小学」の場合，郷人民政府近くに存在する「中心小学」という性格のためか，上述のような「民辦教師」はいない．8名の教員のうち，党翁村出身者は3名である．教員の学歴は，同村出身者3名を除き，他は全員が県城の中学校卒業者である．なお，加勉郷内には，加両・別通・高山などの各村にも各々小学校が存在する．これらの学校の教員はすべて「民辦教師」である．「民辦教師」には，給与として国家から毎月70元，郷人民政府から15元の合計85元支給される．食糧に関しては，自分で用意しなければならないが，住民の援助があることも多い．

28) 北京市や上海市などの大都市に居住する平均的な大卒の労働者，大学講師クラスと同額であり，ほぼ自給的な生活を送っている党翁村では最も恵まれている収入を得ていることになる．しかしながら，このように優遇されているにもかかわらず，希望者はあまり多くないという．また，年齢も全員が24.5歳と非常に若い．

29) 周知のように，中国では「一人っ子政策」が実施されているが，ミャオ族などの少数民族に関しては，2人まで認めるという優遇処置が講じられている．しかしながら，ミャオ族などの少数民族は農作業の労働力を確保するなどの目的から，それ以上の子供を出産することが多い．その場合，漢民族とは異なり，違反金を納入することで黙認されているようである．そのため，子供が多いという傾向がみられる．事実，子どもが多くいる集落に遭遇すると，そこは少数民族の集落であるといわれるぐらいである．

30) 党翁村をはじめとする雲貴高原で栽培されるアイは，わが国で栽培されているタデ科のアイ（*Polygorum Tinctorium*）ではなく，キツネノマゴ科のリュウキュウアイ（*Baphicacanthus cusia*）である．リュウキュウアイでの藍染めは，「泥藍」と称される形で藍を貯蔵・輸送することが特色といえる．リュウキュウアイは，雲貴高原・台湾・ブータン・アッサムなどで栽培されている（中尾・佐々木 1962：213）．

31) 両寨にも「寨老」と呼ばれている長者がおり，集落の秩序の維持にあたっていた．しかしながら，党翁村では最後の「寨老」が1992年に他界し，現在では存在しない．

32) 一般にミャオ族を筆頭に少数民族の間では，新しい集落を形成する場合，風水師（多くは漢民族）と呼ばれている占い師に依頼して，場所の選定などを行なう．今回の調

査においても，同行の田畑久夫の専門が地理学（現地では風水師のことを「地理先生」という）であることから，当初風水師と誤認され，両寨の位置を占ってほしい頼まれることもあった．

33) このような形式をとる焼畑農業は，わが国においてもかつて多くみられた．佐々木高明は，このタイプの焼畑経営を「林業前作業的な焼畑経営」と呼んでいる（佐々木 1972：363）．

34) 白岩郷の戸数・人口の正確な数値は不明である．郷政府は党翁村羊你寨に置かれていた．なお，郷内には，党翁・別鳩・白棒・整由・党港・加鳩・加能・加翁・加葉・加牙・加瓦・鳩落・党郎・加進・加両・汚規・汚迠・汚堆・汚翁・汚梭・汚双・汚俄・養克・汚弄・養久・平忙・平袍・別革・別番・別早・南哨・汚越・汚扣・高山・加模の合計36ヵ村が存在した．

35) 同年，白岩郷は加鳩・加勉・加牙・寨坪の四つの「小郷」に分割された．なお，加勉郷と寨坪郷は1992年に合併し加勉郷となった．

36) そのうちの１人は，羊略寨に居住し，白岩郷の郷長を務めていた．父親は「貧農」であったが官吏となり，貯蓄し水田を購入したという．15畝の水田を所有しており，「壮丁」（成年に達した兵役や労役にあたる青年のことであるが，下男に近い）もいた．２人目は，別拉寨に居住し，幼少のころは貧しかったが，商売によって家を興し，水田を12畝所有するようになった．３人目は，羊你寨に住み，中華人民共和国成立前には「保長」（現在の村長）を務めたこともあった．しかし，後にアヘンを常飲するようになり，10畝ほど所有していた水田はすべて売却してしまった．

37) 「富農」「中農」「貧農」の区分は，主として所有している水田の面積によった．党翁村では，水田10畝以上も所有している家を「富農」，５畝以上の農家を「中農」，５畝未満の家を「貧農」とおおまかに区分している．「貧農」の場合，穀物は自給できず数ヵ月分不足したという．それ故，「富農」は水田所有面積においては地主とあまり大差がなかったが，「富農」でも他人に水田を貸す余裕はまったくなかった．なお，当時「富農」が６戸，「中農」が61戸，「雇農」１戸であった．

38) 一般に，ミャオ族に代表される少数民族は，漢民族を含め，他の少数民族と婚姻することが非常に稀である．とくに，漢民族との婚姻は歴史的に対立していたためか，まったくといってよいほど少ない．しかしながら，この事例でも明白なように，党翁村のミャオ族は近隣に居住するスイ族は勿論のこと，龍・Ｇ家の親族では存在しないが，漢民族との通婚も若干ではあるが認められる．この点に関しては，仲間同志が強い連帯意識によって結ばれているミャオ族の場合，特別のケースとみなされよう．しかし逆に，他の民族集団のもとにまで通婚しなければならないほど，当村のミャオ族

が人口圧に苦しんでいる結果であると推定できる．事実，他の民族集団が党翁村のミャオ族のもとに嫁いできたという事例は，著者らの調査範囲では1例も確認できなかった．

39) 当家ではないが，同じ羊㑴寨に居住する龍・J（64歳）の談によれば，当時の「貧農」の生活は以下のようであった．少し冗長となるが紹介しておくことにする．

1953年の土地改革が実施されるまで，龍・Jの父親は「貧農」として分類され，当時家族は5人であった．所有していた土地は，水田3畝，常畑の0.1畝，山林地3畝であった．水田にはモチ米だけを植え，1畝当たり300斤の収穫があった．常畑は耕地が少なかったので，ニラなどの野菜を中心に栽培した．山林地では焼畑を実施し，トウモロコシ・アワ・陸稲・ヒエなどの穀物とイモ類を栽培していた．しかしながら，豊作・不作などによってこれらの農作物の収穫量は多少変動した．平均すれば，年間約2カ月分ほど穀物が不足するという状態であった．そこで，荔波県の佳栄などに出かけ，米を年間200〜300斤購入して補う必要があった．当時，米は1斗（25斤）当たり4〜5毫（銀毫，1元の10分の1）であった．これらの米を購入する代金は，他家では広西省（現在の広西壮族自治区）などに出稼ぎに行き，その賃金を当てることが多かった．しかし，当家では，出稼ぎに出るというようなことはせず，飼育している豚・ニワトリ・アヒルなどを売却した代金を当てた．佳栄に出かけたのは，毎月の「辰」の日と「酉」の日に市がここで開催されたからである．佳栄までは，羊㑴寨から90華里（約45km）の距離があり，定期市で買い物をして帰宅するには3日間必要であった．

なお，当時の生活で最も困ったのは塩であった．塩は広西省環江県からマオナン（毛南）族の商人が担いで宰便の定期市まで売りにきていたので，その塩を購入した．1斤当たり4毫で米とほぼ等価であった．当家では年間3斤ほどの塩を消費したが，使用は年越しや節句などの「ハレ」の日に限られた．日常生活においては，塩の代わりに囲炉裏の灰を水に溶かした「灰水」と呼んでいる代用品を使用した．

このように，塩は高価なので大切に扱ったが，定期市に売りにくる商人は，塩を販売するとき具体的には不明であるが何か塩分の強いものを塩に混入していた．そのため，購入した塩を食べるとき，水を加えよく溶して薄め，「塩水」の状態で利用した．

40) 水田・常畑・山林地などは，本文において述べたように，1981年に生産責任制が導入された時期を中心に分配された．しかしながら，その後の人口数の増減などによる分配の見直しは実施されていない．そのため，現在の家族数と所有している耕地・山林地に関しては整合性がみられない場合が多い．

41) 党翁村では，穂摘み具を「ウェン」（wen）と称しているが，2種類の形式が存在する．すなわち，本体に竹製の握り棒が付いてある「ウェンロン」（wen long）と，本

体に縄を付けそれで指を固定する「ウェンロ」（wen lo）である．しかしながら，他地域にみられるように，各々が男性用，女性用と決まっていないため，男・女いずれも使用することができる．なお，穂摘み具はこの他アワ・ヒエなどの収穫にも使用される．

42) しかしながら，他地域のミャオ族とくに「平地苗」の場合，トウガラシを多量に使用する非常に辛い味付けとなっている．それ故，党翁村においても，トウガラシが十分にあれば味付けが辛くなる可能性がある．実際住民と会食したとき，著者らの食事の味付は多少辛くなっていた．

43) 主としてスズメなどの小鳥を捕獲するとき使用する鳥もち．棒の先に付けて囮の鳥の鳴き声によって寄せつけられた鳥を捕える．

44) 「腌肉」と呼ばれる．鳥の羽を剥ぎ，大桶の中に蒸した飯米と交互に重ね，塩を加えて重しをする．数週間過ぎると発酵し，漬物のようになる．トウガラシを加えることが多い．トン族などでは同様の方法で魚の「腌魚」をつくる．

45) 1990年までは「公糧」を納入する義務はなく，農業税のみ金納すればよかった．

46) 党翁村には，別呉寨と呼ばれている同名の寨が2カ所存在する．そこで，両寨を区別するために，寨の後に組名を付けることが多い．

47) メンドリの左眼は女性を意味し，右眼は男性を代表する．そのため，片方の眼が盛り上がり，十分に脹れていても，片方がへこんでおれば，たとえ当人同士両名の両親が同意しても，この話は成立しなくなる．

48) もし，嫁迎えの途中，死人や蛇などに遭遇したり，野生の鴨が飛んでいるのに出会うと，新婦はかならず実家に戻らねばならない．すなわち，この結婚式は成立しないことになる．

49) 学名を*Polygonum tinctrium*といい，タデ科の植物である．日本へは中国の北・西部から伝えられたといわれている．日本では，このタデアイを原料とした染色が一般的なものであった．染料のつくり方は，次のようにして行なわれる．

開花直前の7月中旬，葉茎を収穫する．収穫した葉茎は刻んで天日乾燥・堆積され，水をかけては切り返される．このような作業を2～3カ月繰り返して実施すると，葉茎は発酵し，黒褐色に変形する．これを「蒅（すくも）」と称し，石臼などに入れてつき固める．このような工程からできたものが「藍玉」である．この「藍玉」には2～8％の不溶性のインジゴが含まれている．これに木灰・石灰などを加えて再度発酵させると，インドキシルという物質に変化する．一般には，この物質を「藍汁」と呼んでいる．しかし，「藍汁」はそのままの状態では水に溶けない．この状態をロイコ体と称している．それを化学式で示すと次のようになる．

$$\text{ロイコ体}$$

そこで，染色する布を「藍汁」につけ，空気にさらすと酸化されて，次に示すようなインジゴが形成され染色が可能となる（三木産業㈱技術室編・木村光雄監修 1992：18，池田 満ほか編 1989：40 など）．

$$\text{インジゴ}$$

50) この過程の化学反応を示すと，次のようになる（三木産業㈱技術室編・木村光雄監修 1992：18）．

$$\text{インジカン} \longrightarrow \text{インドキシル} \longrightarrow \text{インジゴ}$$

51) この点に関して，梁・Yをはじめ羊你・羊略両寨の住民は，質問に対して堅く口を閉ざした．しかし，集落付近からみることができる「責任山」の一部では，焼畑農業を実施していることが認められた．

52) 梁・Yの話では，耕地が自宅の近くであれば，伐採したほとんどの樹木や草は自宅に持ち帰るとのことであった．しかしながら，焼畑は伐採した草木の灰を唯一の肥料として使用する農法なので，自家消費用に多くの草木を運び去ってしまうと，十分な灰が供給できないことも考えられる．

53) わが国のワラビ（*Pteridium quilinum*）はアクが若干存在する．それ故，そのまま食用とするのではなく，アク抜きをすることが多い．一方，当村などで採集するワラビは，アク抜きをまったく必要としない「菜蕨」（*Callipteris esculenta*）と呼ばれている品種である（貴州省地方誌編纂委員会編 1988：1040）．

54) 穀物は，米・トウモロコシ・アワなどの混合されたものである．これら混合穀物は，1斤0.9元で購入することができる．

55) 党翁村が所属する加勉郷の西方，黔南布依族苗族自治州荔波県と接している．郷の平均海抜高度は600mと，加勉郷の平均海抜高度よりも400m以上も低い．1992年に，

従来の加牙郷より現在の名称に変更された．

56) 勿論，本人の不始末による出火なので，党翁村の「村民規約」に基づいて処罰を受けることになる．村の「村民規約」は，残念なことに調査時点において村外に貸し出されており，管理している党翁村党支部（党支部書記）の手元にはなかった．したがって，この罪状に関する正確な「村民規約」の条文は明らかではなかったが，王・Yのように，不注意によって火災を起こした場合の規定も存在するという．

　しかし，このケースのように，まったくの不注意での火災の場合，とくに悪意がなくかつ報告するとき過失を認める態度がよければ，規約上罰則条項が存在しても，弾力的に運用され罪が許されることもあるという．実際，王・Yは何ら処罰を受けなかったのであるが，やはり出火を起こした寨には住みづらく，現在の場所に転出していったのである．

57) 本来ならば，ミャオ族は男性の末子相続を採用しているので，末子に相当する次男夫婦と同居するはずである．しかし，次男は分家独立したといってもわずか2年ばかりしか経過しておらず，生活も楽ではないので，長男夫婦と同居しているようである．将来は次男夫婦と同居する可能性が高い．

58) 一種のナレズシである．蒸したモチ米を魚の表面にまんべんなく塗り，桶などの容器に入れ，塩，トウガラシ，ショウガなどの調味料を加えて漬けたものである．トン族の伝統的な民族料理として有名であるが，当村の周辺の山麓などにはトン族が多数居住している．それ故，トン族からその製法を学んだものと思われる．しかし，調味料としてトウガラシの量が少ないなど，味は大変異なる．

59) ミャオ族では食べ物を調理する場合，一般には囲炉裏を使用し，竈をつくらない．それ故，調理具としては囲炉裏の上に吊される鍋がセットとして用いられ，竈とセットになる釜は通常使われない．宮本常一の指摘によると，前者すなわち囲炉裏，鍋および鍋を吊す自在鉤のセットは，元来食べ物を煮るのに適したもので，山地に居住し，主としてアワ・ヒエなどを栽培する畑作に従事する集団に特有のものであった．一方，後者すなわち竈，釜をセットする調理具は米を炊く場合に最適なものであり，平野などの平担地で水田耕作に従事する集団特有の形態で，前者よりも後世に成立したものとされる（宮本 1963：25-26）．

60) 一般に漢民族は，魚の料理法として蒸したり，フライにすることが多く，焼くことはしない．それ故，魚を焼く習慣はミャオ族を筆頭に，トン族など少数民族の固有の習慣とされる．

61) 雲貴高原東部でみられる鍋料理の代表的なもの，米のとぎ汁を発酵させて，酸っぱくしたものをベースとしている．そのため，このような名称がつけられている．

62) 羊你・羊略の両寨をはじめ，党翁村の大多数の家庭では，チャは山林地に植えるよりも王・Y家のように，常畑において野菜とともに栽培されることが多い．その理由としては，常畑といっても山腹斜面を開墾して造成した段々畑で，チャの栽培条件として適しているからであると推定される．
63) 既出の第24図において示したトウモロコシ・アワ・ソバ・陸稲の年間収穫量は，他家の事例と比較するため，常畑の欄に書き入れておいた．
64) たびたび指摘しているように，サツマイモの葉茎および蔓は家畜の飼料として大変貴重なものである．そのため，定期市などでも販売されている．
65) 当地域特産の黒豚「香猪」ではなく，一般に飼育されている大型の白豚である．なお，1991年に当家では150斤の豚を潰し，住民にその肉を販売し300元の収入を得たことがある．このように当家では数年に一度豚を潰し，現金収入を得ている．
66) 1992年に宰便の定期市で購入した．ここには湖南省・浙江省などから魚網を売りにきている．魚網は20元余りであった．王・Yはこのような魚網を二つもっている．
67) 1990年にウルチ米を導入して以来，農薬も同時に散布しだしたので，蛙，ドジョウなどは急激に減少している．また，養殖を行なう水田も減少傾向にある．
68) 当地で「過山峰」，「扁頭峰」，「烏焼蛇」などと称されている種類である．しかし，これらの名称はすべて蛇の形から付けられたもので，学名は比定できなかった．
69) ミャオ族でも地域によって，この行事の日程，内容が異なるようである．黔東南苗族侗族自治州雷山県西江区の「開秧門」については報告（鈴木・金丸 1985：30-36）したことがあるので，比較の意味からも参照されたい．
70) 羊河寨の龍姓の本家の祖先は，63代前に本村にやって来たという伝承をもつ．なお，その次に当村に来住したのは王姓の祖先で，龍姓の祖先に遅れること2代であるという．
71) 代掻きで使用される農具．「包粽粑」のときにつくったチマキの一部も，この農具に捧げられる．
72) 加勉郷党港村では，党翁村などと異なり，稲の成熟前に行なう．
73) その後2002年に従江県の県城従江に通じる道路が新しく開通したので，小型車両であれば自動車が通行することが可能となった．この道路の開通を契機として広西壮族自治区や広東省などに出稼ぎに出かける住民も出はじめたようである．
74) 両村は直線距離では約10kmほどしか離れていないが，両村の間には比較的高い山や谷川が数カ所存在する．そのためか住民間の交流はほとんどみられない．
75) 元々は下寨だけだったようである．上寨すなわち現在の別鳩村が下寨と分離したのは250年ぐらい前で，11代経過しているという．なお調査は1995年3月中旬から下旬にかけて実施した．同行者は昭和女子大学文学部助教授田畑久夫および麗澤大学外国学

部学生の合計3名であった．

76) 中華人民共和国成立以前は，当村では組に代わるものとして「保甲制」が敷かれていた．これが現在の集落（わが国でいう大字）に相当する．

77) 古老の話ではより正確には「チィア・ミィエ」とは村名ではなく，付近一帯の地名の総称であった．当時「チィア・ミィエ」には五つの集落が存在したという．

78) 龍姓の祖先である「クチィユ」(Qù qiù) が当地に定住してから，何人かの子供を設け，それぞれに幼名（小名）をつけたが，これらの幼名が姓となった．韋も，王・蒙などの姓と同様にその幼名から起こった．ただし，王姓については王家に別の伝承が伝わっている．すなわち，祖先は榕江県方仙あるいは方差（現在の車江）から移ってきて62代目であるという．

79) 中国は2学期制である．入学は9月である．

80) 1992年より，同郷においては就学適齢期の児童がいない家庭をも含む全戸に対して，教育負担金を徴収している．そのため，「公辦教師」の給与は飛躍的に増加し，月額300〜400元となっている．この金額は，北京・上海などの大都市の新規大卒者の月給とほぼ同額である．これに対して，「民辦教師」のほうは従来どおりで，月額約60元ほどの給与と米を毎月数十斤もらっている．その他，前者は移動が自由な「都市戸籍」，後者は居住地が限定される「農民戸籍」であるなど，両者間の差は著しい．

81) ミャオ語では「シィオチンダチンデェベェニゥ」(xio qin da qin de be niu) という．その意味は，天候が順調で雨が多く降りますように，五穀が豊かに実りますようにという意味である．

82) ミャオ語では「開春」と同じである．この祭祀の目的は，穀物はすべて熟しました．まず，ご先祖様が先に食べて下さい．その後，我々が食べましょうということであるとされる．同様の儀式は「喫新節」にもみられるが，この祭祀は集落の全戸が共同で行なう点が異なる．9月9日から15日の間に実施されることが多い．

83) 鬼神は，祖宗の歴史，物事の順序を理解し，寨老などの村の有力者の承認を受けて，受け継がれる．しかし，他のミャオ族の集落でみられるようなシャーマンとしての性格は少ないように思われた．

84) それ故，住民にとって好物であるモチ米は，「苗年」や「春節」など「ハレ」の日を除いて食べることができないという状態となっている．

85) ミャオ族の多くは特定の場所に集落を形成する以前，焼畑農業に従事していたため移動生活を送っていたと推定される．当時の焼畑の中心的な作物はアワとヒエであった．アメリカ大陸原産のトウモロコシが中国で普及しだしたのは16世紀以降だからである（星川 1978：38-39）．

86) ミャオ族は他の民族集団と基本的には通婚しない．それ故このような事例は少ないものと思われる．
87) 弟もいたが，弟は土地改革時には入隊しており，同家にはいなかった．弟が同家に戻ってきたのは1956年のことであった．
88) 当時米の収穫量は担であらわされた．1担は100斤である．当時の2畝の水田では年度により収穫量が異なったが，平均5担すなわち500斤のモチ米の収穫があった．
89) 既に述べたように生産責任制導入時，当村では水田を成人1人当たり1畝の分配が実施された．しかし，当家の家族構成は第30図の点線で囲んだように，成人4人と子供2人の合計6人であった．それ故，水田については4人の成人分である4畝の水田が分配されることになるはずであるが，6畝の水田の分配を受けている．また山林に関しても，1家当たり2畝とされているのに5畝の山林の分配を受けている．このように当村では水田および山林の分配に関しては，原則どおりに実施されていなかった．
90) 「開秧門」は村の中で威望のある古老（寨老が兼務することが多い）が水田に出向き，鎌で耕やす仕種を行なう．その後山で採取したイネ科の多年草である茅（*Imperata cylindrica*）を1束木の棒にくくりつけ，決められた水田にさす．この儀礼は善神カーヒーを祀ることであり，稲が丈夫に成長し，害虫がつかないことを祈願するために行なう（鈴木・金丸 1985：165）．しかし，当村では儀礼自体よりもその後の祭りに関心があるようである．
91) ミャオ族の最大行事は「鼓社節」（ナウチィアオンニオ，neō jangd niō）または「喫鼓臓」と称される祭りである．「鼓社節」は13年ごとに水牛の牝牛を殺し，天地祖先を祀るため実施されるものであるといわれている．別鳩村でも実施されたが正確に13年ごとに行なわれたものではなかった．寨老の一人である蒙・Rt によれば，これまで1941年か1942年，1987年，1994年の3回実施したのを経験している．「鼓社節」は中華人民共和国成立後一時期中止されていた．この祭りが，原則として各戸1頭の牝牛を犠牲獣として神に捧げるという儀式を行なうため，あまりにも残虐であるということで，政府より挙行禁止となっていたからである．

　1994年11月26日に実施された「鼓社節」は別鳩村の小韋姓が中心になって行なわれた．当村は海抜高度が比較的高いうえに，水利も十分ではない．そのため犠牲獣として使用される水牛の牝牛を飼育することが大変困難である．その故，水牛の代用として「黄牛」あるいは豚が使用された．

　従来「鼓社節」は村全体で実施されることとされてきたが，1994年11月に挙行された事例からも判明するように，村落を構成する有力な同族が行なう同族単位の祖先祭りであった．ちなみに1941年か1942年は，王姓と梁姓が，1987年には大韋姓が実施し

た．その後1997年11月に王および梁姓が「鼓社節」を挙行した．この時，著者は参観することが許され，その祭りの一部始終を見学した．余裕のある家庭では「黄牛」，その他の家庭では豚が犠牲獣として殺された．なお，この祭礼の準備は3年前すなわち1995年から行なわれた．

92) 農村部でも同様に1984年から第1子が女児であれば第2子の出産を容認している．少数民族に関してはこの第1子が女児に限定されるということはないようである．

第4章　トウモロコシを中心とした
　　　　畑作主体の「白ミャオ」族

　「白ミャオ」族とは，女性が「ハレ」の日は勿論のこと日常生活に着用している民族衣裳（プリーツスカート）が白色である分派集団に対して，漢民族を筆頭とする他民族から付けられた名称（他称）である。しかし，現在では自らも「白ミャオ」族と称することが多い。ミャオ族の中でも「白ミャオ」族系統の分派集団だけが藍染めを知らなかったようである。つまり，「白ミャオ」族が着用する伝統的な衣服の素地は，木綿からではなく麻からつくる麻布を使用した。この分派集団が木綿の栽培に適さない高地に，主として居住しているためである。麻布は綿布と比較すると繊維が荒く，ごわごわして堅いという特質を有する。そのため藍染めには適さないのである。

　「白ミャオ」族の分布地域の中心は雲貴高原の中・西部で，省でいえば雲南省および貴州省西部が該当する。言語系統上の分類でいえば，ほぼ川黔滇方言を話す

切妻型木造平屋建ての白ミャオ族の民家（楽旺鎮交俄村）

戸口に打ちつけられた登録標と魔除け（楽旺鎮交俄村）

集団が卓越する地域と一致する。とはいえ，雲貴高原中・西部には「白ミャオ」族だけが分布しているのではなく，他の民族集団も多数居住しているが，ミャオ族に関しても，赤色のプリーツスカートを着用する「紅ミャオ」族，臘纈染めでプリーツスカートに花柄模様などを縁取った「花ミャオ」族，さらには「黒ミャオ」族も分布・居住している。

「白ミャオ」族は，元来雲貴高原中・西部に居住していたのではなく，江西省など東方から山伝いに移動してきたという伝承をもつものが多い。それ故，当地域に来住して定着を開始したのが比較的新しく，定着してから4～5代しか経過していないというのが大半である。このようなことから，雲貴高原東部の「黒ミャオ」族卓越地域にみられるような立派に造成された棚田や段々畑が乏しく，土地条件も不良な場所が多いこともあるが，山腹斜面の多くが未開墾となっている。また集落も比較的小規模なものが多く，他地域のミャオ族の集落のように家屋が密集する集落形態がみられない。

なお，「白ミャオ」族の家屋は切妻型木造平屋建て土間式家屋である。この点も，雲貴高原東部に集中して分布する「黒ミャオ」族の家屋が木造2階建て高床式家屋であるのとは明確に異なっている。さらに各戸の家屋規模が小さい。主食が「白ミャオ」族の場合飯米ではなく，トウモロコシであることと関連しているのだろうか。

「白ミャオ」族の一部は，現在でも移動生活を送っており，付章で論じるようにインドシナ半島の北部の山岳地帯にまで進出している。この点も，他の分派集団

ではほとんどみられない,「白ミャオ」族の特色の一つとなっている。以上のように,「白ミャオ」族が移動生活に従事しているのは,この分派集団がミャオ族の従来からの生活様式（genre re vie）を堅持するものが多く,生業形態として焼畑農業を行なうものが存在するからである。従来から知られているように,焼畑農業は森林保護などの理由から,中国では実施が厳禁されている。しかしながら,「白ミャオ」族などが集落周辺の限定された山地において,ごく小規模に行なうことは黙認されているようである。このことは,言葉をかえていえば,それほど「白ミャオ」族は生活に窮していることになる。

また,「白ミャオ」族が着用している白色の衣服は,上述したように麻の繊維を原料としたものである。つまり,麻糸は「黒ミャオ」族や「青ミャオ」族など他の分派集団が行なう藍染めにはむかない。藍染めは綿糸を染めたものであるが,綿糸が得られる綿花は雲貴高原ではほとんど栽培不可能である。このことからも,麻糸を使用する「白ミャオ」族は漢民族など他の民族の影響を受けることなく,ミャオ族の習慣を残しているといえよう。なお,「白ミャオ」族の自称は「モン」(mong) と称することが多い。

このように,「白ミャオ」族はミャオ族の中でも,最も古い生活様式を残存している分派集団として知られてきた。

このような特色をもつ「白ミャオ」族に関しては,既に第1章において言及したが,近年まで詳細な調査・研究が実施されていなかった。わずかに「六山六水」[1]地区少数民族調査と称される,貴州省に分布・居住する少数民族調査の一環として,「白ミャオ」族の集中地域の一つである貴州省黔西南布依族苗族自治州望謨県麻山地区[2]の少数民族報告書（貴州省民族研究会・貴州省民族研究所編 1993）が刊行されているのみである。

このように,「白ミャオ」族の調査・研究が遅れたのは,少数民族調査が出身民族の研究者による調査が主体であったことと大いに関連している。すなわち,ミャオ族調査はミャオ族出身者が調査・研究に従事することが多いが,「白ミャオ」族が主として分布・居住する雲貴高原中・西部には,「白ミャオ」族の出身の研究者がほとんどいない。ミャオ族の研究者は,そのほとんどが雲貴高原東部の「黒ミャオ」族である[3]。このような学問的事情から,わが国のミャオ族研究も雲貴高原東部に分布・居住する「黒ミャオ」族に限定されていた（鈴木・金丸 1985, 田

畑・金丸 1989, 福田編 1996など)。

本章では, 以上論じた特色を有する「白ミャオ」族について, 貴州省望謨県楽旺鎮交俄村, 貴州省安龍県木咱鎮新加村枇杷組の2集落を事例として取り上げ, 具体的に検討する。

第1節　楽旺鎮交俄村の「白ミャオ」族

「白ミャオ」族は, 前項で論じたように, 雲貴高原中・西部を中心に, その一部は南下してタイ, ラオス, ベトナムなどインドシナ半島の北部山岳地帯にまで進出している民族集団である。このように, 非常に広範囲にわたって居住・分布する「白ミャオ」族であるが, その中でも本章の研究対象の「白ミャオ」族が居住しているのは, 雲貴高原の中部である。この地域は, 広範囲に分布している「白ミャオ」族が濃厚に分布している地域の一つである。

上述のように,「白ミャオ」族が非常に広域にわたり分布することになった理由は, この点に関しても前項で指摘したのであるが, 従来から伝統的な生活様式, つまり移動生活を比較的最近まで実施してきたことや, その一部が現在でも移動生活を送っていることであると推察できる。それ故, 同じミャオ族の分派集団の中でも, 雲貴高原を主体に分布している「黒ミャオ」族のように, 特定の地域に集中して居住するということが少なく, 集中地域が存在しても, その居住範囲は限定されたものとなっている。調査対象地域である交俄村が所属している貴州省黔西南布依族苗族自治州望謨県楽旺鎮は, 望謨県の東端に位置し, その南側に続く麻山郷とともに, とくに「白ミャオ」族が集中して分布・居住している地区である。

1　地域の概略

1）楽旺鎮の自然環境

望謨県は, 貴州省の南西端を占める黔西南布依族苗族自治州の東端に位置する県で, 安順市および黔南布依族苗族自治州羅甸県と接している[4]（第34図）。望謨

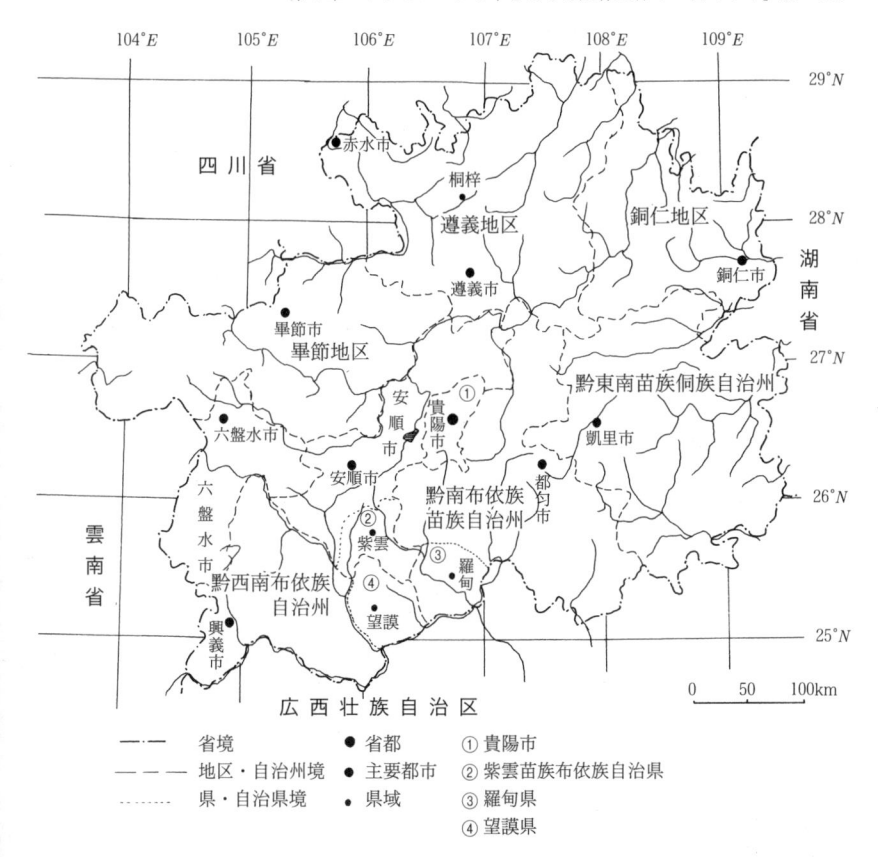

第4章 トウモロコシを中心とした畑作主体の「白ミャオ」族 195

第34図 地域の概略

凡例:
── 省境　● 省都　① 貴陽市
─── 地区・自治州境　● 主要都市　② 紫雲苗族布依族自治県
⋯⋯ 県・自治県境　・ 県域　③ 羅甸県
　　　　　　　　　　　　　　　④ 望謨県

県は8鎮,7郷,1民族郷で構成されている。具体的には,鎮は望謨(県城,復興鎮),桑郎,納夜,楽旺,新屯,石屯,打易,楽元の合計8鎮,郷は昂武,麻山,大観,坎辺,効納,蔗香,邑綾の合計7郷および油邁瑶族郷である。県の総人口は約26万人で,そのうち少数民族は72％を占める。また,少数民族で最も多いのはプイ族で,県人口の約60％に及ぶ[5]。

望謨県全域の地形は,北部が高く南部に行くに従って低いという北高南低を示す。海抜高度は山地で1,000m前後,低地の河谷や「壩子」では300〜400mである。山地は,現地で「石山山地」と呼んでいるカルスト山地と,地表が土壌でおおわれた「土山山地」がみられる。県のほぼ中央部を南流しているのが,南シナ海(南

海）に流れ込む珠江の最大支流である西江上流北盤江の分流望謨河である。「白ミャオ」族を筆頭に，ミャオ族の各分派集団は，1,000m前後の山地に主として分布している。

調査対象集落がある楽旺鎮は，県の行政中心である望謨（復興鎮）から北東に54kmの場所に位置している。県城から鎮に通じている道路は1957年に完成したが，未舗装である。しかし道路状態は比較的良好で，対向車がほとんどないので通行はスムーズである。楽旺鎮までは毎日数回県城から路線バスが運行されている。道路はほとんど曲りくねっているが緩やかな登りで，2時間後には鎮人民政府の所在地に到着する。鎮人民政府の前面にはかなり広い広場がある。ここでは毎日曜日ごとに開催される定期市が立つ[6]。

楽旺鎮の海抜高度は640mである。「白ミャオ」族をはじめとするミャオ族が居住しているのは，周辺の山地で海抜が1,000mぐらいの場所である。また，鎮人民政府の傍には，上述の北盤江の下流紅水江に流れ込む油停河が流れている。油停河はカルスト地形を流れているためか，比較的水量が豊かである。そのため，鎮人民政府周辺の河谷一帯は油停河の用水を利用した水田が目立つ。さらに，定期市が開催されている鎮人民政府前の広場の一角には，豊富な水量を誇る湧水が出る場所があり，住民の飲料水としての利用は勿論のこと，生活用水として幅広く人びとに利用されている。この河谷周辺の低地にはプイ族が主として居住している。

つまり，楽旺鎮など望謨県では，河谷など用水の便がよい低地はプイ族が占有し，水田稲作を行なっている。そして，その周辺の山岳地域では山腹斜面から頂上にかけてはミャオ族が，またその中間には漢民族がそれぞれ集中して分布しているというように，海抜高度差により住み分け現象がみられる。

2）楽旺鎮のミャオ族

楽旺鎮の人口は，16,780人である[7]。鎮の民族別構成としては，プイ族，漢民族，ミャオ族などが分散して居住している。鎮の人口の約90％が少数民族であるが，その中でもミャオ族が最も多く，その半数を占める。なお，楽旺鎮は県内でもミャオ族が最も多数を占める地区である。

楽旺鎮内のミャオ族は，「白ミャオ」族，「紅ミャオ」族および「黒ミャオ」族の三つの分派集団からなっている。これらの三つの分派集団は，それぞれ分布・

第4章 トウモロコシを中心とした畑作主体の「白ミャオ」族　197

民族衣裳を着る白ミャオ族の女性
（楽旺鎮交俄村）

民族衣裳を着る紅ミャオ族の女性
（楽旺鎮交俄村）

居住している地域が異なっている。すなわち，「白ミャオ」族と「紅ミャオ」族はともに「土山山地」を中心に居住しているが，前者「紅ミャオ」族のほうが比較的低地に居住する傾向がみられる。これに対して，「黒ミャオ」族はカルスト地形特有の「石山山地」を主要な居住域としている。また，当地域までの移動経路に関しても，「白ミャオ」族と「紅ミャオ」族の両分派集団には，具体的な地名は不詳であるが，長江中流右岸に位置する江西省より西方に山伝いに進み，湖南省を経由して貴州省に入ったという伝承が残っている。しかし，「黒ミャオ」族に関しては，そのような移動経路に関する伝承を伝えるものがおらず，移動に関しては不明である。

自称についても，これら三つの分派集団間では異なっている。すなわち，「白ミャオ」族の自称は「モンジ」(mong zhi) あるいは「モンリ」(mong ri) と称している。理由は，この分派集団の女性が白色麻製のプリーツスカートを常用しているからである。「紅ミャオ」族の自称は「モンレン」(mong len) という。理由は，女性が赤色の綿でできたプリーツスカートを着用しているからである。「黒ミャオ」族の自称は「モンロウ」(mong lou) と名乗り，女性が綿布でつくられた黒色のズボンをはいている。

さらに，これらの3分派集団の日常会話に関しても，「白ミャオ」族と「紅ミャオ」族とは相違があまりみられず，基本的には両分派集団間の会話が通じる。それに対して，「黒ミャオ」族の話す日常語は，ほとんどの言葉が「白ミャオ」族および「紅ミャオ」族の両分派集団には通じないとされる。なお，鎮内の人口に関しては，「紅ミャオ」族が最も多く，「白ミャオ」族と「黒ミャオ」族はほぼ同数であるという。

このように，楽旺鎮に居住するミャオ族の分派集団については，「白ミャオ」族および「紅ミャオ」族と「黒ミャオ」族との間に，明確な相違が認められる。とりわけ「黒ミャオ」族は，この分派集団の女性が日常的に着用している民族衣裳の色彩から判断すると，「黒ミャオ」族の最大の集中地域である雲貴高原東部の「黒ミャオ」族と同様である。しかしながら，自称に関しては，後者の雲貴高原東部に居住する「黒ミャオ」族の多くは，「モンロウ」ではなく「ムー」(mhu) もしくはそれに近い「ミュー」(mu) と称している。さらに，女性が日常的に着用しているのは黒色が共通するが，ズボンではなくプリーツスカートである[8]。

以上の点からも，「黒ミャオ」族と称されている分派集団について，雲貴高原東部を中心に居住する「黒ミャオ」族の集団と，楽旺鎮など雲貴高原中部に分布する「黒ミャオ」族とは，日常生活において黒色の民族衣裳を女性が着用することから両集団とも「黒ミャオ」族と呼ばれている。しかし，自称が異なることを合わせて考えると，異なる集団の可能性も否定できない。すなわち，後者の雲貴高原中部に分布する「黒ミャオ」族は，現地での「黒ミャオ」族の古老からの話を総合すると，遠方から移動して当地域に来住したのではなく，古より当地域に住んでいると主張する。このことから，この集団はあるいは元々この地にいた，土着の集団ではないかとも推察できる。この点，つまり民族識別に関しては，慎

第4章　トウモロコシを中心とした畑作主体の「白ミャオ」族　199

重を要する問題であるといえよう。

3）楽旺鎮の生業と行政

　楽旺鎮の生業の中心は農業である。鎮内で栽培される主要な作物は，上述したように河谷などの低地では水稲や裏作としてのコムギやナタネ，山地ではトウモロコシが主体で，その他にアワ，ソバ，コウリャンなどの雑穀が栽培されている。また楽旺鎮の山地には「石山山地」を除くと比較的森林が多い。しかし，交通の便がよくないのと，街道から離れているという理由から，例えば雲貴高原東部の山林のように，森林の破壊的な伐採がみられず，杉，ガジュマロ，竹など有用樹も豊富にみられるので，将来利用されることになろう。

　楽旺鎮には，行政上の下部単位（組織）として，第17表にみられるように，21の行政村がある。各行政村は多少大小がみられるが，平均すれば五つ前後の集落（寨と呼ばれる）から構成されている。各々の寨は多くの場合，一つの民族集団かあるいは分派集団によって形成されているのではなく，複数の民族集団もしくは分派集団が同居しているという特色がみられる。調査研究対象集落は，楽旺鎮を構成する21の行政村の中で，最も「白ミャオ」族が集中して居住し，かつ「白ミャオ」族の伝統的な生活様式を残しているとされるが，出稼ぎなどを積極的に実施することで近代化を促進しようとしている，「白ミャオ」族の集落の代表として交俄村を選んだ。

2　交俄村の変遷

1）交俄村の概要

　交俄村に行くには，途中まで県城望謨鎮に通じる道路を戻る。この道路は，望謨河に沿う緩やかな下りである。河谷は河川水を利用した水面が一面に展開し，遠くには熱帯カルスト地形特有の円錐カルストの連山の峰が聳え，非常に風光明媚である。この道路を楽旺鎮から約20分車で進むと，交俄村までの分岐点となる。分岐点には小規模な食堂がある。路線バスが毎日運行されているものの，その回数が大変少ないことから，徒歩で歩く人びとにとってはここが休息所の役割をも兼ねている。

第17表　楽旺鎮の戸数と人口（1998年）

村　名	寨	戸(戸)	人口(人)	住民構成
新房子	5	126	620	ミャオ(紅), 漢
観音閣	4	138	641	ミャオ(紅), 漢
蛮結	4	113	515	漢, ミャオ(白), プイ
然達	4	117	662	漢, プイ, ミャオ(紅)
新華	6	92	499	プイ, ミャオ(黒)
麻湾	4	97	477	漢, ミャオ(黒)
黒梢	3	84	423	プイ, ミャオ(白), 漢
黒償	4	97	514	プイ, ミャオ(白, 黒)
坡頭	8	188	993	漢, ミャオ(白, 黒), トン
油哈	4	89	417	プイ
毛哄	2	97	514	プイ, ミャオ(紅)
楽旺	8	209	1,028	プイ, ミャオ(黒)
交俄	6	193	1,000	ミャオ(白, 紅)
新寨	6	187	927	プイ, ミャオ(黒, 白)
大湾	13	318	1,572	ミャオ(黒)
六里	2	61	286	プイ
楽寛	12	309	1,468	プイ, ミャオ(紅, 白, 黒)
猫寨	7	260	1,372	ミャオ(黒, 白)
冗長	2	61	300	ミャオ(黒, 紅)
観音洞	4	138	641	漢, ミャオ(黒)
全　村	108	3,200	16,034	

①住民構成は，人口が多い順である．
②ミャオ族の括弧内は分派集団を示す．
〔出所〕望謨県楽旺鎮人民政府での聞き取りにより作成．

　分岐点から登りとなる。交俄村は高原上にある小高い山地の頂上付近に位置している。交俄村までは広くはないが山腹を切り開いた道路が，1999年10月に完成した。全長は約5.5kmである。しかし，完成直後のためか，路肩などが弱く，雨季を中心に道路が通行不能となる。そのときには人びとは旧道を登るが，急な坂道なので荷物は馬の背で運搬される。車だと約30分，徒歩だと旧道を約1時間30分かかると，交俄村の入口にある看牛坪寨に到着する。

　交俄村の戸数は184戸，人口は約1,000人である[9]。村の住民はすべてミャオ族で，「白」，「紅」および「黒」の各ミャオ族の分派集団が居住している。中心は「白ミャオ」族である。全戸184戸のうち，大半を占める159戸が「白ミャオ」族

第18表　交俄村の概略（2000年）

寨　名	戸(数)	構成している姓(戸数)
看牛坪	20	李(12),羅(6),侯(2)
交　俄	58	李(18),楊(14),熊(10),羅(8),陶(4)など
大山堡	10	楊(5),熊(4),陶(1)
交　来	53	王(15),陶(11),張(7),呉(6),楊(4),馬(4)など
李今湾	8	陶(3),王(3),馬(1),熊(1)
二　嶺	35	羅(15),熊(6),陳(6),王(2)など
全　寨	184	

〔出所〕交俄村の幹部よりの聞き取りにより作成.

で，残りは「紅ミャオ」族24戸，「黒ミャオ」族1戸である。

交俄村は，行政的には六つの寨から構成されている（第18表）。これら6寨はすべて山頂近くに位置しているが，各寨間が数kmほど離れているので，互いの寨は確認することができない。

2）姓ごとの移動経路

交俄村の各寨に居住するミャオ族は，李，羅，熊というように，姓ごとまとまって集団で当村に来住したようである。その理由は，近年まで当地域には「土匪」が出るというように治安が悪く，信頼できる人びとと共同行動を行なう必要性があったためとみなされる。それ故，姓ごとに移動経路が異なっているという特徴がみられる。交俄村を構成する羅，李などの主要な姓については，以下のような移動経路をたどり，当村にたどりついたという伝承を有している[10]。

羅姓の祖先は江西省より移動してきた。しかし，祖先が元々江西省出身なのか，他所から江西省に移動してきたかについてはわからない。そこから西に移動を開始し，長江の上流に位置する湖南省を経由して，貴州省北部の遵義市桐梓県の大橋溝に定住した。交俄村の「白ミャオ」族に限らず，雲貴高原中・西部に分布しているミャオ族の分派集団は，桐梓県を移動経路の拠点としていることが多い。そのことから，桐梓県はかつて雲貴高原中・西部のミャオ族の結集地の一つであったと推察される。その後さらに南下を続け，安順市紫雲苗族布依族自治県白花郷梁子上村に住んだ。この地は同自治県でも南端に位置し，望謨県と接している。そこから山伝いに望謨県に入り，楽旺鎮交俄村二嶺寨に定着した。そして，その

後一族は同村内交俄寨や看牛坪寨へと分散した。したがって二嶺，交俄，看牛坪の3寨に居住している羅姓を名乗るミャオ族は，全員祖先が共通していることになる。羅姓の最も古い家は，当村に到着して6代目である。

　李姓の祖先も，李姓の古老（60歳，男性）の話によると羅姓同様に江西省にいた。そこから詳細は不明であるが，これまた同じく貴州省の桐梓県に移った。その後途中の経路が不詳であるが，望謨県楽旺鎮の猫寨村に定着した。猫寨村は安順市紫雲苗族布依族自治県と接する村で，交俄村より直線距離で約10km離れている。そして，現在の居住地である交俄村にやってきた。当地で5代目になる。猫寨村から交俄村に移転した理由は，猫寨村では生活が苦しく，借金から逃れるためであった。当時猫寨村には，「白」，「紅」，「黒」の各ミャオ族の分派集団が結集していた。そのようなことから，他民族からミャオ族の集落という意味で，猫寨と称されるようになったと考えられる。

　以上論じたように，交俄村に居住するミャオ族の主要な姓に関しては，それぞれの移動先が伝承という形式によってではあるが，判明するものが多い。各姓の古老などの話によれば，当村には，楊，陶，羅，李，熊，王，馬の各姓が順にやってきたようである。最初に来住した楊姓では6代目になるという。最も早く当村に来住したのは，楊姓の中の小楊華であった。しかし，その家の子孫は祖先の話については知らなかった。

　また，交俄村に居住する「紅ミャオ」族は，陶姓および侯姓が中心である。両姓とも，その祖先が江西省から貴州省の桐梓県に移ってきたことに関しては共通している。例えば侯姓の祖先は，その後広西壮族自治区に南下して，田林県下河村一帯に住むことになった。次いで同県巴依托村に2代住んだ。そして望謨県楽旺鎮新子村老堡寨に数年住み，その後郊納郷油亭村，同羊玉村を経由して，中華人民共和国成立後に交俄村交俄寨に住むことになった[11]。

　なお，村内に1戸しかない「黒ミャオ」族は，隣接する紫雲苗族布依族自治県から「白ミャオ」族の家に婿入りしたケースである。それ故，村内には「黒ミャオ」族が居住していなかったと考えられる。

　その他，交俄村を構成する6寨の一つである大山堡は，住民全員がキリスト教の集落である。この集落にキリスト教が伝わったのは比較的新しく，東隣りに位置する黔南布依族苗族自治州羅甸県よりやってきた，キリスト教信者に改宗した

ミャオ族が布教したとのことである[12]。

3）麻山苗族鬧事（麻山事件）

　交俄村は，中華人民共和国成立から3年経過した1952年に解放され，1955年には土地改革が実施された。ただし，交俄寨のみは1953年に土地改革が実施された。それ以前交俄村の土地は楽旺鎮の地主（プイ族）が所有していた。ミャオ族は「貧農」や「雇農」として分類されるものがほとんどで，わずかに「中農」が存在したにすぎなかった[13]。

　1956年には「麻山苗族鬧事」あるいは「麻山事件」と呼ばれている，ミャオ族の反乱が発生した。この反乱の拠点は楽旺鎮の南に位置する麻山郷である。その地名をとって上述したような名前で，この反乱が呼ばれることになった。反乱のリーダーは，麻山郷に住む「紅ミャオ」族の楊紹兵と張子強であった。楊と張は，周辺に居住する「紅ミャオ」族をはじめ「白ミャオ」族などのミャオ族を組織し，成立してからあまり年月のたたない人民解放軍に対して反乱を試みた。戦闘は交俄村から山を一つ越えた茶山を中心に展開された。この戦闘には，人民解放軍が100人近く，ミャオ族は30人近くが直接に参加した。しかし両方とも負傷者が出なかったようである。反乱の理由は，経済関係を中心とするミャオ族の地位向上とされる。反乱は1年ぐらいで鎮圧され，リーダー格の一人である楊紹兵は捕らえられた[14]。交俄村のミャオ族も，この反乱に参加している。しかし，一部の同村のミャオ族は，人民解放軍のほうに参加し，鎮圧にあたったものもいる。

　以上のような経緯および明・清両王朝時代（1368～1644年）においての反乱や反抗などもあり，ミャオ族は中華人民共和国成立後も引続いて支配勢力である漢民族に対して，反感をもつものが多い。中国国民党時代（1919～1949年）を中心に「土匪」になるミャオ族が多数存在した[15]のも，このような事情が存在するためであろう。

　その後1980年代に入ると，従来の人民公社による集団体制が解体され，1981年生産責任制が導入されることになった。それに伴って，交俄村でも集団化していた耕地が住民に分配されることになった[16]。食糧はトウモロコシが主体であるが，耕地が少ないためか不足している家庭が多いようである。そのため，1990年代に入ると出稼ぎに出かけるものが急増しだした。近年では高給を求めて北京市や広

州市へ出かけることもあるという。その内容については次項で説明したい。

4）交俄村の同姓集団の移動

以下では，交俄村の変遷（部分的なものになるが）を具体的に理解するために，村内の数戸を事例として抽出し，検討を加える。なお抽出した各戸は，異なる姓からそれぞれ1戸ずつ選んだ。理由は，交俄村に代表される「白ミャオ」族の集落は，集落と称しても，複数の同姓集団つまり多くは祖先を共通にもつ同族集団から構成されている。そのため，集落としても連帯感に乏しく，同姓集団つまり同族集団としての結合が強力なものとなっている。この点は，上述したように，ミャオ族が同姓集団単位で移動してきたという歴史的な経緯とも大いに関連している，と推察できる。事例として抽出したのは，交俄村にみられる主要な姓の代表的な家である。

①楊・R家（交俄寨）の場合

戸主である楊・R（73歳，男性）によれば，祖先は貴州省遵義市桐梓県から南下して望謨県郊納郷打轟村に移動してきた。そして，楊・Rの祖父の時代に現在住んでいる交俄村交俄寨に移った。前住地の打轟村は水田が比較的多く，トウモロコシではなく米を主食とすることができた。しかし，地主（O姓，漢民族）の租税が高く，支払うことが困難となった。移ってきた交俄村一帯は海抜高度と用水との関係から，稲作には不適で，トウモロコシが主体となった。しかし，トウモロコシの収穫が3年に1度しかないということもあったが，地主に支払う税が年間銀貨（干洋）で3枚，銅銭であれば9枚であった。

楊・Rは17歳のとき，文高[17]から交俄村へと移ってきた。文高には水田が皆無で，山腹斜面に造成された畑地（段々畑）で，トウモロコシを栽培していた。中華人民共和国成立時には，交俄寨はわずか25戸にすぎなかった。羅，李，陶，馬，王，熊の合計6姓で，全姓「白ミャオ」族であった。当時，楊・Rの家族は妻と娘の3人であった。水田は耕作しておらず，80挑[18]のトウモロコシが収穫できる畑地を小作していた。その他，アワ，ソバ，コウリャンなどを栽培していたので，食糧は小作料を支払っても充足していた。

このようにほぼ自給自足に近い生活を送っていたが，食塩（岩塩）だけは購入した。当時銅銭1枚で食塩が1両（1両は37グラム）購入できた。人民公社時代

には凶作のときでも援助してもらえたので，食糧が不足することが少なかった。その後生産責任制の時代となったが，食糧が不足することが多くなった。また娘は再婚したが，その夫がキリスト教信者であった。そのため，娘夫婦がキリスト教信者で構成される大山堡に移って行った。この点が，近年の最大の出来事であった。

②李・H家（交俄寨）の場合

中華人民共和国成立前，交俄村は楽旺鎮に住むプイ族の兄弟の地主が管轄していた。地主の兄は中華人民共和国成立前に病死。弟は人民解放軍に拘束されたが，アヘン中毒で獄死した。戸主の李・H（64歳，男性）の祖父は，中国国民党時代の甲長であった。しかし，中国国民党によって「土匪」として殺害された。当時は少々富裕であったので，銃などを購入し，所持していたためであろう。また，祖父は2人の妻と4人の息子および1人の娘をもった。同様に父親も2人の妻と6人の子供をもうけた（第35図）。李・Hは小学校4年まで学習し，雲南省で人民解放軍に加わり，8年間の軍隊生活後復員した。その後1993年まで鎮の役人として働いた。

現在では家族7人で暮している。水田は自力で，生産責任制導入後の十数年前

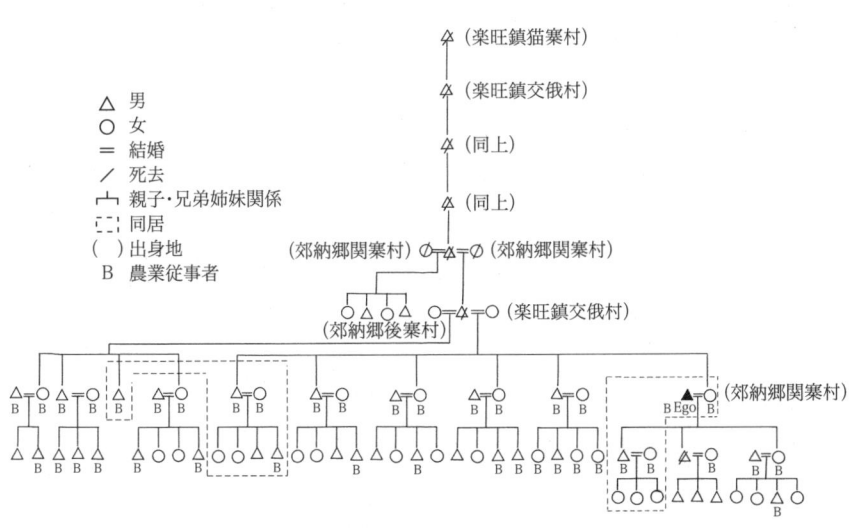

第35図　李・H家の系図

〔出所〕李・Hよりの聞き取りにより作成．

から開墾して入手した。このように近年自力で水田を開墾している家も多い。おもな収入源は飼育している豚の販売である。当家ではトウモロコシなどの穀物や大豆，ササゲなどの豆類を定期市に持参して収入を得ている。そのため，他家のように出稼ぎに行くことはない。

③熊・R（交俄寨）の場合

祖先は江西省から来住した。望謨県では桑郎鎮冗油村に1代住んだ。当村には，当地域のミャオ族の伝統的な埋葬形式である洞窟葬の慣習が残っている。その後，楽旺鎮交俄村交俄寨経由で現在の地に定着することになった。戸主の熊・R（78歳，男性）は交来寨で生まれた。しかし，12歳のとき両親が他界したため，交俄寨に居住するオジを頼ってやってきた。

中華人民共和国成立以前は5人家族であったが，畑地のみの小作であった。そこにはトウモロコシを植えていた。当時，小作料を支払っても食糧は不足をしなかった。自給自足的な生活であったが，他家と同様食塩（岩塩）のみは購入した。購入先は同鎮猫村猫苗寨の定期市で，年間20斤の食塩を購入した。代金は2両の銀で，豚などの家畜を販売した代金をそれにあてた。

中華人民共和国成立以前にとくに困ったことは，小作料を上納する現金を準備することができなかったことである。そのため，しばしば移動することになった。その理由は，新しく移転すると，そこでは3年間小作料が免租となるからであった。それ故，3年経過すると小作料を上納できなければ移動せざるを得なかった。

人民公社時代は集団体制であったので，とくに食糧に困ることがなかった。1962年に交俄寨では大火が発生し，8戸が全焼した。それは旧暦の3月のことで，焼畑のために火入れをしていたが，その火が他所に飛び火し大火となった。また1958年から1962年の大躍進の時代には自然災害が連続したこともあり，村内では40～50人の住民が死去した。

現在では末子の家族とともに暮しているが，妻は4番目の息子と同居している。生活が苦しいからである。

④陶・R家（交来寨）

陶・R家は「紅ミャオ」族である。現在の交俄村内の陶姓はすべて「紅ミャオ」族である。祖先は多くの「白ミャオ」族と同様に，江西省から来住したという伝承をもつ。楽旺鎮交俄村交来寨に来てから，7代目を数える。交来寨は中華人民

第4図　陶・R家の家族

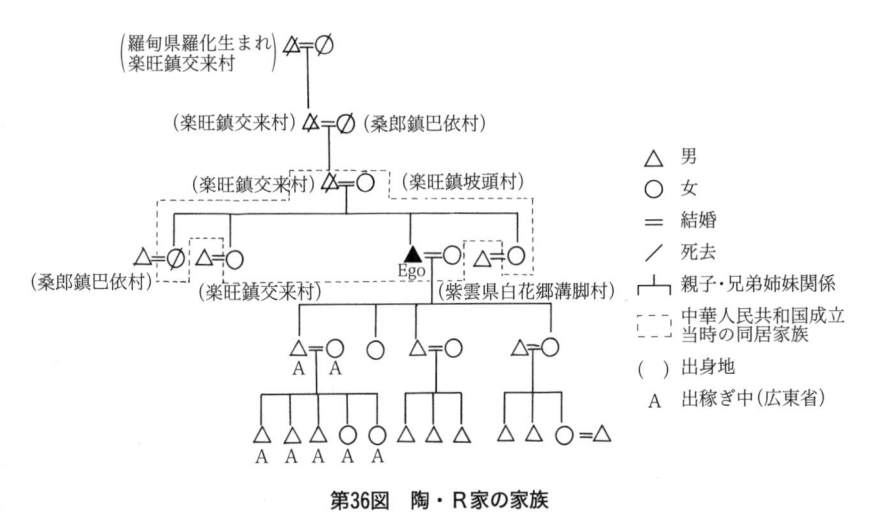

〔出所〕陶・Rよりの聞き取りにより作図.

　共和国成立当時14戸であった。そして，寨内は陶，馬，熊の3姓が「紅ミャオ」族，張，呉，熊の3姓が「白ミャオ」族，王姓は「紅」，「白」両ミャオ族というように，ほぼ姓によって分派集団が決っていた。

　その当時，戸主の陶・R（78歳，男性）の家は8人家族で，夫と両親，4人の子供が同居していた（第36図）。所有地はなく，楽旺鎮のプイ族の地主の小作であった。借りた畑地ではトウモロコシを栽培し，年間3,000斤の収穫があった。そのうち600斤を地主に上納した。トウモロコシだけを栽培していたが，年間平均すると3カ月分食糧が不足した。そこで飼育した家畜を販売したり，他家の手伝いをして穀物を得ていた。とても苦しかった。

　食塩は楽旺鎮で購入した。楽旺鎮の定期市には安順や紫雲のプイ族や漢民族の行商人が食塩を担いで売りにきていた。年間40斤の食塩を購入するが，1枚の中銀元で3両（1両は約37グラム）の塩が買えた。当時最も困ったことは，穀物，お金，衣服，布団の不足と，皮膚病の伝染病であった。

　土地改革時代には，トウモロコシ3,000斤前後の収穫と少量の陸稲，アワ，コウリャンなどを収穫していた。現在では，末子夫婦が2000年に一家全員が広東省に出稼ぎに行くなど，出稼ぎをしなければ，生活できない。

3 交俄村の生業形態

　前項では交俄村交俄寨に関して，その概略をフィールドサーヴェイの成果に基づいて論じた。その中で交俄村の特色として指摘できるのは，第1点として当村に定着したのが比較的新しく，最も早く定着した集団でも現在より6ないし7世代以前であること，そのためか，当村に定着するまでの移動コースに関しては，途中からではあるがほぼ特定できたことがあげられる。

　第2点としては，上述の第1点と多少関連するのであるが，当村まで移動してきたのは個人あるいは個々の家族単位ではなく，同姓集団つまりこの場合同族集団であるといえる。このような事情から，定着して成立した交俄村交俄寨や看牛坪寨のように，集落は複数の主要な同姓の家族によって構成される。そのため，集落としてのまとまりに乏しく，多くの場合集落内での交流は同姓のみに限定されている[19]。このことは，散村ほど集落内の各戸が遠く離れていないが，他地域に居住するミャオ族の集落のように，家屋が非常に密集した集村形態をとらず，看牛坪寨に代表されるように各戸がそれぞれ孤立した状態で配列されている（第37図）。

　以上のような寨つまり集落が集合して村落が形成されているが，各戸の主要な生業は定着後に「土山山地」を開墾した耕地に，トウモロコシを主体とする農業である点は各集落とも共通している。しかし，当村に来住してから年月があまり経過していないためか，他地域に居住するミャオ族の集落周辺ではよくみかけられる，山麓から山頂部にまで達する棚田や段々畑がみられない。以下では，交俄村の生業の中心である農業を主体に論を展開していくことにする。

1）交俄村の農業カレンダー

　最初に，交俄村ではどのような農業が実施されているかを知るために，農業カレンダーを作成した（第38図）。交俄村は海岸から遠く離れた内陸部に位置している。そのため農業に関しては，降水量が最も重要な自然要因となっている。また，当地域には既に紹介したように，カルスト地形特有の石灰岩が露出している「石山山地」と，表土に比較的恵まれた「土山山地」が存在する。交俄村に居住する

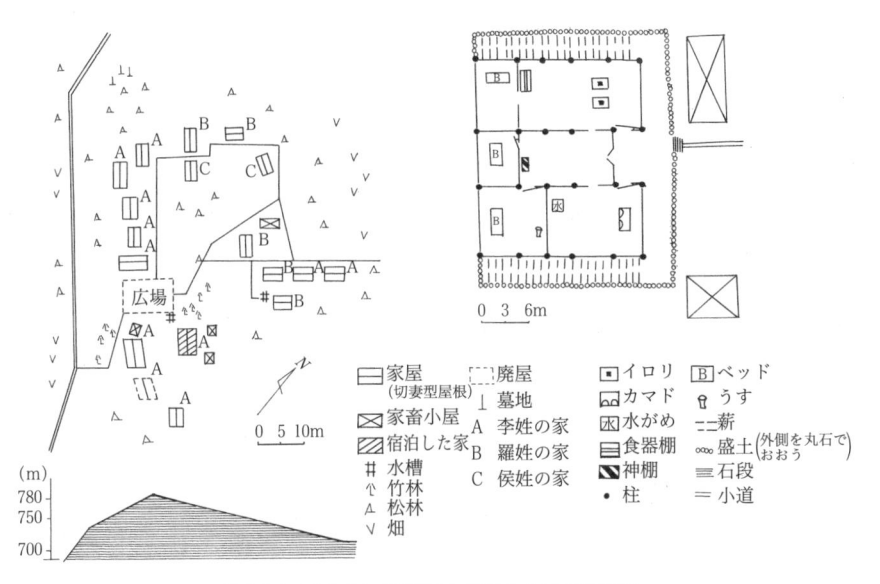

第4章　トウモロコシを中心とした畑作主体の「白ミャオ」族　209

第37図　看牛坪の概略図と宿泊した家の間取り
〔出所〕現地調査および聞き取りにより作成．

「白ミャオ」族は，後者の「土山山地」をおもな居住空間としている．

交俄村では，雨季と乾季とが明確に認められる．しかしながら，雲貴高原の他地域のように，その格差が非常に著しいものではない．とくに既出の第38図にみられる2回の雨季のうち，2月から3月（以下すべて農暦）にかけての短期間の雨季は，雨がほとんど降らないで，晴天が連続し，旱魃になる年度も多いという．なお，当村の海抜高度は700m前後で，降雪や結氷がみられない[20]．

以上のような自然条件，すなわち降水量が少ないことに加えて，耕地の大半が傾斜地に存在することもあり水田が非常に少ない．しかもその数少ない水田は，生産責任制が導入された1981年以降，各戸が独力で河谷や山腹斜面の中で用水の便がよい緩傾斜を用いて造成したものである．そのような理由からか，かつて水田稲作を行なった経験をもたなかった．そのため，他地域のミャオ族居住地区では伝統的に水田稲作においては，モチ米の品種を栽培してきたのに対して，交俄村の水田では多くの収量が期待できるウルチ米が栽培されている．しかしながら，焼畑あるいは常畑では小規模であるが栽培されている陸稲は，すべてモチ米であ

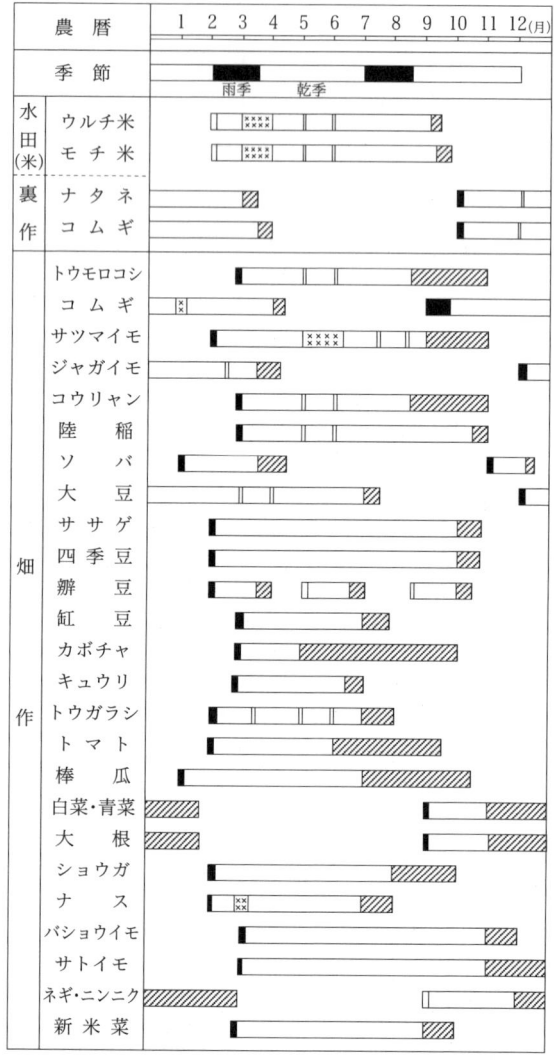

農暦	1 2 3 4 5 6 7 8 9 10 11 12 (月)
季節	雨季　　　乾季

水田(米)	ウルチ米
	モチ米
裏作	ナタネ
	コムギ
畑作	トウモロコシ
	コムギ
	サツマイモ
	ジャガイモ
	コウリャン
	陸稲
	ソバ
	大豆
	ササゲ
	四季豆
	瓣豆
	缸豆
	カボチャ
	キュウリ
	トウガラシ
	トマト
	棒瓜
	白菜・青菜
	大根
	ショウガ
	ナス
	バショウイモ
	サトイモ
	ネギ・ニンニク
	新米菜

播種　田植え・移植　除草　収穫

第38図　交俄寨の農業カレンダー

〔出所〕現地での聞き取りにより作図.

る。この点は，他地域のミャオ族がモチ米を好み，1990年代に国家の方針で多収量の収穫が期待できるウルチ米が奨励されるまで，モチ米が栽培されていたのとは大きく異なっている。

　すなわち，交俄村の場合，伝統的には水田稲作がほとんど実施されておらず，新規に開墾した水田には，その面積が少ないこともあり，多収量の収穫が期待できるウルチ米が栽培されたものと推察できる。

　しかし，交俄村のミャオ族もモチ種の食品が好物で，伝統的に栽培してきたアワ，ソバ，コウリャンなどはすべてモチ種の品種が栽培され，モチとして食卓に供されることが多い。

　水稲は通常2月上旬に苗代に籾を播き，苗が十数cmに成長した3月下旬から中旬にかけて田植えを行なう。しかし，たびたび起こる旱魃の場合，田植えは4月中旬にまでずれ込むことがある。交俄村では上述したように，水田稲作を実施することがなかった。そのためか他地域で水田稲作に従事するミャオ族が行なっている，6月から7月にかけての特定の日に実施される収穫予祝儀礼である「喫新節」や，収穫祭である「苗年」などミャオ族独自の行事が行なわれない。

　とはいうものの，水田稲作とは直接関連性がないが，「ナ ダオ ヤン」(na dao yang)と称される，5月5日に実施される「端午節」や，7月15日に行なわれる「ナ シィアン リ」(na xiang li)と呼ばれている「七月半」が行事として存在する。前者の「ナ ダオ ヤン」は，当日農作業を休み，ニワトリを殺して肉や強飯を食べるというもので，各戸が独自に行なう比較的簡単な儀礼である。この「ナ ダオ ヤン」は，わが国でも行なわれている節日で，男子の成長を祝うものである。交俄村ではそのような儀礼の意味が消失している。ただ家族全員が集合して，御馳走を会食しているだけである。

　一方，後者の「ナ シィアン リ」は，当日同様に農作業を休み，豚をつぶしたり，ニワトリを殺し，バショウの葉で色を付けたモチをつくる。そして，それらの肉やモチを食べるというもので，比較的大規模な儀礼となっている。この儀礼は本来祖先祭りとみなされているが，交俄村ではそのような意味は「ナ ダオ ヤン」同様失われている。また，この儀礼では客人を招くこともある。「ナ ダオ ヤン」および「ナ シィアン リ」の両行事は，漢民族の影響かとも思われる。

　裏作として栽培されるナタネ・コムギとも水田が少ないので，量的には多くな

蘆笙を吹きながらステップをふむ男性（交俄村二嶺）

い。ナタネはその種子から食用油を取るために，コムギは飯米を補完するために栽培されている。なお，ウルチ米は「レイム」(Leim)，モチ米は「レイム ラオ」(Leim lao)，ナタネは「ラオ ゴ ダ」(Rao go da) というように，それぞれに対応するミャオ語が存在する。しかしコムギに関しては「シャオ マイ」(Xiao mai) と呼び，中国語（漢語）と同一の発音である。この点からも，コムギの当村への導入は新しいものと推察できる。さらに水田では，水量も少なく温度も低いため，他地域のミャオ族居住地区でみられるコイなどの水田養殖がみられない。

　耕地の中心は畑地である。交俄村では畑地の中心は焼畑ではなく，山腹斜面に造成された常畑である。常畑ではトウモロコシ，コムギ，コウリャン，ソバなど

屋根裏に安置される木鼓（交俄村二嶺）

の穀類と，サツマイモ，ジャガイモなどのイモ類および大豆，ササゲに代表されるマメ類が栽培中心で，いずれも飯米を補完する役目を担っている。またトウガラシは，交俄村をはじめミャオ族の調味料の中心となるものである。しかし，西南中国に居住する漢民族のように，大量のトウガラシを調味料として利用しない，一般に交俄村のミャオ族をはじめ，少数民族の料理の味付けは薄味である。とくに食塩は，海岸に遠いことや岩塩を産出しないことから貴重で，使用も極端に少ない。

なお交俄村では，焼畑がかつて実施されていた。しかし，現在ではごく一部を除き行なわれていないようである。焼畑では初年度にアワを栽培することが多かっ

た。その後，大豆，トウモロコシなどが栽培され，3・4年で耕地が放棄された。理由は，焼いた樹木などの灰を中心とする地力が衰えるうえに，除草をしないため雑草が成長してきたことによる。焼畑では，伐採あるいは火入れなど焼畑を作成する期間を含めて，農耕儀礼がなかったとされる。しかし，この点に関しては現在焼畑はごく小規模で実施されているため，各種の農耕儀礼が省略されたことも考えられる。

交俄村の農業カレンダーの中でとりわけ注目されるのは，トウモロコシ畑にコウリャン，大豆・ササゲなどの豆類，カボチャ，キュウリ，「新米菜」などを間植することである。この点は，耕地が狭いために，それを有効に利用しようとするためであると推察できる。また「ポングワ」と呼ばれているウリの1種およびコンニャクは，野生種のものをそのまま採集して利用している。この点も交俄村の農業の特色といえよう。

2）麻をはじめとする現金収入源

さらに，農業カレンダーではみられないが，ほとんどの家庭では家の周囲に麻を栽培している。麻の実も調味料として利用される。また葉は一般には食用とされないが，若葉であれば食用にすることもある。麻布が「白ミャオ」族の女性が着用する民族衣裳の素材となるからである。しかしながら，現在交俄村が所属する望謨県で栽培されている麻は，「ノンマ」(nong ma) と呼ばれる火麻（大麻の1種）ではなく，「ザンマ」(zang ma) と称される桑麻で野生種に近い品種である。

火麻は1990年ごろから栽培できなくなった。理由は火麻がマリファナの原料となるため，その栽培を県が厳禁したことによる。このため，火麻を原料とした麻糸が近年隣国ベトナムより輸入されている。それ故，北ベトナムの中国国境付近に居住する少数民族地帯では，とくにモン族の女性が終日麻糸を紡いでいる姿がみられる。これが女性の貴重な現金収入となっているようである。麻布でつくったプリーツスカート1枚には，5斤（2.5キログラム）の麻布が必要とされる。

大麻は2月に植え，5月に収穫するが，桑麻のほうは同様に2月に植え，5月に収穫した後，株をそのまま放置しておく。そうすると，さらに根元から新芽が出てくる。それは8月に収穫できる。つまり桑麻は年間2度収穫が可能となる。

桑麻の品質は優れているが、外皮が厚い。そのため2度外皮をむく必要がある。このように、加工する作業に手間がかかるため、以前は桑麻を植えることはあまりなかった。

「白ミャオ」族は、1980年ごろからごく一部の女性が麻製のプリーツスカートを着用しなくなった。しかし、結婚・葬式などの冠婚葬祭のときには、必ず麻製の民族衣裳（上衣も）を着用することになっている。男性の場合、このような習慣も既に消えている。しかし、1950年代までは男性も白色の麻製の上衣とズボンを身につけていた。上衣は布ボタンを付けた合わせ着で、長袖であった。また、ズボンはわが国の袴に類似した「大褲脚」と称される形式のもので、帯でしめた。なお、「紅ミャオ」族の女性は、現在でも全員麻製のプリーツスカートを着用している。

常畑を中心とする畑地の他、全戸ではないが生産責任制導入時に入手した山地（山林地と称している）も存在する[21]。山地には人民公社時代チャの木を植林したことがあった。しかし、チャの木は降水や気温などの条件があわず失敗に終った。現在では、杉、油桐、椿などの木を植林している。また、本村の特色としては、野生の「青杠菌」、「早菌」、「凍菌」、キクラゲなどのキノコ類が6〜7月を中心に多量に採取できる。これらのキノコ類は自家消費されることが多いが、その一部は定期市などで販売され、現金収入となっている。

交俄村では、機械油が採取できる油桐の果実やキノコ類の販売、さらには非常に少ないが余分なトウモロコシなど農作物の売却以外、各戸が入手できる収入源としては、それぞれの家が飼育している水牛、馬、豚など家畜の売却による収入があげられる。各戸では、定期市などでこれら家畜の子を購入し、それを成長させて販売している。交俄村では、ほとんどの家庭が自給自足に近い生活を送っている。それ故、これらの現金収入源の大半は農業税を中心とした税金の納入および教育費に使用される。

なお、年間を通して主食をはじめとする食糧が不足する家庭では、安定した現金収入を確保すべく、1990年ごろより出稼ぎに出かける者が出だし、その収入で一家を支えている家庭もみられるようになった。この点に関しては次に検討しておく。

3）出稼ぎの特色

　交俄村の出稼ぎの特色は，次の諸点にまとめられる。すなわち，第1点として出稼ぎは個人で出かけることが少なく，寨の同姓などを中心とした集団単位（子供も含む）で行なうこと，第2点としては，出稼ぎ先は北京市，広東省など遠隔地が多く，そのため1年を越える長期間にわたること，第3点は単独で出稼先を選択するのではなく，仲介人（斡旋業者）の紹介によって出かけることが多いということがあげられる。

　交俄村の出稼ぎの最も早いのは，1990年に北京市への出稼ぎであった。しかし，この出稼ぎは人数が少なかったなどから，長く続かなかったようである。その後1995年以降になると，村内での生活が貧窮してきたためか出稼ぎに行く住民が増加する。

①羅・Z（二嶺寨，男性，50歳）の場合

　羅・Zは小学校3年まで学習し，その後人民解放軍に入隊した。そのような経歴から寨以外の外部世界での生活にも馴染んでおり，最少限であるが教育を受けていた。羅・Zは，1995年に交俄村の住民20人余りとともに北京市に出稼ぎに出かけた。北京市に出稼ぎに行くきっかけは，河北省出身の仲介人が仕事があると誘ってくれたので，村内の同姓仲間などと出かけた。期間は2年間であった。北京市での仕事は建築現場での下働きであった。労働条件は食事と住居の提供を受け，月に600元もらった。当時としてはかなり高給であったが，仕事の時間に制限がなく夜間の残業が長かった。そのため夜食代などの食費がかさみ，手元にはあまり残金が残らなかった。

　その後，1997年から1年半ほど上海市に出稼ぎに出た。今回は知人の紹介であった。紹介してくれたのは交俄村交俄寨に住む熊・Zであった。熊・Zは後述のように北京市に出稼ぎに出かけたことがあった。そこで知り合った江蘇省出身の仲介人の紹介で，上海市で働くことになり，友人の羅・Zに話をもちかけたのであった。今回は両名を含めて10人余りで上海市に出かけた。自分が選ばれたのは以前に同様の仕事をしていた経験があったためであるという。

　仕事の内容は，前回同様建築関係の仕事で，内容は単純であったが重労働であった。労働条件も以前と同様で，食事と住居の提供を受け，月給600元もらった。1日の労働時間は前回のように無制限ということはなかったが，11～12時間働いた。

しかし，上海市は北京市以上に合わなかった。上海市が海岸地帯に位置しているため，とりわけ夏季の高温・高湿に困ったのである[22]。また，食用油を多量に使用する，濃厚な味付けの食べ物主体の食事など生活習慣にも慣れることができなかった。そこで，全員契約が切れた1998年に帰村した。

出稼ぎに出かけた理由は，1990年当時子供が3人おり，生活が苦しかった（現在では4人に増加）ためである。そのおかげで3人の子供をすべて小学校に通学させることができた。以前教育費は無償であった。しかし現在では学費や本代は有償となっている。交俄村の場合，1年生や2年生では年間120元余り，3年生では年間130元余りかかる。また，最上級生である6年生では年間140元余も必要とする。そのため，多くの子弟は3年間ぐらい通学して退学してしまう。学費を支払うことができないからである。

②熊・Z（交俄寨，男性，49歳）の場合

1995年から1年間北京市に出かけた。江蘇省出身の仲介人の紹介であった。同市へは同寨の友人5名とともに出かけた。仕事は建築現場の労働で，土砂などの運搬であった。労働条件は食事と住居の提供を受け，月に500元もらった。労働時間は長時間にも及び，1日に15時間ぐらい働いた。しかも食事の内容は粗末で，そのうち月給も遅配が続いた。そのような関係で，同行の5名はばらばらに帰村した。熊・Zは，前年度から北京市の建築現場で働いていたオイが指2本を切断するという事故に遭った。そのため，1996年末にこのオイとともに帰ってきた。

なお，同家は妻と子供5人の7人家族である。長女（19歳）は師範学校に通学しているが，この学費も出稼ぎによるものである。また，次女（17歳）は貴陽市に出稼ぎに行っている。仕事の内容は小売店の手伝いで，月給400元もらっている。家には年に数度戻ってくる。

この他，交俄村の出稼ぎに関して特徴的なことがある。それは，2000年から開始された季節出稼ぎである。交俄村内だけでも100名余りが出かけているという。出稼ぎ先は広東省化州市にあるゴム園で，3年前から当園に出稼ぎに出ている望謨県郊納郷の者の斡旋による。期間は4月から9月までの6カ月間で，ゴム液の採集が主要な仕事である。給与は出来高払いで，ゴム液1斤を採集すると3元もらえる。平均すれば月に300元程度，多いときには月に500〜600元になる。しかし，採集の仕事がないときもあるという。

当園での生活は良好で，雇主が食糧や炊事用具などを提供してくれるが，その実費は給料から差し引かれる。出稼ぎに行った100名余りのうち，半数以上は子供で5～7歳ぐらいである。子供たちは出稼ぎに出かけた父母について行ったので，人数が多いという[23]。そのため交俄村の一つの寨では小学校の生徒がほとんどいなくなり，閉校しているという状態である。女性は，炊事の他に子供の世話もしているという。

4）近年の看牛坪の生業形態
①市場経済に組み込まれる村

前項の1），2）では交俄村の生業形態の概要を論じた。交俄村においても，人民公社解体後生産責任制が導入された。しかし，当村においては基本的に耕地（とくに水田）が少ないこともあり，村民の生活レベルから考察すると，むしろ人民公社時代のほうがよかったのではないかと思われる。つまり，食糧が不足すれば人民公社時代においては，互いに融通しあえたことなどから，食糧が極端に不足する家庭は存在しなかったようである。

確かに人民公社時代のほぼ自給自足的生活から，生産責任制が導入されたことによる住民の市場経済[24]への参加の結果，従来以上の現金収入が必要となった。これまでの水牛，豚などの家畜の売却やキノコ類などの販売だけでは，このような変化に対応するだけの現金収入を得ることができなくなった。そこで，出稼ぎに出る住民が増加したのであった。

交俄村の入口に位置する看牛坪寨は，村内では最も新しく開発された集落である。既出の第37図からも判明するように，看牛坪寨は山頂部に位置する集落である。それ故，生活用水が不足する傾向が強い。しかし近年集落上部の広場の一角に，数km離れた谷川の水を引いたコンクリート製の水槽が完成し，十分とはいえないが飲料水に関しては利用が便利となった。とくに看牛坪寨は，上述したように最後に開発された集落であることなどから，村内の耕地面積は広いとはいえない。しかし，他寨とは異なり，住民の多くは出稼ぎに出ていない。このいっけん矛盾したようにみえる現象は，次のように解釈することができる。

つまり，当村における出稼ぎは，個人レベルで出かけることもあるが，中国語を十分に話すことができないなどの点から，集団で出かけることが多い。看牛坪

寨の住民も出稼ぎに出かけたい者もいるが，この点で誘ってくれる者がいないというのが現状のようである。ちなみに村内で出稼ぎがよくみられるのは，交俄寨と二嶺寨の住民なのであるが，両寨ともリーダーとなる住民が存在し，その住民を中心に集団が形成され出稼ぎに出かけているようである。

②伝統的な形態を維持する生業形態

　以下では，このような特色つまり伝統的な形態を維持している看牛坪寨の生業形態に関して，事例として抽出した3戸を分析・検討していくことにする（第19表）。抽出した3戸はいずれも看牛坪寨では標準的な農家である。

　第19表を参照すると最初に気づくのは，各戸とも水田の面積が極端に少ないことである。この点は，生産責任制導入と同時に水田が開かれたのであるが，集落が山頂部に位置しているため，農業用水の確保がむずかしい。そのため，水田を開くには大きな制限が存することになる。したがって，このようにして開墾した水田であるため，すべての水田には少しでも多くの収穫をあげようと，多収量の収穫が期待できるウルチ米のみが栽培されている。

　また，看牛坪寨の水田で特徴的なことは，他寨でみられる裏作が行なわれず，冬季は水田を休閑としていることである。その理由は抽出したそれぞれの家でも異なっている。李・S家は6人家族であるが，高齢な母親（83歳）と子供3人[25]なので，労働力が不足ぎみで，裏作には手が回らないという状態である。侯・H家の場合，戸主の侯・H（63歳）をはじめ，家族のうち男性は村内で農作業の手伝いを行なっている。そのため人手不足となり裏作を実施する余裕がない。李・T家の場合は，家族が少ないうえに子供が幼い。それ故裏作を行なうことができない。

　このように，3戸とも主食である飯米が大変不足するので，畑地での主作物は食糧となるトウモロコシである。また，畑地において栽培している作物をみてみると，家族数が6人および7人とほぼ等しい李・S家と侯・H家では，それぞれ栽培している作物の種類が異なっている。つまり前者の李・S家では，多種類の作物が栽培されているだけなのに対して，後者の侯・H家ではその農作物の種類が極端に少ない。この点は上述したように，侯・H家の場合労働力の中心となる男性が，他家の農作物の収穫時に手伝いに出かけることが多いため，水やりなど野菜栽培には手間がかかるので，栽培する作物数が減少しているのである。

第19表　抽出農家の生業（1999年）

作物など		李・S家（6人家族）	侯・H家（7人家族）	李・T家（4人家族）
水田	面　積（畝）	0.6	0.6	0.15
	コメ（ウルチ種）	600	600	150
畑地	面　積（畝）	3	3	2
	トウモロコシ	2,500	3,000	2,000
	サツマイモ	300		100
	ジャガイモ	60	30	50
	コウリャン			50
	大　豆	200	100	50
	ササゲ	100		
	缸　豆	30	200	
	カボチャ			100
	トウガラシ	30		50
	白菜・青菜	600	600	200
	ナ　ス	10		
	ネ　ギ	10		10
	ニンニク	30		10
	大　根	200		50
	ショウガ		不明	100
家畜	水　牛（頭）	1		1
	馬　（頭）	1		
	豚　（頭）	3		3
	鶏　（羽）	3	3	13
山林	杉　（本）			3,000
	竹　（本）			1,000
	栗　（本）			13
	梨　（本）			15
	スモモ（本）			10
	油桐（本）			100
	税　金（元）	195	200	90

①李・S家，李・T家は「白ミャオ」族，侯・H家は「紅ミャオ」族．
②単位は斤（500グラム），なお1畝は6.67アール．
〔出所〕現地での聞き取りにより作成．

家畜を飼育しているのは，李・S家と李・T家である。両家とも出稼ぎに出かけていないため，成長した家畜の売却が現金収入の中心となっている。さらに理由は不詳であるが，李・S家および侯・H家には所有する山林がない。山林を所有している李・T家では，山地に生えている竹を利用して，笊や籠などの竹細工の製品や油桐の果実を販売して多少の収入を得ている。

さらに注目すべきことは，抽出した3戸のうち2戸が，それぞれ1カ月および4カ月の食糧が欠乏することである。そのため，他人の家に手伝いに出かけたり，家畜の販売などで食糧を購入している。それにもかかわらず，農業税をはじめとする各種の税金を支払わなければならないので，生活は非常に苦しいという。

4 伝統的な生活を継承する白ミャオ族

これまで雲貴高原中・西部に分布・居住する「白ミャオ」族について，その概要を紹介した後，生活の経済的基盤とでも称すべき生業形態について，分析・検討を加えてきた。事例として取り上げたのは望謨県楽旺鎮交俄村であった。交俄村は，「白ミャオ」族の他に少数であるが「紅ミャオ」族も同居しており，完全な「白ミャオ」族の村落ではなかった。しかしながら，村内の具体的な分析・検討を通して，ミャオ族の分派集団の中でも最も伝統的な生活を継承してきたといわれる，「白ミャオ」族の生業形態を中心とする現状が把握できたと思われる。

その内容を再度要約する余裕をもたないが，次のことは指摘できる。

すなわち，中国においては人民公社の解体と，それに伴う生産責任制の導入によって，とくに国土の大部分を占める農村部も大きく変化し，近代化が進展したとされる。このような傾向は，一般論として大局的にみると妥当な見解のように思われる。

しかしながら，土地条件の劣悪な場所に多くが分布・居住している少数民族にとっては，このような近代化が真の意味での生活の向上に寄与したといえるだろうか。本章で取り上げた「白ミャオ」族は，繰り返し述べることになるが，ミャオ族の中でも最も伝統的な生活を送ってきた分派集団である。それ故，上述したような意味での近代化による影響は非常に大きいといわざるを得ない。

その結果は，交俄村の「白ミャオ」族の多くの住民のように，分配された耕地

のみでは生活することが困難となり，必要とする現金収入を得るために出稼ぎに依存している。また，出稼ぎに出かける期間が長期間に及ぶということは，村内でも食糧事情が悪いので，ある意味では口べらし的な面もあると推定できる。さらに子供も多数出稼ぎに出かけており，学校がそのため閉校となった寨も存在する。

以上のことを総合して考えれば，住民の力だけではこのような生活苦から逃れることは不可能のように思われる。政府の抜本的な少数民族政策が至急望まれよう。その手はじめとして，1年のうち1カ月ないし数カ月分食糧が不足する家庭に対しては，税金を免除することなどが考えられる。

第2節　木咱鎮新加村の「白ミャオ」族

「白ミャオ」族は雲貴高原の中・西部に主として分布・居住するミャオ族の分派集団である。前節でも論じたように，「白ミャオ」族と称されるのは，女性が着用しているスカート（プリーツスカート）の色彩が白色を呈していることに起因している。他のミャオ族の分派集団は，第3章の「黒ミャオ」族に代表されるように，アイを原料とする藍染めした衣服を着用していた。しかしながら，「白ミャオ」族は以前からスカートの素地として藍染めに適していない麻布を使用してきた。そのため，この集団が着用しているスカートの色彩は，上述したように麻布の原色に近い白色なのである[26]。本節では，集落のほぼ全戸が1台の織機を所有し，麻布を織って衣服を縫っていた貴州省黔西南布依族苗族自治州安龍県木咱鎮新加村の「白ミャオ」族の集落を取り上げる。

1　地域の概略

1) プイ族とミャオ族が集住する地域

調査対象集落である新加村が所属する安龍県は雲貴高原のちょうど中部に位置している。安龍県を含む地域一帯は，とくにプイ族とミャオ族が集中して分布・居住しているため，黔西南布依族苗族自治州と呼ばれている。この場合の自治州とは民族自治州のことで，省内において特定の少数民族が集中して居住している

地区をこのように称し，少数民族の自治を保障している。安龍県の南部は広西壮族自治区と接している。安龍県は10鎮から構成されている。木咱鎮はその中でも成立が新しく，1993年に郷から鎮に変更された。木咱鎮の海抜高度は平均して1,400mであるが，最高点（龍山鎮　龍頭大山）は1,900m，最低点（披脚郷）は450mというように，鎮内での標高差が1,000m近くもある。このような標高差がみられるのは木咱鎮の大部分が熱帯カルスト地形におおわれており，その熱帯カルスト地形特有の円錐カルストやピナクル（針状峰）がみられる一方で，ドリーネやウバーレに代表される凹地形が存在するからである。

　県の人口は38万人余りである（1998年度統計。以下人口はすべて1998年度統計）。住民は漢民族が全体の56.5％を占める22万人余りである。少数民族ではプイ族が最も多く，県内の少数民族の過半数を占めている。木咱鎮の人口は2万人弱である。そのうち漢民族が約60％，プイ族が約30％，ミャオ族が約10％を占めている[27]。

　木咱鎮には「白ミャオ」族と，現地で「歪梳ミャオ」族[28]と呼ばれている早い時期から漢民族化したミャオ族の異なった集団が分布している。前者の「白ミャオ」族は自称「モンロウ」（mong lou）あるいは「モンレン」（mong len）と称しているが，周辺に住んでいる漢民族やプイ族からは「モンディ」（mong dei）と呼ばれている。後者の「歪梳ミャオ」族は「ベイモン」（bei mong）と自称し，他の人びとからは「モンサ」（mong sa）と呼ばれている。この集団が「歪梳ミャオ」族と命名されているのは，女性が小さな木製の櫛を髪にさしているという著しい特徴が存在するからである。また他称である「モンサ」の「サ」は当地のミャオ語で漢民族を指している。

　なお，両集団の居住地域に関しても，「白ミャオ」族がカルスト山地の斜面やその頂上付近に形成された小規模なドリーネと称される凹地に住んでいるのに対して，「歪梳ミャオ」族は山麓近くの平坦地など比較的交通や土地条件の良好な場所を占めている。このように恵まれた場所に居住しているため，周辺に分布・居住する漢民族との接触や交流の機会が多く，漢民族の影響を強く受けることになったものと推察される。

2）農業中心の生業形態

　木咱鎮は，安龍県の県城安龍（城関鎮）からほぼ平坦な道路を車で1時間弱走

ると到着する。道路は比較的整備されているが，アスファルト舗装がなされていない。この県城に達する道路は中華人民共和国成立以前に既に開通していた。道路周辺では異なった種類の作物が一面に栽培されている。すなわち，用水の便利な場所では水田が展開しており，ウルチ米が植えられている。これに対して，用水の不良な場所ではトウモロコシ畑となっている。このことからも推察できるように，木咱鎮の生業の中心は農業といえる。主要な作物としては，上述の米，トウモロコシを筆頭に，裏作として栽培されるコムギ，ナタネ，サツマイモ，ジャガイモ，サトイモ，コンニャクなどのイモ類，および山腹斜面にはソバが栽培されている。その他商品作物としてはタバコ，大麻の栽培がみられるが，これらの作物は著しく特化していない。現在ではこのような農業地帯を各鎮まで車両の通行可能な道路が通じている。

　以上述べたように，木咱鎮では農業が主体である。しかし同鎮が大陸内部に位置していることから，毎年のようにひでりつまり旱魃の被害が生じている。とくに1998年度はこの被害が大きく，鎮内の２カ村では田植え時に用水がなかったほどである。

　木咱鎮には常設の市場がない。木咱と坡貢の２カ所で定期市が開催されている。前者の木咱では農暦の「龍」の日と「狗」の日，後者の坡貢では「虎」の日と「猴」の日に開催される。木咱鎮は1981年に電気が通じるようになり，鎮の中心地と最も離れている魯貢村を除いて全村に通じている。現在ではそのため，ラジオさらにテレビなどの普及に伴い，新しい情報が正確に入手できるようになった。このことから，定期市では従来のように外部世界の情報を収集するという機能が低下した。しかし，若者にとっては配偶者を探す唯一の場所であり，また市場内には日用雑貨品や衣服などを中心に生活必需品が集積されているので，民族衣裳に正装した若者などで大変なにぎわいをみせている。

　集落形態は平坦地の水田が卓越する地域では，漢民族やプイ族の密集した集落つまり集村が目立つ。近年では集落内でも個人経営の小売店が開店し，道路沿いの要所には数軒の店が集中しているほどである。この平坦地に居住している漢民族とプイ族は，ともに水田稲作を行なう農業が主体となるので，生業形態としては両民族の区別が付けにくい。しかし，集落としては同じような集村形態を採用しているが，漢民族の家屋が瓦葺き屋根の土壁形式の家屋が中心であるのに対し

て，プイ族の家屋は屋根および壁が美しいスレートでつくられており，外観からも明らかに区別がみられる．それに対してミャオ族の集落は，「歪梳ミャオ」族が山沿いの山麓付近，「白ミャオ」族はその背後の山腹斜面に集中している．

2　新加村枇杷組の特色

1）複数の少数民族から構成される雑居村

　木咱鎮は14の行政村で構成される．これら行政村の特色は，壩力村に代表されるように単一の民族集団で形成されるのではなく，複数の少数民族で構成される雑居村である（第39図）．雲貴高原の少数民族居住地区においては，多くの場合村落は一つの民族集団で形成されている．このことは，基本的には個々の民族集団が異なった民族集団との通婚などに代表される接触や交流をあまり好まないという，共通した特徴を有するためであるとされてきた．

　しかしながら詳細に検討してみると，このような傾向が著しいのは「黒ミャオ」族などが集中して展開している雲貴高原東部であるといえる．その理由としては，「黒ミャオ」族を筆頭に山棲みの少数民族が歴史的にみても比較的早い時期にこの地域に定着し集落を形成したために，それぞれの民族集団ごとの住み分けが明確に認められるからであると推察できる．これに対して雲貴高原中南部の「白ミャオ」族が集中している地域では，この地域に移住してきた時期が新しいので，そ

村　名	主要民族名	村　名	主要民族名
㕙楽村	○	上木咱村	○
官屯村	○	牛角山村	△
納磨村	△○	魯貢村	△□
者要村	△	新加村	□
三和村	△	坡貢村	○
壩力村	○△□	安馬村	○
喇黒村	○	打落村	○

○漢民族　　①主要民族名は人口数が多い順とする．
△プイ族　　②ごく少数の民族は除外．
□ミャオ族

第39図　木咱鎮を構成する村
〔出所〕木咱鎮人民政府での聞き取りにより作成．

れぞれの民族集団のみの集落を形成するだけの期間が不足していることや，当地域は典型的な熱帯カルスト地形が卓越しており，土地条件が不良で定住して集落を形成する場所が非常に限定される。そのため他民族との雑居生活が余儀なくされることになったものと思われる。

しかし，例えば，第39図中の納磨村の場合，住民の大半がプイ族でごく少数の漢民族が居住しているが，その漢民族の一部が他に転出するというように，単独の民族集団で村落を形成するような傾向が認められる。

現在の新加村がおかれている領域には，生産大隊に編入された人民公社の時代[29]を除き，県蒋，冗白，肖廠，田家湾および枇杷凼の5寨が存在していた。1980年人民公社が解体し，生産責任制が導入された時点で，新加村という新村が成立するとともに，主として行政上の理由から村の下部（位）行政組織として第1組と第2組が設置された。第1組には県蒋，冗白，肖廠の3寨，第2組には田家湾と枇杷凼の2寨がそれぞれ所属することになった。その後再度人口変動などの理由から，組の再編が行なわれ，現在では第1組から第3組の3組編成に変更された。そしてその編成に際して，寨の統合も実施された。すなわち，第1組の冗白寨は冗白1組，第1組の県蒋と肖廠は統合され冗白2組，第2組の田家湾と枇杷凼は合わせて枇杷組と各々呼ばれることになった。

なお，枇杷組の「枇杷」というミャオ語はなく，中国語（漢語）である。このことからも，当地にミャオ族が移動してきたことが判明する。また，寨名であった「枇杷凼」の「凼(ダン)」は中国語の湖南方言で「水だめ」という意味を有している。それ故，「枇杷凼」とは枇杷の中でも比較的水の便がよい場所をあらわしているといえる。「白ミャオ」族はこの地に集落を形成したのである。

2）姓ごとに別の場所から移動してきた住民

新加村冗白1組および2組の住民は全員「歪梳ミャオ」族である[30]。一方，枇杷組の住民は「白ミャオ」族を中心にトウチャ（土家）族などの他の民族集団も来住している。具体的にいえば，「白ミャオ」族50戸，トウチャ族7戸，プイ族2戸，漢民族1戸である（第20表）。すなわち第20表にみられるように，5姓に分かれている枇杷組に住む「白ミャオ」族は，いずれも同時期にこの組に移動し，定着したのではなかった。以下で述べるように，それぞれの姓ごとに異なる場所か

第4章 トウモロコシを中心とした畑作主体の「白ミャオ」族

第20表　枇杷組の構成

民族名	戸	構成する姓(戸)	総人口(人)
ミャオ族 (「白ミャオ」族)	50	熊　(30) 楊　(9) 王　(2) 項　(2) 何　(1)	
トウチャ族	7	田　(7)	
プイ族	2	韋　(2)	
漢民族	1	孟　(1)	
合計	60		315

〔出所〕現地での聞き取りにより作成.

ら同組にやってきたのであった。

　楊姓の大半は，中華人民共和国成立以前には県内北部に位置する普坪郷の壩子河一帯に住んでいた。しかし，中華人民共和国成立直前の1947年に当地にやってきた。理由は壩子河一帯の生活が苦しかったからであるとされる。王姓は，1960年代に南接する広西壮族自治区隆林県者保区排坡村より来住した。また何姓は1983年に上述の楊姓同様普坪郷の納利村から当組にやってきた。理由は何姓の妻が枇杷組の熊姓の女性で納利村に嫁いだ。しかし納利村は耕地に恵まれず生活が大変困難であった。そこで，一家は妻の実家である枇杷組に移転してきたのである。項姓の2戸は，ともに1970年に当組の西隣りに位置する徳臥鎮平寨村廟坪組より移って来た。両家とも男の子供が死去した枇杷組の熊家の娘の家に婿入りしたが，姓はそのままの項姓を名乗っているからである。

　また，新加村で最も多い熊姓は同族の家系などを記録した家譜を消失してしまったので，詳しいことは不明である。しかし，枇杷組の熊姓は全戸同じ祖先から分かれた同族であると信じている。この同族は近くの壩力村にも住んでいるという。枇杷組に住む熊・D家に伝わっている話によれば，祖先は江西省出身で，その後長い年月を華南の山地で過ごした後，広西壮族自治区にある隆林県の殺狗坡にた

民族衣裳を着た白ミャオ族の女性（新加村枇杷組）

どりつき6年間ここに居住し，その後前述の王姓の祖先も住んでいた排坡村の背後にある構皮湾に5年間居を構えた。そして，その後当地に移動して7代目であるという。なお隆林県は以前新州と呼ばれていた。また，排坡村から枇杷組までは山伝い間道を歩いて6～7時間かかった。

　枇杷組にいるトウチャ族7戸はすべて同族である。トウチャ族は言語系統上は漢（シナ）・チベット語族のイ語系に所属する集団である。主要な居住地域は互いに接する湖南，湖北，四川，貴州の4省にまたがって位置する武陵山脈の山中である。貴州省では北西端に集中して分布し，本節の対象地域である貴州省西南部にはごく少数の集団のみが散在して分布しているにすぎない。

　当地域にトウチャ族が移動してきたのは，明王朝時代（1368～1644年）から清

王朝初期（1650年代）にかけて土司制度下で漢民族の移民が流入してきたためとされる（田畑ほか2001：156-157）。枇杷組のトウチャ族の祖先は江西省臨江府の牛馬庄の出身とされ，その後湖南省を経由して，広西壮族自治区の隆林県者保区龍烟坪村肚子哨に住み，7代前に当村にたどりついたという。

漢民族の1戸は田家湾寨に居住している。当地には近くの玄塘郷から母親の再婚に伴って連れ子としてやってきた。現在田家湾寨には当家のみであるが，以前は「白ミャオ」族も居住していた。なおプイ族は中華人民共和国成立後に移住してきたが，詳しいことは不明である。

3）ドリーネの底近くにある集落

枇杷組の中心である枇杷凼には元々井戸がなかった。しかし，上述したように凼の字からも推測できるように，用水には比較的恵まれている。集落周辺には少量の湧水が流れる水場および人工的に掘った井戸がそれぞれ1カ所，さらに集落近くの山腹斜面に湧水がわき出る場所が2カ所ある（第40図）。このように用水に比較的恵まれているのは，当組がカルスト地形に特有の凹地であるドリーネの底近くに存在するからである。しかし当組に行くには新加村の中心である冗白1組から急な登りとなる。登りは約1時間であるが，集落の周囲をとりまく円錐カルストの山地を越えなければならないからである。この山頂を越えると，集落までは逆に急な下り坂となる。

集落内に入るととくに目立つ建物は，旧民族郷人民政府と小学校である。前者は上述した枇杷民族自治郷の役所として利用されたものであったが，現在2家族が同居している。後者は1965年に開校し，1997年まで授業が行なわれていた。しかし，1998年度からは当組の住民が「一人っ子政策」を守らないという理由で，この小学校に対する補助金をうち切った。そのためそれ以降廃校となった[31]。新加村には他に小学校が設置されていない。そのため枇杷組では10名近くの児童が近くの壩力村や三合村の小学校に通学している。

家屋は他のミャオ族の集落のように密集しているのではなく，少し離れて独立して建てられている。その構造は木造2階建てであるが，円錐カルストの山麓近くの斜面上に建てられていることが多い。したがって，集落の前面にトウモロコシ畑が展開している。ただし井戸の周辺のごく一部には，プイ族が近年開いた水

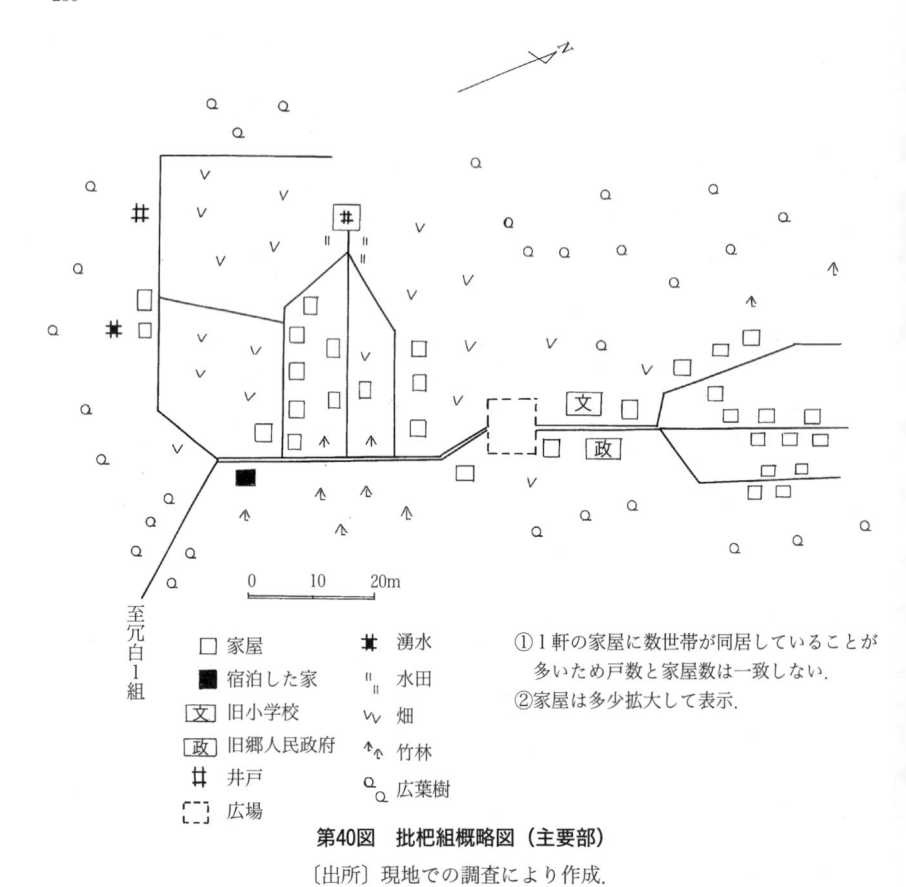

凡例:
- □ 家屋
- ■ 宿泊した家
- 文 旧小学校
- 政 旧郷人民政府
- ♯ 井戸
- ⌐┐ 広場
- ✳ 湧水
- ǁ 水田
- ∨ 畑
- ↑ 竹林
- Q 広葉樹

① 1軒の家屋に数世帯が同居していることが多いため戸数と家屋数は一致しない．
② 家屋は多少拡大して表示．

第40図　批杷組概略図（主要部）

〔出所〕現地での調査により作成．

田が小規模ではあるが存在する．しかし，この水田は鎮政府の統計ではトウモロコシ畑のままであり，同組は耕地（畑地）148畝で，水田は皆無となっている．なお墓地は特定の決まった場所がなく，そこが適していると認めれば，その場所に埋葬されている．集落の長老たる寨老もいない．

3　新加村枇杷組の主要な生業形態

前項で論じたように，枇杷組には「白ミャオ」族を中心に60戸が居住している[32]．中華人民共和国成立前の枇杷凼の正確な戸数は不明であるが，熊姓だけの

第4章　トウモロコシを中心とした畑作主体の「白ミャオ」族　231

白ミャオ族の民家とその内部（新加村枇杷組）

「白ミャオ」族が居住していた。また周辺には生活困難などから「土匪」となる者も多数いた。しかし，枇杷凼，田家湾には「土匪」がいなかった。当地は前述したように1951年に解放された。その時，枇杷凼は戸数が15戸であった。その内訳は熊姓（10戸，以下同様），田姓（2戸），張姓（2戸），黄姓（1戸）であった。

土地改革は翌1952年の上半期に実施された。その直後から当地に10戸が移動して定着しだした。その結果，戸数は急増して倍の30戸にまで膨れ上がった。これらの10戸は元々枇杷凼に居住していたが，広西壮族自治区隆林県の高普隴村に行った集団で，すべて熊姓の「白ミャオ」族であった。また現在は他所に移動してしまったが，陳姓の一家も当時枇杷凼に移ってきた。

このように，一時期多くの住民が離村していったのは，次のような事情が存在したからであった。すなわち，中華人民共和国の成立以前当地域では「壮丁がり」と呼ばれた国民党の強制的な徴兵が実施された。この徴兵は大変厳しいもので，3戸ごとに2名の若者を兵士として徴兵するというものであった。その徴兵を逃れるために他所に移って行ったのであった[33]。

1）熊・D家の軌跡

以下では，熊・D家を取り上げ枇杷組の生業について分析・検討を行なうことにする（第41図）。主人の熊・Dは68歳である。父親は枇杷凼で生まれ1979年に死去した。当家が当地に居を構えてから父親で7代目であるという。祖母は非常に長生し，117歳まで生きていた。12歳のとき嫁として当地にやってきたという[34]。父親は第41図に示したように3名の妻がいた。最初の妻は同鎮牛角山村大山組の「白ミャオ」族であった。しかし，嫁にきてから数カ月で病気にかかり他界した。第2番目の妻も「白ミャオ」族で近くに位置する高普隴村出身であった。その妻との間に2男2女をもうけたが，その後妻は死去した。熊・Dはその長男である。第3番目の妻は広西壮族自治区隆林県排坡村出身の「白ミャオ」族で，1男1女をもうけた。したがって熊・Dは6人兄弟となった。

当家は中華人民共和国成立期までは1担（ほぼ1畝に相当）の耕地を所有し，トウモロコシを主として栽培していた。トウモロコシは年平均300斤，アワは1斤足らずの収穫しかなかった。家族は9人家族であった。そのため年間半年分以上の食糧が不足した。

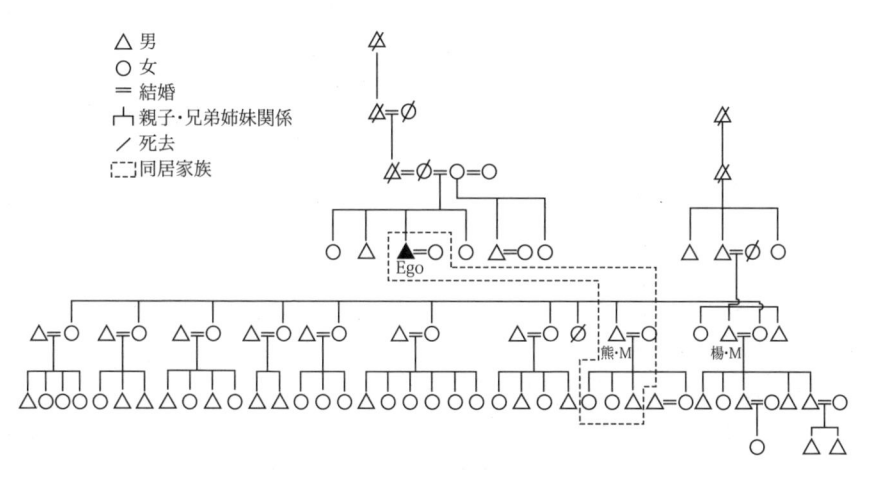

第4章 トウモロコシを中心とした畑作主体の「白ミャオ」族　233

△ 男
○ 女
＝ 結婚
凸 親子・兄弟姉妹関係
／ 死去
□ 同居家族

第41図　熊・Dを中心とした家族構成
〔出所〕熊・D家での聞き取りにより作成．

　そこで，近くに位置する壩力村新寨の董家の耕地を2担，さらに枇杷凼にある董家の耕地を1担借りた。董家は漢民族で枇杷凼だけでも5担の耕地を所有していた。トウモロコシ，アワの他1951年ごろまではケシの栽培も行なっていた。収穫は2～3斤であった。当時1両（16両が1斤）のアヘンで5枚の大洋銀貨と交換できた。アヘンが当家の最大の収入源であった。熊・Dは狩猟が好きなので，狩猟用にとアヘン20両でイギリス製の火薬銃と交換した[35]。その銃でこれまで馬，熊，イノシシ，麝香鹿などの野生動物を射とめた。熊の胆は1両50元，麝香は1両40元ぐらいで定期市で売れた。

　定期市は中華人民共和国成立以前から設置されていた。枇杷凼の周辺には下甘河（広西壮族自治区），坡寨（木咱鎮），安龍（城関鎮）の3カ所の定期市があった。坡寨は農暦の「馬」と「鼠」の日，下甘河と安龍は1日後の「狗」と「龍」の日に開催された。

　定期市に出かける主目的は，塩の購入であった。熊・D家は最も近い坡寨の定期市で塩を購入した。塩の種類としては，川塩，泡塩の2種類があった。現在よく購入する岩塩が出まわるようになったのは中華人民共和国成立後である。川塩とは川舟で運搬されてきた海塩のことで，黒い石のように固まっていた。米1斗（10升，10リットル）で，1斤の川塩としか交換できなかった。高価な塩であっ

た。これに対して泡塩は雪のように白色をしていた。塩を製造するとき大鍋で海水を煮つめるが，大鍋の底にたまった黒くなった塩を底塩と呼び，安価であった。しかし，当地域の定期市までは運搬されてこなかった。その大鍋の上部にできたのが白色をした泡塩であった。米1斗で2斤の泡塩と交換できた。定期市の塩の売人はほとんどが漢民族であった。

　1952年の土地改革では，当家は「貧農」より少し上位の「佃中農」に分類された[36]。また，この改革により成人1人当たり耕地（畑地）を1畝所有することになった。当家は3畝の耕地が割り当てられた。しかし，年間3～4カ月分の食糧が不足した。その後，人民公社の時代を経由して1980年に導入された生産責任制の結果，当家は10畝の耕地を得た[37]。当時は生産技術などが未熟のため，1畝当たり平均すればトウモロコシの収穫は300斤前後であった。

　熊・D夫妻は男子1人，女子9人の合計10人の子供をもうけた。娘9人のうち早く他界した次女を除いてすべて嫁いでいった。配偶者は3女を除き「白ミャオ」族の男性である。長女は楊・Mの次男と結婚した。楊・M家は隣りの冊享県冗渡郷冗紅村にあったが，この結婚を契機として一家を挙げて当組に移動してきた。嫁として転出した長女が，冗紅村の生活になれなかったためであるという。

2）熊・D家の生業形態

　現在，熊・Dは高齢なため隠居的な身分となっている。第41図にみられるように当家は長男である熊・M（46歳）が中心的な存在であるといえる。家族は長女が嫁として転出しているため7人家族である。耕地としては畑地5畝，水田3畝の合計8畝を所有している[38]。水田ではウルチ米500斤，モチ米100斤の収穫がある（1998年度の収穫量，以下同様。第42図）。3畝の水田としては収穫量が多くない。畑地を無理して水田として利用したため，用水不足によるのであろう。このため水田に水を張ってコイを養殖する水田養殖や，夏季での除草も行なう必要がない。このように経済的効果はよくないが，飯米への嗜好が強いため，毎年稲作を継続しているのである。8月下旬にはウルチ米およびモチ米の両方を収穫するが，ウルチ米は鉄製の鎌によって，モチ米は穂摘み具で穂刈を行なう。裏作としてはコムギとナタネを植えている。

　当家の農業の中心は畑作である。畑作の主要な作物はトウモロコシで1万斤も

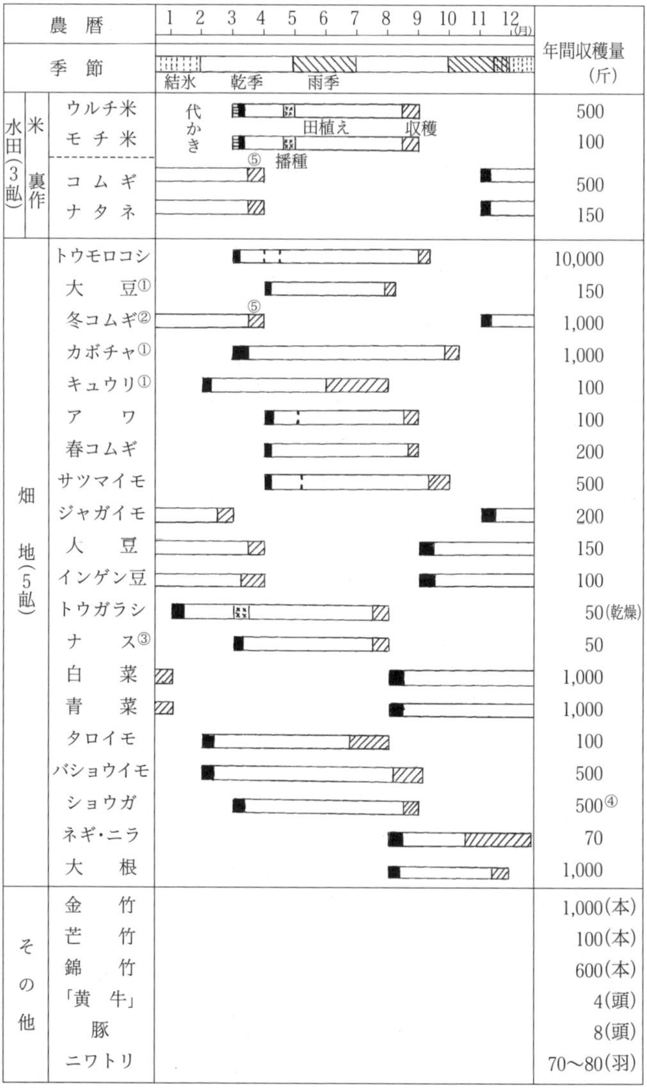

	農暦	1 2 3 4 5 6 7 8 9 10 11 12(月)	年間収穫量 (斤)
	季節	結氷　乾季　　　雨季	
水田 (3畝)	米 ウルチ米	代かき　田植え　収穫	500
	モチ米		100
	裏作 コムギ	⑤播種	500
	ナタネ		150
畑地 (5畝)	トウモロコシ		10,000
	大豆①		150
	冬コムギ②	⑤	1,000
	カボチャ①		1,000
	キュウリ①		100
	アワ		100
	春コムギ		200
	サツマイモ		500
	ジャガイモ		200
	人豆		150
	インゲン豆		100
	トウガラシ		50(乾燥)
	ナス③		50
	白菜		1,000
	青菜		1,000
	タロイモ		100
	バショウイモ		500
	ショウガ		500④
	ネギ・ニラ		70
	大根		1,000
その他	金竹		1,000(本)
	芒竹		100(本)
	錦竹		600(本)
	「黄牛」		4(頭)
	豚		8(頭)
	ニワトリ		70〜80(羽)

①トウモロコシの間に栽培
②トウモロコシの裏作
③トウガラシの間に栽培
④400斤売却
⑤その後，オクテのトウモロコシを植えることもある．

第42図　熊・D家の農業カレンダー（1997年）

〔出所〕熊・D家での聞き取りにより作成．

収穫する。トウモロコシは8月から9月にかけて収穫するが，その後一部の畑地には当地で碗豆と称している大豆を植えている。コムギは上述のように水田の裏作として栽培されるか，畑地においても春・冬の両コムギが栽培されている。カボチャの収穫も多い。カボチャは主食の代用となる主要な作物であるが，葉や茎も家畜の飼料として用いられる。この点は大根や白菜，青菜の葉菜も同様である。その他の作物としてはバショウイモというカンナに類似した作物の収穫が目立つ。バショウイモは葉を主として豚の餌としている。人民公社時代に奨励されて栽培を開始した作物である。根の部分からデンプンを採取し，春雨をつくることもできる。この作物の導入により人民公社時代の食糧難は大いに助かった。

ショウガ，トウガラシ，ネギ，ニンニクは調味料として使用される。枇杷組は広西壮族自治区に隣接しているためか，トウガラシよりもショウガを料理の調味料としてよく利用している[39]。当家ではショウガを多量に栽培しているので，定期市に持参し売っている。1998年度は400斤を売却した。しかし，ショウガの価格は年度により大きく異なる。同年度は1斤数元で売却できた。

3）その他の収入源

なお枇杷組では，チャ，アイ，タバコなどの商品作物は栽培していない。さらに山棲みの生活を基準にしているミャオ族の集落としては非常に稀な減少であるが，枇杷組の各戸は山林を所有していない。周辺の山林はすべて他村の所有となっている。そのための燃料の確保が最も大きな問題で，トウモロコシの葉，茎および果軸などを乾燥させたものを使用している。しかし，住民は背後の山腹斜面に竹を植えている。

このように，本来所有地ではないが，小規模なものであれば自宅周辺の山地を利用することを，鎮人民政府は黙認しているようである。当家でも「金竹」，「綿竹」，「芒竹」などの種類のタケを合計1,700本ほど植えている。これらのタケは中華人民共和国成立前の70～80年前に植えられたものであるという。「金竹」，「綿竹」は毎年合計300～400本伐採して，竹籠やチリトリなどの竹製品をつくる。これらの竹製品は木咱の定期市で売却し，年間500元ぐらいの収入となっている。当家の貴重な収入源の一つである。枇杷組ではこのように竹製品の販売を収入源としている家庭が多い。竹細工は男性であれば全員行なえる。

第4章　トウモロコシを中心とした畑作主体の「白ミャオ」族　237

　その他，周辺の山林には1993年から組全体で100畝ほどの金銀花を植えている。金銀花は漢方薬の材料となる薬草である。当家では年間200斤ほど採取し，定期市で1斤8元で売却している。しかし栽培している場所が組の所有地でないので，今後とも続けて栽培できるかどうか疑問であるという。ワラビは100斤ほど採取している。すべて自家消費のためである。また野生の蜜蜂を飼育し，蜂蜜を採取している。年間20斤の収穫があり，そのうち15斤ほどは木咱の定期市で売っている。

　家畜としては「黄牛」4頭，豚2頭を飼育している。「黄牛」は子牛を定期市で購入し，成牛になれば売却する。1998年度は「黄牛」2頭を2,000元で売った。豚は母豚を飼育しているので，子供を産めばその子豚を売ることもできる。1998年度は子豚4匹を4,000元で売り払った。その他，ニワトリ，山で捕獲したトラツグミも飼育している。ニワトリは毎年40～50羽売り，年間1,000元の収入となる。トラツグミは1羽50～100元で売ることができ，1998年度は3羽売った。

　この他1997年に3,500元で重油を燃料とする脱穀機および粉砕機をそれぞれ1台ずつ購入した。粉砕機はトウモロコシを粉砕して粉にするものである。この両機を組の住民に貸し，その賃料として年間2,000元ほどの収入がある。枇杷組では粉にしたトウモロコシと米に水を加えて蒸したものを常食にしている。当家ではトウモロコシと米との比率は5：5である。それ故不足する飯米は購入している。

　以上論じてきたように，「白ミャオ」族の家庭として当家は非常に豊かである。また食糧は十分足りており，トウモロコシも年間5～6担分金額にして1,000元ほど売却している。しかしながら，家族が多いうえに長女の家庭などの援助もしなければならず，生活はけして楽ではない。当家では，耕地にかかる税など各種の税を含めて年間600元を上納している。

4　枇杷組の機織

　枇杷組の生業に関連するものとして機織があげられる。熊・D家でも嫁いできた長男の嫁が機織を行なっている。しかし，枇杷組全体としては1990年以降麻布の材料である大麻を栽培する家庭が減少しだした。理由は，若者が麻布の衣服を所有しているが日常的に着用することが少なくなったからである。漢民族化現象の影響といえよう。麻布でつくった衣服とりわけ臈纈（ろうけつ）染めをほどこしたスカート

を持参するのが，当組の「白ミャオ」族が嫁として転出するときの習慣であった[40]。そのため麻布を織らなくなった家庭でも，織機は残っている。前項で論じた熊・D家でも長男の妻が機織を行なっている。それ故，同家で行なわれている麻布の製作工程および機織について，みていくことにする。

熊・D家では既出の第42図の農業カレンダーには記されていないが，麻糸をとるために大麻を栽培している。当家では年間8斤の大麻の種子を播いて，48斤の大麻を収穫している。大麻の種子は3月中旬に蒔き，6月中旬ごろから下旬にかけて収穫する。収穫時には大麻は丈が2mぐらいの高さに成長している。当家および枇杷組では，大麻の栽培は麻糸の材料とするためであり，葉などは利用しない。ただし，茎の芯などは乾燥させて燃料とする。なお大麻の一部は種子を採取する目的で，種子が完熟するまでその後1カ月ほどそのまま放置しておく。

収穫した大麻は1～2週間太陽に干して乾燥させる。その後表皮をむく。表皮が麻糸の材料となるのである。その時特別の道具は一切使用しない。この工程を含めて作業はすべて女性が行なう。その後表皮を指先で細かくさき，手で縒をかけて粘性を出す。この作業は日中休みなく続けられる。そのため，この作業が行なわれている夏季に当組を訪問すると，多くの女性がこの作業を行なっているのが目に付く。

その後，紡績機で糸に紡ぐ。紡いだものは木灰を混ぜて釜でよく煮出す。それを水でよく洗い，再度太陽に干す。同様の工程を3回繰り返す。3回目の釜で煮出すときには黄蠟を加える。漂白するためである。乾いた糸は木枠にかけて糸をしっかりと巻き上げる。この工程が終了すると麻糸の完成である。

次に麻糸を織機にかけて麻布をつくる。織機は高織と称しているもので，各戸の軒先などに置かれている。48斤の大麻から20丈の麻布を織ることができる。1丈は3.3mである。1枚のスカート分（4丈）の麻布を織り上げるには約1日かかる。織る期間は農業が暇な時期が当てられる。一般にはトウモロコシ畑の除草が終了したころから，機織が開始される。女性が11～12歳に成長するとスカートつくりを学びはじめる。

麻布の材料となる麻は，上述の大麻のほかに家麻と呼ばれている別種の麻も利用される。当家では1994年まで家麻も栽培しており，それからも麻布をつくった。しかし，同年娘が嫁として転出したこともあり，織り手が少なくなったため家麻

第4章 トウモロコシを中心とした畑作主体の「白ミャオ」族 239

麻糸づくり（新加村枇杷組）

蠟纈染めの図案をえがく（新加村枇杷組）

の栽培はしていない。家麻は大麻とは異なり，多年生である。それ故4〜5月および10〜12月の2回収穫できる。当家に代表されるように枇杷組で家麻が栽培されることが少なくなったのは，質がよいのであるが加工に手間がかかることである。家麻の表皮は2層に分かれている。そのうち外側の第1層は大変堅いため使用できない。しかもはがすのに非常に苦労する。第2層の白色した表皮だけが使用できる。その後の工程は火麻と同様である。

　麻布が完成すると臈纈染めを行なう。麻布1丈を染めるには2日間必要である。また，臈纈に用いる藍染めのアイは，上述したように当組では栽培していない。定期市で購入することになる。それ故当組では臈纈染めを開始したのが古くからではなく，中華人民共和国成立後であるという。藍の購入価格は冊享県の者耐では1斤1.2〜1.4元，安龍県の酒雨では1斤2.0元というように，各々の定期市によって価格が大きく異なっている。当家では年間20〜30斤の藍を者耐で購入している。なお藍を販売しているのは「黒ミャオ」族である。

　臈纈をほどこした麻布は晴天であれば1日3回洗うことと，太陽で乾燥させることを繰り返す。この工程が終了すると臈纈染めが完了する。当家ではこのようにしてつくった麻布製のスカートを各自次のような枚数で所有している。

　義理の母親は白色のスカート2枚，臈纈染めのスカート8枚，長男の嫁は臈纈染めのスカート2枚，転出した長女は臈纈染めのスカート10枚，2女は臈纈染めのスカート1枚，3女はなしであった。

　義理の母親が白色のスカートをもっているのは，死亡すればそれをはいて埋葬してもらうためである。なお上衣は現在では定期市で購入した木綿製のものを着用することが多くなっている。

5　比較的安定している生活環境

　木咱鎮新加村枇杷組は前節で論じた楽旺鎮交俄村の「白ミャオ」族とは大いに異なり，生活は比較的安定している。そのため，熊・D家にみられるように，年間の食糧が充足するという「白ミャオ」族のみならず，ミャオ族の集落では非常に数少ない事例といえる。そのようなこともあって，中華人民共和国成立後各地に分散していた当組のミャオ族が再度帰ってくるという現象が認められた。この

ような事例は他のミャオ族の集落ではほとんど耳にしたことがなかった。

　しかしながら，現在ではこのように安定した生活を営むようになったが，中華人民共和国成立以前は他の「白ミャオ」族の集落同様生活は困難をきわめていた。にもかかわらず現在当組ではいっけん生活が安定しているかのような印象を受ける。しかし，当組のおかれている種々の条件を考慮すれば，決して将来は明るいとはいえない。

　1998年度から当組内にあった小学校が廃校となった。理由は住民が第41図の熊・D家の家族構成からも容易に判明するのであるが，「一人っ子政策」を厳守していないということに代表されるように，行政と住民との間の不和が指摘できる。周知のように，当地一帯は中華人民共和国成立以前ではケシの栽培地帯であり，それによって収入の大半を得ていたと推察できる。また生活苦から「土匪」となって他の民族集団の農村を襲うこともあった。前者のケシ栽培を禁止したのは漢民族の政府であり，平坦地において豊かに暮らしているのも漢民族が主体である。さらに「白ミャオ」族は漢民族の圧迫によってこの地にやってきたという意識が強い。そのため，鎮人民政府の役人の大半を漢民族が占めていることに対して不信感が強いのである。この点を考慮して，鎮人民政府も他のミャオ族居住地区を筆頭に，少数民族地区ではめったにみられない食糧費の補填など努力をしているのであるが，両民族間の溝は埋まりそうにもない。

　さらに枇杷組内には，住民のまとめ役である寨老あるいは公共の施設などが存在しない。それ故，住民は同じ民族のものしか信頼することができないという傾向が著しいように思われる。水田に恵まれず，トウモロコシ畑が主体の農業に従事しているが，一度組を離れた住民も帰ってくるという現状を考えるならば，「白ミャオ」族にとっては他地域より生活がしやすいのであろう。行政の更なる努力が必要ではないかと思われる。そのためにも，行政と住民との信頼回復を行政のほうから積極的にはたらきかけることが急務であろう。

（注）

1)「六山六水」地区とは，貴州省にある山河で，その周辺に少数民族が集中して分布・居住している．それ故，「六山六水」地区とは少数民族居住地区のことを指す．この調査は，地元の貴州省民族研究所の所員などが中心となって1983年から実施された．現

在では調査報告書が第14集まで出版されている．省レベルでの少数民族調査報告書としては，少数民族別『社会歴史調査』報告書とならんで学問的レベルが高い，と国内の研究者から高い評価が与えられている．貴州省の少数民族調査に関しては基本資料といえるものである．しかしながら，この調査報告書は全冊が内部資料の指定を受け，近年まで外国人研究者にはその存在すら知られなかった．少数民族別『社会歴史調査』報告書が出版されだした現在，研究者用に公開がぜひとも待たれる資料である．著者は，研究機関の特別の配慮でその全冊を閲覧する機会に恵まれた．

2) 麻山地区が所属する望謨県は，隣接する冊亨県などとともに，現在でも対外「未開放地区」である．それ故，両県には原則として外国人は立入ることができない．貴州省は少数民族居住地区が多数存在するためか，近年まで対外「未開放地区」に指定された県が多かった．

3) 同様のことはミャオ族の標準語の選択に関しても指摘できる．つまり，方言とは標準語に対する言語を意味する．しかし，ミャオ族固有のミャオ語に関しては，標準語と一般に同一言語であるか地方あるいは地域によってちがった発音がみられるなど異なった発展をした方言との区別が明確ではないのである．現在標準語とされているミャオ語は，本当にミャオ語全体の中で標準語といえるかどうかはなはだ疑問なのである．理由は，今日ミャオ語の標準語とされている言語は，一般に標準語の条件と考えられている政治あるいは文化の中心地で話されている言語ではなく，北京の中央民族学院（現在の中央民族大学）に研修にきていた雲貴高原東部のミャオ族出身の研究者Y・B氏（貴州省黔東南苗族侗族自治州凱里市凱里県旁海区凱堂出身）が話す言語（つまりその出身地の言語）を標準語として決定した事情があるからである．

著者は，Y・B氏と懇意であり直接上述の語を聞いた．当時（1950年代）中央民族学院で研修していたミャオ族はY・B氏一人であり，同氏がミャオ語を国際音標文字で書くことができたためであるという．

4) 貴州省は東西約570km，南北約510kmのほぼ正方形をした省である．人口は，3,799万人（2001年人口統計）である．行政的には，貴陽（省都），六盤水，遵義，安順の4都市（2級あるいは地級市と称される都市．行政上は自治州と同一レベル），畢節，銅仁の2地区，黔東南苗族侗族，黔南布依族苗族，黔西南布依族苗族の3自治州に分かれている．なお省内には，中国の少数民族55のうち48にものぼる少数民族が居住しているが，ミャオ族が最も多く，340万人強を占めている．

5) 1999年8月の望謨県での聞き取りによる．なお，望謨県には2度すなわち1999年8月（桑郎鎮および麻山郷），2000年8月（楽旺鎮）の調査を実施した．同行は2度とも昭和女子大学文学部田畑久夫教授である．

6) 楽旺鎮では，楽旺以外に転運站と称せられている，鎮から19km離れた場所で定期市が開かれている．ここでは火曜日ごとに開催されるが，集落ではなく交通の要地なので，周辺の住民が集合しやすいので開かれている．なお，楽旺鎮のように，定期市が日曜日ごとに開催される傾向が多くなってきている．

7) 以下楽旺鎮の統計的な数値は，2000年8月に楽旺鎮人民政府において聞いたものである．なお，鎮の人口を含む各種統計は，本県が対外「未開放県」の指定を受けていることもあり，基本的には外国人研究者には公開されていない．

8) ほぼ同じ地域に分布・居住しているミャオ族とヤオ族の両民族集団の外観上の区別としては，一般には女性が日常的に常用しているプリーツスカートかズボンかによってなされている．すなわち，前者のプリーツスカートを常用している民族集団をミャオ族，後者のズボンを常用している民族集団をヤオ族としてきた．

　しかしながら，楽旺鎮を筆頭に望謨県に居住する「黒ミャオ」族に関しては，本文中でも言及したように，理由は不明であるが女性がズボンを常用している．県内の「黒ミャオ」族の主要な分布地域が，カルスト地形の石灰岩が露出した「石山山地」なので，プリーツスカートでは農作業が困難なためであると推定できる．しかし，他地域のカルスト地形が卓越した地域にも「黒ミャオ」族が居住しているが，そこではズボンではなくプリーツスカートを着用している．

9) 2000年8月の調査当時，当村ではちょうど2000年人口センサスのための調査中であった．交俄村を筆頭に楽旺鎮では，わが国のように人口センサスにおいて，住民が調査表に記入したものを回収するという方式ではなくて，鎮人民政府の役人が各戸をまわり，役人が調査表に記入していた．そのため，調査当時正確な人口統計が集計中ということで不明であった．

10) 交俄村看牛坪寨に住む羅姓の古老（82歳，男性）の話による．この男性のように，交俄村に居住する古老は移動経路をはじめ，祖先については詳しい．しかしながら，固有の文字をもたなかったからか，ミャオ族には漢民族などにみられるように「家譜」は存在しない．

11) 以上は交来寨に住む陶姓の古老（78歳，男性）および看牛坪寨の侯姓の古老（65歳，男性）の話による．

　なお，侯家では祖先が田林県下河一帯で生活していたとき生活が最も厳しかった．すなわち，当時父親が早死にしたので，母親が4人の子供をかかえていたが，飢餓のため末弟を3個のソバ餅と交換して子供たちに一つずつ与えたこともあったという．また，話を聞いた侯姓の父親は，借金の返済に困った祖父によって13枚の大洋（銀貨）で漢民族の地主に売られた．その結果，話者も漢民族の下で暮すことになった．唯一

の利点は私塾で3年間勉強させてもらったことであった．
12) 楽旺鎮人民政府や交俄村では，このことをあまり話したがらないようであった．そのためか，この集落を訪問して調査することができなかった．1993年から1998年には当寨に6年制の「民族小学」が開校されていたが，その後閉鎖された．宗教上の問題があったかもしれない．しかし，当寨の住民は禁酒・禁煙を厳守しているそうで，他寨との交流ももたないとのことであった．

なお，望謨県の県城をはじめ貴州省西部の都市においては，他地域ではみかけることの少ないキリスト教の教会が目立つ．当地域においては，20世紀初頭から主としてヨーロッパ人の宣教師によって布教活動が行なわれ，少数民族の間では一定の成果がみられたといわれている．
13) 土地改革以前，中国では地主，「富農」，「中農」，「貧農」，「雇農」という農民の階級区分が存在した．地主とは耕地を大規模に所有し，耕地を小作人に出した．「富農」とは比較的多くの耕地を所有し，経済的にも安定した農民である．「中農」とは小規模ながら耕地を所有し，基本的には小作を行なわない，平均的な農民である．「貧農」とは年間に1～数カ月分の食糧が欠乏する階級で，地主から耕地を借用し生活するが，ごく小規模の自作地を所有している農民である．「雇農」とは耕地をまったく所有しないで小作のみで生活している農民である．
14) リーダーの楊紹兵は現在では釈放され，納夜鎮の敬老院にいるという．
15) このようなこともあって，中央政府は当地域のミャオ族と完全な信頼関係を保っているとはいいがたいようである．この事実が，楽旺鎮を含む望謨県が現在においても，数少ない対外「未開放県」として残っている理由の一つと考えられる．
16) 生産責任制が導入されると，水田が住民に均等分配されることが多い．しかし，交俄村では水田がほとんどないためか，生産責任制の詳細については聞くことができなかった．
17) 交俄村内あるいは周辺の集落名と思われるが，比定できなかった．
18) 耕地の大小は面積ではなく，収穫物の量によって決定した．1挑は80斤である．なお1斤は500グラムである．
19) この点に関しては，集落内の長老によって構成される寨老などの独特の制度がみられない．雲貴高原東部の「黒ミャオ」族の集落では，周辺に居住しているトン族の影響もあるが，寨老が集落内に数名存在し，集落内部の住民の治安や秩序を維持している．
20) 交俄村での平均気温は観測設備が当村にないため不明である．しかし，県人民政府の所在地である望謨では，月別の平均最高気温は7月で37℃，最低気温は1月で7℃である（県人民政府での聞き取りによる）．同様に降水量に関しても不明であった．

21) 本来であれば，耕地および山地は生産責任制導入時に全戸に均等して分配するのが一般的であった．しかし，交俄村の場合，理由が不明であるが生産責任制導入後も山地を所有しない家も存在する．
22) 交俄村は海岸より遠く離れているので湿度が低く，また上海市より低緯度に位置しているが海抜高度が高いため夏季もしのぎやすい．
23) このように，子供が多数ゴム園に出かけているのは，村民の中には否定している者もいるが，ゴム液の採集を大人が行なおうとすれば背をかがめなければならず重労働となるが，5～7歳ぐらいの子供だとちょうどよい高さとなる．つまり，子供たちも父兄とともに働いていると思われる．
24) とはいっても定期市に出かける程度のことであった．
25) 子供は1男3女である．長女は結婚して転出している．したがって，現在では次女（15歳），3女（13歳），長男（9歳）が同居している．
26) といっても「白ミャオ」族は麻布を白色にするために，麻糸を紡ぐ段階において漂白し，白色になるようにしている．
27) 木咱鎮人民政府での聞き取りによると，木咱鎮の人口は18,343人で，そのうち漢民族は11,100人，プイ族は5,800人，ミャオ族は2,000人余りで，その他にコーラオ族，イ（彝）族および回族が少数であるが居住しているとのことであった．しかし，示された漢民族，プイ族およびミャオ族の人口を合計すると18,900人余りとなり，木咱鎮全体の人口を超えてしまう．それ故，この個々の民族の数値は概算であると思われる．
28) 「木梳ミャオ」族，「漢ミャオ」族とも称される．人数は約1.6万人で，黔西南布依族苗族自治州晴隆，普安，興仁の3県を中心に分布している．安龍県では木咱鎮を含めて220戸，1,500人余りが居住している．伝説によれば祖先は江西省に住んでいたが，明の洪武年間（1368～1398年）に明軍の圧迫を受けた．そのため貴州省西部の山地を逃げのび，当地にやってきたのは早いもので6代前，遅いもので3～4代前といわれている（陳1995：10-11）．なお，「白ミャオ」族および「歪梳ミャオ」族は，ともに言語系統上の分類でいえば川黔滇方言を話すミャオ族として区分されているが，「白ミャオ」族は「紅ミャオ」族とともに川黔滇方言第1土語ミャオ族に，「歪梳ミャオ」族は川黔滇方言第2土語ミャオ族に分けられている（陳 1995：6-11）．
29) この地域は中華人民共和国成立直後の1951年に解放された．そして翌1952年に民族自治郷として枇杷民族郷が成立した．その後の1958年には人民公社が成立し，枇杷民族郷は官屯生産大隊に編入された．
30) 人口は1組および2組合わせてちょうど100戸，人口は506人である．また，耕地は両組合計水田53畝，畑地146畝である．

31) このように，枇杷組と木咱鎮の役人（漢民族）とは仲があまりよくない．この点は枇杷組だけではなく，木咱鎮およびその周辺地域に居住する「白ミャオ」族は一般に漢民族と友好とはいえない．「白ミャオ」族の一部が最近までケシを栽培していたことや，「土匪」となって他の民族の集落を襲うことがたびたびあったことが原因となっているようである．ちなみに同鎮の牛角村の一つの組は，かつて「土匪」の拠点として知られていた．

32) 木咱鎮には新加村枇杷組のように，住民の大半が「白ミャオ」族が居住している集落が以下のように4集落存在する．
　　納磨村石板寨（戸数19戸，以下同様），壩力村坡寨（20戸余り），半角山村大山組（49戸），者要村百寨（20戸）．

33) このため枇杷凼では多数が徴兵として出兵することなく，張姓の1名が徴兵されただけであった．

34) とりわけ高齢者の年齢は不正確なことが多い．記憶ちがいと思われるが聞き取った内容をそのまま記しておく．

35) 鎮人民政府は，「白ミャオ」族が所有している火薬銃などの武器となる火器の供出を，たびたび通告していた．熊・Dが鎮の公安（派出所）に火薬銃を提出したのは，1999年4月のことであった．

36) 土地改革時，枇杷凼は13戸であった．地主はいなく，「中農」「佃中農」「雇農」がそれぞれ1戸の他はすべて「貧農」と分類された．

37) 当時枇杷凼は戸数が30戸であった．耕地は各戸ごとの労働力の人数により分配された．労働力1人当たり2畝の分配となった．当家は労働力が5人とみなされ，10畝の耕地が分配された．なおその代償として労働力1人当たり80斤の米の供出が義務づけられた．また，食糧が不足するのであれば，年間1人当たり30元の救済補助金が支給されることも決められた．この救済補助金は，他のミャオ族の集落では聞いたことがなかった．逆にいえば，当地域の生活が困窮していることの証明にもなろうと思われる．

38) 熊・Dは話さなかったが，当家は生産責任制導入時10畝の耕地を分配されている．減少した2畝の耕地は結婚して同組に居住している長女に与えたものと推測できる．なお当家が所存している水田は，本文において前述したように，元来畑地であったのを1983年に水田に転換したものである．郷政府の統計では畑地として登録されている．

39) 一般に雲貴高原に居住する少数民族の料理の味付けはトウガラシが主体で，非常に辛いのが特徴といえる．これに対して広西壮族自治区ではショウガが料理の味付けの中心となり，一般的に薄味である．

40) 古老の話によれば，当組を筆頭に「白ミャオ」族の女性の特徴は，紅，白，緑，黒

など数種類の絹糸で小さなハンカチのようなものをつくり，これで頭を包むことと，麻布製の白いスカートをはいていることであるという．

第5章 タバコ栽培に依存する「大花ミャオ」族

1 大花ミャオ族の概要

　ミャオ族は，女性が日常生活において常用しているスカート（プリーツスカート）の色によって種々の分派集団に分けることが可能であった。その中でも，黒色のスカートを着用している「黒ミャオ」族に関しては第3章，白色のスカートをはく習慣がある「白ミャオ」族については第4章で，それぞれ生活の経済的基盤とでも称すべき生業形態を中心に分析・検討を加え，論を展開してきた。本章では，前2章と同様に，女性が着用しているスカートに大変美しい花柄の刺繍をほどこしているミャオ族の分派集団に関する分析である。

　本章の研究対象である「大花ミャオ」族は，「花ミャオ」族の分派集団である。「花ミャオ族は，女性が現地で「アニマ」と称されている白いスカートの縁に美しい花柄の模様をした刺繍を付けていることから，このように呼ばれている。その中でも「大花ミャオ」族と称される分派集団は，その民族衣裳が非常に目立っている。というのは，「大花ミャオ」族では，伝統的に男女とも上衣の上に大変美しい赤色系統の刺繍をほどこした長いマントのような上着を付けているからである。この長いマントに特徴がみられることから「大花ミャオ」族と呼ばれることになったのである。

　「大花ミャオ」族が，上述したような長いマントを上衣の上に付けるのは，この分派集団が主として分布・居住する自然環境と大いに関連している。つまり，「大花ミャオ」族はミャオ族の中でも海抜高度2,000m付近という最も高所に分布している。そのため夏季の最高気温も20℃を超えることが少ない。このように気温が大変低いため，ミャオ族の一般的な服装である男性が上衣とズボン，女性が上衣とスカートというツーピースだけでは寒いので，マントを上着として着用するようになったと思われる。マントはほぼ海抜高度が同地域か，それよりも高所を主

たる居住空間としているイ族が常用している上着である。「大花ミャオ」族が分布・居住している雲貴高原中部に位置する貴州省北西端畢節地区は，四川省南部の山岳地帯と接している。この地はイ族の集結拠点の一つであるので，「大花ミャオ」族がマントを常用するのは，あるいはイ族の影響とも考えられる。

　集落形態は，各戸が集合して形成された集村形態ではなく，散村とまではいかないが各戸が孤立して建てられている場合が多い。そのため，集落は広範囲に及び，集落内のまとまりに欠けることもある。また生業形態としては，第4章で論じた「白ミャオ」族同様，トウモロコシを主体とした畑作である。しかし，上述したように，海抜高度が高いためかトウモロコシのほか，ソバ，アワなどの雑穀およびジャガイモなどの比率も高い。中華人民共和国成立以前は，「大花ミャオ」族の大半の耕地がイ族の所有地であった。そのため，「大花ミャオ」族はイ族の小作人のような生活を送っており，生活が大変困窮していた。当時唯一の現金収入は，近くの山野にいる鹿や野兎などの野生動物の捕獲を行ない，その毛皮や肉などを販売し，その代金で不足する食糧を補っていた。現在でもそのような習慣が残っており，山野に網を仕かけて野兎などの野生動物を捕獲している。

　現在の生業形態としては，トウモロコシを中心とする畑作と，一部の地域ではヒツジ，山羊などの放牧を中心とする牧畜を行なっている。しかし，前述したように生活は非常に困窮している。そのため人民公社が解体され，生産責任制が導入されて以来，政府も当地域の生活改善を行なうために，トウモロコシに代って換金しやすいタバコの栽培を奨励している。その影響で，集落内の随所には刈り入れたタバコの葉を乾燥させる乾燥小屋が建てられている。しかし，乾燥の技術が低いなどの理由で，良質のタバコ製造ができるまでに達していない。

　以上論じたように，概して「大花ミャオ」族の集落では海抜高度が高いためか，農業主力であるトウモロコシの収穫がかんばしくなく，食糧が絶えず不足ぎみである。さらに，この地の所有者であったイ族との仲もよくない。それに加えて，政府が奨励するタバコ栽培も前述のように技術面でむずかしく，住民が期待するような現金収入が得られない。このような事情から，現在でも「大花ミャオ」族の集落の住民の多くは，もし条件が整えば他所に移動したいという希望をもっている。その1例として，居住している集落から数百kmも離れた雲南省昆明市郊外の農村に定着し，そこで「大花ミャオ」族の集落を形成した事例も存在する。

第5章　タバコ栽培に依存する「大花ミャオ」族　251

このような特色を有する「大花ミャオ」族の集落として，貴州省威寧市牛棚鎮新山村龍山組を事例として取り上げ，具体的に検討していく。

2　地域の概略

1）威寧市の少数民族

調査研究対象である牛棚鎮新山村が所属する威寧市は，雲貴高原のほぼ東半分を占める貴州省の北西端に位置する3級すなわち県級市である[1]。威寧市は省都貴陽市から直線距離では約250km弱もある。しかし，途中まで隣接する雲南省の省都昆明市まで通じている高速道路を使用すれば，8時間ほどで威寧市の中心である威寧（草海鎮）に到着することが可能である。

当市の総面積は6,298km^{2}である（2002年度統計，以下統計数値は同年度）。人口は106万4973人である。市には全人口の約24.6％（26万6822人）を占める合計18にものぼる少数民族が分布居住している。しかし，同市が以前「威寧彝族回族苗族自治県」と称されていたことからも類推できるように，少数民族としてはイ族（9万9136人），回族（8万9262人），ミャオ族（6万1750人）の3民族で大半を占めている。

イ族は漢（シナ）・チベット語族のチベット・ミャンマー語群に属する民族集団である。主要な分布地域としては四川省南部の山岳地帯があげられる。しかし，彼らの居住範囲は非常に広大な地域に及び，隣接する雲南省中部や貴州省北部，さらには一部の集団はミャンマー連邦，ベトナム社会主義共和国，タイ王国などのインドシナ半島の北部の山中にも進出している。この集団は中華人民共和国成立以前は羅羅族，夷人，夷家など種々の呼び名で称されてきたが，現在ではイ族という名称に統一された（田畑ほか 2001：138-139）。主要な居住地域が海抜高度の高い山地や高原に居住している関係からか，ソバ，エンバク，トウモロコシなどの農作物の栽培が生業の中心となっているが，馬，ヒツジなどの牧畜に従事する者も多い。

イ族は周辺に居住する漢民族やナシ（納西）族，ペー（白）族などの少数民族から，ミャオ族と同様に日常的に着用している民族衣裳によって「黒イ」族，「白イ」族などと呼ばれている。威寧市には「黒イ」族，「白イ」族およびとくに女性

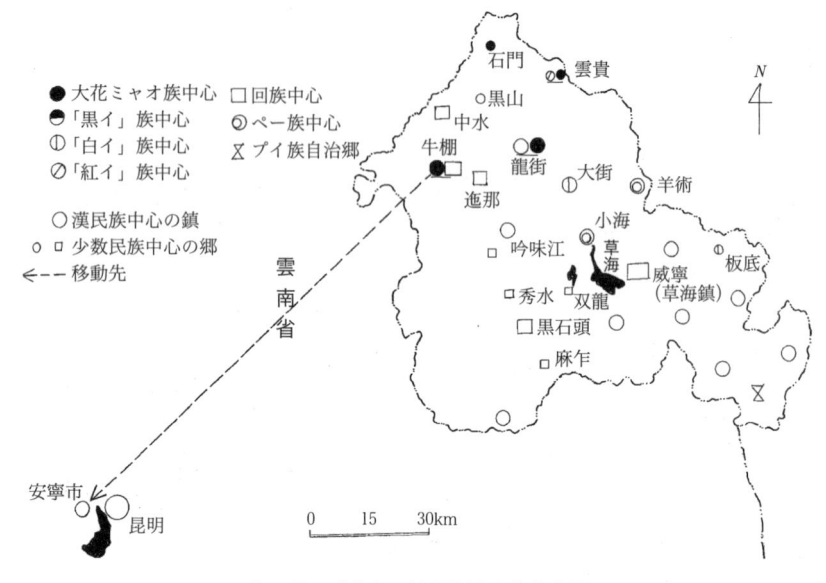

第43図　威寧市の鎮別主要民族分布図
〔出所〕威寧市人民政府での聞き取りなどにより作成．

が着用しているスカートに美しい刺繍がほどこしてあるのが特徴となっている「紅イ」族の3分派集団が居住している（第43図）。その中でも市東部の板底郷を中心に分布している「白イ」族がイ族の60〜70％を占めている。残りは「黒イ」族および「紅イ」族であるが，前者の「黒イ」族は雪山鎮と称されることもある大街鎮や龍街鎮など市北部地区に比較的分散して居住している。後者の「紅イ」族は北部の雲貴郷の馬街を中心に分布している。

　ミャオ族は上述したように6万人余りが居住している。当市に居住しているミャオ族は「花ミャオ」族に限定される[2]が，「花ミャオ」族は大きく90％を占める「大花ミャオ」族と少数の「小花ミャオ」族とに二分される。両集団の相違は，女性が着用しているスカートの刺繍のあでやかさに明確な差がみられるという。「大花ミャオ」族は，龍街，雲貴，石門，牛棚などの市北部の郷や鎮に集中している。「小花ミャオ」族は，市域内においてはとくに集中している地域が存在しなく，全域に分散して居住している。

　回族は威寧市における少数民族の中では最大の人口を擁する集団である。しか

し，全国レベルでも同様の傾向がみられるのであるが，イ族やミャオ族のように分派集団に分かれることはしない。当市に住む回族には馬姓を名乗る者が多く，農業に従事するよりも牧畜を行なっている者が目立つ。分布地域としては比較的西部に集中している。

プイ族は，市南部にのみ集中して分布・居住している。そこでは新発布依族自治郷を形成している。同郷には5,000人ぐらいが住んでいるが，農業に従事している者が多い。ペー族は，羊街および小海の両鎮に集中して分布しており，人口はプイ族と同様5,000人ぐらいであるとされる。

これらの威寧市域における主要な少数民族間では，雲貴高原東部のように明確な海抜高度差による住み分け現象がみられないが，イ族が海抜高度2,300m近付に分布しているというように，最も高所に居住している。ミャオ族もイ族とほぼ同程度の高度かあるいは若干下った地域に主として分布している。これに対して回族は，「壩子」などの平坦地を居住中心としている。

2）草海に臨む牛棚鎮の概要

調査対象集落である牛棚鎮は，草海に面した威寧市の中心威寧（草海鎮）から約81km離れたところに位置している。牛棚鎮は20の行政村に分かれている（第44図）。人口は3万2804人で，そのうち少数民族は約34％に当たる1万1059人である。少数民族の中でも回族が過半数を上回る約65％（7,200人）を占め，ミャオ族約12.1％（1,383人），イ族約11.7％（1,297人）と続く。

牛棚鎮には初級中学校が1校，第1学年から第6学年までの授業を行なう通常の小学校が6校，第1学年から第3学年までの低学年のみを対象とする民辦小学校が10校存在する。この民辦小学校は教員の給与の一部を住民が負担する小学校である。本鎮の耕地としては水田がなく畑地のみである。このように水田がみられないのは，当鎮の平均海抜高度が2,050mとかなり高度であることから，稲作の成育に適さないからである。

道路は中華人民共和国成立以前から威寧に通じていた。この道路は雲南省の昭通まで達している。昭通までは50km余りである。このことからも推察されるように，牛棚鎮は従来より雲南省との関係が深かった。近代化の端緒とでもいうべき電気は，団山村を除いて1987年に通じた。

村名	構成民族	戸数(戸)	人口(人)	海抜高度(m)	村名	構成民族	戸数(戸)	人口(人)	海抜高度(m)
魚塘	○△	817	3,660	1,700	和平	○□⊠	690	2,010	1,800
水源	○△	605	2,470	2,900	発紅	○□	651	2,602	1,800
三合	△□○	463	1,850	2,000	新龍	○□⊠	455	1,818	1,800
新山	●△○	260	1,040	2,000	鄧家営	○△	254	1,014	2,100
営山	●○△	371	1,485	2,100	響水	○△●	253	1,011	2,000
新華	○△	454	1,816	2,100	范家田	○△	207	826	1,900
新営	○	365	1,480	1,900	営上	○□	207	829	1,900
中寨	○△●	271	1,085	1,800	手工	○□	489	1,534	1,900
新関	○	217	869	2,100	黒田	○	199	796	2,000
団山	○△⊠	254	1,017	1,700〜1,800	紅旗	○□△	915	3,663	1,900

●「大花ミャオ」族, ○漢民族, △イ族, □回族, ⊠プイ族.

第44図　村別の住民構成

〔出所〕　牛棚鎮人民政府での聞き取りにより作成.

　また，鎮から団山村以外には車両が通行できる道路が開通している。また鎮内には鄧家営，響水，范家田の3村内にダムが，1974年から1975年にかけて相次いで建設された。旱魃が最大の自然災害となっているからである。このため，これら三つのダムが建設されたのであるが，その後も乾季において用水不足が毎年のように発生している。

　牛棚鎮の年間の平均気温は13℃前後である。しかし，最も高い日には32℃にもなり，低い日には－4℃にも下る。農暦の11～12月には降雪もみられる。雨季は4月末～6月までの期間であるが，この期の道路は非常に泥濘み，歩くのが困難なほどである。また，3～5月にかけては旱魃になることも多い。なお，9月初旬短期間の雨季がみられる。年間の総降水量は1,200mm前後である。他の自然災害としては雹の災害が大きい。雹は年間に1～3回発生し，大規模な雹が降った場合農作物が全滅することもある。

　当鎮の主要な生業は農業で，トウモロコシ，ジャガイモ，タバコなどの栽培が顕著である。定期市としては牛棚（新暦，3・6・9の付く日），雨朶（農暦，4・9の付く日），紅岩（新暦，5・10の日）。迤那（新暦，2・5・8の付く日）である。これらの定期市のうち，牛棚の定期市が最も古く，中華人民共和国成立以前から開催されていた。同市は現在でも最もにぎわいをみせている。牛棚鎮に

住んでいる「大花ミャオ」族は239戸，985人で，自称「アマオ」（a mao）と称している。

3　新山村の特色

調査対象の新山村へは，牛棚鎮から距離としてはわずか3 km足らずである。しかし，ジープで約30分近くも要する。道路は1977年に開通し，高原上の平坦な道を進むが，夏でも雨季のときにできた大きな水たまりが随所に残っており，運転が大変むずかしい。それ故，距離の割には長時間を要するのである。新山村までは一面に展開しているトウモロコシ畑の中の，ほぼ直線の道を北上する。新山村の入口に到着すると，乗車してきたジープを降される。村入りの儀式が挙行されるためである[3]。

村の入口は，ちょうど高原上の見晴らしのきく高台に位置している。ここから村までは緩やかな下り坂となる。民族衣裳を着飾った2名の若者（男性）が道路の両端に立ち，1本の棒を道路にわたして道を塞ぐ[4]。いわゆる「道ふさぎ」である。その背後の道路の両側には，民族衣裳をまとった若い女性が，数名「白酒」と呼ばれているトウモロコシを蒸留したアルコール度数の高い酒の入った水牛の

「道ふさぎ」の儀式（牛棚鎮新山村）

新山村の民家

角をもって並んでいる。著者らが先に進みふさがれた棒の前まで進むと,女性たちは歓迎の歌をうたいながら水牛の角に入った「白酒」を,ふさいでいる棒越しに一気に飲ませてくれる。この歓迎の儀式が終了すると棒が降され,前進することができる。

　行先は数十m先の村の集会所である。集会所までの道路の両側には村の住民がほとんど出ており,我々を出迎えてくれる。4名の男性が吹く蘆笙に先導されながら前に進む[5]。集会所は高原上の高台の一角にぽつんと独立して建てられている。集会所では村の幹部や古老たちの接待を受け,小休止した。その後集会所の小規模な広場において,若者たちによる踊りが蘆笙に合わせて開始された。集会所の隣りには駄菓子を売る露店も出ていた。このような歓迎は数時間にも及んだ。歓迎の中でも小学生が全員同じ民族衣裳を着用しているのが目立った。村の児童への民族教育の一環として民族舞踊の指導が行なわれているようであった[6]。

　新山村は1957年に成立した。当時は牛棚人民公社の下に所属する生産隊であった。村の戸数は239戸,人口は985人である。住民は「大花ミャオ」族が最も多く,

第5章 タバコ栽培に依存する「大花ミャオ」族　257

第21表　新山村の構成民族

民　族　名	戸数(戸)	人口(人)	姓(多い順)
ミャオ(大花ミャオ)族	193	791	楊,鍾,王,朱,張,羅,李,龍,呉
漢　民　族	34	149	孟,李,張,潘,許,楊
イ　　　族	12	45	陳

〔出所〕新山村での聞き取りにより作成.

第22表　新山村を構成する組

組名	戸数(戸)	人口(人)	耕地(畑地)(畝)	山林(畝)	姓	備　考
龍山組	88	378	540.5	500	楊,王,張,李,呉,龍,朱	ほぼ「大花ミャオ」族
中寨組	27	99	100.5	200	鐘,王,李,張	全戸「大花ミャオ」族
牛店組	58	243	490	700	張,王,羅,朱,楊,呉	漢民族20戸,「大花ミャオ」族38戸
西山組	66	265	433.4	800	陳,張,王,朱,楊,許,潘,李,劉,孟	「大花ミャオ」族中心

〔出所〕新山村での聞き取りにより作成.

　その他漢民族とイ族が雑居している（第21表）。また村には共産党支部書記，村長，会計の住民の投票で選ばれた3名の幹部がおり，村の運営全般を担っている[7]。これらの村の幹部は全員当村出身のミャオ族である。新山村にはその下の行政組織として四つの組が置かれていた（第22表）。

　1981年に牛棚鎮が生産責任制を導入したので，当村でも同年実施した。当時も4組で構成されていたが，組ごとに所有する耕地および山林の面積が異なっていた。そのため組ごとに分配された耕地や山林は異なった。例えば龍山組の場合，当時戸数が69戸であったが，耕地は男女とも成人1人当たり平均して2畝分配した。山林も1戸当たりの人数により分配した。分配の方法は耕地では面積，山村では植林の本数のそれぞれの大小によって番号を付け，住民が抽選を行なった。

　新山村には第1学年から第3学年まで学習する民辦小学校が設置されている。教員は3名で，西山組出身の「大花ミャオ」族である[8]。生徒は全員村の住民の子弟で100人余りが通学している。しかし，当村の子供の約50％が不就学であるという。民辦小学校は1991年に西山組に建設された。当村には中華人民共和国成立以前に学校があったが校舎がなく，民家の一部を借用して授業が行なわれていた[9]。

　1980年に村に電気が通じた。現在では60戸余りの家庭にテレビが普及している。

しかし水道はなく，西山組および牛店組にある井戸水を利用している。龍山組では組から約2km離れた大麦地河の河川水を汲んで利用している。

住民が出かける定期市は牛棚が中心で，その他，迤那や15km離れた玉龍まで行くこともある。玉龍は新暦の1，4，7の付く日に市が立つ。なお，1978年から「一人っ子政策」が実施され，子供の出産が制限されることになった。当初新山村は少数民族居住地区ということで3人までの出産が許可されていた。しかし2002年には2人と変更され，それ以上を出産すると1人当たり100元の罰金が徴収されることになった。2002年度には数戸がオーバし，罰金を支払った。

4 生業形態の特色

1) タバコ栽培の村の景観

前項で論じたように，新山村は四つの組によって構成される。本項ではその中から龍山組を取り上げ，分析，検討していくことにする。理由の第1としては，龍山組が新山村の中で最大の戸数と人口を有し，新山村を代表する組であると考えられること。第2としては，雲貴高原東部の少数民族居住地区とは異なり，中・西部の少数民族居住地区では，一つの集落内に複数の異民族集団が雑居形態で生活している事例が多く認められる。龍山組はその典型的な集落とみなせるからである。

龍山組は前述の通り，村の集合所から緩やかな道路を数十分歩いた距離の所に位置している。龍山組を構成する家屋は，全体として集中して集落を形成するのではない。第45図に示したように，さらに下って行くと西山組に通じる道路の両側に家屋が散在しない程度に集合している。その場所が龍山組の中心部となっている。つまり，龍山組は高原上の高台近くの緩やかな斜面上に立地している集落であるといえる。集落中心部の周囲は広葉樹が茂っている。しかし家屋周辺部は，各戸が自家消費用に栽培している野菜やリンゴ，クルミなどの果樹が植えられている。当組の住民が主食としているトウモロコシを栽培している耕地（畑地）は，集落から下った緩斜面に造成された場所に集中しているので，集落からみることができない。

集落内部で最初に目につくのは，タバコの葉を乾燥させるための乾燥小屋であ

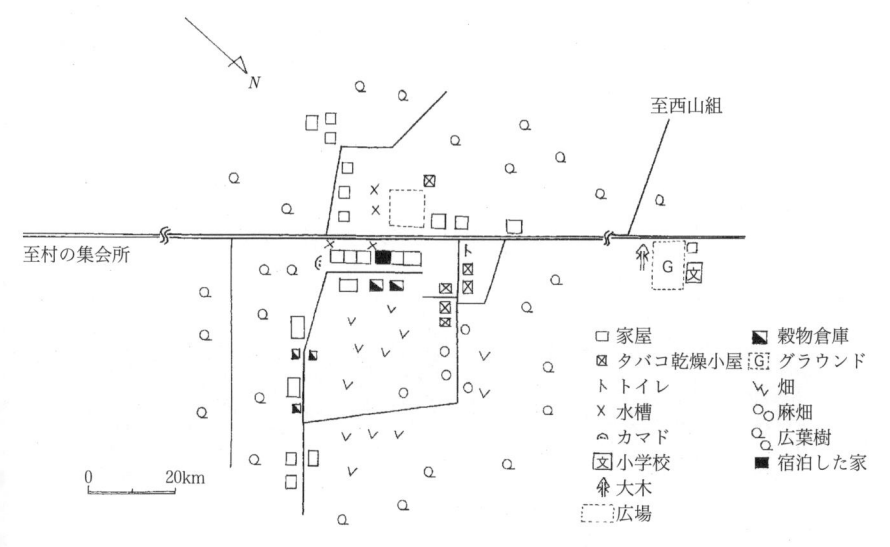

第5章　タバコ栽培に依存する「大花ミャオ」族　259

第45図　龍山組概略図（中心部）
〔出所〕現地調査により作成.

る。小屋自体はそれほど大規模ではないが，高さは2階建てぐらいの高さがあり，瓦屋根で壁は土壁である。屋根には煙突が1本出ている。たき口は半地下式で燃料である石炭を燃やす。タバコを栽培している家屋では，各戸がそれぞれ同様の乾燥小屋を1軒ずつ所有している。タバコの葉を乾燥させる時期が短期間に集中するため，共同使用ができないからである。当組ではタバコ栽培が1967年から開始された。鎮（当時人民公社）が奨励したためである[10]。

また，集落内の至る所に水槽がつくられている。水槽は長さが3mぐらいの正方形をしており，深さは数mである。その周囲をセメントで固めたものもみられる。水槽内部に貯えた水を取り出すため，地表から底に通じる階段が切られている。水源がないので天水を貯えているようである。とくに夏季には用水の蒸発を防止するため，木の枝や枯葉などで表面が覆われる。これらの水槽は，当組の水不足を象徴しているようである。

上述したように，当組には井戸がない。それ故，住民は貯えた水を利用するか，2kmほど離れた河川まで水汲みに出かけるわけである。水汲みは女性の日常的な仕事でもある。なお広場が1ヵ所存在するが，かつてここで祭りの日[11]などに

タバコの乾燥小屋（牛棚鎮新山村）

は蘆笙踊りなどが挙行されていた。しかし，最近村の入口近くに村の集会所が建設されたので，そこが見晴らしのよい場所ということもあり，そこで行なわれるようになっている。

　龍山組の中心部には「大花ミャオ」族が居住している。龍山組にはその他イ族も住んでいる。しかしイ族は人数が少ないこともあり，同じ組に雑居しているとはいえ，家屋も離れており交流があまりみられない。家屋はタバコの乾燥小屋と同様に瓦葺きの屋根をもつ平屋である。

　この点は雲貴高原に分布・居住しているミャオ族の多くとは異なる点といえる。他の地域のミャオ族は，例えば雲貴高原東部に居住する「黒ミャオ」族に代表されるように，木造2階建ての住居に住んでいる。このような相違が認められるのは，当組の「大花ミャオ」族が居住している場所が，海抜高度が高く，高床式の2階構造では寒さを防ぐことが困難なためと推察できる。この点は各戸の壁が厚いこととも大いに関係しているように思われる。なお集落内部に1カ所トイレが設置されている。トイレは組の公共施設ではないが，周囲の人びとも利用している。にもかかわらずこのようにトイレが設置されているのは，同村に居住する漢民族など他民族の影響かもしれない。

　このような特徴がみられる集落中心部からさらに十数分下って行くと，分岐路

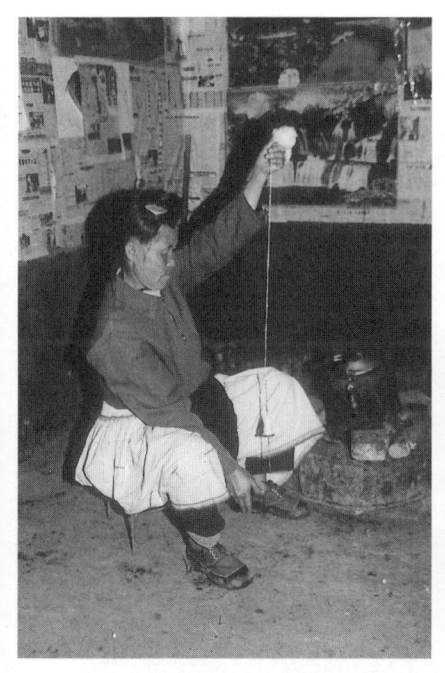

第5章　タバコ栽培に依存する「大花ミャオ」族　261

糸を紡ぐ大花ミャオの女性　　　　　女性の仕事である水くみの姿

現地で聞き取りを行なう著者たち（この頁3点とも，牛棚鎮新山村）

大花ミャオ族の家族と家の内部の様子（牛棚鎮新山村）

に出る。そこには大きな広葉樹の木がある。そのことから，ここが本来の当組の入口のように思われる。傍には小学校が設置されている。

　龍山組を含めた新山村では，1951年に土地改革が実施された。当時，龍山組には楊姓15戸，王姓5戸，朱姓2戸，張および李姓各1戸の合計24戸であった。土地改革以前にはL・Fという地主がいた。牛棚一帯はこの地主の所有地であった。

貴重な食糧であったソバ（牛棚鎮新山村）

　土地改革当時，龍山組の住民の大半は「貧農」に分類された。しかし朱・M家のように「下層中農」に分類された数軒の家も存在した。朱・M家は当時3人家族で，11畝の耕地を得た。その耕地でトウモロコシ1,000斤，ジャガイモ1担（1,000斤前後），ソバ5斗（500斤前後）を収穫した。家畜としては母豚1頭飼育していた。現金収入がほとんどないので生活が非常に苦しかった。なお，ソバは甘いソバ（「甜蕎」）と苦いソバ[12]（「苦蕎」）の2種類のものが栽培されていた。両種ともモチとして食用にした。

　中華人民共和国成立以前では塩が最も貴重な生活必需品であった。塩は雲南地方に岩塩の産出する場所があったので，そこから牛棚などの定期市に運搬されてきた。定期市には塩をあつかう商人が多数いたが，全員漢民族であった。そこでは1斗（約1,000斤）のトウモロコシと1斤の塩とが交換できた。龍山組の各戸では年間4斤前後の塩を消費した。その他定期市では青色に染められた綿布も購入することが多かった。衣服をつくるためである。各戸では年に3〜5尺の綿布を購入していた。代金は1尺当たり0.1〜1.0元であった。それにはトウモロコシを売却して購入した。現在でも多くはないが麻を植えている家庭もみられる。しかし麻布をつくるためではなく，葉を食用にしたり，実を調味料として利用するためである。なお，中華人民共和国成立以前では国民党が当地域に勢力をもち，「壮丁

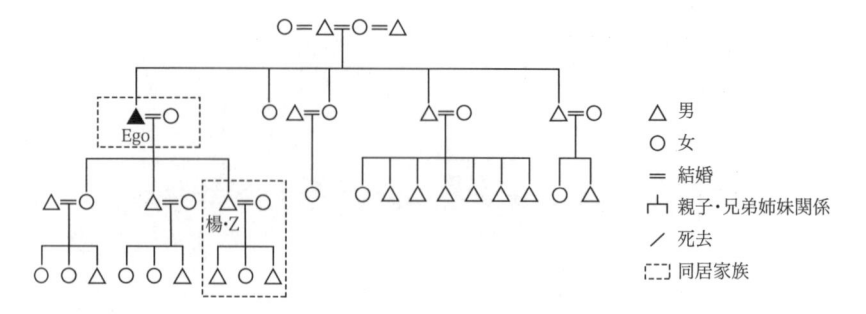

第46図　楊・J家の親族
〔出所〕楊・J家での聞き取りにより作成.

凡例：
△ 男
○ 女
＝ 結婚
⊓ 親子・兄弟姉妹関係
／ 死去
[⁻⁻] 同居家族

がり」と称される徴兵を行なった。当村でも若者3人のうち2人まで徴兵された。

2）換金作物をもつ龍山組の生業形態

以上述べた特色をもつ新山村龍山組の生業は，トウモロコシを中心とした農業といえる。しかし，農業のみでは十分な現金収入を得ることがむずかしい。そこで，鎮人民政府では上述のようにタバコ栽培に代表される換金作物の奨励を行なっている。そのような龍山組の生業形態について，5戸の代表的な農家を抽出して現状分析を次に行なう。

①楊・J家の場合

主人の楊・J（52歳）は新山村の村長である。現在妻と2人暮しである（第46図）。長男および次男はそれぞれ1992年および1999年に分家した。また，長女は嫁として転出した。

耕地（畑地）は2畝所有している。畑地では主食としているジャガイモ，トウモロコシの栽培が中心である（第23表）。アズキも植えているが，第47図からも判明するように，トウモロコシの間に栽培している。

当家では以前エンバクなどを栽培していた。エンバクの調理方法は，収穫したエンバクを鍋で炒める。それから薪の灰でこすって種子についている毛をとり除く。その作業が終了すると石臼でひく。その後篩にかけ皮をとり除く。皮が完全にとれれば，冷水あるいは熱湯に入れてかきまぜ，粥状にして食用とした。当時ソバも栽培していた。当家では以前ではソバとエンバクの栽培量が多かった。そ

第23表　抽出農家の生業（2001年）

作物など		楊・J家 （2人家族）	楊・Z家 （7人家族）	楊・M家 （3人家族）	張・D家 （3人家族）	楊・H家 （5人家族）
畑地	面　積（畝）	2	4	10	4	6
	トウモロコシ	2,000	2,000	6,000	2,000	5,000
	ジャガイモ	4,000	1,000	6,000	4,000	7,000
	アズキ	50〜100	50	100	100	100
	大　豆				50	100
	カボチャ		100	3,000	1,000	1,000
	キュウリ		30			
	タバコ	200	1,000		700	400
菜園	面　積（畝）	0.05	0.2	0.1	0.2	0.4
	カ　ブ	100	40	100	300	50
	大　根			3,000	1,000	
	トウガラシ			40	100	10
	カボチャ	2,000				
	ニンニク・ネギ		20		50	
	ア　サ		50〜60		8	
	葉　菜		60	160	200	
果樹	リンゴ	15	6	5	5	2
	クルミ	2		5	4	3
	ナ　シ	1		1	2	2
	モ　モ				6	3
家畜など	「黄牛」		1	1	2	1
	豚	1	5	4	6	4
	山　羊				18	7
	ニワトリ	20	23	4	30	20

単位は，作物は斤，果樹は本，家畜などは頭または羽．
〔出所〕現地での聞き取りにより作成．

の他コムギも栽培していた．コムギは石臼でひいて殻をとり除いた後，煮るか蒸して食べた．その一部は牛棚の定期市に持参し，乾麺と交換した[13]．

　これらの作物を栽培しなくなったのは，エンバク，コムギなどのムギ類は成熟するまで比較的時間を要した．そのためトウモロコシの栽培に影響が出ることがたびたび起こったからである．また，ソバは成長が早いという利点もあるが，単位面積当たりの収穫量が少ないうえに，食用として加工するまで手間がかかったからである．

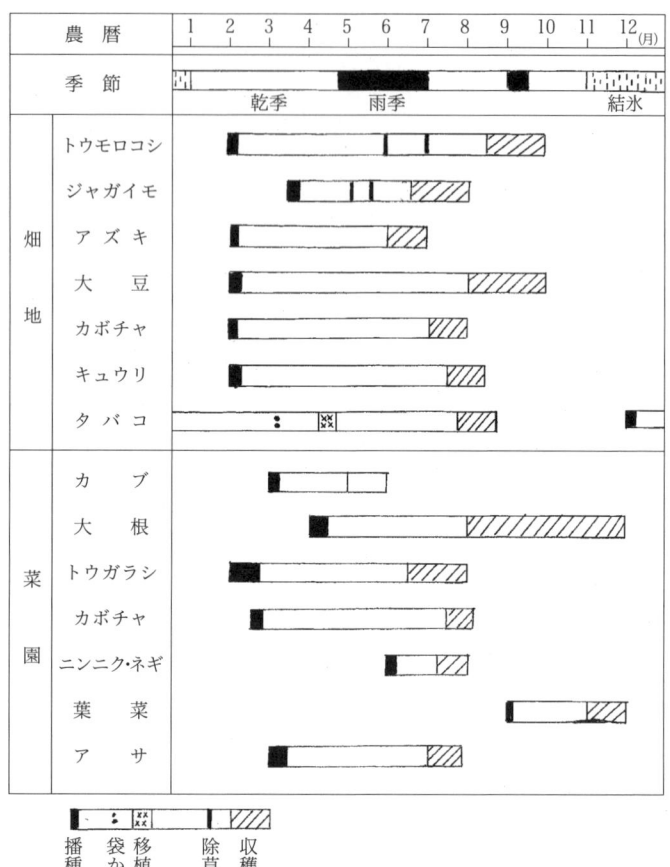

第47図　龍山組農業カレンダー

〔出所〕龍山組での聞き取りにより作成.

　なお，畑地においては前述の第47図からも推察できるように，冬季には作物を植えることができなかった。理由は当地の海抜高度が高いため，冬季には作物の栽培にはタバコの苗を除いて適さないからである。

　龍山組の特色は，自宅近くにごく小規模ではあるが自家消費を中心とする菜園を，全戸が所有していることである。菜園は野菜中心に栽培されている。当家では栽培している作物の種類が少ない。この点は他の家庭でも共通しているように，栽培する面積が少ないことによる。その他当家の場合，タバコ栽培や葉の乾燥な

どの作業に労働力が必要で、野菜の世話に手がまわらないからである。その中でも比較的多く栽培している大根は自家消費とともに、飼育している家畜の飼料として利用するためである。カボチャは他家ではトウモロコシ畑の間作として栽培することが一般的であるが、当家では自宅近くの菜園の一部に植えている。

山林は村の幹部の説明では、生産責任制導入時の人数により分配していたとされている。ところが、その分配は実行されず依然として組の共有のような状態である。それ故、当家を筆頭に各戸が所有している山林に関しては説明不足であったように思われる。なおとくに全戸がリンゴやクルミなどの果樹を所有しているのは、その果実が高値に売却できるからであると推定できる。クルミは人民公社時代に奨励されて植林したものである。それを生産責任制の導入の際に、全戸にほぼ均等に分配したようである。当家では年間300〜400斤ほどのクルミを収穫している。その大半を定期市で売却している。収入は500元ほどになる。

家畜は豚1頭だけである。当家では労力が足りないため多くの家畜の世話ができないようである。それ故、当家の最大の収入源はタバコの売却である。当家では乾燥させた葉を年間200斤出荷し、1,500元ほどの収入を得ている。しかし、タバコ栽培には多量の化学肥料が必要であるし、また乾燥させるには燃料として石炭も必要である。石炭代だけでも平均すると1年間に150元もかかる。そのうえ楊・Jは村長職にあるので、出稼ぎにも出ることができない。

②楊・Z家の場合

楊・Z（33歳）の家は7人家族である（第46図）。父親は前述の楊・Jである。畑地は4畝所有している。そこにはトウモロコシ、ジャガイモの主食としている作物の他、タバコの栽培がとくに目立つ。面積でも畑地の7割に当たる2.8畝にタバコを栽培している。このことからも当家の主要な収入源はタバコの葉の売却であることが推察できる。

タバコ栽培は第47図からもわかるように、冬季の12月初旬に種子を播く。その後若芽が出て十数cmに成長すれば1本1本袋かけを行なう。冬季なので大変困難な作業である。4月になると移植する。葉の収穫は7月下旬から8月にかけて実施する。葉を収穫すると数日天日で乾燥させた後乾燥小屋に運び乾燥さす。乾燥小屋の規模にもよるが、当家の乾燥小屋での乾燥を1回行なうには石炭400斤を必要とする。その費用は60元である。石炭は重量が重いため運搬費がかさむからで

タバコの収穫風景（牛棚鎮新山村）

ある。乾燥期間は5〜6日間程度である。当家の乾燥小屋では1度に130斤のタバコの葉を乾燥させることができる。当家ではこのような乾燥の作業を5回実施する。そのため石炭は合計2,000斤必要で，金額にすると300元余りになる。

2000年度から乾燥タバコの葉に対して優劣をつけ等級がつけられることになった。等級は40等級にも区分され，それによって葉の販売価格が決定されることになった。当組の乾燥させたタバコの葉は，1斤当たり3.1〜3.2元で引き取られる。楊・Zが乾燥させた葉はこれより少し上等の「中零2級」に指定され，1斤5.8元で取り引きされた。

その他の主要な収入源としては，飼育している豚の売却である。2002年に5匹の子豚を売って500元を得た。子豚など家畜はその重量で価格が決定される。例えば，子豚の売却価格が1斤20元だとすれば，定期市に持参した子豚の体重が10斤であれば200元となる。

近年，当家ではタバコの栽培が多忙となった。そのため副業をすることができない。子供が3人小学校に通学しており，その費用が年間合計110元もかかる。それ故乾燥させたタバコの葉の売却だけでは生活がかなり苦しい。タバコ栽培は天候に大きく左右されるからである。当家では，各種の税金を合計すると年間に160元余りを納入している。

③楊・M家の場合

楊・Mは62歳である。家族は，妻，20年前に生まれた次男および6番目に誕生した4女との合わせて4人家族である。楊・Mは初級中学校を卒業後，牛棚区（現牛棚鎮）の郵便局で働いていた。その期間は1963年から1971年までであった。し

かし生活が困難なこともあり，1972年妻とともに雲南省の省都昆明近くの安寧(現安寧市)に住むオバの家を訪れ，そこで農作業の手伝をしながら2年間生活した。しかしそこでの生活はうまくいかなかったので，龍山組に帰ってきた。

現在ではトウモロコシ，ジャガイモ，カボチャなどを主として栽培し，それらを主食としている。タバコ栽培は一時期実施したが，年齢的にきついのと，毎年安定した収入が期待できないことから現在では行なっていない。食糧はほぼ自給している。しかし，飯米が栽培できないため，飯米代がかさむ。

当家の主要な収入源は，上述したようにタバコ栽培を実施していないので，飼育している家畜の売却代である。当家では毎年平均して1頭の「黄牛」を売っている。2002年初頭に「黄牛」の雄を1頭売却し，1,300元を得た。そのとき2％の税金がかかった。母豚が生んだ子豚も売却する。年間平均すれば5～6匹売り払い，600元前後の収入を得ている。この子豚の売買に関しては無税である。その他自宅近くの菜園の一角に植えてある5本のクルミから400斤の実が収穫できる。収穫したクルミはすべて売るので，毎年約600元ほどの収入となる。タバコ栽培を中止したので高収入を期待できるものが少なく，小学校に通学している子供の学費にも困っている。各種の税金を合わすと200元の税金を納入している。「黄牛」などの売買にかかる税金が高いからである。

④張・D家の場合

張・Dは46歳である。当家の祖先は，同市龍街鎮天橋村落水洞から玉龍郷田壩村丁家梁子に移った。父親はその丁家梁子出身である。母親は新山村牛店組出身で，3人姉妹の長女である。次女と3女はともに嫁として，1958年の大躍進の時代に雲南省の安寧市に嫁いだ。理由は当組の生活条件が悪かったのに対して，安寧の土地は豊かで交通の便がよかったからである。そのため嫁いで行ったのである。次女は健在で，同市草舗鎮水井湾で暮している。また分家した長男は1995年から新山村民族小学校の「民辦教師」をしている。

当家は1951年に実施された土地改革時は「貧農」に分類された。現在は夫婦と次男の3人家族である。畑地は4畝所有している。この畑地は連続しており，分筆されたものではない。そこにはトウモロコシ，ジャガイモ，カボチャなどの作物を栽培している。これらの作物が当家の主食である。トウモロコシは一般に石臼でひき，殻をとり粉にして蒸し上げる。米と混ぜて食べることはめったにない。

第24表　張・D家のタバコ収入

年度(年)	収入(元)	備　　考
1998	3,140	
1999	700	旱魃によりタバコの葉の質が落ちる
2000	―	旱魃のため栽培せず
2001	130	雹のため
2002(推定)	1,600	

〔出所〕張・D家での聞き取りにより作成.

飯米を栽培していないからである。ただし，収穫直後の7～8月のトウモロコシは軟かいので，モチにして食べることが多い。当家で栽培しているトウモロコシは白と黄の2種類で両方ともモチ種である。ジャガイモは中華人民共和国成立以前では非常に少なく，当家でも1980年代から多量に栽培するようになった。現在では主食の中心となっている。

当家は1997年からタバコ栽培を開始した。政府がタバコ栽培を奨励し，操業資金と米とを補助してくれたからである。当家では同年150元の操業資金と，200斤の飯米の補助を受けた。しかし，後者の飯米の補助は初年度のみであった。タバコ栽培開始後の収入は第24表に示したとおりである。この第24表からも判明するように，タバコ栽培は天候に左右される。それ故政府からの補助がなければ当組では実施するのがかなり苦しい。また収穫したタバコの葉を乾燥させる乾燥小屋の建設にも，政府からの援助が受けられる。当家の乾燥小屋の建設には350元かかった。そのうち150元を補助してもらった[14]。

以上述べたように，政府が補助金を出して積極的に奨励しているタバコ栽培に関しても，その収入が非常に不安定で，かつ労働がきつい。そのようなこともあり，張・Dは現金収入を補うため副業として大工をしている。仕事の内容は家の建設や家具製造である。作業は村内のみで他所での仕事はない。年間800～900元の収入が得られる。大工は当組では張・D1人である[15]。

なお，新山村全体では建築関係の労働者が30名ほどいる。仕事の内容は木材か石などの運搬が主体の単純労働である。この作業に従事している住民は，20～38歳までの若者が中心である。日当は食事込みで23元である。これは威寧市建築公司が行なっている仕事の下請けである。当村出身の陳という若者がその責任者と

第5章　タバコ栽培に依存する「大花ミャオ」族　271

第25表　楊・H家のタバコ収入

年度(年)	収入(元)	備　　考
1996	300	
1997	600	
1998	1,000	
1999	—	肥料を買う余裕なく,栽培せず
2000	—	旱魃のため全滅
2001	1,500	複合肥料360斤(360元)購入
2002(推定)	1,500	

〔出所〕楊・H家での聞き取りにより作成.

なったので，当村の若者が多く雇用されているのである。その他当村全体で長期間にわたり他所に建築関係の出稼ぎに行っているのが十数名おり，全員「大花ミャオ」族である。このように，当村の「大花ミャオ」族が他所に出かけることが増加したのは，若者中心に中国語（漢語）が話せる者が増加したためである。

　張・D家でも「黄牛」，豚，山羊などの家畜を飼育している。しかし，これらの家畜は数年間売り払ったことはない。ただし，2002年7月にニワトリ20羽を売却した。また，菜園の中に植えているリンゴ，クルミ，モモなどの果実も食べることが少なく，多くは定期市に持参し売却した。平均的なこれらの果実の収入は1,500元にもなる。とくにクルミの収入が大きく，500斤ほどを900元で売っている。このように収入はあるにはあるが，タバコ栽培のための肥料代や葉の乾燥に用いる石炭代などの支出も大きい。それ故，食事には困ることがないが，生活はかなり厳しい。当家では農業税を中心に110元の税金を納めている。

⑤楊・H家の場合

　楊・Hは37歳である。現在夫妻と子供3人の5人家族である。畑地は6畝あり，そのうちトウモロコシとジャガイモを合わせて3畝，タバコを2畝栽培している。このことからも推察できるようにタバコ栽培は当家にとって非常に大きな収入源となっている。タバコ栽培は1996年より開始した。タバコ栽培は気候などの自然条件に左右されることが多いのであるが，他に高収入を期待するものがないのでタバコ栽培を行なうことにした。タバコ栽培開始後の年次別収入を示したのが第25表である。この表からもタバコ栽培が前述した自然災害に大きく左右されることが明らかである。またタバコを栽培するためには肥料代もかかる。このような

点を総合的に考慮して近年タバコ栽培を放棄する家庭も増加している。

当家では上述したように1996年にタバコ栽培を実施するとともに，収穫したタバコの葉を乾燥させる乾燥小屋を120元の費用を投入して新しく建設した。そのときレンガ120個など建築材料の一部の補助を受けた。

このようにしてタバコ栽培を行なうようになった。その後年度によって相当差が認められるが高収入になる年度もあった。その収入の一部と豚などの家畜を売った代金を資金として，楊・Hは1999年から組内に雑貨や酒などを販売する小売店を開店した[16]。500元を投資して商品を買い備えた。仕入れた商品は乾麺，酒（計り売り），タバコ，アメ，爆竹，石鹸，マッチ，乾電池，電球など日常生活必需品が中心で，かつ商品を担いで店までもって帰るので，軽量なものが中心となった。

仕入れた商品の中で，酒，タバコ，乾麺などがよく売れ人気商品であった。季節的にはトウモロコシなどの収穫期にあたる7～8月，年末の11～12月がよく売れる。これらの商品の仕入れ先は牛棚鎮の供銷社からである。例えば，よく売れている乾麺の場合，36束67.8元で仕入れ，1束2.0元で売る。酒は1斤1.4元で仕入れ，1.5元で，タバコは1包（20本入り）について0.05～0.07元のもうけがある。年間に360元ぐらいの収入になる。

楊・Hは狩猟も好きである。近年は店が多忙なので休止している。しかし，1996年と1997年の2年間で野兎70羽ほどを捕獲した。捕獲具は網である。捕獲した野兎は1羽15～20元で雲南省の昭通まで運び，そこのレストランに売る。このように龍山組には野兎の網猟に従事している者が5～6人いる。

楊・Hは組の中でも有数の狩猟に対する腕前をもっている。この技術は妻の父親から教示をうけた。捕獲具の網は自身でつくる。網は「レィツォ」（Léi zhuò）といっているもので，長さ数m，幅1mぐらいのもので，山中の野兎の通り道に道を塞ぐようにしてかける。狩猟は3～4月が中心である。この期間は畑で野兎の好物である豆が実のるからである。野兎は森の中からこの豆を食べるために，午後暗くなりかけると出没する。冬季にも狩猟を実施するが，捕獲するのは昼間である。しかし近年畑地に散布する農薬のため，野兎の数は減少している。そのため狩をする住民も少なくなった。野兎狩りを「タオラ」（daò là）という。

それ以外の現金収入源としてはクルミの実の売却で年間400元，ニワトリの卵の販売で年間30～40元の収入がある。しかし，小売店を開店しているが期待以上の

利益が伸びず, 生活はかなり苦しい。農業税を含めて総額140元の税金を納めている。

5 移転先の状況

1）安寧市に移った少数民族

新山村龍山組では既にみてきたように, 政府がタバコの栽培を奨励している。しかし当組では旱魃, 雹などの自然災害がたびたび発生するので, タバコが全滅した年度があるという状況である。しかも, 収穫した葉の乾燥小屋の建設にも費用がかかる。人民公社時代に植えたクルミに代表される果樹は, 現在でもその実を収穫可能であり, 住民にとっては貴重な収入源となっている。このように政府あるいはかつての人民公社が積極的に住民の生活を向上させようと努力しているが, まだその成果はあがっていないように感じられる。

とはいうものの, 以前の生活は現在と比較すると大変劣悪であった。そこで1950～60年代にかけて, 当組での生活にみきりをつけて雲南省の安寧市に移動する者が7家族にも及んだ[17]。これらの安寧市に移ったのは, 中華人民共和国成立以前に同市に移住した龍山組の元住民がおり, その住民（多くは親戚）を頼って移動して行ったのであった。

雲南省安寧市は省都昆明市の近くに位置し, 車であれば1時間もかからない。人口は約22万人（2000年統計。以下統計数値は同年度）, そのうちミャオ族は3,260人である[18]。同市には, ミャオ族の分派集団としては「大花ミャオ」族,「青ミャオ」族,「白ミャオ」族の3集団が分布している。これら当地に住んでいるミャオ族の3集団は, 以前からここに居住していたのではなく, 他所から移ってきた[19]。「青ミャオ」族および「白ミャオ」族はともに自称を「モン」（mong）と称している。両集団の日常会話は,「大花ミャオ」族と同じミャオ語方言を話している。「大花ミャオ」族は貴州省北西部の赫章県や隣接する威寧市から移ってきたものが多く, 1820年代から続々と安寧市に定住するようになった。同市では先住地とほぼ同程度の海抜高度である1,800mぐらいの比較的高所に住んでいる。

安寧市に居を構えることになった集団は, 先住地での生活が苦しかったので, 冬季の農閑期を主体に家族ともども村を離れて物乞いをしながら各地を回り歩

いた。そのうちある者が安寧市にたどり着き、その地に住みはじめたとされる。この地は水田はないものの水利に恵まれ、トウモロコシ、コムギ、ジャガイモなど主食とする作物の単位面積当たりの収穫量は高い。しかも省都昆明市に近く、交通の便も良好であるという種々の条件に恵まれている場所である。以下では、龍山組を含む牛棚鎮出身者が多数居住している集落の一つである、安寧市草舗鎮水井湾村の様子を検討していくことにする[20]。

2）移動先での生業形態

　草舗鎮は安寧市の中心安寧より車で数分の距離にある。鎮までの道路はアスファルト舗装されており、道路も良好である。草舗鎮から未舗装の道路を数分進むと水井湾村に到着する。集落は海抜1,900mほどの高さに位置している。集落の手前には小川が流れているが、周囲一面はトウモロコシ畑となっている。村の戸数は86戸、人口は286人である。5組に分かれているが、住民はすべて「大花ミャオ」族である。

　当村には、1953年から貴州省威寧市牛棚鎮一帯の「大花ミャオ」族が移って住むようになった。牛棚鎮一帯は水不足と食糧不足で、生活が非常に困難であったためである。当時水井湾村周辺では人口が少なかった。それ故、他地域からの転入もさほど問題とならなかったようである。すなわち、移動するには政府の同意の必要がなく、定着し生活ができるようになった後、政府に届ければよかった[21]。水井湾第2組に住む朱・W（83歳）も牛棚区から移動してきた（第48図）。

　朱・Wの父親の姓は「潘」であったが、「潘」姓は「朱」姓と同族であったので、中華人民共和国成立後、姓を「朱」と改めた。朱・Wの配偶者は同じ牛棚区出身の「大花ミャオ」族である。現在は4番目の息子と同居している。朱・Wは妻と2人の息子とともに1961年に牛棚区より移ってきた。一家が移転することにしたのは、同じ朱姓の2家族が水井湾村にやってきており、その一族を頼って移動してきた。理由は他の牛棚区の「大花ミャオ」族同様、用水および食糧不足によって生活できないためであった。移動することは何ら問題がなかった。その後土地を開墾し、現在では耕地（畑地）3畝を所有している。

　主要な農作物はトウモロコシで1万斤前後の収穫を得る。基本的にこの量だけでも食糧は十分満たされている。その他「黄牛」2頭、豚9頭、山羊46頭、馬2

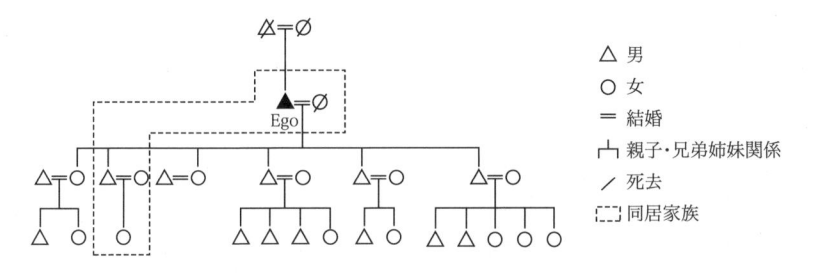

第48図　朱・W家の親族

〔出所〕朱・W家での聞き取りにより作成．

頭およびニワトリ20羽を飼っている。現金収入はこれら飼育している家畜の販売が中心である。上述のように食糧が自給できるので，先住地の牛棚区での生活よりもかなり楽となった。また近くに大規模な用水池も設置されているので，用水の不足の心配もない。これらの条件に恵まれている点が，移動してきた大きな理由である。今後は山羊を筆頭とする家畜の増加を行ないたいと思っている。当地は省都昆明市に近いためか家畜が高値で販売できるからである。

6　社会現象化する移動

「花ミャオ」族の分派である「大花ミャオ」族を事例として取り上げ，生業形態を中心に現状分析を実施してきた。「大花ミャオ」族は調査対象集落である新山村龍山組にみられるように，海抜高度の比較的高所に居住している。そのため，他のミャオ族が主食としている稲作が行なえず，トウモロコシやジャガイモを主食としている。

このことからも推察できるように，生活が非常に厳しい。そこで，人民公社時代にはクルミに代表される果樹を植林させ，その果実の販売で現金収入を，さらに鎮人民政府も1990年代後半には補助金を与えるなどして，積極的にタバコ栽培を奨励した。しかしながら，前述のクルミなどの果樹分配は各戸に10本も満たなかった。したがって，それのみでの収入では生活することが不可能であった。後者のタバコ栽培でも，旱魃や雹などの自然災害が毎年のように発生し，また燃料とする石炭代などの諸経費もかさむ。このような状況に加えて，タバコの葉は等

級別の出荷に変更された．そのことも合わせて，現在ではタバコ栽培は増加するどころか減少する傾向がみられる．

以上のような大変劣悪な条件下での生活を嫌って離村する者や家が，龍山組のみならず牛棚一帯でみられる社会現象となっている．とくに牛棚鎮では転出するのはほとんどが「大花ミャオ」族で，移転先は雲南省安寧市である．安寧市に牛棚鎮に住んでいた「大花ミャオ」族が定住することに成功したからである．ミャオ族とくに雲貴高原中・西部に分布・居住するミャオ族は，現在でもその先端はインドシナ半島北部の山岳地帯に進出しているように，移動を継続している．龍山組に住む「大花ミャオ」族も同様に移動したのであるが，その移転先が安寧市という特定の地域に集中しているという特色が認められる．つまり，安寧市から先へは現在のところ移動する予定はないようである．

安寧市に移り住んだ大花ミャオ族

(注)

1) 周知のように中国には市と称される都市には，行政区分からみると種々の行政レベルの市が存在する．すなわち北京，天津，上海および重慶の4市は直轄市と称され，中央政府の管理下に置かれ，23省とともに1級行政区あるいは省級行政区と総称される．その1級あるいは省級行政区の下の行政区分に属するのが2級あるいは地級市と呼ばれている市である．貴州省では省都貴陽市や遵義市などの省都や地方の大都市が所属している．さらにその下の行政区分として，3級あるいは県級市と称される市が存在する．この市は1978年以降に設置されたもので，以前の県の名称を廃止して市とした事例が多い．ちなみに威寧市は以前「威寧彝族回族苗族自治県」と呼ばれていた．このように自治県あるいは県から市に名称が変更になったのは，県の国民生産に占める工業生産高の向上や，非農業人口の比率の増加に伴なうためとされている（田畑ほか 2001：7）．

2) この他「青ミャオ」族も住んでいるが，非常に少ない．
3) 政府関係の賓客や外国人がミャオ族など少数民族の集落を訪問した場合，歓迎の意味をこめた村入りの儀式を行なうのが習慣である．著者らも1980年代に訪問したミャオ族やトン族などの少数民族の集落では，この種の儀式を幾度となく受けた．現在では観光客のために特別に開放されている少数民族のモデル集落において，観光客用に週末ごとに実施しているようである．なお，当村を訪問した外国人は2001年に野鳥観察のために数時間立寄った数名が最初で，著者らは第2番目の訪問者であった．そのためか，当日地元の新聞の記者やテレビのクルーが同行して取材していた．
4) 男女とも民族衣裳の上に海抜高度が高く寒いためか，美しいマント状の上着を着用している．他のミャオ族の分派集団ではこのようなマントは着用しない．通常周辺地域でマントを常用しているのはイ族だけである．それ故，マント着用はイ族の影響かとも考えられる．
5) 著者らが訪問した当日は小雨であった．そのため道路が大変ぬかるみ，歩くのが困難であった．そのため，民族衣裳で正装した若い女性に両脇を支えられながら進んだ．
6) 指導は小学校の先生とともに，鎮からの専門家がきて教えているようであった．そのため踊りは「大花ミャオ」族本来のものだけではなく，一部は現代風にアレンジしたものとなっていた．

　なお，村を去る当日も集会所前の広場で同様の踊りが行なわれた．その後，多くの住民が道路の両側に立ち並んで村の入口の所まで送ってくれた．そこで爆竹が鳴らされ，村を退散することになった．

7) その他村の幹部を補佐する職務として，婦女主任，民兵連長，共産党支部書記の3名がおり，合計6名で幹部会が構成される．なお，中華人民共和国成立前までは当村に寨老がおり，村の治安や秩序を守っていた．当村では寨老を「蘆棒」，「蘆笙」あるいは「六包六巴」と称した．「蘆棒」あるいは「六包」が正職で，「蘆笙」あるいは「六巴」はそれを補佐する副職であった．寨老は村民大会を召集したり，主宰したりする責任があり，種々の問題の調停に当たった．また，地主が村民に何かをさせる要求を出すときには，寨老を通じて通知させた．この地主はイ族でL・Fといい，牛棚鎮のほぼ全域の耕地を占有していた．新山村では「蘆棒」あるいは「六包」は朱姓の者が，「蘆笙」は王姓の者が担当する決りになっていた．しかし，この制度は中華人民共和国成立後には自然消滅した．
8) 教員の給与は月給で150元である．本来，民辦小学校は何割かを村の住民が負担することになっているが，負担しきれないので鎮の財政部が全額負担している．
9) 1953年ごろ住民が資金と労働を提供して小学校が建設された．この学校は中華人民

共和国成立以前同様，私塾であった．教員は2名で隣りの迤那鎮郷民村斗母組出身のミャオ族であった．

10) 当組の住民は誰もタバコ栽培の経験がなかった．タバコ栽培や葉の乾燥などの技術指導は牛棚区供銷社の王の下で行なわれた．

11) 当組での独自の行事は次の2行事である．

その第1は，5月5日に行なう「アイロー」(ayírō) と称ばれている「花山節」である．この祭りでは，青年男女が蘆笙踊りを行ない，愛を語る日とされる．当日は住民全員が仕事を休んで祝う．端午節に相当する．

第2は，旧暦の正月1日から4日および15日から18日の両期間に行なう祭りである．この行事は「ナウガーウェンジェ」(nougàuènjiù) と呼ばれている「姉妹節」である．「姉妹節」は他のミャオ族の分派集団でもみられる．祭りの主役は女性である．かつてはその由来譚なども存在したと推察できるが，その理由を知る者もなく，「花山節」同様の祭りとなっている．その他「アーツェ」(à zhè) という「苗年」も実施されているが，あまり活発ではない．

12) この種類のソバは，最近日本でもダッタンソバという名前で呼ばれ人気を博している．

13) さらにオオムギも量的に多くないが栽培していた．オオムギはコムギより美味だった．しかし単位面積当たりの生産性が低いので栽培を中止した．

14) タバコ栽培はその手間と，葉を乾燥させるための費用がかさむ．そのため政府が操業資金などを補助しても，龍山組の全戸が実施することができなかった．龍山組では13戸がタバコ栽培を行なったが，その後タバコ栽培農家の減少傾向がみられる．しかし，タバコ栽培を実施してない住民も，その手伝いをしている者も多い．

15) 新山組周辺の地場産業としては，当組から1km離れた中寨組で個人が経営している小規模な炭鉱がある．ただしこの炭鉱に従事しているのは当村の住民ではなく，牛棚鎮白碗村の漢民族やミャオ族5〜6人である．1957年より操業を開始している．またこの白碗村は陶器づくりでも有名で，工場も建てられている．工場は1940年代から操業しているが，陶器づくりの技術は熟練を要するので，職人はすべて地元の漢民族である．

16) 新山村には4戸が小売店を開業している．そのうち3戸が龍山組にある．当組で最も早期に営業を開始したのが楊・Hである．しかし，楊・Hは鎮に正式の登記の手続を行なっていない．他の小売店は西山組に住むイ族が1997年に開店している．

17) しかし，そのうちの2戸は移転先の安寧市で戸籍がとれず，1978年に政府によって元の龍山組に戻された．牛棚鎮では龍山組を含む新山村の住民だけが安寧市に移動して行ったが，近くの雨朵郷堂山村の「大花ミャオ」族も多数安寧市に移って行った．

18) 他の少数民族としては6,000人余りが居住するイ族があげられる．当市に分布するイ族は「黒イ」族，「白イ」族および「黄イ」族の3集団で，各々「ナス」(nasu)，「ニス」(nisu)，「スオニ」(suoni) と自称している．そのなかでも「黄イ」族は所属する住民の数が少なく，イ族の結集地域として名高い四川省の涼山地区から当地に移動してきたとされる．この集団は「黒イ」族および「白イ」族の両集団からの派生であるとの伝承を有している．
19) 「青ミャオ」族と「白ミャオ」族に関しては，一部には四川省南部から移動してきた者もいるが，多くは1770年代ごろに雲南省東南端の文山壮族自治州より移動してきた．前住地は典型的な熱帯カルスト地形で，生活するのが困難であったことが原因とされている．
20) 前項で述べた張・Dの母親の妹（オバ）が同村に移って行ったのであるが，同村の調査中には同女に会うことができなかった．なお，調査は2001年8月に実施した．牛棚鎮新山村龍山組調査のちょうど1年前であった．そのため龍山組を詳細に把握していなかったことが，同女に会えなかった理由の一つである．同行は昭和女子大学文学部田畑久夫教授であった．
21) この点は龍山組で聞いた話とは異なっている．村によっては状況が異なっていたのであろう．

付章　ベトナム北部ドンバン高原の
「白ミャオ」族の生業形態

1　少数民族地域の観光地化

　ベトナム社会主義共和国は，ユーラシア大陸東南端を占めるインドシナ半島東部に位置し，細長いＳ字型をした国家である。国土は約33.2万km²あり，九州を除いた日本の面積とほぼ等しい。人口は約7,500万人強で，そのうち90％をベトナム人（ベト（Việt）族と称す）が占めている（1996年）。しかしながら，人口は国土全体にほぼ均等に平均して分布しているのではなく，多くは北緯17度線より南すなわちかつての南ベトナムに集中している。このことから，南北ベトナム統一後，とりわけ1987年以降の「ドイモイ」（Đổi mới）政策[1]という国家としては社会主義体制を堅持しつつ，市場開放などを行なうという新政策への転換の結果，国民の生活は全般的に向上したといえるが，これまで以上に国内における南北格差が著しく目立つようになってきた。

　とくに北ベトナムはハノイという首都がおかれているにもかかわらず，南ベトナムと比較すると工業を中心とする諸産業の劣勢は非常に深刻な社会問題となっている。このような事態を克服しようとする企みの政策の一つに，世界的なツーリズムの流行に便乗するかたちで行なわれている観光開発事業があげられる。すなわち，観光地に通じる道路網の建設やホテル，ペンションを中心とする宿泊施設の建設など，観光地を観光客が訪問しやすいような基盤整備を実施することによって，主として外国人観光客の誘致を図ろうというものである。そしてそのことにより，ドルを筆頭とする外貨を稼ごうとするものであるといえる[2]。

　このように，ベトナムに代表される経済発展途上に位置する国家が極端に不足する外貨を入手する有効な手段として最近急速に脚光を浴びてきたのが，外国人観光客の誘致を目的とした観光開発事業である。その理由は，投資する資本が比較的少なくても開発が可能であるという経済的有利性に加えて，上述したように

近年ツーリズムが世界的に流行していることなどが主要なものとしてあげられる。

そこで、このような世界的な動向を受けてベトナムにおいても、政府は北部の中国雲南省との国境近くに位置するラオカイ（Lào Cai）省サパ（Sa Pa）地区を観光地としてベトナム人は勿論のこと、外国人に対しても開放した[3]。サパ地区が観光開発事業の拠点に選定された理由は、第1にインドシナ半島で最高峰を占めるファンシパン（Fan Si Pan）山（3,143m）などがすぐ背後に連なる高原（海抜高度1,560m）で、熱帯の割には大変涼しく、風景が非常に美しいという自然環境に恵まれていることである[4]。第2としては、中国ではミャオ族と称されているモン（Hmông）族、同様にヤオ族と呼ばれているザオ（Dao）族、中国でもタイ族と名乗っているタイ（Tày）族、同様にプイ族とみなされているジャイ（Giáy）族をはじめとする少数民族が周辺の山地に多数分布・居住しているからである。

すなわち、これらの少数民族は当地区の中心集落であるサパに、毎週土曜日の夜から日曜日の午前中に盛大に開催される定期市に、とくに女性が美しい民族衣裳を着飾ってやってくるからである。このように、とくに若い女性が美しく着飾って定期市にやってくるのは、そこで生活に必要な品物を購入したり、あるいは持参した品物を売却するためというよりも、異性の交際相手を探すということが主眼であると推定できる。

すなわち、毎週開催される定期市が、少数民族の若者にとっては唯一の社交場としての機能を有しているからである。それ故、定期市が開催される夜つまり土曜日の夜には多数の少数民族の若者が集合し、歌垣のような行事も行なうなど、まるで祭りのような状態となる。現在では、その様子を見学する外国人観光客が増加したため、夏季の観光シーズン中には、毎土曜日の夜半観光客目当ての大規模なフェスティバルが実施されているほどである。また、少数民族も刺繍したエプロン、指輪などの装飾品を観光客相手に販売するものも増加している。

観光客とくに外国人観光客は、これらの美しく着飾った少数民族を見学するためにやってくるのである。このように、サパ地区に多数の外国人観光客が訪問するようになり、政府指導の観光開発政策は大いに前進したのである[5]。

以上やや詳細に論じてきたように、サパ地区における観光開発事業の成功をみたベトナム政府は、他の少数民族集中地区においても、サパ地区のような観光開発を行なう準備を進めている最中である（第49図）。その候補地の一つが本章の研

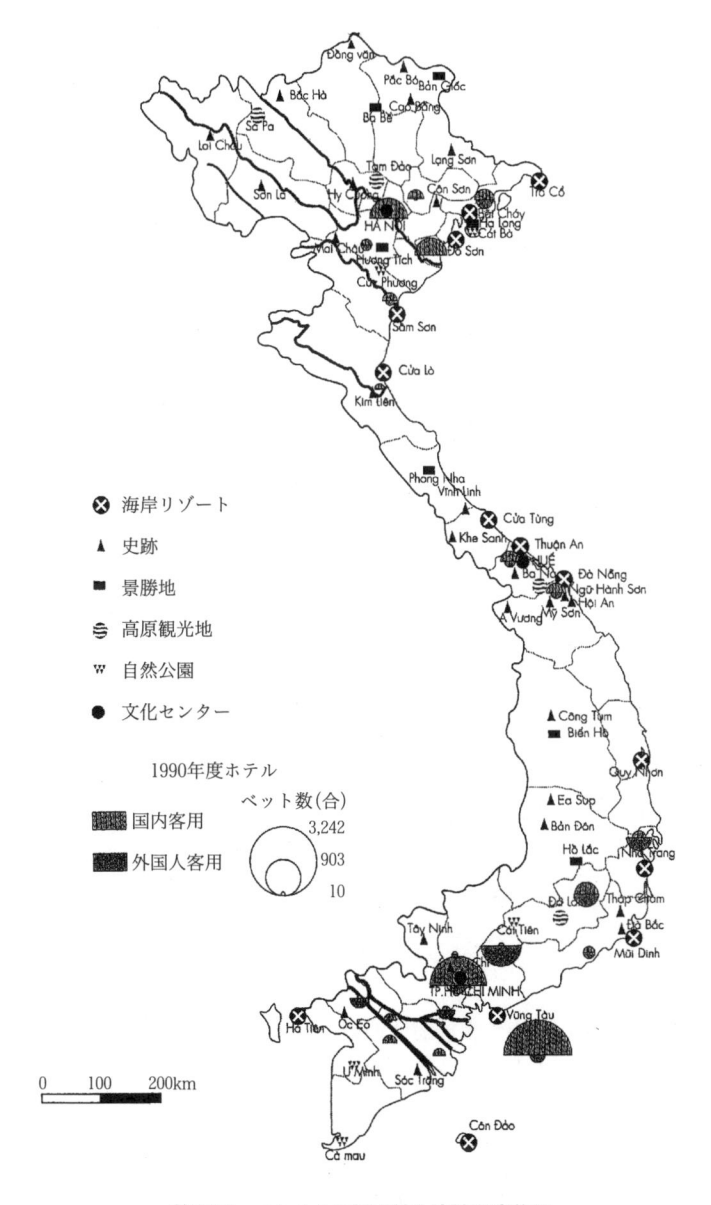

付章 ベトナム北部ドンバン高原の「白ミャオ」族の生業形態 283

第49図 ベトナムの観光地と宿泊収容施設

〔出所〕Vũ Tụ Lập, Tailard, C. (1994): *ATLAS DU VIÊT-NAM*, Redus-La Documentation Française, p. 377を一部改図.

究対象である，中国国境に面したハギャン（Hà Giang）省に所属するドンバン（Đồng Văn）高原なのである。なお，ドンバン高原は，既に指摘したことから推察されるように，ベトナム社会主義共和国成立後，外国人研究者が立ち入ってフィールドサーヴェイを実施したことがない地域である[6]。

2 ベトナム北部の自然環境——少数民族との関係を中心に——

1）インドシナとインドシナ半島

最初にインドシナとインドシナ半島とを区別しておきたい。前者のインドシナとは，かつて19世紀後半からほぼ100年間フランスが植民地として統一支配したときに用いた「インドシナ連邦」（l'Union Indochinose）という政治的な境界に由来するもので，現在のベトナム，ラオス人民共和国，カンボジア王国の3カ国をその範囲とする[7]。一方，後者のインドシナ半島とは，上掲の3カ国に加えてミャンマー連邦，タイ王国，マレーシア，シンガポール共和国を加えた地理学的な用語といえよう。本章で対象とするベトナムは，それ故インドシナ半島の一部を構成する国家と位置づけておくことにする。

ベトナムを含むインドシナ半島は，地理的あるいは文化的な側面からインドと中国との接触・過渡地であった。この点は，インドシナ半島という地名からも類推できる。同様のことはインドシナ半島に分布・居住する諸民族についてもいえる。例えば，インド文化を受容して高度文明をもつに至ったものとしては，クメール族に代表される民族集団があげられる。また，中国文化の強い影響下に高度文明を築いた民族集団としてはベトナム人（ベト族）が代表としてあげられる。

2）自然環境が厳しい少数民族居住地域

ベトナムは既述したように，北緯17度線を境にして南部および北部に大きく二分される，いわゆる政治的な区分が現在でもよく使用される。しかしながら，地形を中心とした自然環境からみれば，北から順に北部（トンキン），中部（アンナン），南部（コーチシナ）という3分類が妥当であると思われる。このような分類はベトナム人研究者の間でも行なわれ，それぞれの範囲を次のようにしている。すなわち，北部とはトンキン（Bắc Bộ）湾北部および北東地域，中部とはクイ

ニョン（Quy Nhơn）の北西および北方を中心とした地域，南部とはクイニョンの南でメコンデルタを中心とした地域をそれぞれさしている（Nguyễn 1995：64-72）。

とくにベトナムに分布・居住する少数民族の場合，生活の経済的基盤となる生業形態や風俗・習慣などに代表される文化要素をはじめとする生活様式（genre de vie）の大部分が，地形，気候，植生などを中心とする自然環境に左右されているという事実が存在する。

というのは，ベトナムに限らず他の国家や地域においても，以下に述べるようなことが該当すると考えられるからである。すなわち，例えば平野のような土壌の肥沃な平坦地，良港に恵まれた海岸，大河川の渡河点や合流点などに代表される優れた地形条件，あるいは快適な平均気温と充分な降水量を典型とする気候条件などの自然環境のみを考慮しても，人びとが生活するための条件が整っている地域には，中国における漢民族，ベトナムにおけるベトナム人（ベト族）などというように，それぞれの国家や地域で多数派を占め，これらの民族が政治・経済・文化などあらゆる方面において中心的な役割を担っているという共通した特色が指摘できる[8]。

ベトナムの場合，本章の研究対象民族であるモン族などに代表される少数民族は，紅河（ホン川）やメコン川の両河川の下流域一帯に大規模に形成された三角州（デルタ）などの土地条件の非常に良好な地帯において，一部の少数民族[9]を除くと，ほとんど居住することができず，多数派を占めるベトナム人の占有地帯となっている。

一方，紅河，メコン川の上流の河谷やラオス・中国との国境線沿いの山岳地帯においては，少数民族が卓越して分布・居住している。少数民族の主要な分布・居住地域は高原あるいは山岳地帯となり，水田稲作には適さない土地条件の大変劣悪な地域がその大部分を占めている。これらの少数民族が主として分布・居住する地域は，一部の山間盆地や河谷平野を除き，山腹斜面を造成した棚田あるいは段々畑での農業が主体となるが，いずれも農業用水として天水に依存しているため，旱魃などの自然災害にあうことが多く，収穫量の年度による格差が大きい。

また，単位面積当たりの収穫量も，三角州における水田に比較すると，地域によって異なるが約半分にも満たない場合も存在する。さらに，天水に依存してい

るため,乾季を中心に農業用水の確保が非常に困難である。そのため,三角州で実施されている米の二期作あるいは三期作は望めない。そのため,政府の禁止政策を無視して行なってきた焼畑農業に従事する人びとも少なくはない。

このように,少数民族の主要な分布・居住地域は自然環境が大変厳しいので,少数民族の中には居住地域を離れ,ベトナム最大の人口を誇るホーチミン市や首都ハノイ市に職を求めてやってくる人びとも多い。しかし,両都市においても,これらの人びとを収容するだけの産業が発達しておらず,両市周辺には少数民族が多数混在したスラムが形成されつつあるという状況となっている。少数民族の中でもモン(苗)族,ザオ(瑶)族などの一部の少数民族は政治的難民として,アメリカ合衆国を筆頭に数カ国で生活を送っている。これらの難民はベトナムだけではなく,ラオス,タイなどに居住するモン族やザオ族においてもみられる現象である。

以上述べたように,ベトナムの少数民族が主として分布・居住する地域の自然環境は非常に劣悪な場所がほとんどである。そのため,人びとは非常に困難な生活を送っており,大きな社会問題となっている。

ユネスコでもこの問題を重視し,例えばドンバン高原に分布・居住する少数民族の集落には,1990年以降最低でも一つのコンクリート製の水槽を寄贈し,住民たちの飲料水の確保に努めている。しかし,多くの集落では冬季の乾季には,この水槽にも水がほとんどないという状態である。つまり,水槽には近くの水源(多くは山腹から出る湧き水)から引いた水がためられているが,雨季直前にはこの水槽も枯れてしまう。一方,ベトナム政府もこれらの少数民族地帯には数集落に1カ所ずつ,非常に小規模であるが小学校を設置し,数人のベトナム人教師をそこに宿泊させ,教育に当らせている。なお小学校では,夜間を中心に少数民族の成人女性などに,ベトナム語の学習を含む成人学級を開校している。

しかしながら,例えば,既に指摘したようにこれら少数民族が主として分布・居住する地域は景勝地が多いため,政府は観光開発事業に投資し,少数民族地域の文化・経済の向上を計ろうとしている。次に研究対象であるベトナム北部の自然環境を検討していくことにする。

3）ベトナム北部の河川と地形環境

ベトナム北部の地形は，海岸部に伸長した紅河三角州[10]（Sông Hồng Delta）を中心とした平野部と，東北部および北西部を中心とした山岳地帯に大きく二分することができる（第50図）。

平野部の中心となっている紅河三角州を形成する紅河は，その河川が運搬する鉄分の多い泥土の色にちなんで，このように呼ばれることになったという。紅河は古来より多量の土砂を河口のトンキン（Bắc Bộ）湾に堆積し，形成された三角州の面積は約2万km^2にも及ぶ広大なものである（第51図）。しかし，第51図においては認めることができないが，三角州の内部には石灰岩の岩丘が散在して露出するという特異な景観がみられる。とくにトンキン湾北部に位置するハロン湾[11]付近は，沈降性の海岸で，石灰岩の大小1万の奇岩からなる3,000もの島々が連続して点在し，ベトナム最大の景勝地となっている。これらの奇岩は，熱帯カルスト地形特有の円錐状をした山地が沈降し，その頂上付近のみが海上に出ているというものである。

紅河は，ベトナムに隣接する中国雲南省にある海抜高度2,000mに位置する洱海（アルハイ）の南方から流れ出し，トンキン湾に流れ込む。その全長は1,149kmで，ベトナム有数の大河川である。また紅河は，上流から河口まで北西から東南方向にほぼ一直線に流れるという特徴を有している。さらに紅河は，雲南省の曼耗（マンハオ）からベトナムのイエンバイ（Yên Bai）付近までは非常な急流となっている。このイエンバイまでが中流である。そしてそれ以降の流路が下流となるが，ビェトリ（Việt Trì）までは両岸周辺に河谷が発達し，流れが急でなくなる。ビェトリ付近では紅河の二大支流が合流する。すなわち，右岸に合流するのはライチョウ（Lai Châu），モンラ（Mường La）などの地方中心地を経由する黒河（Sông Đà），左岸に合流するのはハギャン（Hà Giang），トゥンカン（Tuyên Quang）などを経由する錦江（Sông Gấm）の2河川である。

このようにビェトリは，黒江，錦江という紅河の二大支流の合流地点であるとともに，紅河が山間部を出て，三角州にさしかかる地点でもある。紅河三角州はこのビェトリを頂点とし，東北山地および北西山地を両翼，トンキン湾を底辺とする一辺が約160kmの正三角形をした平野である。なお，紅河三角州は，頂点をなすビェトリ付近においても海抜高度がわずか11mにすぎない。また，海岸から

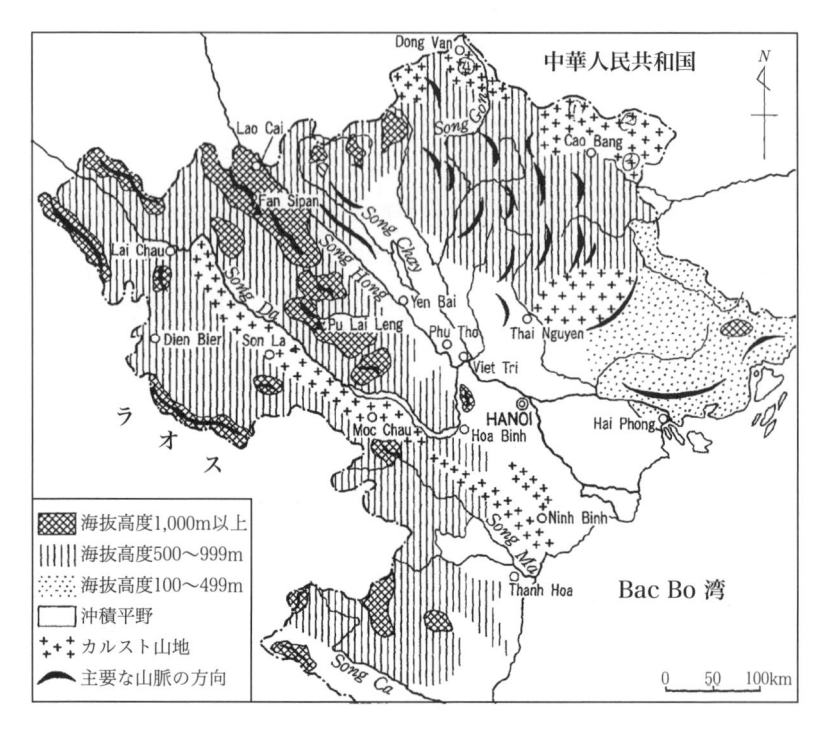

第50図 ベトナム北部の地形

〔出所〕Nguyễn Trọng Điều (1991): *Geography of Vietnam*, Thế Giới Publishers, HANOI, p. 16-17の図などより作図.

　直線距離で100kmも離れている首都ハノイでも，海抜高度は約6mである（菊池 1988：263）。

　この三角州は，前述した通り，ベトナムの主要な居住地域となっており，ベトナム民族と文化の発祥地ともいえる。現在では，水田がこの三角州の全域にわたってまるで市松模様のように広がり，その合い間に竹の垣などに囲まれた伝統的なベトナム人の集落が点在している。

　以上述べたような特色を有する紅河三角州に対して，紅河中・上流域は各々中国およびラオスとの国境地帯となっている。さらに，この地域は少数民族の主要な分布・居住地域でもある。次に，紅河によって北東および北西部に大きく2区分される山岳地帯について検討を行なうことにする。

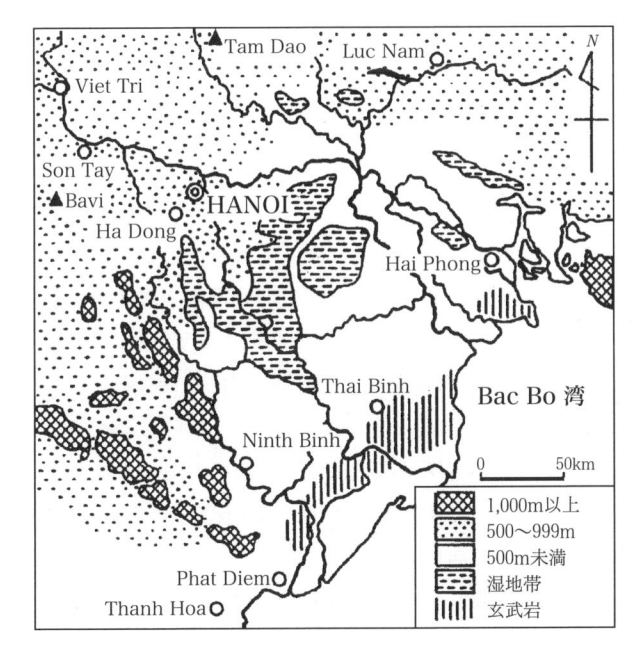

付章　ベトナム北部ドンバン高原の「白ミャオ」族の生業形態　289

第51図　紅河三角州（トンキンデルタ）の地形

〔出所〕Nguyễn Trọng Điều (1991): *Geography of Vietnam*, Thế Giới Publishers, HANOI, p. 23の図を一部修正.

　ベトナム北部の北東部は中国雲南省との国境地帯となっている。この地域は紅河左岸の河谷にみられる小規模な平坦地を除き，大部分が山間部や高原からなる山岳地帯となっている。この山岳地帯は石灰岩性の丘陵性山地が大部分を占めている。そのため，平均海抜高度は1,000m強であり，高峻な山岳地帯とはいえない。

　しかし，これらの山地の多くは長期間にわたって雨水による侵食作用を強力に受けた結果，前述のハロン湾と同様に，多くの奇峰が林立したり凹地がその間に点在するカルスト地形の景観が多くみられる。

　このタイプのカルスト地形は，既に指摘したようにわが国の山口県秋吉台などにおいて典型的にみられる温帯カルスト地形とは異なり，熱帯カルスト地形[12]と総称されるものである。熱帯カルスト地形においては，例えば中国雲南省の石林などと同様の稜線の切り立った露岩の塊が所狭しと林立しているピナクル（針状峰）や，傾斜の急な円錐状をした円錐丘，円錐丘の山腹部に飛行機の操縦席のよ

うな形をした溶食凹地であるコックピット，さらには平地から急に突出して急な傾斜をなして塔状に聳える残丘群であるタワーカルストなどのカルスト山地をはじめ，ドリーネ，ウバーレ，ポリエなどのカルスト凹地が卓越する。

これらの北東部におけるカルスト山地は，カルスト地形を代表する凹地である前述のドリーネ，ウバーレ，ポリエの周辺において外輪山のように位置し，とくに円錐丘が東回りで北が高く南に行くに従って低くなるというように，ほぼ等間隔で規則正しい配列に並んでいる。とりわけ北東部の山岳地帯においても，カオバン（Cao Bằng）省の省都カオバンの北西部にあるビンラン（Binh Lung），同北東部に位置するチアリン（Trà Linh），同東南部にみられるドンケ（Đông Khê）の3高原は，この事例である。

これらの熱帯カルストの土壌は農業には適さない不毛な土地が多いため，人口密度は非常に低い。しかし，ヌン族，ロロ族（中国ではイ族），トゥー族，モン族などの少数民族が分散して居住している。なお，これらの少数民族の主食はトウモロコシで，大変急な山腹斜面を利用した傾斜地に栽培している[13]。

北西部も同様に山岳地帯が大半を占める。この地方には二つの山地が形成され，ともに紅河とほぼ同一の北西から東南方向に走っている。その一つは，紅河と黒河との間に位置し，両河川に沿って形成された大山脈である。前出のファンシパン山などの高山もこの山脈中に含まれている。他の一つは，黒河の西部に位置するソンラ（Sơn La）高原である。この高原は延長200km，幅15〜25kmにも及ぶ広大なもので，北から南に従って低くなっている。ソンラ高原には粘土質の盆地が多いが，一部にはカルスト地形もみられる。このカルスト地形が分布する地帯にはモン族が主として分布・居住している（菊池 1988：46-49）。なお，北東部のカルスト地帯も同様であるが，その地形が卓越した地域を流れる小河川は，ポリエなどと称される石灰岩質の高原のすりばち状の凹地では，ポノールと称されている石灰岩が溶食された穴に入り地表から消える。そして長い地下を通って下流部に流れ，再度地表を流れる河川となる。このような凹地は，前記のモン族などの少数民族の主要な居住空間となっている。

なお，ベトナム北部の北東部および北西部を流れる紅河およびその最大支流である諸河川の流路はすべて北西から東南方向に向かって流れている。このように諸河川の流路が，一定しているのは，山岳地帯が褶曲運動によって形成されたた

第26表　ベトナム北部の気候の季節的特色（ハノイ）

季節帯＼事項	月(月)	特　色	平均気温(℃)	降水量(mm)
1. 雨　　期	5～9	猛暑,湿潤,雷雨	27.4	1,200
2. 乾　　期	11～1	冷涼,乾燥	18	160
3. クラサン	2～3	霧雨	17.5	70
4. 移　　行	4, 10	スコール	22～25	80～180
年　　　間			23	1,690

〔出所〕Bouault, J. et Lataste, C. (1927): *Géographie de L'Indochine*, Vol. 1, p. 8.

めに，諸河川がその向斜軸方向に沿って流れているためとされる（渡辺 1961：41-46）。なお，褶曲の背斜軸に当たる部分は削剥されて準平原となり，その後再度隆起したものとみなされている。

4）ベトナムの気候環境

　ベトナムの気候は地形と同様に地域的な変化が著しい。その理由は，国土が南北に細長いS字形をしていることによると思われる。ベトナムでは一般に北半分は温帯，南半分は熱帯に所属しているといわれている。また，南部に行くほど乾・雨季の区別が明確に感じられる。ベトナム北部を含むベトナムの北半分の気候は，ドイツの著名な気候学者ケッペン（Köppen, W.）の気候区分でいえば，温帯の中でも隣接する中国雲南省やタイ北部と同様に，温帯夏雨（Cw）気候区に所属している。その中でもベトナム北部は，次の四つの季節帯に分けられる（第26表）。

　第1の季節帯は5月から9月にかけてである。すなわち，5月になると南シナ（南海）海から南東風が強く吹き込んでくる。この夏のモンスーンが到来するからである。日中は40℃近くにも上昇する高温の日が連続し，湿度も非常に高い。とくに盛夏となる7～8月の両月だけでも，年間の降水量の33％強に当たる600mmの雨量があるとされる。このような雨季は9月末まで続くことが多い。そのため，北東および北西の山岳地帯に通じる主要路である国道が，豪雨による土砂くずれのため毎年のように寸断されるという状態となる。したがって，山岳地帯にある少数民族の集落は交通手段が遮断され，この季節は陸の孤島と化してしまう[14]。

　しかし，時には大陸上空にあった低気圧が強まり，その影響で紅河三角州上空に張り出していた低気圧が遠のくと，暑いが乾燥した北東風が紅河三角州地帯を

襲うこともある。そうすると，紅河三角州を中心とした地域においては気温は著しく上昇するが，降雨がなくなり湿度が大幅に低下する。このような天気が連続すると，雨季といえども旱魃が発生することもある。

　第2の季節帯は11月から翌年の1月にかけてである。この季節には冬のモンスーンが吹く。このモンスーンは，バイカル湖上のシベリア高気圧がインドおよびインドシナ半島南部の低気圧に大いに影響されて吹く，北風である。そのため，気温が非常に低くなる。また湿度も比較的低く，晴天の日が続く。しかし，この期間の数日間は，中国南部に張り出した低気圧の影響で午前中は気温が下がり寒いが，午後になると南東から暑い風が吹き込むことがある。このような気象条件が備わると，日中は短かい夏のような暑い天気となる。

　第3の季節帯は2月と3月にみられる気候である。この季節帯の特徴はとくに紅河三角州地帯にみられ，そこでは「クラサン」(crachin) と呼ばれている霧雨である。「クラサン」が発生するには，シベリア高気圧が南方に張り出していたのが北方に方向をかえ後退することから始まる。このシベリア高気圧が後退すると，インドシナ半島上空の低気圧はその影響のため，東南方向のゆるやかな暖風となり冷えた三角州上空を吹き抜ける。そうすると天空は一面雲におおわれ，非常に雨量の少ない霧雨となる。しかし，湿気を多量に含んでおり，飽和点に達するほどである。

　霧雨つまり「クラサン」の雨量は量的に多くないが，「クラサン」の雨量によっては紅河三角州では五月米の収穫が可能となる。紅河三角州では，稲作は一般に二期作である。すなわち，5月からの雨季によって播種され，6月末から7月上旬に田植え，10月ごろに収穫される秋作が10月米と称されるのに対して，「クラサン」を利用する1月に播種，5月から6月にかけて収穫する夏作は5月米と呼ばれる（菊池 1988：265）。

　第4の季節帯は4月および10月に典型的にみられる，移動性の気候である。すなわち，4月になると夏を告げる雷が雨を伴って鳴りはじめ，10月になると冬季の到来を予告する霧が発生する日が増加する。このように両月は，日々の天気が非常に変わりやすい月である。なお，北東部および北西部の山岳地帯では冬季の寒さがとくに厳しく，温度が氷点下になることも多い（Bouault, J. et Lataste 1927：1-10）。

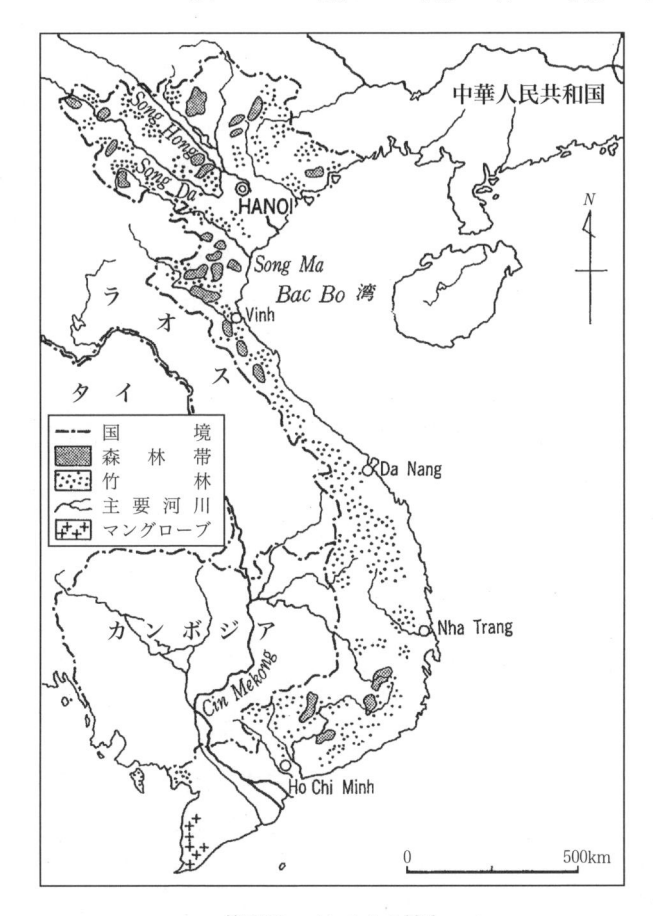

付章　ベトナム北部ドンバン高原の「白ミャオ」族の生業形態　293

第52図　ベトナムの植生

〔出所〕Nguyễn Trọng Điều (1991): *Geography of Vietnam*, Thế
　　Giới Publishers, HANOI, p. 57の図を一部改変.

　以上述べたようなベトナム北部に代表される気候条件のため，ベトナム全域に
おいては長期間戦場と化したにもかかわらず，植生は非常に豊かだといえる。つ
まり，一部のカルスト山地を除く山岳地帯を中心に温帯林がよく繁茂し，海岸の
一部ではマングローブもみられる。またベトナム北部では竹林の分布が著しい(第
52図)。
　とくにベトナム北部の植生で目立つのは，海抜高度700〜1,500mにかけての地

帯である。この高度に達すると熱帯林が姿を消し，広・針混交林の雑木あるいは疎林が中心となる。この森林が焼畑の対象となる。そのため多くの森林は伐採されてしまい，土壌侵食も著しい。それ故，森林が密集している山地が減少し，発育不完全な小灌木のみとなっている山地や，さらには山地全体が草地となってしまっている状態も存在する（Nguyễn 1995：57-63）。

以上検討を加えてきた地形・気候・植生などの自然環境の下で，多数の民族集団が分布・居住している。その主要な分布地域は，山岳地帯とその山岳地帯から流れ出した河川によって形成された河谷平野である。

3　ベトナム北部の少数民族の特色

1）少数民族の概要
①ベトナム成立の歴史と住民

ベトナム社会主義共和国が成立したのは，1976年に第2次インドシナ戦争（対米戦争，いわゆるベトナム戦争）に勝利し，ベトナム共産党が実権を掌握して以来のことである。それ以前は，一時期日本軍の進駐時代（1940〜45年）をはさんで，比較的長期間フランスの植民地であった。フランス軍は1882年にハノイを占領し，これ以降ベトナムはフランスの保護下に置かれた。つまり実質的にフランスの植民地と化した。そして，フランスによる植民地支配は，1954年3月有名なディエンビエンフー（Điện Biên Phủ）の戦いでフランス軍の劣勢が決定的なものとなるまで続いた。

フランスの植民地後においては，南北に細長いベトナムの国土をほぼ南北に二分する北緯17度線を境にして，ベトナムは南北に分割されることになった。この南北ベトナムを統一したのが，前述のベトナム社会主義共和国である。

このような歴史が存在するので，ベトナムを区分する場合，北緯17度線を境にして南北に二分する，いわば政治的な区分が現在でも使用されることが多い。しかしながら既に指摘したように，地形などをメルクマールとした自然環境からみれば，トンキン（Bắc Bộ）湾北部およびベトナム北東端の山岳地帯を中心とする北部，ダナン（Đà Nẵng）を主体とする中部，メコン川下流をその範囲とする南部の3地域に区分することができる。

一般にベトナムに居住する少数民族は，他の地域や国家に居住する少数民族と同様に，地形・気候・植生などを主体とする多様な自然環境にうまく対応する形で生活を営んできた。しかし，このことは言い換えれば，ベトナムの少数民族の生活が居住している周辺地域の自然環境に大きく左右されているということを意味している。

　以上の点を踏まえて，本章ではベトナムの少数民族を自然環境による区分に従って北・中・南に3区分し，その中でも調査対象地域であるドンバン高原が含まれるベトナム北部の少数民族について論を展開していくことにする。

　ベトナムの人口は約7,080万人（1992年人口センサス集計）であるが，そのうち約87％が狭義のベトナム人とされるベト（Việt）族である。その他タイ（Tày）族，ターイ（Thái）族，ムオン（Mường）族を筆頭に合計54の民族集団が存在する。この54という民族集団の数値は，ベトナム政府が正式に承認したものである。つまりこのことは，中華人民共和国と同様に，政府に申請しても承認されなかった集団も存在するのではないか，と推察できる。

　なお，大多数を占めるベト族を合わせて54という民族集団の数値は，中国の場合の漢民族を含む合計56の民族集団とほぼ等しい。つまりベトナムの民族集団の認知については，中国に対抗するという政治的な配慮が存在しているのではないだろうか。この点については，前述のベトナム政府に承認されていない民族集団が実在するのではないか，という議論とは矛盾したことになるが，ベトナムにおいて少数民族として承認されているオーデュ（O'-đu）族の人口が100人，ブラウ（Brâu）族およびプペオ（Pu Péo）族の人口がそれぞれ250人（1992年人口センサス集計）というように，大変小規模である。それにもかかわらず，少数民族として承認されていることからも類推できる。

　それ故，ベトナムの少数民族が53であるという数値は固定されたものではなく，政府あるいは国家の政策の変更などにより，新しく少数民族として識別される場合や，逆に少数民族という承認が取り消される可能性も存在するが，「このような名称（nomenclature）に関しては，多くの問題が将来において討議されるべきである」（Dặn・Chu・Luu 2000：2）と記されているように，現在のところ変更されないようである。

②民族分布の特徴

　ベトナムにおける民族分布の特長は，前項で述べたように，九州島を除いたわが国の面積とほぼ等しい（約33.2万km²）という狭小な国土の中に，非常に多くの民族集団が存在することである（第53図）。このことは，ベトナムが「民族の十字路」と称せられている東南アジアの一角に位置するという地理的条件に大きく起因するものといえる。

　つまり東南アジアは，例えばタイ（傣）族に代表されるように中国の雲南省より南下した民族集団と，ヒンズー教徒やイスラム教徒にみられるように西方から東南アジアに移動してきた集団が交叉する地域であることから，このように呼ばれることになったのである。つまり，ベトナムを含む東南アジアは，歴史的にみても多くの民族集団の興亡の舞台として存在してきたといえるのである。

　このような経緯もあって，多くの民族集団がベトナムに分布・居住することになったのである。現在ベトナムにおいては，少数民族は多数派であるベト族とは異なる権利が保障されている。すなわち，この権利は隣国である中国と類似しているものであるが，ベトナムに居住する各少数民族は，その人口規模などに関係なく，ベトナム社会主義共和国の公民としての市民権を有すると同時に，それぞれの民族戸籍を所有している。

　このように民族戸籍を所有している住民すなわち少数民族に関しては，すべて均等とはいかないが政府が一定の優遇政策をとっている。具体的な事例としては，ベトナム北部の少数民族地帯にみられるように，各集落ごとに小学校を設置し，その隣りにベト族などの教員を数名住まわせ，少数民族の教育向上を進めている。それと同時に，女性を中心とする成人学級も小学校で開講し，すべての国民が読み書きできることを目ざしていることなどがあげられる。

　ベトナムの民族集団の中で大多数を占めるベト族は，既出の第53図からもわかるように，国土のほぼ全域にわたって分布・居住している。それに対して少数民族は，北部と中部・南部において居住する民族集団の言語系統が異なっているという特色が存在する。

　とくにベトナム北部においては，53の少数民族中約60％を占める32の民族集団が，北西部の山岳地帯を中心に分布・居住している。これらの少数民族は，それぞれの少数民族が使用している言語系統により，「オウストロアジア語族」，「オウ

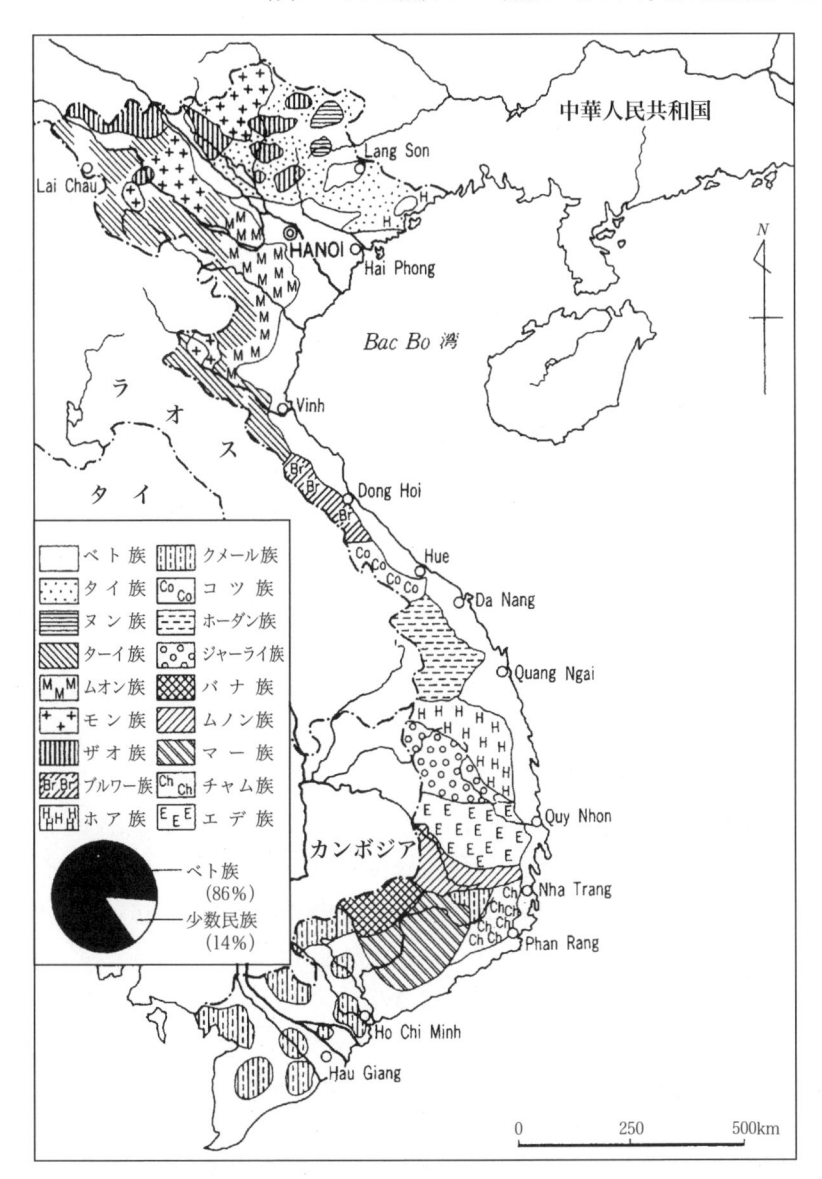

付章　ベトナム北部ドンバン高原の「白ミャオ」族の生業形態　297

第53図　ベトナムの主要民族分布

〔出所〕Đặng Nghiêm Vạn, Chu Thái Sơn, Lưu Hùng (1993): *Les Ethnies Minoritairex du Vietnam*, Thế Giới Publishers, HANOI, 付図を一部簡略化して作成.

ストロネシア語族」および「漢・チベット語族」に大きく3分類される。しかしながら、これらの言語系統からみた少数民族の分類に関しては、ベトナムが植民地化されていた当時のヨーロッパの研究者による区分を基本的には踏襲していると思われ、現在の研究成果からみれば疑問視される分類が使用されているからである[15]。

ベトナム北部では、「オウストロアジア語族」と「漢・チベット語族」に所属する民族集団が中心となっている。これらの民族集団は、中国南部の雲南省や貴州省などから南下してきたとされる。その理由としては、人口増加に伴う耕地不足のため、チャオプラヤ川、メコン川、紅河などの大河川を下ってインドシナ半島の山岳地帯に定着した。

ベトナム北部の山岳地帯に定着した集団は、主として紅河河谷に沿ったり、あるいは山伝いに雲貴高原から下ってきたものがほとんどである。このように、ベトナム北部に分布・居住する少数民族の大半は、隣国中国の雲南省や貴州省から河谷やあるいは山伝いにベトナムに南下してきた集団である。それにもかかわらず、ベトナム人の研究者は、従来よりタイ族、ターイ族、モン（ミャオ）族、ザオ（ヤオ）族などを「オウストロアジア語族」の集団として分類してきた。

なお、このように河川の上流域の山岳地帯に分布・居住している民族集団が、それぞれの居住地での人口が増加すると、生活条件の良好な地域を求めて、河川の中・下流に移動するということは、一般的にみられる現象であるといえる。この人口増加以外の理由としては、これらの民族集団が居住していた雲南省や貴州省などの中国南部における地域に、主として明王朝時代（1368〜1644年）以降屯田兵として朝廷より派遣された漢民族の集団が進出することになった。その結果、耕地を漢民族に奪われたミャオ族やヤオ族などの先住民は、新天地を求めて南下せざるを得なくなったからである。

漢民族の屯田に対して、1442年に広西省北部の大藤峡で発生したヤオ族とチワン族を主力とする少数民族連合軍の大蜂起、1449年のミャオ族の反乱などの少数民族の反抗や反乱が続いた。しかし、これらの反抗や反乱はすべて失敗に終った。そのため、その弾圧を避けるためにミャオ族・ヤオ族などの少数民族の一部が南下したことも、理由の一つとしてあげられる。また、反乱に参加したこれらの少数民族の一部は、南下せずにより条件の劣悪な山岳地帯に逃げのびた。

③民族集団と居住地の分布

　さらにベトナム北部に分布・居住する民族集団の特色としては，彼らの居住地の分布が民族集団としての人口規模が小さい集団のほうが，海抜高度が高い劣悪な場所に居住する傾向が顕著にみられる[16]。一方，土地条件が比較的良好な山間盆地や河谷には，ターイ族などに代表される人口規模の比較的大きい民族集団が居住している。さらに，海抜高度が低い，紅河下流に発達したトンキンデルタなどの地味の大変肥沃で水利に恵まれている地帯には，多数派を占めるベト族が分布・居住している。北部の少数民族としては，「オウストロアジア語族」ではムオン（Mường）族やヌン（Nùng）族など，「漢・チベット語族」ではホア（Hoa，漢）族やサンデュ（Sán Dìu）族などがあげられる。

　これに対して，中部や南部においては「漢・チベット語族」に所属する民族集団がほとんどみられないという点が共通している。その代わり，「オウストロアジア語族」に所属するモン・クメール語系の集団およびメラネシア・ミクロネシア・ポリネシアなど南太平洋上に浮かぶ島嶼の住民との関係が深い「オウストロネシア語族」に属する少数民族が主として居住している。前者の例では，中部に分布するコツ（Cơ-tu）族やジェチェン（Gié-Triêng）族，後者では中部に居住するジャーライ（Gia-rai）族やチャム（Chăm）族などが代表とされる。

　以上述べたように，ベトナムにおいては国土が極端に南北に細長いという地理的条件などから，北部および中・南部に分布・居住する民族集団の言語系統にはかなり明確な相違がみられる。この点は，北部の少数民族の多くが国境線を長く中国と接していることなどにより，中国から南下してきた集団が多数みられるのに対し，中・南部に分布・居住する少数民族は南太平洋上の島嶼の住民との関係が深い集団が大半を占めているというように，それぞれの集団の発祥地（起源地）が異なっているからである，と推定できる。

　なお，このように北部と中・南部においては分布・居住する民族集団の言語系統の相違がみられるのである。この点に関しては人口についても同様で，北部ではターイ族が約120万人，タイ族が約100万人というようにその規模が大きい集団が居住している。人口が約90万人を占めるクメール（Khmer）族は中・南部にも比較的多く居住するが，第27表にみられるようにその大半は北部に分布・居住している。

第27表　ベトナム北部の主要な少数民族

名称		人口(概数)	言語系統
タイ	Tày	1,190,000	AA①
ターイ	Thái	1,040,000	AA
ムオン	Mường	914,000	AA
ホア	Hoa	900,000	ST
クメール	Khmer	895,000	AA
ヌン	Nùng	705,000	AA
モン	Hmông	558,000	AA①
ザオ	Dao	474,000	AA①
サンチャイ	Sán Chay	114,000	AA
サンデュ	Sán Dìu	94,630	ST
トー	Thổ	51,000	AA
コームゥ	Khỏ-mu	43,000	AA
ジャイ	Giáy	38,000	AA
ハニ	Hà Nhì	12,500	ST
シンムゥン	Xinh-mun	11,000	AA
ラオ	Lào	10,000	AA

AAはオウストロアジア語族，STは漢・チベット語族．
①の民族は中国では漢・チベット語族に分類されている．
〔出所〕Lê Sỹ Giáo (1995): *Dân Tộc Học Đại Cương*, Nhà Xuất Bản Giáo Dục, pp. 129-134より作成．

2）ベトナム北部の少数民族

①最も多くの人口を擁するターイ・タイ族

　ベトナム北部の地形は，わが国ではトンキンデルタと称されることが多い紅河三角州（Sông Hồng Delta）を中心とした平野部と，東北部および北西部を中心とした山岳地帯に大きく二分することができる。前者の紅河三角州がベトナム人（ベト族）の主要な居住地となっている。すなわちベト族は，紅河三角州とその周辺に形成された遊水地などが多数存在する低地に多く居住し，二期作を主体とする水田耕作に従事する他，ハノイなどの大消費地近郊では野菜やサトウキビなどの換金作物を中心とする近郊農業を行なっている。これに対して，後者の中国およびラオスとの国境地帯となっている東北部および北西部にまたがる山岳地帯は，多くの少数民族が分布・居住しているという意味で，少数民族の宝庫として知ら

れている。

　これらのベトナム北部の東北部および北西部に分布・居住する少数民族の中でも，最も多くの人口を擁する集団は，ターイ族およびタイ族を中心とするターイ・カダイ語系の民族である[17]。すなわち，山岳地帯に分布・居住する少数民族の中で，この言語系統に所属する民族集団だけでも約75%以上を占めているとされる（菊池 1988：71）。しかもそれぞれの集団は，海抜高度200〜600mのところに分布・居住しているが，ターイ族の一分派である「黒ターイ」族は紅河とその支流であるマ川との間の山間部に，また同分派の「白ターイ」族はラオカイ省やライチョウ省というように明確な地域的な住み分けがみられる[18]。

　これらのターイ・カダイ語系の集団は，現在では山間支谷において水田稲作を行なっている。この集団の水田稲作は，田起こしなどの作業に水牛を主として使用する点など，平野部において水田稲作に従事するベト族と共通している。しかし，高地にある関係からか収穫は1年1作である。また家屋は高床式で大規模なものが目立つ。それ故，山間支谷においてこのような高床式の大家族があれば，この集団のものであるとみなすことができる。つまり，ターイ・カダイ語系の集団は，北部の山岳地帯においても比較的肥沃な地域に居住しているといえよう。

　しかし，同じ言語系統に所属するヌン族は，ターイ族やタイ族が11世紀頃に中国雲南省から南下してきたとされているが，遅れて16世紀頃に同様に雲南省から南下してきたために，山間支谷の肥沃な低地は先住のターイ族やタイ族に占有されてしまった。その結果，ヌン族は海抜高度500〜600mの比較的高所の山間部に分布・居住している。彼らは山腹斜面を開発して棚田や段々畑を造成し，水稲やトウモロコシを主として栽培している。

②焼畑を行なうザオ族

　ターイ・カダイ語系に所属する集団より高所（海抜500〜600m）は，ザオ族の主要な生活空間となっている。この集団の人口は，北部に居住する少数民族の10%に達するといわれている[19]（菊池 1988：71）。この集団は，隣接する中国広西壮族自治区の山間部から山伝いにベトナムに移動し，定住するようになった。ベトナムへの来住の時期は数回にわたったとされるが，17世紀の明王朝時代に最も多かったとされる[20]（菊池 1988：58）。

　彼らの主要形態は焼畑経営である。すなわち，ザオ族は伝統的には山腹斜面を

焼き，その灰を唯一の肥料として粗放的な農業である焼畑に従事してきた。そして数カ年（3〜4年）経過すると土壌の生産力が減少したり，除草を行なわないため雑草が増加する。耕作している耕地がそのような状態になれば，新しい耕地を求めて移動するという移動生活を行なっていた。このように，焼畑農業を行なう新たなる耕地を求めて，中国の広西壮族自治区からベトナムを含むインドシナ半島北部の山岳地帯に移動してきたのであった。

しかしながら，移動先であるベトナムなどにおいては，広西壮族自治区の場合と同様に，焼畑終了後の山腹斜面において，一部では非常に立派な棚田を形成することもみられるが，そのような棚田は少なく，耕地は放棄されることが多い。この点は，ザオ族がベトナムに移動してきたのが前述したように18〜19世紀であるという，比較的近年であるためと考えられる。

③ベトナムのミャオ族といわれるモン族

以上のザオ族よりも高地に生活しているのがモン族である。ベトナムを含むインドシナ半島北部のモン族は，かつてメオ（Mèo）族と称されることが多かった。理由は，この集団の一部が自称メオと称していることに起因すると推定できる。また，中国貴州省にはメオと類似したミャオと自称する集団が存在する。この名称がミャオ（苗）族となったとされる（田畑ほか2001：174）。モン族は北部の山岳地帯においてはザオ族よりは劣るが，約6％の人口を占めている。彼らの主要な生活空間は海抜高度1,000〜2,000mである。

モン族の生業形態は，ターイ族やザオ族など同地方に居住する少数民族と同様に農業が中心であるが，北東部の中国国境に接するドンバン（Đồng Văn）高原に居住するモン族の場合に典型的にみられるように，カルスト地形の円錐形をした山腹斜面に栽培されるトウモロコシの作付けが主体となっている。それ故，水田稲作はモン族の居住地域の海抜高度が高いため，稲の生育条件が合わず，一部の地域[21]を除いて実施されていない。

なお，ベトナムなどインドシナ半島を中心とした山岳地帯に分布・居住するモン族は，ザオ族同様前述したように，隣接する中国の雲南省や広西壮族自治区から南下してきた集団である。これらの両集団は，本来の居住地である雲南省や広西壮族自治区の山間部においてもほぼ同地域に，海抜高度による住み分けを明確に行なって分布・居住しているという特色がみられる。

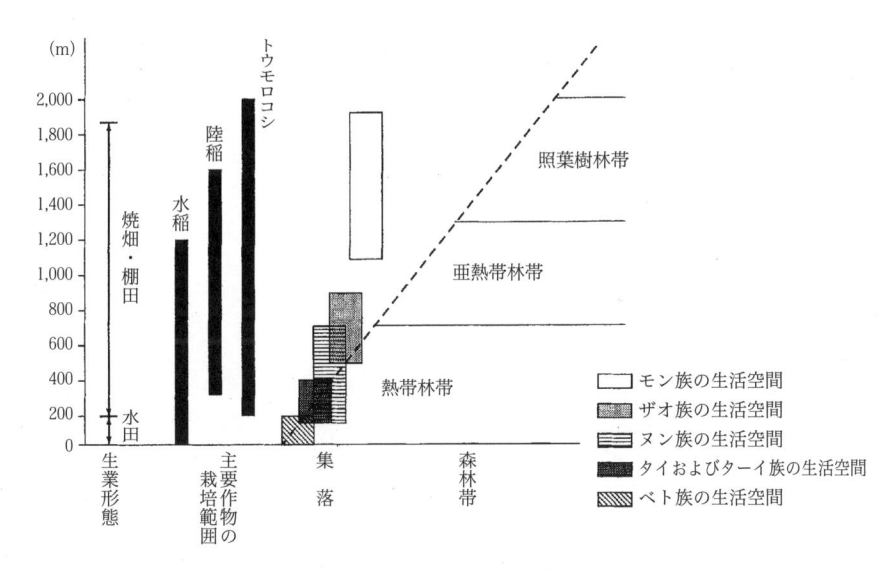

付章　ベトナム北部ドンバン高原の「白ミャオ」族の生業形態　303

第54図　ベトナム・ドンバン高原の少数民族の住み分けモデル
〔出所〕現地での聞き取りなどにより作成．

　ベトナムにおいてもこれらの両集団は中国の場合と同様に，海抜高度による住み分け現象がみられるが，モン族とザオ族の生活空間の海抜高度が逆になっている。すなわち，中国においては，ベトナムではザオ族と称されているヤオ族が，モン族と呼ばれているミャオ族よりも貴州省東部の山間部に典型的にみられるように，より高度な場所に居住している。これに対してベトナム北部ではドンバン高原に代表されるように，モン族の方がザオ族よりも高所に分布・居住している（第54図）。

　以上のように，両民族の生活空間において，中国とベトナムでは明確な相違が認められる。これは，ベトナムに南下してきた年代が両民族では異なっているからであると考えられる。すなわち，モン族より早い時期に南下してきたザオ族が山岳地帯においても比較的土地条件が良好な場所[22]に居住したため，遅れて南下してきたモン族は，土地条件が劣悪な高所に居住しなければならなかった，と推定できる。

　さらに人口規模としては少数であるが，海抜高度2,000m付近にはザオ族やモン

族と同様に中国より南下してきたロロ族[23]が分布・居住している。彼らの生業形態はモン族と同様であるが，高地のためトウモロコシの栽培が生業の中心となっている。ロロ族は，このように人口規模が小さいためか，ロロ族のみで集落を形成することが非常に少なく，モン族と雑居していることが多い。

4　モン族の分布および移動

1）モン族の分布
①モン族の民族衣裳

　モン族は，ベトナム北部の山岳地帯を中心に分布・居住する，民族集団の中でも代表的な少数民族である。人口は約55.8万人（1992年統計）である。モン族は居住している地域などにより，ミュウ・トォク（Miêu Tộc），メオ（Mèo），マン・チャン（Mán Trắng）などの異なった自称をもっている。しかし中国と同様に，主として女性が日常的に着用している衣裳の色彩によって，「黒モン（Hmông Đen）」族，「白モン（Hmông Trắng）」族，「青モン（Hmông Xanh）」族，「紅モン（Hmông Đỏ）」族，「花モン（Hmông Hoa）」族に区分されている。

　モン族の女性の衣裳は，上衣とスカート（プリーツスカート）というツーピースが基本である。この点が非常に類似した衣裳を着用しているが，上衣とズボンという組み合わせが基本となっているザオ族と異なっている。黒色のスカートを着用しているモン族の分派は「黒モン」族と呼ばれる。理由は本文においても言及したが，黒色のスカートを常用しているからである。同様に，白・青・紅の各々のスカートをはいている分派集団は，それぞれ「白モン」族，「青モン」族，「紅モン」族と称される。なお，「花モン」族とはとくに美しい花柄模様の刺繍を施したスカートを着用している分派集団をいう。

　このように，女性のスカートの色彩を主体とした分類は，この点に関しても中国と同様なのであるが，ベト族（中国では漢民族）など他の民族からの他称であるといわれている。ところが，モン族の一部には本文において前出したように，マン・チャン（Mán Trắng）と自称しているモン族の分派集団が存在する。その分派集団の発音は「白モン」族の"Hmông Trắng"と大変類似する。したがって「白モン」族のみに関していえば，自称による呼称かとも考えられる。

しかし中国では，以上のような区分は判別が大変容易であるという利点も有するが，科学的な根拠に乏しい主観的な方法によるもので，客観性が少ないなどの理由から，現在では中央の研究者を中心に次のような分類を行なっている。すなわち，個々の分派集団が日常生活で使用している言葉，つまり方言を主体とする言語系による区分に移行している[24](田畑ほか 2001：171-173)。

一方，ベトナムの場合，上述の中国とは異なり，現在においても女性のスカートの色彩を主体とした区分が継承されている。しかも，モン族の集結地の一つであるドンバン高原の定期市では，隣接する中国から非常に安価な化学繊維でできたスカートが大量に出回っており，多くのモン族の女性がこれらのスカートを購入し，着用することが若者を中心に多くなってきている。

従来よりモン族は，スカートを筆頭に着用する衣裳を，自らが織機で織った布地から作成していた。その材料（素地）は元々大麻であった。それ故，現在でも集落周辺の耕地において大麻が栽培されているが，定期市で綿糸（モン族居住地域は海抜高度が高いなどの理由から，綿花が栽培不可能である）を購入し，その綿糸を使用してスカートを作成することが日常化している。つまり，購入した綿糸は藍染めされた。綿糸は藍染めすることが容易で，しかも簡単に染めることができたからである。このような工程でつくられたのが青色のスカートである。また，藍染めを数回繰り返して行なうと黒色に染めることができる。これが「黒モン」族のスカートに用いられた。さらに，「紅モン」族および「花モン」族の各々のスカートは，青色または黒色のスカートの縁などに赤色の花飾りや，各種の美しい刺繍を施したものである。

これに対して，上述の大麻を原料とする麻布は藍染めをはじめとする染色が困難なので，通常染色をしない。そのため麻布の色は白色となる。麻布がこのように美しい白色となるのは，大麻の樹皮から糸をつむぐ工程において漂白を加えることで麻糸が白くなるのである。この麻布で作成されたのが，「白モン」族が着用している白色のスカートである。すなわち，このことからも推察できるように，現在では各種の色違いのスカートを常用している分派集団ではあるが，本来は「白モン」族のみで，他の分派集団は「白モン」族より分派したのではないか，と考えられる。この点に関しては，中国において「モン」と自称する集団の中でも，白色のスカートを着用している「白ミャオ」族と称される集団が，最も古い習慣

を残していることからも類推可能である。

　なお、現在ではベトナムにおいて、上述したように「白モン」族も染色したスカートを着用するようになり、麻布の需要が減少している。しかし、中国では近年大麻の栽培が少数民族地帯の一部を除き禁止（2000年から雲南省では全面的に禁止）されていることから、中国側では麻布が極端に不足しだした。そのため、多くの「白モン」族の子供を含む女性が、大麻を収穫した冬季を中心に細かくさいた樹皮から糸をつむぐ作業を1日中行なっている光景がみられる。

　このようにしてつむがれた麻糸は定期市などに持ち込まれ、ベトナム人あるいは中国人の仲介人に売却されている。その購入の際、白色のスカートよりも赤や花柄模様のスカートのほうが見た目が美しいなどの理由から、「白モン」族であっても「紅モン」族が着用する赤色のスカートあるいは「花モン」族が常用している花柄模様の刺繍や臈纈染めを施したスカートを選ぶことが多い。そのため、現在では赤色のスカートあるいは花柄模様などの刺繍がほどこされたスカートをはいている女性が非常に目立つ。したがって、女性の衣裳を主体とする外観上の判別のみでは、ベトナムに関しては正確なモン族の分派集団の識別が困難であるといえよう。それ故、今後は中国で行なわれているように、方言を中心とした言語系統による区分かあるいは自称を中心とした分類を行なう必要があるといえる[25]。

②モン族の主要分布地域

　モン族の主要分布地域は、省でいえば、カオバン（Cao Bằng）、ランソン（Lạng Sơn）、バクカン（Bắc Kạn）、タイグエン（Thái Nguên）、ハギャン（Hà Giang）、ラオカイ（Lào Cai）、イエンバイ（Yên Bái）、ソンラ（Sơn La）、ライチョウ（Lai Châu）、タインホア（Thanh Hóa）、ゲアン（Nghệ An）、ホアビィン（Hòa Bình）の各省である。つまり、北ベトナムの北西および北東端の中国国境沿いを中心に、非常に広範囲にわたって分布している。その中でも集結の中心は、北東端のドンバン高原を中心とする地域、北西端の国境の町ラオカイ周辺の山岳地帯、およびイエンバイ省のニャロ（Nghĩa Lô）からタインホア省にかけての紅河支流のダー川やマ川の上流域の3カ所である。

　以上のように大きく3カ所に集結地域が分散して分布・居住するモン族であるが、彼らが居住する集落に関しては、次のような共通した特色がみられる。すなわち、モン族は、中国に居住しているミャオ族が山腹などに戸数数十戸から100戸

ぐらいの規模で密集した集落を形成するのに対し、1カ所に集中してこのように比較的大規模な集落を形成するのではなく、山腹斜面やウバーレなどと称されるカルスト地形特有の窪地（中国では「壩子」と称される）に、1戸ないし同姓を中心とする数戸が居住するという傾向が顕著に存在する。

このように、モン族が分散して分布・居住するのは、多数の家屋が生活するのに十分な耕地が得られないということも考えられるが、ベトナムに南下してからまだ年数があまり経過していないので、集落を形成するまでには至っていないためである、と推定できる[26]。

2）モン族の民族移動

モン族は前項で論じたように、主として女性が常用しているスカートの色彩によって分派集団に分けられてきた。中国では方言を主体とする言語系統上の区分ほど明確ではないが、従来より行なわれてきた女性のスカートの色彩による分派集団においても、地域的な住み分け現象がある程度認められる。すなわち、黔東方言や湘西方言を話す貴州省東南部や湖南省西部に居住するミャオ族が中心で、川黔滇方言を使用している四川省南部、貴州省中・西部および雲南省のミャオ族の分派は「花ミャオ」族や「白ミャオ」族が多い。

この点に関して、ベトナムのモン族は、非常に広範囲に分布・居住するミャオ族と比較すると、分布・居住範囲が限定されているからかもしれないが、ミャオ族の場合にみられたような、ほぼ明確な分派集団による地域的な住み分け現象が認められない[27]。すなわち、「花モン」族や「白モン」族などの分派集団は、同一地域内に雑居して生活している。この場合の雑居とは、同一集落内で他の少数民族ないしは分派集団と雑居しているではなく、同一の分派集団ごとに集落を形成し居住しているということである。

以上述べたように、ベトナムにおいては種々の分派集団に分かれるモン族が居住しているのである。しかも彼らは、すべて既に指摘したように、中国から南下してきたのであった。この点に関して、現在ベトナムに居住するモン族の古老にどこからやってきたかと先住先を質問したところ、居住している地域が異なる複数の古老から、中国の「トンズー」[28]からやってきたという回答を得た。また、親戚や兄弟を国境を越えた中国側にもつものも多く、年に数回往来しているという

ものもいる。このことから，モン族の祖先が中国より南下してきたことは明白であるといえる。この点については，モン族の間に伝わるとされる伝説——それは勿論ミャオ族間にも伝わるとされるのであるが——から「三苗」の地が，彼らの故郷であるという[29]。

その後，黄河中流より南下してきた漢民族による支配から逃がれるために，長江本流および沅江などの支流を遡上して雲貴高原を中心とする西南中国に居住するようになった。さらに明・清の両王朝時代（1368～1911年）になると，漢民族を主体とした屯田兵が先住していたミャオ族などの少数民族を追い出して西南中国に駐屯をはじめた。これに対して，ミャオ族を中心とした少数民族は漢民族に対して反乱をたびたび起こすのであるが，すべて弾圧され鎮圧されてしまう。その結果，ミャオ族の一部はより海抜高度の高い山間部に逃げるか，あるいはさらに南下してインドシナ半島北部の山岳地帯にまで進出したのであった。

このような経緯で，モン族がベトナム北部の山岳地帯にもミャオ族が定着するようになったのである。このように，ミャオ族がベトナムを含むインドシナ半島北部の山岳地帯に南下するようになったのは，漢民族からの弾圧によるという政治的な理由が第1に考えられるが，人口増加などのため雲貴高原を中心とする西南中国の山間部においては，生業の中心であった焼畑農業を実施する山地が減少してきた。そこで新しい耕地を求めて移動したことも考えられる。

というのは，言語系統上の区分では他の分派集団に所属する人びとは，漢民族の弾圧を受けても南下することはせず，より土地条件の劣悪な高所に移動するものが多かった。したがって，とくに黔東方言を話す分派集団が集中して居住する貴州省東南部においては，人口を養うためミャオ族が居住している周辺の山腹斜面には頂上までに達する棚田が多くみられる。

これに対して，北ベトナム北部の山岳地帯では棚田も存在するが，森林も多く焼畑可能な山地も多い。ベトナム側の文献（Nguyễn 1995, Dặng・Vạn・Chu 2000, Le 1995など）を整理すると，モン族がベトナムに移動してきた時期が3回にわたっていることが判明する。すなわち，第1回目は，現在から約300年前に明王朝（1368～1644年）から派遣された屯田兵が雲貴高原などミャオ族居住地帯に進出してきたことに伴い前述したように反抗を企てたが失敗し，弾圧を逃がれるためにインドシナ半島に南下してきたことに大きく関連している。つまり，インドシナ

半島に南下してきたミャオ族の一部がベトナムに定着したのであった。このときに移動してきたのは、ル（Lu）およびジィアン（Giang）という姓のものが中心で、約80戸であったといわれている。これらの両姓は、現在でもベトナムに居住するモン族の主要な姓[30]であるが、ベトナム定着後さらに国内の移動を続けたようで、定着当初の集落は存在しないとされる。

続く第2回目の移住は、第1回目より100年後の清王朝（1644～1911年）の時代であった。今回の移住は2派に分かれていた。すなわち、そのうちの第1派は、ベトナムの北東端のハギャン省に国境を越えて中国から移ってきた集団である。彼らはベトナム領に入ると、さらに国内に移動するのではなく、省内の最も開発が遅れているドンバン高原を中心に分布・居住することになった。ドンバン高原一帯の開発が遅れていたのは、隣接する中国の雲貴高原西部にみられる、熱帯カルスト地形特有の円錐カルストやウバーレなどと称される窪地が連続するためであった。当地域に定着したのはバン（Vang）、ル（Le）などの姓をもつ約100戸であった。

第2派は、北ベトナム北部の最北端に位置する、中越国境の町ラオカイからベトナムに入ってきた集団である。ラオカイはトンキン（Bắc Bộ）湾に流れ込む紅河沿いの河岸にある。このラオカイを経由した集団は、ラオカイの対岸に位置する中国の雲南省に居住するミャオ族ではなく、東隣りの貴州省から移住してきたようである。この集団は紅河右岸に流れる支流ダー川上流に集中して居住することになった。戸数は約180戸であったといわれている。この分派の集団は、とくに清王朝の非常に徹底した弾圧のために当地に移動してきた人びとが中心であった。ミャオ族は清王朝に対しても、例えば雍正13年（1735）から乾隆元年（1736）にかけて、いっせいに蜂起した。これに対して清王朝は徹底した弾圧を行なった。

最後の第3回目の移動は、19世紀末太平天国の乱後行なわれた弾圧から逃れるためにベトナムに南下したもので、規模として最も大きかった。3回目にベトナムに移動してきたミャオ族は、中国の雲南省と貴州省を中心とした集団で、その数は1万人以上にも達したとされる。彼らは、北ベトナム北西および北東端の山岳地帯に広範囲に分散して居住したが、さらにその一部はラオスなどにも向かった。ラオスをはじめとする他地域のほうが、焼畑を行なうのに適した山林が多く残存していたからである。

5 モン族の現状分析

本節では，著者が行なったフィールドサーヴェイに基づいてモン族の分析・検討を加えていくことにする[31]。モン族を中心としたベトナム北部の山岳地帯に分布・居住する少数民族調査の動機は，著者が1983年より継続して実施してきた，西南中国を代表する雲貴高原に居住する少数民族調査に端を発する。つまり，著者が雲貴高原において主として調査に従事してきたミャオ族やヤオ族が国境を越えて，ベトナムを含むインドシナ半島北部の山岳地帯に進出した。そのため，これらの民族集団の移動先であるインドシナ半島北部の山岳地帯にまで，調査の範囲を拡大したものである。

しかし，ベトナムは社会主義体制を堅持している国家である。そのためフィールドサーヴェイについては，同様に社会主義体制を採用している隣国中国と等しく，研究者がフィールドサーヴェイを自由に行なうことが不可能である。つまりフィールドサーヴェイにおいては，種々な面での制約が存在するといわざるを得ない（金丸 1977：64-72，C・ダニエルスほか 1999：3-24）。

以上の点については既に指摘したことがあるが，再度このことを補足しておきたい。というのは，一般には中国でも該当するのであるが，ベトナムにおいては省（Tỉnh）の下部行政単位である県（Huyện）など調査地域の大まかなレベルの指摘はできても，希望する県に所属する社（Xã）レベルの行政単位の調査集落の指定はまず不可能であるという点である。

このような一般的な状況の中で，著者らはハノイ国家大学および省などの行政機関の協力を得て，ハギャン省ドンバン高原に集中して居住するモン族の社に属する村（Xóm）を取り上げ，分析を行なうことができた。しかし，調査を実施したのは県で紹介された村であった[32]。それ故，この調査集落がドンバン高原のモン族の集落を代表しているかどうか，判断する客観的な材料はもたない。

それに加えて上述したような特殊な事実が存在することや，さらにはベトナムが社会主義国家として成立した後，モン族に代表されるベトナム北部の山岳地帯に分布・居住する少数民族については，詳細なフィールドサーヴェイがまったく実施されてこなかった。そのような関係から，本章では第1次資料の大半が住民

に聞き取りした内容が主体となっている。このような点が本調査の制約となっていることを，最初に指摘しておく。

1）ドンバン高原地域の概略
①ドンバン高原への道

　ベトナムにおけるモン族の集結地域の一つであるドンバン高原はハギャン省最北端に位置している。ハギャン省は，トンキン湾（Bắc Bộ とも呼ばれる）に流入する北ベトナム最大の紅河（Sông Hông）左岸の支流ガン川（Sông Gấm）および口川（Sông Lô）の上流を占めている。つまり，ドンバン高原は中国と国境を接している。省都ハギャンには省の人口の多くが集中し，ここまでハノイから舗装された国道が通じている。国道は，ビェトリ（Việt Tri）を経由して，かつて北ベトナムの首都が置かれたトゥンカン（Tuyên Quang）に到着する。ここから省都ハギャンまでは約148km，車で4時間かかる。1997年に初めてこの道路を通ったときには，全行程が舗装されていなかった。しかし，2001年には全行程が完全に舗装された。ここまではハノイから車で3時間を要する。

　トゥンカンを通過すると，これまで車窓の両側に展開していた，のどかなデルタ地帯での米の二期作の水田風景が姿を消し，曲りくねった山間部を緩やかに登っていく。周辺の景色は水田からトウモロコシ畑に変化し，山腹斜面には柑橘類の果物の栽培が目立つ。北上するに従って国道周辺には，あたかも開拓村と推定される家屋がきれいに道路沿いにならんでいる以外には，集落がみられることが少なくなる。開拓村に住んでいる住民はすべてベト族のようで，タイ族を筆頭に少数民族の姿はほとんどみられない。

　周辺にはタイ族が居住しているが，集中して集落を形成しているのではなく，各戸が分散して住んでいる。これらの家屋がタイ族のものであると判明するのは，彼らが高床式のやや大ぶりな家屋に住む習慣がみられるからである。なお，ベト族の家屋は土間式家屋である。

　時折みられる集落の一つに，日除けに用いられる簾(すだれ)を製作している集落があった。これらの家屋は国道沿いに数十戸集中しているが，ほぼ全戸周辺に野生している蘆(あし)を利用して簾を製作しているようだ。このように，特定の産物の製造に特化している集落が所々に点散しているのが，ベトナム北部にみられる集落景観の

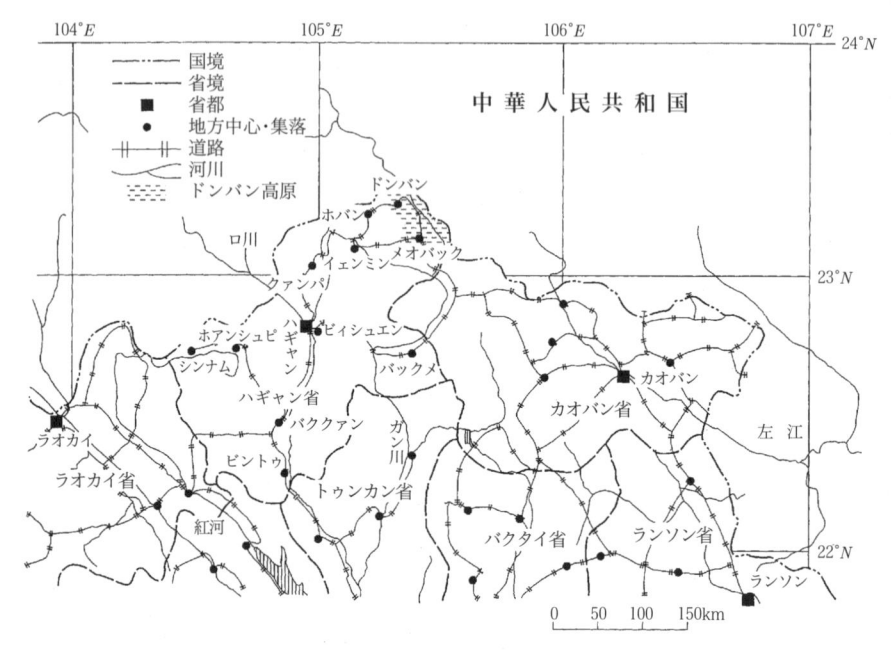

第55図　地域概略図

特徴といえよう。

　近くには柑橘類の一種であるポンカンをつくっている集落が存在したり，首都ハノイから約20km離れた交通の要所であるビェトリ近くの農村では，スイカが一面に栽培されている。

　ハギャン省への入口には以前にはみられなかったが，ドライバーが休憩できる小規模なドライブインおよび公衆トイレが完成していた。また省境には，ハギャン省来訪歓迎の看板（ベトナム語および英語表記）が建てられており，ハギャン省が近年観光誘致に力を入れている様子がうかがわれる。この付近から道路に平行して南流しているロ川は，平日でも茶色で濁っているが，上流で豪雨などがあれば多量のどす黒い茶色の激流となる，荒れ川である。

　省境から2時間程車で進むと，省都ハギャンに到着する（第55図）。ハギャンの市内を東・西に二分するように，ロ川が南流している。官庁を含む各種の行政機関の建物は新しく開発された西岸に，常設市場や住宅地が密集する旧市街は東岸

第28表　ハギャン省の主要民族人口（1999年）

民族名	人口(人)	同左比率(%)	主要居住地域
モ　ン	220,000	31.0	Đồng Văn　Mèo Vạc　Quản Bạ　Yên Minh
ザ　オ	150,000	25.0	Hoàng Su Phì
タ　イ	26,717	4.5	Bắc Quang　Bắc Mê　Vị Xuyên　Hà Giang
ヌ　ン	5,000	0.8	Hoàng Su Phì　Bắc Mê　Quản Bạ　Vị Xuyên
ロ　ロ	3,000	0.5	Mèo Vạc　Đồng Văn
ホ　ア	1,000	0.17	Hà Giang　Đồng Văn　Mèo Vạc　Phi Bảng
総人口	600,000	100	

タイ族以外の人口は概数.
〔出所〕ハギャン省での聞き取りより作成.

に集中している。省の面積は7,813km^2，人口は約60万人で，モン族，タイ族を筆頭に合計22の民族集団が居住している[33]。

　第28表にみられるように，省内で最大の人口を有する民族集団はモン族で，省の人口の31％を占め，以下ザオ族（同25％）と続く，典型的な少数民族居住地区である。これらの主要な少数民族の居住地は一部重複している地域がみられるが，例えば，モン族はドンバン（Đồng Văn），メオバック（Mèo Vạc），ザオ族はホワンシュピ（Hoàng Su Phì），タイ族はバククワン（Bắc Quang），バクミ（Bắc Mê）というように，居住している主要地域が異なっている。

　この点に関しては，既に指摘したように，ベトナムへの移住年代や経済生活の中心である生業形態の相違によることが大きいと推定できる。とりわけ，中国国内では，雲貴高原においてほぼ同地域に分布・居住していたモン（ミャオ）族とザオ（ヤオ）族に関しては，ハギャン省では前者のモン族が北東端に位置するドンバン高原を中心とする，石灰岩が露出しているカルスト地形の「石山山地」に，後者のザオ族は比較的土壌の肥沃な「土山山地」に，それぞれ集中して居住するという傾向がみられる。

　さらに，ハギャン省はモンおよびザオの両民族集団が同地域に重複して分布・居住していることは稀である。しかし，同地域に居住している場合，ザオ族は土地条件の比較的良好な低所に，これに対してモン族は土地条件の劣悪な高所に居住するという，海抜高度差による住み分け現象が顕著にみられる。

　この点は，当地域に中国領から移住してきたのがザオ族のほうがモン族よりも

早かったため，山岳地域であっても土地条件の比較的良好な場所を占拠したものと推定できる。中国では，逆にミャオ族，ヤオ族という順に低所から高所にかけて分布がみられるという海抜高度差による住み分け現象が認められる。

　ドンバン高原は，行政的にはハギャン省ドンバン県とメオバック県の2県にまたがる高原である。省都ハギャンから両県の各々行政中心であるドンバンとメオバックまでは，車で1日の行程である。しかし，その行程は道路が未舗装なうえに，急な登り下りの連続で，非常な悪路であった。近年舗装が完成し，それぞれ6時間程で到着できるようになった。

　ハギャンからクワンバ（Quản Bạ）までは最初ロ川に沿って遡上するが，途中からロ川と分岐し，急な登りとなる。ロ川の河谷は非常に狭く，低地はほとんどみられないV字谷である。両側にせまる山地は伐採されない原生林が繁っている。クワンバは，カルスト地形特有の凹地に形成された地方中心集落で，集落の周囲には一面水田が展開している。とくに春先きにはその水田に植えられた裏作のナタネの花がいっせいに開花し，大変美しい光景となる。しかし，夏季は凹地なので通風が悪く，非常に暑く感じる。クワンバからイェンミン（Yên Minh）までも，同様に急な上り下りの連続となる[34]。カルスト地形特有の小さな凹地であるドリーネを越えるからである。

　周知のように，ドリーネはスロベニア語の河谷を意味するドリーナ（dolina）に由来する，擂り鉢状の溶食凹地である。特徴としては，表流水の地下水系の吸い込み穴が最下部で認められる点で，通過した車窓からもこの種の穴が確認できた。ドリーネの規模は最大約1kmとされ，それより大規模な凹地（最大約5km）はウバーレと称される（浮田編 2003：215）。クワンバ，イェンミンなどは規模からすればウバーレに相当すると思われる。

　クワンバほど大規模な凹地ではないが，同様にドリーネ内にあるイェンミンを通過するとほどなく，カルスト地形によくみられる石灰岩が地表に頭を出しているカレンフェルトが一面に広がる石山となる。この地点から，メオバックとドンバンとの道路がそれぞれ分かれる。

　メオバックへは両方に所々上述のカレンフェルトが露出する場所を過ぎると，麓から山頂まで数百mもあるような大変急な登りの山道を進む。山腹斜面の森林はほとんど伐採され草地となっているが，その中にザオ族の家屋が点散している。

道路沿いには民族衣裳を着た若い女性（ザオ族）が，等身大の太い竹筒を背負っている姿がたびたびみうけられた。竹筒に水を汲み入れ家まで運んでいるようであった。山頂からは遠く中国領の山並みが望まれる。その後も数カ所のドリーネを通って，メオバック県の中心メオバックに到着する。メオバックもドリーネ内に位置する地方中心集落である。したがって，メオバックに到着する直前，眼下にメオバックを見下ろすことになる。

一方，ドンバンに行くには分岐点から北に伸びる道路をとる。メオバック方面の道路と同様しばらくの間非常に急なカレンフェルトの「石山山地」を登る。その後北西方向に向きを変え，ほとんど水が流れていない谷底平野を進む。この谷底平野が比較的広いのは，氷河作用で形成された氷食谷であると推定されるからである[35]。しかし海抜高度が高いのと，農業用水が不足するため水田はみられず，トウモロコシ，ソバなどの作物の栽培が中心で，若干水利の便が良好な場所では豆類などの野菜がつくられていた。この河谷も春先に通過すると，一面ナタネの花が開花しており非常に美しい。

さらに，その後ウバーレを数カ所登り下りする。その途中にみられるごく小規模なウバーレの一つに，かつて周辺のモン族の間に君臨していたミャオ王[36]の旧家がある。家屋は現在でも当時の状態で残っており，観光の名所となっているようだ[37]。ミャオ王の旧家を過ぎ，比較的緩やかな登りを進むと，ドンバン県の行政地ドンバンに到着する。ドンバンもカルスト地形の凹地に位置しているが，凹地の規模が大きい。居住区の一角を占める市場では，日曜日ごとに開催される定期市も活発である。

このように，ドンバンの定期市が活発な理由の一つは，中国国境と近いという地理的位置が考えられる。そのためか，省都ハヤンの常設市場でもみられたのであるが，とくにドンバンの定期市では，ベトナムの通貨であるドンとならんで，中国の通貨である元が通用している。また，商店では中国語が通じることが多いので，日用雑貨とともに，中国人が国境を越えてきているのではないかと思われる。なお近年までは，洗剤を筆頭に日用雑貨のほとんどは中国製であったが，2000年以降，中国製に代わりベトナム製が大半を占めるようになった。メオバックおよびドンバンとも，分岐点のイェンミンから車で3時間ほどの距離である。

メオバックとドンバンの各々の入口には，既に指摘したように近年"Welcome

To Meo Vac"あるいは"Welcome To Dong Van"という看板が立てられている。これらの両地方中心集落を結ぶ道路は，以前はまったく舗装されておらず3～4時間もかかった。しかし，現在では一部を除き舗装が完成し，通行時間も約半分ほどとなり大幅に短縮された。

道路はほぼ全行程が山腹斜面の中腹につくられている。そのため，一方は急な山腹斜面，他方は谷底となる。谷底は大変深く，数百mにも達している。しかも道路の幅は狭く，対向車をさけるのに非常に苦労する。山腹斜面は草地となっているが，所々にモン族の家屋がみられ，家屋の周囲には小規模であるがトウモロコシ畑が広がっている。全行程の風景は大変すばらしく，ベトナムでは最も美しい場所の一つであるといわれており，ハギャン省でもこの風景を観光の名所にしたいようである。

②ドンバン高原の概略

前述したように，ドンバン高原はベトナムの最北端に位置する高原で，中国国境と接している。そのため，軍事的にも拠点であり，国境線沿いに軍関係の施設が数多く設置されている。その関係からか，この点も繰り返し論じてきたように，従来より外国人研究者が自由に調査を実施することは勿論のこと，この地に立ち入ることが現在でも大きく制限されている。このように，中越国境に接しているため，軍事的な拠点として重要な地域である[38]という点に加えて，ドンバン高原が中国雲貴高原の末端にあり，典型的な熱帯カルスト地形が高原の大部分を占めるという地形的な条件も重なり，一般の人びとの定着を困難なものにしてきた。

以上の理由から，ドンバン高原に人びとが定着を開始したのは，一般にトンキンデルタと称されることの多い，紅河下流のデルタ地帯とは異なり，比較的新しい年代のこととされる。すなわち，菊池一雅（菊池 1989：9）によれば，ドンバン高原に居住する住民の大多数を占めるモン族が当高原に定着を開始したのは，今から200年前の清王朝時代（1644～1911年）中期であったと推定される。なお，ザオ族およびロロ族が同高原に定着を開始する年代は正確には不詳であるが，モン族よりは後年のこととされる。

この点，つまりモン族がドンバン高原に移動してきた年代は，同様に西南中国の雲南省から南下してきたタイ族あるいはターイ族など，他の西南中国を故郷としている民族集団よりも遅いように思われる。その理由は，これらの民族集団が

ベトナム北部の山岳地帯に移動してきても，円錐カルスト山地やドリーネなど典型的なカルスト地形が卓越しているドンバン高原で定着することを避け，主として比較的農作業に恵まれた耕地が多いより海抜高度の低い河谷か，あるいは「土山山地」と呼ばれているカルスト地形が卓越した「石山山地」でない山間部に定着した。そのため，後から移動してきたモン族に代表される民族集団は，カルスト地形が卓越する土地条件の劣悪なドンバン高原以外には定着する場所が存在しなかった，と推定できる。

とりわけ，このような土地条件の劣悪なドンバン高原に定着することが可能となったのは，主食としているトウモロコシの栽培とおおいに関係があると思われる。つまり，現在でもドンバン高原においては，比較的用水に恵まれたドリーネの低地や河谷のごく一部の地域を除くと，トウモロコシしか栽培することができない[39]。トウモロコシは，カルスト地形特有のカレンフェルト地帯においても岩石と岩石との間に1本ずつ栽培することが可能だからである。それ故，モン族を中心としたドンバン高原の各集落は，行政中心であるメオバックおよびドンバンを除くと，家屋が密集する集村形態をとるのではなくて，各戸が一定の距離をおいた散村形態となっている。耕地単位当りの収穫が極端に悪く，多くの人口を維持できないからである。

なお，ドリーネなどの凹地の周辺に形成された山地の斜面や円錐カルスト山地の傾斜地では，森林がほとんど伐採されて草地となっており，山羊やヒツジなどの放牧が行なわれている。ドンバン高原のこれらの海抜高度の高い山頂付近には少数ではあるがロロ族が居住し，これらの山羊やヒツジの放牧に従事している。すなわち，ドンバン高原では，低所から高地にかけて大多数を占めるモン族，以下少数ではあるがザオ族，ロロ族というように，海抜高度差による住み分け現象がみられるようである。

しかしながら，同高原はベトナム政府にとって軍事施設など軍関係の問題を最優先としてきたためか，現地では少数であるザオ族やロロ族に関して，さらには多数を占めるモン族についても，近年まで行政的なサーヴィスを十分に行なってきたとは思われない。

この点は県でも十分知っており，例えば県では省および政府の指導の下に，各集落に数クラスのみの非常に小規模な小学校の建設を，1990年代中ごろより実施

授業風景（カンシュピン社）

している。この小学校の隣には教員の宿舎も完備され，省などの師範学校出身の教員（多くはベト族）が現地に住み込んで指導にあたっているというように，このような劣悪な状況を改善しようとする方向がみられる。また，省では，主として冬季における水不足を解消する手段として，ユネスコの経済的な援助を受け，各集落にコンクリート製の水槽を設置している。しかし，各集落に通じる道路は四輪駆動の車やジープでも通行が困難であるという状態である。当高原を観光開発することを契機として，木目の細かい住民サーヴィスを実施する必要に迫られていると思われる。

2）メオバック県の民族構成の特色
①典型的なモン族の居住地域

メオバック県は，前項でも論じたように，ドンバン高原の東南の約半分を占める県である。県の人口は53,050人[40]で，一つの鎮（メオバック）と16の社から構成されている。メオバック県の民族別人口は第29表に示したとおりである。モン族が県の人口の4分の3を占めるという，典型的なモン族の居住地区である。

メオバック県に居住するモン族は，海抜高度800～1,300mの高原の山間部に分布・居住している。県内のモン族は，「白モン」族と「花モン」族とに分かれる。

第29表　メオバック県の民族別人口（1999年）

民族名	戸数(戸)	人口(人)	同左比率(%)
モン	7,041	39,962	75.3
ジャイ	663	4,335	8.2
ザオ	439	2,928	5.5
タイ	277	1,677	3.2
ベト	215	1,056	2.0
ムナン	118	750	1.4
ロロ	112	663	1.2
ヌン	71	428	0.8
総人口	8,936	53,050	100

〔出所〕メオバック県での聞き取りによる．

　しかし，外見上は「白モン」族であっても，現在では見た目が美しい「花モン」族が伝統的に着用してきた花柄模様のスカートを，メオバックなどの定期市[41]で購入して着用している場合が多い．そのため，中国領に居住するミャオ族のように，外見上の服装のみでは，「白モン」族と「花モン」族とを区別することが困難といえる．メオバック県ではモン族はほぼ全県の山地に分布しているが，とくにメオバックの東南に位置するカンシュピン（Cán chú phin）社やランプ（Lũng Pù）社の2社に集中している．

　モン族の集落は，高原上にあるドリーネ内や山腹斜面に形成される場合が多い．集落形態としては1あるいは複数の同族の家屋が密集している集村と，各戸が分散している散村に近い集落の2形態が存在する．ドンバン高原などベトナム北部の山岳地帯では，社の下部行政単位として村，さらにその下部行政単位として十数戸から構成される自然村（Xómと呼ばれる．中国でいう寨，日本でいう字に相当する）が存在する．

　しかし，比較的耕地に恵まれた豊かな集落や，メオバックなど定期市が開催される地方中心集落の近くに位置し，トウモロコシの蒸留酒の製造などを副業としている集落では，各戸が密集し，その外側を堅固な石垣などで囲んでいる場合が多い．このように，集落の周囲を堅固な石垣で囲んでいるのは，牛などの家畜が盗まれることを防止するためであるという．

　モン族は農業を生業の中心としているが，皆無といってよいほど水田稲作がみ

られない。理由は比較的海抜高度が高い，耕地の多くが傾斜地であり土地も肥沃でない，農業用水が少ないなどが考えられる。それ故，現地でパオク[42]（Pâo cù）と称しているトウモロコシが栽培の中心となっている。しかし，ドリーネ内の低地を除き平坦地は少なく，石山が露出したカルスト地形のカレンフェルトを含む山腹斜面にトウモロコシが栽培される。これら山腹斜面に栽培されているトウモロコシは，傾斜地に畝をたてて植えられることはめずらしく，直播の状態で栽培されている。理由は，あまりにも山腹斜面の傾斜が急なため，畝をつくる作業ができないからであると推定できる。それ故，播種および収穫には大変な労力を必要とする。ベトナムの他の山地などでみられる棚田や段々畑は，ほとんどみられない。

　この点は，上述したように，当高原の土地条件の劣悪さを示すとともに，当地に移住してから長い年月を経過していないことと関係しているものと推察できる。トウモロコシの収穫は，根刈りするのではなく，熟した果実だけを取りさり，残った茎や葉はそのままの状態で放置しておく。晩秋になると茎や葉が枯れるが，このような状態になると1本1本ていねいに根刈りし，まとめて耕地の一角に円形に積んだり立てかけておく。この枯れたトウモロコシの茎や葉を，冬季間の暖房や炊事の燃料として利用するためである。そのため，晩秋から冬季にかけてドンバン高原を訪問すると，所々にこの枯れたトウモロコシの茎や葉が積みあげられたり，立てかけてある光景が目立つ。

　以上のように，モン族の主食はトウモロコシであるが，ほとんどの集落では穀物が年間1～数カ月分不足することが多いという。モン族はトウモロコシを中心に，ソバ，アワなどの雑穀やカボチャなどを山腹斜面に栽培しているが，大部分の傾斜地では森林が伐採されてしまっているが，耕地としては利用されていない。斜面が急なので耕地に不適で草地となり，山羊やヒツジなどの放牧が行なわれている。

　なお，モン族の現金収入源としては，牛など家畜の飼育があげられる。定期市などで子牛を購入し，数年飼育して成牛に成長すれば売却するというものである。この点も，中国の雲貴高原に居住しているミャオ族の場合と同様である。しかし，後者の中国のミャオ族の場合，牛などの家畜の飼育以外に，タバコや柑橘類の栽培などを行なって，収入源の確保に努めたり，近年では出稼ぎに行く若者もみら

れる。しかしながら，ドンバン高原のモン族に関しては，タバコや柑橘類を栽培する耕地があれば，主食であるトウモロコシあるいはそれを補完するソバなどの雑穀を栽培する傾向がみられる。また，ハノイなどに出稼ぎに行くには遠いうえに，特別な技術を身につけていないので就職先がないことなどから，今のところ出稼ぎに出かけるという様子もみられない。

②生活環境の似ているザオ族

　県の人口の約5％を占めるザオ族は，基本的にモン族と同様のトウモロコシ栽培を中心とする農業が主要な生業である。ザオ族は，モン族とほぼ同じ海抜高度や地形および気候などの自然環境下に分布しているので，生活環境が大変似ている。しかし，ドンバン高原のザオ族の人口が少ないことと関連するかもしれないが，分布している海抜高度はモンほどの高度差（400m）がなく，海抜高度900m前後の地帯に集落が集中している。

　メオバック県に住むザオ族は，この点もモン族と類似するのであるが，「紅ザオ」族と「青ザオ」族の2分派集団が居住している。前者の「紅ザオ」族は，主として女性が赤色を中心とした美しい装飾の上衣を，後者の「青ザオ」族は青色を中心とした上衣を日常でも着用しているので，このようにそれぞれ呼ばれているのである。ザオ族の女性の衣服は，原則として上衣とズボンの2ピースである。この点は，上衣とスカートを基本としているモン族とは異なる。

　ドンバン高原をはじめベトナム北部の山岳地帯では，ほぼ同じ地域に両民族が分布・居住しているので，民族の識別（判別）に迷うことが多い。しかし，民族衣裳を着用していれば，ズボンとスカートに注目することにより，容易に識別が可能である。しかし，現在では定期市などにおいて，「青ザオ」族が美しい赤色の装飾をほどこした上衣を購入し，それを着用していることも多い。それ故，上衣の色だけでは分派集団を区別することができない。

　なお上述したように，ザオ族の居住地域がモン族の居住地域とほぼ重複している。しかし，同一集落内にモン族など他民族と同居することはほとんどなく，通婚をはじめ他民族との交流・接触などもみられない。集落形態も各戸が密集して居住するという集村形態ではなく，各戸が分散して住む散村形態をとることが多い。また，居住地域も県の行政中心であるメオバックから離れた周辺部の交通の便が不良の地域が中心となっている。この点は，ザオ族がモン族などよりも遅れ

て移住したためであると推定できる。

　ザオ族は，ベトナムの他タイ，ラオスなどインドシナ半島の国々にも移動し，定着している。そのなかでもタイ北部の山岳地帯に定着したザオ族は，中国では「過山ヤオ」族と称されているヤオ族の分派集団のみが所有している，漢字で書かれた一種の宗譜文書である「評皇券牒」あるいは「過山榜」と呼ばれる文書類を所有しているが，メオバック県に住むザオ族に関しては，これらの文書類は所有していないようである。しかしながら，メオバック県のザオ族は，中国語の日常会話ができたり，簡単な漢字が書けるものがいる。

　ロロ族は，多くがモン族やザオ族よりも周辺のより海抜高度が高い2,000mぐらいの高地を中心に分布・居住している。この点は，中国においても，ロロ族の最大の集結地区である四川省の山間部が，同様に高度2,000m以上の高地であることと大変類似している。ドンバン高原でも，故郷四川省の山間部と同様の生活様式を堅持しようとしたために，高地を居住地として選択したのであろう。

　ロロ族の集落はこのように高所に分布していることもあり，車の通行が困難な場所が多い。そのため，四川省の山間部と同様に馬を利用し，乗馬する習慣がみられる。すなわち，メオバック県で乗馬している住民をみれば，ロロ族だといえる。ソバなど一部の作物を除くと，農作物は高冷地のため栽培に適さない。そのため，生業の中心は山羊やヒツジなどの放牧である。なおロロ族の一部は，行政中心であるメオバックの近くに下りてきて，定期市で販売するトウモロコシの蒸留酒の製造をしたり，食堂を経営したりしている。

　県の人口の第2位の8.2％を占めるジャイ族は，タイ族やヌン族などタイ・ターイ語系の民族集団とともに，メオバックなどドリーネの底地の平坦地を中心に，分布・居住している。またベト族も同様に平坦地を中心に居住しているが，その一部は行政機関に関係する人びとか，あるいは商店を経営する商店主などで，省などから近年移動してきたものがいる。

　以上ドンバン高原東南部に位置するメオバック県に居住する主要な民族集団について検討してきた。その結果，メオバック県の民族集団は，次のように大きく二つのグループに分類することができる。

③二つのグループに分かれる民族集団

　すなわち，その一つのグループは，ジャイ族，タイ族，ベト族などによって構

成される集団で，多くの人口を有しないがドリーネの低地など平坦地中心に分布・居住している。これら平坦地に住む集団の共通点は，多くが下流から河谷などを遡上してドンバン高原に定着した人びとであり，おそらく「白モン」族を筆頭とする山地に分布する民族集団よりも早期にこの高原に定着したものと推定できる。これらタイ・ターイ語系に所属する民族集団は，中国雲南省より南下してきたと考えられている。その場合，山伝いではなく，紅河などの河谷に沿って下ってきたとみなされる。その紅河の支流を遡上して，ドンバン高原に到着したと推定できる。

一方これに対して，モン族，ザオ族，ロロ族の各民族集団のグループは，いずれもタイ・ターイ語系の民族集団同様，中国領から山伝いに南下してきたという共通点をもつ。しかも，当地域に定着した時代が早い集団ほど海抜高度の低い地域に住む傾向がみられる。また，これらの民族集団は，各々の集団の故郷である南西中国での生業形態を基本的に踏襲しているように思われる。

すなわちモン族およびザオ族，山腹斜面や小規模なドリーネ内に集落を形成し，山腹斜面でのトウモロコシ栽培を主体とした農業が生業の中心となっている。これらの両集団は伝統的には焼畑農業や狩猟などに従事しながら，移動生活を行なってきたのであった。しかし，ドンバン高原ではほとんどの森林は既に伐採され，斜面は草地化している。そのため，焼畑農業や狩猟を実施することができないが，北ベトナムの他省（例えばラオカイ省など）の山中では，現在でも焼畑農業や狩猟を実施している人びとが存在し，さらなる移動先を検討している人びともいる。ロロ族に関しては上述したように，故郷での伝統的な生業形態である放牧中心の生活を送っている。

3）メオバック県のモン族
①最大の人口を擁するモン族

前項において概略したように，モン族は，北ベトナム北東端に位置するドンバン高原東部を占めるメオバック県では，最大の人口（75.3％，1999年）を有している。このように，ドンバン高原は，ベトナムに居住するモン族の集中地区の一つとなっている。

理由は，ドンバン高原の北部が中国雲南省文山壮族苗族自治州と隣接しており，

山伝いに中国領内ではミャオ族と称されるモン族が南下してきたためである。文山壮族苗族自治州には，東部がチワン族の集中地区である広西壮族自治区に接していることから，ミャオ族以上にチワン族が多数分布・居住している。しかしながら，チワン族の生活空間は，河谷流域の平坦地が主体で，そこで水田稲作（二期作中心）に従事している。そのため，海抜高度が1,000m前後と比較的高く，しかも円錐カルストやタワーカルストに代表される熱帯カルスト地形が大部分を占め，土地条件が大変劣悪なドンバン高原ではトウモロコシ栽培が主となり，水田稲作が不可能である。このような苛酷な自然条件のため，チワン族はドンバン高原への進出を断念したと推定される。この他，モン族が南下してきた理由としては，明および清の両王朝の弾圧から逃れるためという，政治的な要因も存在する。

モン族すなわちミャオ族は，多数の人口を擁し，かつ広地域に分布していることもあるので，多くの分派集団に分かれている。そのうち，メオバック県などドンバン高原に分布・居住しているモン族は，隣接している文山壮族苗族自治州に展開している「白ミャオ」族あるいは「花ミャオ」族である。なお，文山壮族苗族自治州には，主としてその南部のベトナム国境沿いを中心に，ヤオ族の1分派である「過山ヤオ」族も居住している。「過山ヤオ」族の主要な生活様式はミャオ族とほぼ同じで，しかも両集団は人口増加などの理由で移動生活を行なうという共通点が存在する。

しかしながら，拙論においても述べたように，中国領では高度が高い順にヤオ族，ミャオ族というように住み分け現象がみられるが，ドンバン高原では高度順にミャオ族，ヤオ族というように逆の現象がみられる。このことは，当高原に来住した時期がヤオ族すなわちザオ族のほうが早かったので，比較的土地条件の良好な海抜高度の低い地帯に定着を開始したと推定できる。しかも，すべてといってよいほど，ドンバン高原に分布・居住するモン族は，現在でも親戚が文山壮族苗族自治州に残っているものなどもおり，両地域間の交流が続いている。そのため，日常使用する言葉や生業形態，さらには風俗・習慣がほとんど共通している。

②「白モン」族の木鼓

前述の共通している事例の1例として，モン族の分派集団の中でも「白モン」族がとくに大切に保管し，「白モン」族のアイデンティティを最もよく表現していると思われるものに木鼓（ルドファ，Lú drua）がある。木鼓は中国領に分布・居

第56図　木鼓（右）と祭壇（左）

住するミャオ族の中でも，「白ミャオ」族や「黒ミャオ」族の分派集団の一部には所有しているものが存在する（金丸 1998：202）。

　木鼓とは，木製の胴部に毛並みが黄色を呈しているため「黄牛」と称されることの多い，東南アジアおよび南中国の山間部を中心に飼育されている牛の皮が両側に張られている横長の太鼓である（第56図右）。この木鼓は，メオバック県が所属するドンバン高原に分布・居住する「白モン」族の全家が所有しているのではなく，現在では「シャー」（Xã，社）に一つか二つ所有されている。「シャー」とは「ヒュイェン」（Huyện，県）の下位（部）行政単位で，中国の人民公社に該当する。メオバック県を筆頭にベトナム北部の各県は，1〜数カ所の「トラン」（Trấn，鎮）と呼ばれる地方中心都市と，20前後の「シャー」から構成される。メオバック県は，前項でも述べたように，県の行政中心地である一つの「トラン」（中国の県城に相当）メオバックと16の「シャー」から成立している。

　木鼓の詳細は不明であるが，「白モン」族の居住形態とおおいに関連があるように思われる。つまり「白モン」族は，モン族の中でも同じ姓を有する同族かあるいは複数の姓をもつ同族のみで，村落を構成することが多い。この村落は，前述の「シャー」の下位（部）行政単位で，「バン」（Ban，村）と称されている[43]。一

白モン族に伝わる木鼓（ドンバン高原）

つの「バン」は数十戸で構成されることが多い。さらに「バン」の下位（部）組織には「シォム」（Xóm）と呼ばれる生活基盤が存在する。

　すなわち，ドンバン高原山間部においては，「ヒュイェン」―「シャー」―「バン」という行政組織が存在し，その下位（部）にいわば共同体とでも称するような行政機能が存在しない「シォム」がみられるのである（第57図）。木鼓は「シォム」を形成する有力な同族の旧家が所有している。逆にいえば，木鼓を所有している家は同族でも中心的な家系であるといえる。

　以上のような一般的な特色を有する木鼓であるが，メオバック県では意外とそれを所有している家が少ない。県内で現在木鼓が確認されているのは，二つの「バン」のみである。その理由は，「白モン」族の一部が現在でも人口増加などに伴い，新しい耕地を求めて移動することがみられる。その移動の途中において，木鼓を紛失してしまったケースや，かつて所有していたが何らかの事情で木鼓を手放してしまったことによるという。

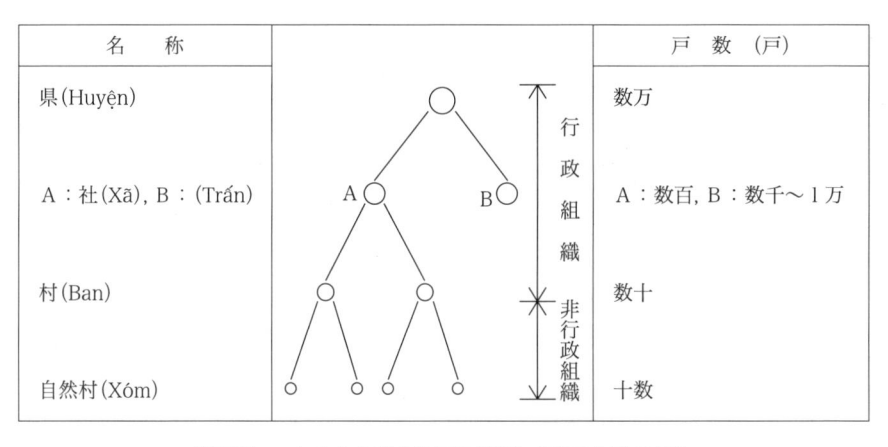

名　　称		戸　数（戸）
県（Huyện）	○ （行政組織）	数万
A：社（Xã），B：（Trấn）	A ○　　B ○	A：数百，B：数千〜1万
村（Ban）	○　　○ （非行政組織）	数十
自然村（Xóm）	○ ○ ○ ○	十数

第57図　ベトナム北部少数民族地帯における行政モデル
〔出所〕現地での聞き取り調査により作成
非行政組織とは，県の役人が常駐しない行政単位．

　パビシャー（Pavi Xã, 以後パビ社と表示）に所属するナパビバン（Pavi ha Ban, 以後下パビ村と表示）は，県内で木鼓を所有している2集落のうちの1集落である[44]。下パビ村では，リ（Ly）家およびウ（Vū）家の両家が各々別個に木鼓を所有している[45]。

③白モン族の家屋形態

　リ家が所属している下パビ社は，住民がすべて「白モン」族という典型的な「白モン」族の集落である。集落は県の行政中心が位置している，周囲を円錐カルストの小丘であるドリーネと称されている凹地内に位置している。そのため，同県では非常に稀なことであるが，社全体でわずか3ヘクタールにすぎないが水田がみられる[46]。

　しかし，集落周辺に展開する耕地の大部分はトウモロコシ畑で，トウモロコシの根元にカボチャが間作されている。また下パビ村ではほとんどの家が大麻を栽培している。栽培場所は家屋のすぐ近くの畑地の場合もある。大麻からつくる麻糸や麻布が，大量に栽培しているトウモロコシ[47]を除いては，村では唯一といってよい換金作物であるからである。さらに，パビ社の多くの家には自家製の機織機（はたおりき）が置かれており，機織が女性の一般的な仕事となっている。現在でも女性を中心に，麻製の伝統的な民族衣裳が常用されている。

リ家をはじめ、パビ社の「白モン」族の家屋は平屋造りの土間形式である。ベトナム北部の山岳地帯を調査していると、平屋造りの土間形式の家屋と、高床式の2階建ての家屋の2タイプの家屋が目に付く。これまで前者の家屋は、漢民族の影響を受けたベト族（ベトナム人）の住居、後者の家屋はタイ族やターイ族などに代表される少数民族の居住とみなされる傾向があった。同様のことは、西南中国を代表する高原である雲貴高原に分布・展開する家屋についてもおおまかではあるが該当する。すなわち、雲貴高原においても、平屋造りの土間形式の家屋に居住するのは漢民族、高床式の2階建て家屋にはヤオ族、プイ族、トン族などの少数民族が主として住んでいる。

しかし、本節の調査対象地域であるドンバン高原に接する、中国雲南省の文山地区に居住する「白ミャオ」族は「白モン」族と同様、平屋造りの土間形式の家屋に居住している。このことは、両地域が典型的なカルスト地帯に所属しているからであると推察できる。つまりカルスト地帯では土地が痩せているうえに、地表に石灰岩が露出していることが多いので、樹木の生育に適さない。そのため、材木を多量に使用する高床式の2階建て家屋を建てることができない。同様の事例は、著者らが雲貴高原東南端のカルスト地帯に居住するヤオ族の分派である「白褌ヤオ」族の住居が平屋造りの土間形式であることからも類推可能である（田畑・金丸 1995：182-194）。

リ邸は切妻屋根をもつ茅葺きの平屋建て住居で、竹で編んで壁にしているのが特徴といえる。なお、集落形態は各戸が1カ所に集中するする集村形態ではなく、各戸がそれぞれ少々離れて独立した孤立形態をとっている。

リ家の屋内はワンフロアーで、仕切りがない。部屋の隅に囲炉裏と竈（かまど）が並んで設置されているのと、飲料水を入れた大きな水瓶がとくに目立つ。入口は1カ所だけで、窓はない。竹で編んだ壁から日光がもれて入ってくるからである。

木鼓は、部屋のほぼ中央にある大黒柱（chen do）の上部（床から2mぐらい）に吊り下げて保管されている。木鼓は布などで包んでいるのではなく、そのままの状態で吊り下げられている。この木鼓が吊り下げられている高さは、木鼓が神聖なものであるから、人間の高さつまり身長より高い場所に保管する必要があるとされる[48]。また、木鼓をたたいて音を出すバチが2本木鼓の胴部に括り一緒に保管されている。しかし、木鼓とともに用いられるモン族固有の楽器である竹製

の蘆笙は，当家では所有していなかった。主人の話によれば，現在所有している木鼓は，いつごろから当家が所有してきたか不明であるという。

　木鼓は現地で「フゥー」の木（cây xu）と呼んでいる広葉樹の硬木からつくられる。製作方法は「フゥー」の巨木の幹を太鼓の大きさ（1ｍ前後）に輪切りにし，幹の内部を手斧のような形をした道具を用いて割り抜く。この工程は非常に熟練と手間のかかる作業であるという。木鼓の両側に張られる牛皮は，前述したように「黄牛」の皮が使用される。ただし，木鼓用に用いる牛皮はいつ屠殺されたものを使用してもよいのではなく，婚礼時など「ハレ」の日に犠牲獣として屠殺された「黄牛」の皮に限定される。木鼓が神聖な時に用いられる道具であるためであろうと推察される。

　リ家が現在所有している木鼓は，33年前に主人がちょうど20歳のとき張りかえた。なお，木製の胴部と皮を張る人は別人（専業ではないが，副業としている）が製作した。皮は1度張れば，使用の頻度にもよるが40〜50年間は用いることが可能である。木鼓が使用されるのは葬式に関する儀礼のみで，他の行事では用いられない。それ故，その頻度はあまり多くない。使用する場合は木鼓のみが単独で用いられるのではなく，縦笛の一種である蘆笙と称されるものやドラなどとともに用いられる。

　なお，木鼓は集落全体の祭時などの儀礼に使用されることはなく，個人の家の儀礼に用いられる。したがって，木鼓は「白モン」族の同族のシンボルとしての性格があるように思われる。そのため，木鼓は村内・外に居住する同族の家で葬式などが挙行されるとき，その家に移される。つまり木鼓は貸し借りが可能なのである。リ家の木鼓が最も遠方に借り出されたのは，約4km離れた同村を構成する自然村の一つサーロン（Sā lūng）の同姓の家であった。同家で法事が行なわれたからであった。そのときお礼として，少々の酒と牛肉3キログラムが贈られた[49]。法事の期間は各家によって異なるが，同家では10日間連続して行なわれ，その間に約300回木鼓が打ち鳴らされた。

4）カンシュピン社（Cán chú phin Xā）の「白モン」族
①カンシュピン社の自然環境
　カンシュピン社は，カルスト地形特有の凹地であるドリーネをとり囲む円錐カ

カンシュピン社の集落

ルスト山地の背後に連続する高原上に位置している。そのため，メオバック県の行政中心であるメオバックから調査対象地域であるカンシュピン社に行くには，ドリーネの凹地を過ぎると直ちに非常な急な斜面の登りとなる。その登り斜面は，大きな石灰岩の岩石が所々に露出しているが，密度は粗であり，カレンフェルトを形成するほど一面が石灰岩でおおわれていない。また斜面は肥沃な表土が薄いためか，樹木がみられるのは植林された区画[50]のみで，他は草原となっている。草原では山羊などの放牧が行なわれている。

　斜面を登り切り，円錐カルスト山地の山頂近くに達すると，数百mの眼下にメオバックが見下せる。その後は小規模な円錐カルスト山地を左右にみながら，高原上のやや平坦な道路を進むことになる。カンシュピン社に通じる道路は1969年に開通した[51]。しかし，石灰岩地帯を貫通しているためか大変な悪路のうえ，アスファルト舗装が行なわれていない。そのため，通行車両の車種が制限されるのみならず，通行にはかなり時間がかかる。さらに小型バスなどの定期的な公共の車両が運行されていないので，住民は山腹斜面をほぼ垂直に通じる最短距離の旧道を使用している。

　高原上には，前述したように円錐カルスト地形の小丘が連続しているが，その斜面にはトウモロコシが栽培されている。しかし，メオバックが位置するウバー

第30表 カンシュピン社 (Cán chú phin Xã) の村 (Ban) と人口 (1999年)

村　名	戸数(戸)	人口 (男, 女)人
Háng dâu co	79	431 (207, 224)
Cán chú phin	57	361 (174, 187)
Mèo qua	84	453 (216, 237)
Xản xi lùng	78	439 (211, 228)
Dề chia	40	252 (122, 130)
Tìa chứ dua	47	283 (141, 142)
Trở do	62	369 (135, 194)
Lán chải	64	363 (170, 183)
Mù chúa	32	174 (83, 91)
Cán luc	38	239 (115, 124)
Há yía	66	374 (185, 189)
Lủng chang	40	256 (124, 132)
合　計	687	3,994 (1,923, 2,071)

〔出所〕カンシュピン社での聞き取りにより作成.

レの斜面とは異なり，斜面は石灰岩の露出が密で，カレンフェルトに近い状態を呈している。そのため，トウモロコシが栽培されているといっても，平坦地の常畑にみられるように，畝をつくり整然と栽培されているのではなく，露出している石灰岩の合い間の非常に狭い空間に1粒ずつ種を播いて植えているという状態である。したがって，播種，収穫には非常な労働を用することになるが，土地条件が劣悪なため生産性は非常に低い。

　以上のような高原をさらに進んでいくと，所々に小規模なカルスト地形の凹地であるドリーネがみられる。「白モン」族が集合している集落は，比較的緩やかな山腹斜面上の場合もあるが，多くはこのドリーネの内部に形成されている。ドリーネにおいても，栽培作物の中心はトウモロコシである。しかし，トウモロコシ畑はきれいに区画され，畝の上に整然とトウモロコシが植えられている。また，耕地の一部の比較的用水に恵まれた区域では，豆類をはじめとする野菜類や大麻が栽培されている。このような景色を眺めながら車で1時間弱ほど進むと，調査地域であるカンシュピン社に到達する。

　カンシュピン社は，既に述べたように全戸が「白モン」族の集落で，12村から構成されている（第30表）。社全体の戸数は687戸で，約4,000人の人びとが居住している[52]。社には2,604ヘクタールの耕地があるが，すべて畑地となっている。主

要な栽培作物は主食にしているトウモロコシである。品種は伝統的なモチ種のトウモロコシが好まれるという[53]。

　カンシュピン社の平均海抜高度は900mで，比較的高所に位置している。そのためか，緯度が23度と低緯度の割に最暖月（8月）でも平均気温は28℃前後と涼しい。また，冬季においても結氷がみられず，最寒月（1月）でも平均気温が15℃を下らない。このように，気温に関しては好条件に恵まれているが，降水量が少ない。そのため，乾季に該当する10月から翌年の4月にかけての季節は，飲料水にもことかく状態である。県でも給水車を導入し，乾季になると不足する社を中心に給水活動を行なっている。給水の水源は県政府の裏山から数km離れた山腹に湧き出る水を政府内の貯水場にため，それを使用している。気温条件が適しているにもかかわらず，稲作が行なえないのは主としてこのためである。

　なお水不足に備えるため，カンシュピン社の各家では，それぞれ家の周囲に小規模な穴を掘り，雨季に降った雨水を貯水することが伝統的に行なわれてきた。この種の貯水池は，水の蒸発を防止するため木の枝や葉で水面をおおっていた。このような貯水池はまだ存在するが，子供などが落下する危険性や衛生上にも問題があることが指摘されていた。そのようなことから，1990年代の後半からユネスコの援助で，各戸に1基ずつ縦，横数mの正方形をしたコンクリートの水槽が設置され出した。水源は周囲の山地の湧水の場合もあるが，大部分は雨季の降水である。現在ではほぼ全戸この種の水槽が設置されている。しかし毎年のように乾季の12月か翌年の1月になると水槽の水が底をつくという[54]。

②行政組織としての社の特色

　県の末端行政組織である社の特色の一つは，学校が設置されていることである。学校といっても小学校のみであるが，ベトナム政府の教育に対する関心の高さがうかがわれる。しかも，社の行政機関が置かれている中心集落以外にも，カンシュピン社の場合が典型的なのであるが，社の下位（部）行政単位であるほぼ「村」ごとにも小学校が開かれている。小学校は県全体では18ある。前述したように県には16社が存在するので，小学校は社ごとに設置されていることになる。なお，メオバックには高等中学校（わが国の中・高等学校に相当）が1校ある。また，ほぼ村ごとに社の小学校の分校が建てられている。この分校は2・3年次までの複式学級で運営されている。校長は社全体で1名おり，社の行政中心に設置され

ている小学校にいる。小学校の特徴は，教員の宿舎が校舎の横に併設されていることと，夜間には住民から読み書きできない人をなくすための，主として女性対象の成人学級が開かれるなど，成人教育にも力を入れている点である。

　カンシュピン社では，44学級が開かれており，618名の生徒が在籍している。教員は1学級当たり1名が基準で44名いるが，地元の「白モン」族出身者はおらず，ターイ族とベト族がちょうど半数ずつとなっている。これら教員の学歴は中学校卒業程度で，2年ぐらいの実地経験のあるものが担当している。教員は基本的には3年間で勤務校が配置換えになる。教員の給与は経験・年齢などにより個人差が存在するが，月額4万〜7万ドンと当地域の生活必需品である薪と飲料水の補助がある。さらに，カンシュピン社は山間部の僻地に位置するため，全教員には特別に衣服や食料などの山地生活補助品が配給される。

　既に述べたように，カンシュピン社はトウモロコシを栽培する農業が生業の中心となっている。特産物としては，野生の蜂から採取する蜂蜜，および漢方薬の材料となるトチュウ（杜仲，樹皮を採取）などがあげられるのみである。後者のトチュウは現在では野生のものを採取しているが，一部では植林した木の皮が採取されている。この他社では，シイタケをはじめとするキノコ類の育成を奨励している。しかし，全村に普及するまでには至っていない。なお，カンシュピン社では，各家において「黄牛」や豚などの家畜やニワトリなどの家禽が飼育されている。前者の「黄牛」の販売が最大の現金収入であるといえる。次にカンシュピン社の特色を有する集落を2ヵ所取り上げ，具体的にみていくことにする。

③カンシュピン社第2組の特色

　既に指摘したように，ドンバン高原に分布・居住する「白モン」族の集落形態としては，大きく分けて個々の家屋が分散する，いわゆる孤立荘宅とでも称すべきタイプと，各戸が1ヵ所に密集している集村形式と呼ぶタイプの二つが存在する。これら両タイプの集落では，どちらが「白モン」族の形式を継承しているのか不明である。しかし，後者のドリーネに代表される凹地の内部に多くみられるタイプのものは，一般にカルスト地帯の土壌は痩せているのであるが，その中でも比較的肥沃な土壌の場所に位置している場合に多く認められる[55]。理由は，この地域では単位面積当たりの収穫が多く期待できる。そのため，他地域の農家と比較して豊かな農家が多い。そこで，財産を守るために集落を1ヵ所に集中させ，

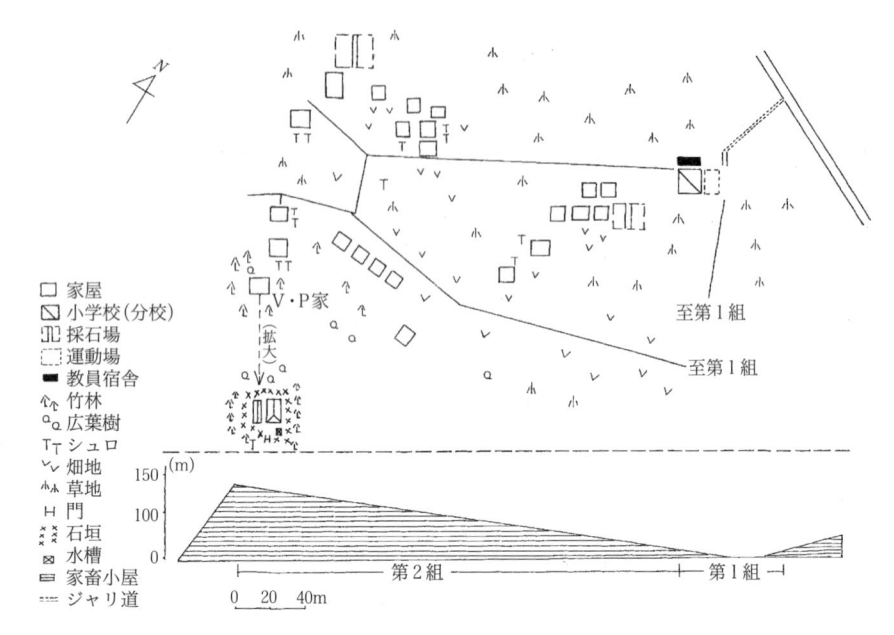

□ 家屋
□ 小学校(分校)
⊠ 採石場
⊡ 運動場
■ 教員宿舎
⋔ 竹林
⋒ 広葉樹
T T シュロ
∨ 畑地
⋏ 草地
H 門
✕ 石垣
⊡ 水槽
⊟ 家畜小屋
=== ジャリ道

第58図　カンシュピン社（Cán chú phin Xā）第2組概略図
〔出所〕現地での聞き取りにより作図.

その周囲を石垣で強固に囲んでいるのである。カンシュピン村第2組は前者の事例である。

　カンシュピン社を構成する12村のうち，社の行政機関と小学校が設置されている場所[56]に最も近い村がカンシュピン村である。カンシュピン村は，その社の行政機関などが置かれている場所から車で約20分ほど行った地域にある。村の付近一帯は典型的なカルスト地帯である。

　カンシュピン村には，県から社の行政機関に通じる道路から分岐した道を数百mほど進む。この分岐した道は緩やかな下り道となっているが，村民が総出で通行しやすいようにと，付近に多量に産出する石灰岩を挙大に割って敷きつめたものである。その石道の終点がカンシュピン村の入口とでもいうべき場所に建てられた，社の小学校の分校である（第58図）。分校は，カルスト地形特有のドリーネと称されるすり鉢状の凹地の底部の平坦地の一角を占めている。なお，このドリーネの特徴は周辺に多数みられるドリーネとは異なり，凹地を形成する周囲のカル

第31表　カンシュピン社第2組の概要（1999年）

姓	戸数(戸)	家族数(人)
Vữ	6	36
Sung	8	42
Giảng	5	23
Ho	5	16
合計	24	117

〔出所〕カンシュピン社での聞き取りにより作成.

スト山地の斜面の傾斜が緩やかなことである。カンシュピン村は，この比較的緩やかなカルスト山地の山腹斜面に展開する集落である。

　カンシュピン村は，第1組と第2組との二つの「ショム」と呼ばれている自然村から構成されている。第1組の戸数は33戸，第2組は24戸である。また人口は，それぞれ245人，116人を数える。両集落の立地条件は，山腹斜面下方の山麓近くに形成された第1組と，山腹斜面中腹から頂上近くの比較的広範囲にわたって展開する第2組というように，明確に異なっている。

　このことは，両集落の規模や家族数によっても明白な相違となってあらわれている。具体的にいえば，前述したとおり戸数で代表される集落規模が第1組のほうが第2組の約1.5倍と大きいことや，家族数が第1組が約7.4人であるのに対し，第2組では約4.8人とかなり開いている。このことは，両集落が位置している自然条件の相違によるもの推定される。すなわち，第1組のほうが第2組より平坦地ということもあり，土地条件が良好なことに起因すると解釈できる。

　カンシュピン村第2組は，前述のように戸数が24戸である。そのすべての家屋は平屋土間形式で互いに独立している。第2組を構成する各家の姓は，第31表にみられるように4姓のみである。しかし，これらの各姓がそれぞれ同姓ごとに1カ所に集中しているのではなく，異姓間の通婚なども自由で互いに交流しているとのことであった。

　当組の特色は，個々の家屋を高さ2mにも達するような石垣で強固に囲っていることである。石垣の内部には家族が居住する母屋，「黄牛」，豚などの家畜小屋，ユネスコの援助でつくられたコンクリート製の水槽などの付属物がみられる。さらに石垣には，頑丈な木製の扉をもつ門がある。このように，各戸がその家屋な

家の周りを強固な石垣で囲む「白モン」族の集落

コンクリート製の水槽などが見られる石垣の内部

どの建築物の周囲を強固な石垣で囲むのは、周辺の山腹斜面は所々に石灰岩の巨岩の露出が目立つが、集落近くの耕地を除けばほとんど草地となっている。そのため他地域よりも飼育している「黄牛」の頭数が多く、その「黄牛」が盗まれないために、このような強固な石垣で建築物を囲っているのだという。

　上述したように、第2組は所々に巨岩が露出しているが、草地が大部分を占める斜面上に位置している。そのため、各戸に通じる小道が存在するのであるが、住民や「黄牛」、山羊などの家畜は草地の最短距離を自由に往来している。小学校

の分校からその背後の緩やかな斜面を登ることになるが，最初に目についたのは石灰岩の採石場である。採石場では住民が数人作業を行なっていた。作業に従事しているのは当組の住民で，この作業から得られる収入が数少ない現金収入源のようであった。作業はツルハシなどの工具を用いて露出している石灰岩を大きく砕き，さらにそれをハンマーで小さく砕くというものである。このようにして砕かれた石灰岩は，近くの村落の石垣の素材などに利用されているようである。採石場は周囲数十mほどで大規模なものではないが，少し地下に掘られ凹地となっていた。同様の採石場は斜面の上方にもう1カ所存在する。

集落は各戸が斜面に点在している。しかし，これらの集落はアトランダムに分散しているのではない。すなわち，集落はカルスト山地の小丘が連らなる中間つまり谷の部分に沿って点在しているのである。谷といっても谷頭に近いためか，河川が流れるには到っていない。各戸がこの谷筋付近に集中しているのは，湧水が最も入手しやすい場所であるから，と推察される。とはいうものの，第2組のほとんどの家にユネスコの援助によるコンクリート製の水槽が設置されているのをみると，水不足は非常に深刻なようである。なお，カンシュピン村は勿論のこと，カンシュピン社には電気が通じていない。

家屋のあるところに近づくと，小規模であるが耕地がみられる。その耕地で栽培されている農作物の中心はトウモロコシである。そのほか豆類や赤い花をつけるソバなどの栽培もみられるが，その種類は大変少ない。このことは，作物栽培の可能な耕地があれば，主食であるトウモロコシの栽培が最優先され，それ以外の作物を植える余裕がないためであると推察できる。このことからも第2組の経済状況は苦しいといえよう。

当組を含むカンシュピン村で特徴的なことは，住民が日常生活においても常用している衣服の素材とするため，大麻が多くの家庭で栽培されていることである。大麻は，土地条件の恵まれた第1組のほうが多量に植えられていた。各家ではこの大麻から麻糸を紡ぎ，麻布を織り，スカートをはじめとする衣服を製作する[57]。晴天の日には直径1mぐらいのヒトデのような形をした大型の糸車が軒先や近くの空地に置かれ，糸を巻いている光景がみられた（第59図）。なお，これらの作物が栽培されている耕地の周囲は，竹などでつくられた簡単な垣根によって囲まれている。「黄牛」や山羊などの家畜の侵入を防止するためであろう。

大麻から衣服を作る（カンシュピン社）

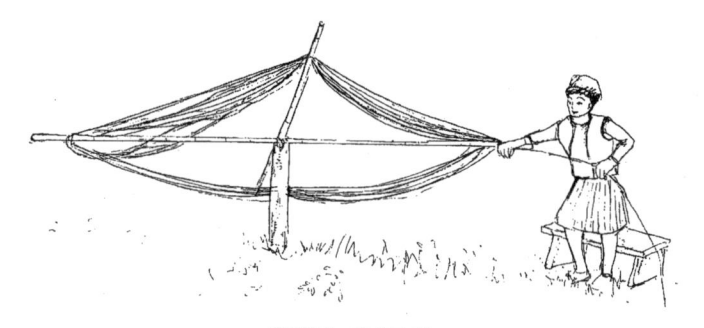

第59図　糸ぐるま

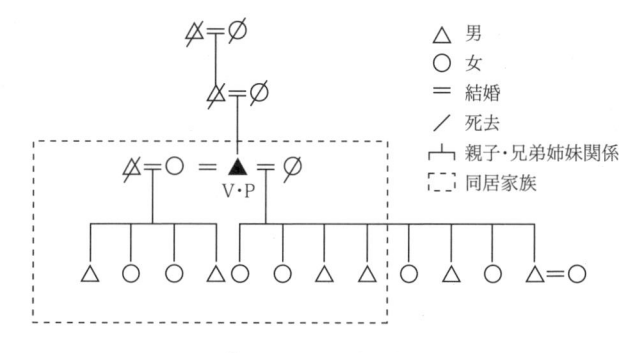

第60図　V・P家の親族

〔出所〕V・P家での聞き取りにより作図．

④住民生活の様子

　また第2組の各戸では，シュロの木を数本ずつ植えているのも目立った。シュロの幹を巻いている毛（毛苞）が，ロープなどの材料として利用できるので植えられているようだ。前出の第58図中のV・P家は，カンシュピン村の副村長宅である。当家は第2組の中でも最も高所に位置しており，第2組に所属するすべての家を展望することができる。なお，家の近くは水が比較的豊富とみえて，竹が密集している。当家を事例として，第2組の住民の生活の様子をみてみよう[58)]。

　V・P家の姓である「ウ」(Vũ) は，既出第31表を参照すれば6戸存在する。しかし，6戸のウ姓がすべて親戚関係ではない。主人であるV・Pの母親は，メオバック県のランプ社 (Lũng pu Xā) 出身の「白モン」族である。ランプ社は当村から約15km離れている。この事例のように，ドンバン高原に住む「白モン」族

は，他の民族集団との通婚がほとんどなかった。現在両親とも既に他界している。

　V・Pは2度結婚している。最初の妻は，近くに位置する同社に属しているハンドコ村（Háng dâu co Ban）出身で，同様に「白モン」族であった。この妻との間に10人の子供をもうけたが，妻は1992年に死去した。当時子供が多いうえに，幼な子もいた。そのため再婚した。再婚の相手は先妻の妹で，夫が1992年に死亡していた。後妻には4人の子供がいたが，その子供も全員ひきとった。現在10人家族である。先妻の子供のうち年長者が結婚などで転出したからである。なおV・Pは先祖が当地にやってきた由来や，その移動経路は知らないという。

　V・P家はトウモロコシと大豆など豆類の栽培が農業の中心である。耕地面積は正確にわからないが，2000年にはトウモロコシの種子を20キログラム，大豆の種子を5キログラム播いた。これらの作物は，極端に降水量が少ないなど自然条件が劣悪となれば，収穫量が減少する。それ故毎年安定した収穫が期待できない。一般にはトウモロコシの場合播いた量の数十倍，大豆など豆類では数倍の収穫が得られる。ベトナムの少数民族地帯では，畑作の場合収穫量を何ヘクタールというような耕地面積で示すことはほとんどなく，何キログラムの種子を播いたかで示すことが多い。そのため，住民自身は正確な耕地面積を把握していない。

　なお同家では，他家で栽培されることが多い，ハダカ麦，コムギ，ソバなどの作物は栽培していない。戸主のV・Pが副村長をしているので，他家に比べれば多少の現金収入が得られるためである。

　同家が飼育している家畜としては「黄牛」（成牛），豚をそれぞれ5頭ずつ，犬を2匹飼っている。犬は番犬の役目をする目的で飼われているので，第2組のように各戸の間隔があいている集落ではすべての家で飼われている。その他，ニワトリを12羽飼育している。「黄牛」は畑地の整地などに使うこともあるが，成長すると売却する目的で飼育されている。売却先はメオバックか，あるいは近年車両が通れる道路が開通したカゥバイの定期市である。豚やニワトリは売却されるのではなく，「ハレ」の日などに御馳走として食卓に供せられる。

　さらに，当村では食用にしないが大麻も栽培している。V・P家では年間麻布にすると20メートルほどの収穫がある。麻布は定期市などで販売せず，家族の衣服をつくる。2000年には2着のスカートをつくった。なお，当村には木鼓を所有している者がいない。そのため葬式などの儀式には，同社に属しているランチャイ

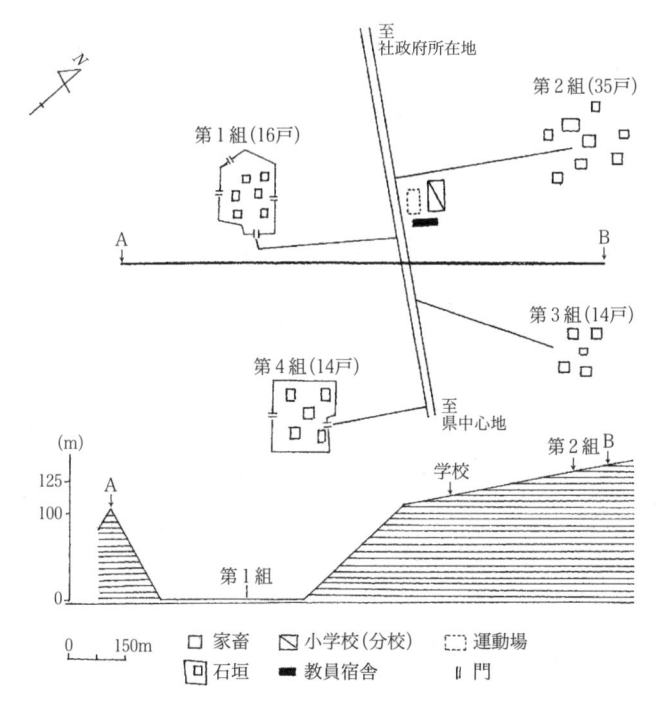

付章　ベトナム北部ドンバン高原の「白ミャォ」族の生業形態　341

第61図　ハンドコ村（Háng dâu co Ban）集落位置略図
〔出所〕現地での聞き取りなどにより作図．
戸数は実数と一致しない．建物は実距離より大きく表現．

村（Lan Chải Ban）の同族の家から木鼓を借用し，儀式を行なう．

以上述べてきたように，V・P家で代表されるカンシュピン村第2組の住民の生活は決して楽とはいえない．V・P家のように決まった定期収入が期待できない家庭では，主食であるトウモロコシも年間1～数カ月分不足しているようだ．

⑤ハンドコ村（Háng dâu co Ban）第1組の様子

後者すなわち集落全体が非常に強固な石灰岩の石垣で囲まれている事例として，前述したカンシュピン村第1組と同じ社に属している，ハンドコ村の一つの「シォム」を取り上げる．ハンドコ村はカンシュピン村の隣りに位置し，県の行政中心地であるメオバックには車で数十分と比較的近い距離にある．ハンドコ村の村域は広く，互いに離れた第1組から第4組までの四つの「シォム」に分かれている（第61図）．

事例として取り上げた第1組は，第4組とともにカルスト地形特有の凹地であるドリーネ内に形成された集落である。しかし第2組と第3組は，カンシュピン村第1組と同様カルスト山地の斜面上に展開している。なお，これら両集落がカンシュピン村第1組と異なるのは，集落を構成する各戸が分散しているのではなく，密集形態を採用している点である。

　上述したように，ハンドコ村を構成する四つの集落は互いに離れて位置している。ちょうどその中央部に建てられたのがカンシュピン社の小学校の分校である。分校には，男性1名，女性3名の教員が配置され，クラスは1学年から4学年までそれぞれ1クラスある。生徒はすべてハンドコ村の子弟で約60名である。また，教員は社から毎日通勤してくるのではなく，校舎に併設された教員宿舎に泊宿している。さらに校舎の前面には広いともいえないが校庭もつくられている。分校においても，他のドンバン高原の少数民族地帯同様，人びとが文字の読み書きをできるようにするための成人学級が開設されている。当分校にはこれらの人びとを対象としたクラスが1クラスあり，常時15〜20人が学習している。受講生は他地域の場合とは異なり男性が中心である。開校は年中ではなく，生業である畑作の農閑期に相当する冬季主体である。

　ハンドコ村第1組はかつて「シャーシュア」(Xà Xuà) と呼ばれていたが，現在では単に第1組と称されることが多い。第1組には，前述の小学校分校の前面の県の中心地からカンシュピン社に通じる道路を横切り，細い小道を進む。この小道は非常に急な下りで，人一人が通れるほどの道幅しかない。第1組に通じる小道を歩いていると，その姿がみえないほどのトウモロコシの茎を背負った女性にたびたび遭遇したが，道幅が狭いため行きちがうのに大変困った。

　なお，県の中心地付近のトウモロコシ畑では，冬季には収穫した後のトウモロコシの茎を刈り取ったものを束ねて，畑地の端に円形に積んであるのがみられた。茎を乾燥させ燃料として利用するためである。これに対して，ハンドコ村周辺では冬季の12月末でも，畑地には収穫した後も茎が植えられていた。トウモロコシの茎や一部残っている葉を家畜の飼料として利用するためである。小道が下りとなっているのは，ドリーネの底部に第1組が位置しているからである。とくに幹線道路から分岐した最初の数百mは，石灰岩が一面に露出するカレンフェルトで大変歩きにくい。

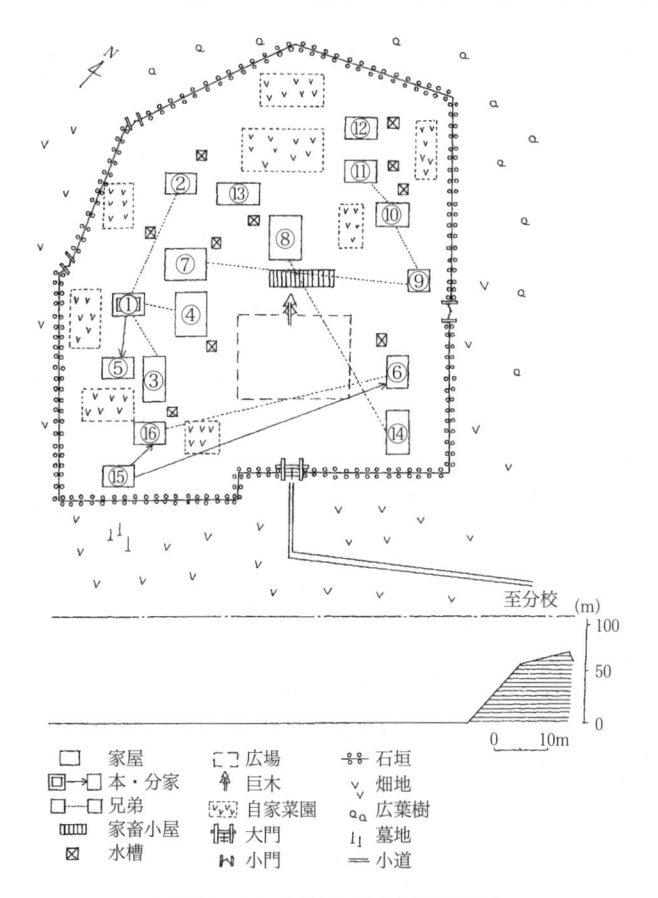

付章　ベトナム北部ドンバン高原の「白ミャオ」族の生業形態　343

凡例：
- □ 家屋
- ⊡→□ 本・分家
- □‑‑‑□ 兄弟
- ▥ 家畜小屋
- ⊠ 水槽
- ⸺ 広場
- ⇑ 巨木
- ⩛ 自家菜園
- ⋂ 大門
- ⋈ 小門
- ❀❀ 石垣
- v 畑地
- ҩ 広葉樹
- ⊥ 墓地
- ═ 小道

第62図　ハンドコ村第1組家屋配置図
〔出所〕現地での聞き取りにより作図.

　その後小道をさらに進むと，石灰岩の露出が減少する。すると小道の両側の斜面には主食となるトウモロコシや大麻が所狭しと栽培されている。トウモロコシや大麻は夏作物である。それ故，その成長期には丈が2メートルを超える高さにもなる。そのため夏季では道を歩いていても前方の見通しがまったくきかなくなる。トウモロコシの根元には，間作として大豆などの豆類やカボチャが植えられている。このような小道を5分ばかり下ると，平坦地に出る。凹地の底部に到着したのである。ここにも一面トウモロコシと大麻が栽培されている。その他一部

では調味料として用いるトウガラシも植えられている。また，耕地の一角に墓地がある。当地では土葬なので，4～5体埋葬されているような盛土がみられた。

さらに5分ほど平坦地を進むと，第1組の正門がみえてくる（第62図）。正門の両側には高さ2メートルぐらいの砕いた石灰岩を積み上げた石垣がある。この石垣は集落全体を取り囲んでいる。この種の石垣は以前なかったが，近年治安が悪くなったので，1992年に組の住民が協力して新たにつくったものである。このように強固な石垣で集落を囲んでいても，数年前に飼育しているニワトリ，豚などが盗まれたことがある。それ以前は各家ごとにそれぞれ周囲を囲んでいた。

⑥強固な石垣で囲まれた集落

集落には正門を含めて四つの門がある。しかし，正門を除く他の3門は頑丈なつくりの門ではない。3門は，耕地や集落の北側が急斜面の山地のため，山地への通用門となっている。正門だけが開閉する時間が決められている。その時刻は季節に関係なく，開門は午前5時，閉門は午後7時である。このように，集落の入口に頑丈な大門を設け，かつ集落全体を石垣で囲むという習慣は，ドンバン高原の「白モン」族の集落ではしばしばみられる。しかし，中国に居住するミャオ族の間では，このような習慣がかつて存在していたと推察されるが，現在ではほとんど消滅してしまっており，みることができない。

ただし，貴州省黔東南苗族侗族自治州従江県の山奥に居住する「黒ミャオ」族の集落で，石垣は既に消滅していたが，集落の入口に立派な大門があるのを著者も見たことがある。毎日決められた時刻に木板が鳴らされ，その大門は開閉されていた。大門の開閉は，特定の住民が集落内の他の住民の依頼を受けて行なっていた。

正門に近づくと，石垣の内から犬の鳴き声が起こる。当集落の全戸の住民が犬を飼っている。犬は大きくはないが，住民が日中農作業のため留守がちになるので，留守番を兼ねるように躾（しつけ）られているようだ。正門をくぐると，正面に小規模な広場がある（前出第62図）。広場は日常的には麻糸の糸くりが行なわれたり，収穫したトウモロコシや豆類などを乾燥させるための共同の空間として利用されている。また，その背後には広葉樹の巨木が1本植えられている。この巨木には集落内で飼育されている「黄牛」がつながれていることが多い。しかし，この広場は祭礼など「ハレ」の日に開場として使用されているので，巨木も住民にとって

第32表　ハンドコ村第1組の家族構成（1999年）

	主人名	家族数(人)		主人名	家族数(人)
1	Thào và D.	6	9	Thào mi' G.	5
2	Thào mi' V.	8	10	Thào mi' T.	7
3	Thào sái N.	7	11	Thào mi' Lâ.	6
4	Thào mi' Chd	4	12	Thào mi' Lu.	7
5	Thào mi' Lử	4	13	Thào nhià S.	5
6	Thào mi' S.	4	14	Thào mi' Vb.	1
7	Thào mi' P.	6	15	Thào thià N.	7
8	Thào chi' D.	8	16	Thào mi' Chi.	5

〔出所〕ハンドコ村での聞き取りより作成.

は何らかの儀礼に用いられる聖なる木かもしれない。

　集落内に家屋が配置されている。といっても各戸は長屋のように連続したり，密集しているのではない。各戸の間隔は少々離れており，その間に自家用の菜園やコンクリート製の水槽[59]さらには家畜小屋などがみられる。そのため集落内に入ると，広く感じられる。集落は16戸から構成されている。全戸がすべて「タオ」(Thào)姓を名乗っている（第32表）。住居は平屋建て土間形式である。屋根型は切妻型で共通しているが，トタン屋根や一部には茅葺き屋根がみられる。壁は土壁ではなく，板張りである。裏山に材料となる木材が豊富だからである。なお，多くの家の軒下には裏山から採取した薪が山のように積み上げられている。

⑦同族集団と姻戚関係

　前述したように第1組の住民は全員同姓であるが，第62図にみられるように，全戸が親戚関係ではない[60]。少々複雑なので，この点を検討しておこう。第1組では次の3組の同族集団がみられる。

　その第1は，第62図の番号①，②，③，④の4兄弟を中心とする集団である。この集団は第1組のみならず，ハンドコ村内でも有力な同族である。すなわち，末弟の4男（第62図①）が村長に該当する主席，次男（同②）が副主席さらには長兄（同①）が第1組の組長を務めている。なお番号⑤の家は，組長の長男が結婚し，1997年に分家した。この同族関係をもつのが番号⑩，⑨，⑪，⑦の4兄弟を中心とする集団である。というのは，これら4兄弟の父親が前述の番号①，②，③，④の4兄弟の父親の兄だからである。つまり番号①，②，③，④

の4兄弟の集団と，番号⑩，⑨，⑪，⑦の4兄弟の集団はイトコ関係となる。

その第2は，番号⑮を父親とする同族で番号⑯および⑥はその子供である。ただし，この同族集団が第1の集団と関係をもたないという。さらに第3として，番号⑧と⑭の集団が兄弟であることが判明している。それ故，第1組においては，番号⑫と⑬の家のみ，同姓であるが親戚関係を有しない集団である。しかしながら，とはいうものの，これらの同族関係は調査時点で判明した事実なので，前記注60)で論じた点なども考慮すれば，かつて番号⑫および⑬の両家も，第1組の他の同族集団と親戚関係にあったことが考えられる。

第63図は，上述した第1の同族集団に所属する各家の親族関係を示したものである。この第63図を参照すると，まず注目されるのは各戸とも子供の数が非常に多いことである。このような傾向は第1組のみならず，ベトナム北部の少数民族地帯に共通している。理由は，隣国中国のように，政府が「一人っ子政策」に代表される強力な人口抑制政策を採用していないためであると推察できる。すなわち，このようにベトナムにおいて子供数が急増している事実は，1975年のベトナム戦争終結後は政治的に安定した時代となり，とりわけ1987年より打ち出されたドイモイ政策により飛躍的な経済的発展を迎えた。その結果，少数民族の生活水準も上昇し，医療や教育などの方面での充実がみられたからであると思われる。

⑧住民の生活状況

以上述べたように近年少数民族は人口増加が著しい。そのため，省あるいは県レベルでの正確な人口に関する数値の把握が困難なようで，役所において少数民族の人口数値が前年聞いた数値と異なるということをたびたび経験した。

第1組の住民の生活状況を具体的に知るために，同組の組長を務めているT・D家（第63図番号①）を事例として取り上げ検討していく[61]。

T・D家は現在主人（45歳）とその妻および子供4人の6人家族である。祖先のことは何も聞いていないが，父親および祖父もこの集落で生まれ育った。母親はメオバック県のポバン社（Phở bảng Xã）のランカ村（Lũng câm Ban）の出身で，最初の夫と死別後T・Dと再婚した。母親の旧姓はT・Dと同姓であった。T・Dの祖父は母親と同じランカ村出身の女性と結婚した。祖父はT・Dなど4人の子供を儲けたが，早死にした。そのため母親は祖父の弟と再婚した。このように，生活が困難であったためと推定できるが，配偶者が早期に死別すると，再婚するの

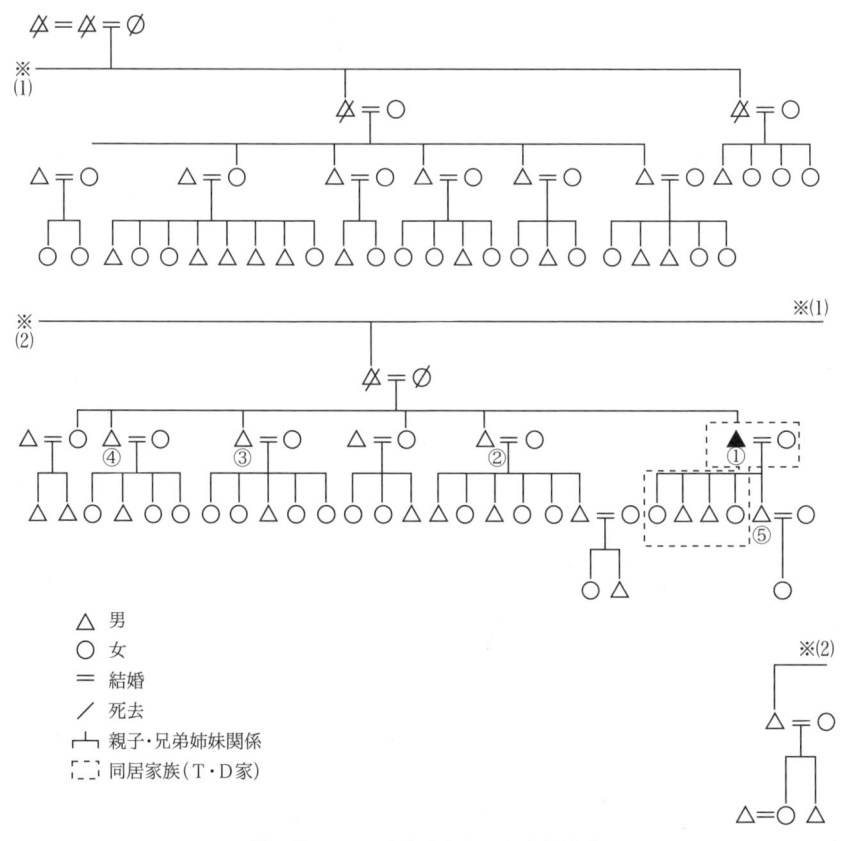

付章　ベトナム北部ドンバン高原の「白ミャオ」族の生業形態　347

△ 男
○ 女
＝ 結婚
／ 死去
└┘ 親子・兄弟姉妹関係
⌐¬ 同居家族（T・D家）

第63図　T・D家を中心とした家族構成

〔出所〕T・D家などでの聞き取りにより作図．
図中番号は第62図と一致．

が一般的であった．T・Dの妻はT・Dと同年である．夫妻には5人の子供がいた．しかし，前述したように，長男が結婚後分家し，同じ集落に住んでいる．したがって，現在既に述べたように夫妻と子供4人の6人家族となったのである．

　当家では，他家と同様，農業中心の自給自足に近い生活を送っている．飼育している家畜の売却が最大の収入源のようである．しかし，他家においてみることが少ない収入源も存在する．以下では，これらT・D家の経済状況を主体として，具体的に検討していくことにする．

T・D家で栽培している農作物は，主食としているトウモロコシ，ハダカ麦，イモ類が中心である。これらの農作物は，集落前面に展開する平坦地や周辺の山地斜面に栽培されている。その他，自宅に隣接する自家用菜園には，ネギなどの野菜や調味料として利用価値の高いトウガラシが植えられている。しかし，これらの作物は量的には非常に少ない。なお既に指摘したのであるが，耕地で栽培されている作物の種類は，主食またはそれを補完するものが主体となっている。このことは，耕地があれば主食となる作物を優先的に植えている結果であろうと推定でき，当集落の生活の困難さを象徴しているように思われる。

　2000年ではトウモロコシおよびハダカ麦を各々種子15キログラムずつ播いた。この2作物とも播種と収穫の時期がほぼ共通している。前者は4月中旬から下旬，後者は9月から10月であった。また，収穫は年度によって異なるがトウモロコシは600キログラム，ハダカ麦は500キログラムの収穫を得た。イモ類としては，サツマイモとヤマイモの2品種が植えられている。そのうちサツマイモは種子イモを発芽させ，その若芽を植える。2000年度では，イモ類全体で約60キログラムほどの収穫があった。なお当家では，他家でよくみうけられるキャッサバは栽培したことがないという。

　これら主要作物の農作業は女性が担当することが多い。一方男性の場合，木材の切出しや運搬などの山仕事が主要な仕事となっている。集落の背後の山地斜面には広葉樹の雑木や植林した松などの針葉樹が豊富に茂っているからである。というのは，県では中心集落であるメオバックを活性化させる目的で，メオバック周辺に新しい家屋を建てると200万ドンの援助金を出すことにしている。そのため，近年メオバック周辺では建築ラッシュとなり，その材料としての木材の需要が急増しているからである。第1組の住民は数人で切出した木材をメオバックまで運び，手当を稼いでいる。

⑨トウモロコシを原料とした蒸留酒造り

　さらに第1組は県内では比較的県の中心地の近くに位置している。そのためこの立地条件の優位性を生かして，集落内の他家と同様冬季に限定されるが，トウモロコシを原料とした蒸留酒造りが行なわれている。T・D家でも女性が中心となり，1994年より酒造りが開始された。当家の蒸留方法は外取り法と呼ばれる方法である。次のような順序で行なわれる。

まずトウモロコシを甑に入れて蒸す。その方法は竈に中華の大鍋をかけ，その上にトウモロコシを入れた甑を置く。大鍋には水を一杯入れておく。トウモロコシが蒸し上がると土間にビニールを敷き，その上に蒸したトウモロコシを広げる。その状態で置いておくとトウモロコシが冷えてくる。そうすると定期市で購入した麹を手際よく，トウモロコシにふりかけ，混ぜる。その後2日間ぐらいそのまま放置すると，麹の作用でトウモロコシが熱をもってくる。それを水を入れる大きな木桶に移し，5・6日寝かす[62]。そうすると，木桶の中に醪ができる。その醪を中華の大鍋に移し，竈にかける。そして，その上に木筒と冷水を入れた中華の大鍋を置き，火を炊く。木筒の内部には受け皿がつるされ，その端には外部に通じる管が結びつけられている。蒸留された水蒸気が上部の冷水を入れた大鍋の底に当たり，水滴となって受け皿に落ちる。それを管を通して外部に送り，設置してあった容器にあつめる。

　当家では上述のような方法で冬季のみ酒造りが行なわれている。期間は12月と1月で，それぞれ月に3回程度行なう。1回にトウモロコシ30キログラムを使用し，20キログラムほどの蒸留酒ができる。この期間は年越しや正月という「ハレ」の日が連続するので，とくに酒の需要が多く見込まれるからである。蒸留した酒は，メオバックで開かれる定期市に持参し，1リットル5,000ドンで販売する。

　またT・D家でも大麻を栽培している。2000年には3キログラムの種子を播いた。播種は1月で9月に刈り入れをする。麻糸は販売するのではなく，すべて自家用に使った。2000年にはこの麻糸を用いて5枚のスカートをつくった。家畜としては「黄牛」および豚各々1頭，山羊2頭，犬1匹，家禽としてはニワトリ10羽，アヒル2羽飼育している。これらの家畜，家禽に関しては「黄牛」以外は売却せず，「ハレ」の日などの食事に供される。

　T・D家の間取りを示したのが第64図である。住居部分は1階のみで，天井裏は収穫したトウモロコシやハダカ麦などを貯蔵する倉庫の役割を担っている。トウモロコシは皮のついた状態できれいに並べて保管している。皮や粒を取り除いた芯が燃料や家畜の飼料として利用できるからである。土間の片隅2カ所だけが仕切られている。その他は仕切りがなくオープンスペースとなっている。仕切られた内側はベッドが各々1台ずつ置かれている。玄関の入口付近には比較的大きな竈が設置されている。上述の酒造りや豚などの飼料を煮るのに用いられる。その

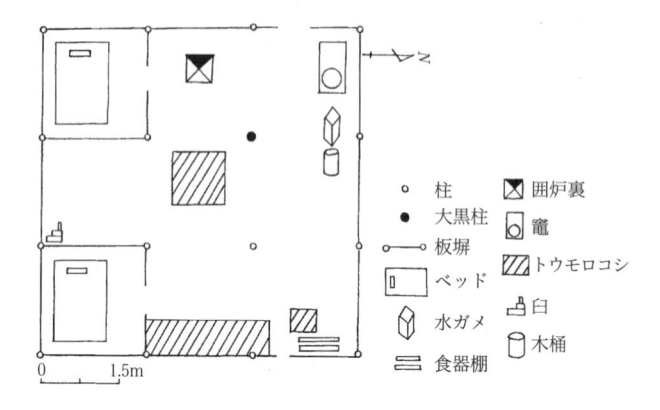

第64図　ハンドコ村第1組T・D家の間取り
〔出所〕現地での聞き取りにより作図.

隣りには水槽，さらに大きな木桶。この木桶には酒の原料になる醪が入れられる。土間の中央部の端に囲炉裏が切られている。日常の食事はこの囲炉裏で調理される。冬季にはこの囲炉裏周辺に家族が集まり暖をとる。竈および囲炉裏の燃料は，トウモロコシの皮や芯が利用されることもあるが，T・D家では薪が用いられることが多い。そのため軒下には常時薪が山積みされている。とくに冬季には酒造りのため多量の燃料が必要なので，この時期は家屋の周囲が薪で囲まれるという状態になる。

　主食となるトウモロコシやハダカ麦は，ほとんどの家に置かれている石臼で挽かれ粉にされる。その粉に水を加え粥状にして食べられる。時には水団のように団子状にして食卓にのぼることもある。いずれにしても品種がモチ種なので，粘性に富み大変美味である。石臼は当家にも土間の端に1台置かれている。なお冬季では，皮のついたトウモロコシが土間奥の壁に沿って積み上げられる。そのため食器棚の一部が隠れてみえなくなってしまうという状態であった。このように，T・D家ではトウモロコシが非常に多く貯蔵してあった。これらのトウモロコシは酒造りの原料として近くの家から購入したものと思われる。なお，トイレは中国のミャオ族と同様，「白モン」族の家では存在しない。

　T・D家では，県の中心集落メオバックに近いということもあり，家畜の売却以外に，酒の販売，木材の運搬による手当，さらにはわずかであるが組長としての

付章　ベトナム北部ドンバン高原の「白ミャオ」族の生業形態　351

食事の用意（カンシュピン社）

手当てなど，ドンバン高原に居住する「白モン」族の家庭としては比較的多くの収入を得ている。しかしながら子供が多いこともあり，生活がかなり苦しいという。

6　モン族のフィールドサーヴェイからわかったこと

　ベトナム北部ドンバン高原に分布・居住するモン族の1分派「白モン」族について論を展開してきた。モン族は先住地の中国ではミャオ族と称され，西南中国を代表する少数民族である。そのため，西南中国に居住する少数民族の中でも，国内の研究者は勿論のこと，日本人研究者を筆頭に外国人研究者の間で注目され，多くの研究成果の蓄積がみられた。

　しかしながら，中国人研究者の場合はさておき，外国人研究者の場合，中国が社会主義国家になったこともあり，長期間フィールドサーヴェイを実施することができなかった。その後中国の近代化が進展し，市場経済体制に移行中とされる現在においてさえも，ミャオ族を筆頭とする少数民族については，フィールドサーヴェイを主体とする実証的研究が非常に困難であるといわざるを得ない。この点は中国国内の研究者間でも同様である。というのは，中国人研究者は大学や研究所などの研究機関より調査費を支出してもらい，フィールドサーヴェイを実施するのが慣例となっている。ところが種々の事情からこれらの研究機関，とりわけ研究所の場合は新規の研究員の補充が認められないばかりか，研究員に対しても転職が進められるという状態である。そのため，中国人研究者によるフィールドサーヴェイも進展がみられないのである。このように，中国では近年において，以前にもましてフィールドサーヴェイを実施することが困難となっているという印象を強く受ける。

　同様の状況が，中国と同じ社会主義体制を堅持しているベトナムにおいてもみられるのである。とりわけ，ベトナム戦争などによりすべての学問分野においても同様に，研究者が少ないということもあり，ベトナム北部の少数民族に関するフィールドサーヴェイはほとんど行なわれてこなかったのである。そのためか，ベトナムでは近年全土をあげて観光事業に乗り出しているが，市販されているツーリスト用の地図帳には，ドンバン高原の部分がカットされ，掲載されていないという状態である（Tourism Information Technology Center ed. 2000）。

本付章が研究対象としたドンバン高原の少数民族についての調査に関しても同様で、これまでベトナム人研究者ですら本格的なフィールドサーヴェイを実施してこなかった。

以上のような、いわば特殊な事情が存在するため、ドンバン高原の少数民族に関する既存の研究書あるいは研究論文がほとんどないという状態であった。それ故、本付章にみられるように、最初にドンバン高原を含むベトナム北部の少数民族地域の概要の説明を、具体的なフィールドサーヴェイによる現状分析以上に行なう必要があった。そのようなこともあり、具体的なフィールドサーヴェイに基づいた現状分析については、十分に論を展開することができなかった。今後、さらなるフィールドサーヴェイを積み重ねることで、この点を克服したいと念じている。本付章全体の要約を行なう余裕をもたないが、次の諸点はとくに解明できたものと思われる。

①外国人研究者として最初にドンバン高原の少数民族居住地域において、フィールドサーヴェイを実施することができ、そこに居住する有力な民族集団である「白モン」族の生活の一端が把握できたこと。

②移動を行なうことが生活のスタイルとみなされてきたモン族（中国ではミャオ族）に関して、従来の研究は定着後の調査つまり「点」としての調査が中心であったといえる。これに対して、本付章は移動先の一つであるベトナム北部の「白モン」族の集落調査ができたことで、「線」としての調査を行なえるという可能性が出てきた。このことは、ミャオ族調査の新しい展開を期待させるものである。

③ミャオ族は、中国やベトナムなど広範囲にわたって分布・居住している。今回のベトナムに居住する「白モン」族調査において、どの家族も多数の子供をかかえていることが判明した。この点は、「一人っ子政策」を採用している中国に居住するミャオ族にはみられない現象といえる。つまり、辺境地帯に分布・居住する少数民族も、中央政府の政策に大きく組み込まれていることが具体的に判明した。この観点は民族問題を考える場合、新しい分析視角の端緒となると思われる。

(注)

1) 1986年末のベトナム共産党第6回大会で正式に決定された．その内容は古田元夫によれば，ベトナム戦争時代に定着した「貧しさを分かちあう社会主義」と訣別する試みのことであるとされる．すなわち市場メカニズムの全面的採用および対外全面開放を中心とするもので，1987年より種々の経済政策が打ち出された．その中でも，土地改革と金融改革が特筆されるべき二大政策といえる（古田1995：159）．

2) ベトナムでは1993年4月から，国内滞在許可証および移動許可書などの手続きが不要となった．そのため，外国人が実質上国内のどこにでも訪問することが原則上可能となった．しかしながら，著者が少数民族調査を進めているベトナム北部の山岳地帯では，調査対象である少数民族の多くが国境地帯に分布・居住しているなどの理由から，観光地に指定されている一部の地区を除き訪問するには関連諸機関の許可が必要である．しかも，その許可の申請には時間がかかるうえに認可がむずかしい．そのため，とくに1976年に成立したベトナム社会主義共和国になってからは，外国人研究者にとってベトナム北部の山岳民族を中心とする少数民族に関するフィールドサーヴェイは等閑視され続けてきた．

　このことはベトナムと同様に社会主義国家体制を堅持している中華人民共和国においても同様である．中国におけるフィールドサーヴェイの困難さに関しては，拙論（金丸 1997：64-67）でも論じたことがある．

3) 北ベトナムにおいては，以前，例えば首都ハノイのほぼ東方向に位置するベトナムきっての景勝地といわれるハロン（Hạ Long）湾など，ハノイ周辺に存在する観光地にしか外国人観光客が訪問し見学することができなかった．表面上の理由は，道路網などの交通手段が整備されていなかったり，外国人が宿泊可能な施設が整っていなかったことによるとされてきた．その他にも，例えば，現在でもハノイ郊外に位置する土器づくりの集落などには，許可がなくては訪問・見学できないなど，自由に観光することが制限されている．

4) 高原の中心サパでは年間の平均気温が15℃前後であり，大変過ごしやすい．しかし，冬季（とくに2月）には積雪もみられる．また，最近トレッキングなども盛んに行なわれ，毎年のように新しいトレッキングルートが開発されている．このようなこともあり，外国人観光客に非常な人気を博している．

　さらに外国人観光客向けの英語ガイドブック（フランス語版もある）も出版され，サパの知名度に大きく貢献している．なお，本書の序文によれば，このガイドブックの売り上げ金は全額をサパ地区に居住している人びと，つまり少数民族に還元されるという（Stubblefield ed. 1994）．

5) しかし皮肉なことにその結果，外国人観光客の中にはここ数年来，少数民族から購入した大麻を喫煙したり，あるいはアヘンを吸入するものが増加するなどの問題も表面化している．

6) 本文にも言及してあるように，ドンバン高原の大部分は行政的にはハギャン省に所属しているが，その中心地メオバック（Méo Vạc）県を訪問したのは社会主義共和国成立後，日本人としては2人目ということであった．最初に同県を訪問した日本人は少数民族の研究者ではなく，鉱山関係の技師だったようである．また，ドンバン高原の少数民族調査は1996年よりハノイ国家大学の先生方の協力の下に，著者と田畑久夫（昭和女子大学教授）が共同してフィールドサーヴェイを実施している（田畑 1995，田畑・金丸 1997・1998，Kanamaru 1999）．

7) しかし，現在インドシナに所属する3カ国がすべて独立したことや，それぞれの国家では自然・人文現象にも相違があり，社会体制も大きく異なっている．それ故，これらの地域をインドシナと呼ぶことは適当でないと考える．

8) ただし，例外的な事例であるが，中国においては少数民族であるモンゴル族および満州族が全土を統一しそれぞれ元王朝，清王朝を開いたことがある．しかしながら，後者の場合，多数派を占める漢民族を統治・支配するために，自らの風俗・習慣を強制することなしに満州族のほうが母語である満州語をすて中国語（漢語）を日常語としたり，弁髪などごく一部の習慣を除き種々の風俗・習慣を漢民族風に改めるという政策を実行した．

9) しかし，紅河下流の三角州（トンキンデルタ）においてはタイ族が，メコン川下流のメコンデルタにはクメール族などの少数民族が分布・居住している．

10) ベトナムの黎王朝（1010〜1224年）は現在のハノイを都と定め，ドンキン（Đông Kinh, 東京）と称した．紅河流域下流部を現在でもトンキンと呼ぶのはこのためである．日本では，現在でも一般に紅河三角州をトンキンデルタと称している．なお，トンキンデルタは，紅河およびタイビン（Thái bình, 太平）河がトンキン湾の浅い湾内を土砂で埋めてつくった平野である．

11) ハロンとは"ha"と"Long"の合成語であり，前者は降りる，後者は龍を意味しているといわれている．現地には，その昔外敵に悩まされていたとき，龍の親子が降り立ち，外敵を打ち破った．そのとき龍の顔から吹かれた宝玉が固まって奇岩となったという伝説が残っている．

12) 熱帯カルスト地形という用語は既に使用してきたが，研究対象地域であるドンバン高原においても代表的な地形であるので，若干説明を加えておくことにする．

カルスト地形とは石灰岩の溶食に基づく地形を意味する．カルスト地形の「カルス

ト」は，スベロニア北西部の石灰岩地帯に位置するクラス（Kras）という地名に由来する．このような非常に特殊な地形ができるのは，石灰岩の主成分である炭酸カルシウム（$CaCO_3$）は炭酸ガス（CO_2）を溶解して雨水に容易に溶ける性質をもっている．そのため，雨水は地表に沿って流れるとともに，地表の一部を溶食したり，地下に浸透して地下水となって流れると，石灰岩を侵食して地下洞穴を形成する．その地下洞穴の上部が陥落すると，地表にドリーネ，ウバーレ，ポリエなどと称される凹地をつくることになる．このように，雨水による作用（一般に浸食と呼ばれる）によって，石灰岩は地表および地下において，種々の特異な地形を示すようになる．このような地形をカルスト地形という．

　その中でも，熱帯とくに湿潤な地域においては，他の温帯などの気候帯よりも石灰岩が溶けやすいという条件を備えていると考えられている．そのため，とくにこの地方に形成される地表の形態は，凸凹の起伏が大きいことが特徴といえる（渡辺1961：212-213，漆原編 1996：92-95など）．

13）周知のように，トウモロコシの野生種は未発見であるが，その起源地はアメリカ大陸（メキシコ説，ペルー・ボリビア説など）であることは否定できない．そのトウモロコシがベトナム北部などインドシナ半島北部の山岳地帯に導入されたのは，インドのアッサム地方あるいはメコン川を各々経由して16世紀になってからである．

　すなわち，16世紀以前はトウモロコシはこの地域において知られていなかった作物なのである．それ故，ドンバン高原においてはソバ・アワなどの雑穀類の栽培が実施され，それらが主食となっていたと推定される．

　しかし，カルスト地形が発達している地域においては，トウモロコシ以外の作物の栽培は現在でもごく一部を除き実施されていないことなどから，ほとんど不可能のように思われる．なお，モン族を筆頭に中国領から南下してきた少数民族が，ドンバン高原をはじめインドシナ半島北部の山岳地帯に主として定着して居住するのは，トウモロコシ栽培の技術が導入された16世紀以後のことである（星川 1978：38-39）．

14）そのため，この季節では山岳地帯に分布・居住する少数民族地帯に出かけることが困難なことが多い．実際，著者らのフィールドサーヴェイにおいても，当初予定していた集落までの道路が不通となり，調査予定地を変更したり，ベトナム行きを断念したこともあった．

15）例えば，Davies, H. R. はその著作の中においてミャオ族（ベトナムではモン族）およびヤオ族（ベトナムではザオ族）を，東南アジア南部に起源をもつと考えられている「オウストロアジア語族」の1分派であるモン・クメール系（族）の集団に区分している（Davies 1909；田畑・金丸共編訳 1989：413-422）．

この点は，ベトナムを含む東南アジアに関しては，ヨーロッパ人の研究者による研究が植民地化された地域と大いに関連するのであるが，インドシナ半島南部の海岸地帯から実施されたために，南部が起源地とされる「オウストロアジア語族」の分派とみなされたものと思われる．

　なお，現在ベトナムでは，上記のモン族，ザオ族およびパテン（Pà Thên）族の3民族を「オウストロアジア語族」のモン・ザオ語系に，またタイ（Tày）族，ターイ（Thái）族などを同ターイ・カダイ語系に区分している．

　しかし，この点に関しても最近出版されたベトナムの少数民族概説書（Dặng・Vạn・Chu 2000：2）においては，前述のモン，ザオ，パテンの3民族を従来の「オウストロアジア語族」，「オウストロネシア語族」，「漢・チベット語族」の三大語族とは別の独立した語族として分類している．つまり同書では，以下のように五つの言語系統に区分している．

　　Ⅰ：Nam-A（Austroasiatic）
　　Ⅱ：Nam Dáo（Austronesien），Malayo-Polynesien
　　Ⅲ：Thai-Kadai
　　Ⅳ：Sino-Tibetan
　　Ⅴ：Hmông-Daoá

16) ただし，海抜高度が高い山岳地帯においても，モン族などは多くの人口を有している．したがって，このような人口規模による住み分けは絶対的なものとはいえない．

17) ターイ・カダイ語系の民族集団は，次のように大きく二つのグループに分けられる（Dặng・Vạn・Chu 2000：2）．
　　①ターイ集団
　　タイ族，ターイ族，ヌン族，サンチャイ（Sán Chay）族，ジァイ（Giáy）族，ラオ（Lào）族，ル（Lư）族，ボウイ（Bố y）族
　　②カダイ集団
　　ラチ（La Chí），コーラオ（Cờ Lao）族，ラハ（La Ha）族，プペオ（Pu Péo）族

18) なお，同高度の地域には，所属する言語系統を異にし，Nam A語系のグループに属するトゥー（Thổ）族も居住している．トゥー族は中国との国境付近の山間部を中心に分布している．トゥー族の生業形態はターイ族やタイ族とほぼ同様である．

19) ザオ族はかつてマン（Mán）族と称されていた．しかし，マン（漢字で「蛮」と表記）という呼称は，この集団を蔑視した表現であるため，現在では彼らの自称に従って，ダオ（Dao）族あるいはザオ族と称されることになった．ベトナム政府ではザオ族という名称で統一している．なお，人口の%は1992年の人口センサスの資料による．

20) しかし，最近されたベトナムの少数民族概説書においては，18〜19世紀に主として移動してきたとされる（Đặng・Văn・Chu 2000：183）．
21) 北西部のサパ（Sa Pa）地区では，モン族の集落付近の山腹斜面が開墾され，棚田が形成され水田稲作がみられる．このように，北西部において，モン族の居住地域でも水田稲作がみられるのは，この地域がカルスト地帯ではなく，ラテライトなどを中心とした土壌であることや，岩石が地表に露出していないので開墾が容易であるということから，日向斜面でかつ水の便が良好であれば，棚田が形成されている．
22) とはいっても土地条件が良好で生産性が高い，山間支谷にはターイ族やタイ族などの先住民族が居住していた．なおターイ族およびタイ族は4世紀頃，ベトナム北部の山岳地帯に来住したとされる（菊地 1989：27）．
23) 人口は3,200（1992年統計）である．9世紀頃から雲南省よりベトナムに来住したとされるが，多くが移動してきたのは18世紀とされる．
24) しかし，ミャオ族が集中して分布・居住している貴州省と雲南省にまたがる雲貴高原などミャオ族の居住地帯においては，地元の少数民族研究者を含めて，「青ミャオ」族あるいは「白ミャオ」族などというように，従来から習慣的に呼ばれてきた女性の衣裳の色彩による区分を踏襲している．なお，雲貴高原に分布・居住する分派集団間では，通婚などに代表される交流はまったく認められない．
25) ハノイ国家大学の少数民族の研究者や国立民族学博物館などの展示の様子をみても，現在のところベトナムにおいては，従来通りの女性の衣裳の色彩を主体とした分類が踏襲されている．この点は，フランス植民地当時フランス人の研究者がモン族をこのように分類したことがあったので，その影響が残っているのかもしれない．

　なお，ベトナムを含むインドシナ半島北部の山岳地帯に南下したモン族は，後で詳細に論じるように，モン族のすべての分派集団ではなく，言語系統上の分類でいえば，四川省，貴州省中・西部および雲南省に主として分布する，川黔滇方言を話す自称「モン」と称している集団のみである．

　この事実は，ザオ族の場合，モン族同様ベトナムを含むインドシナ半島北部などの山岳地帯に南下してきたのが，分派集団の中でも「ミィエン」と自称している「過山ヤオ」族の一派であるのと類似し，非常に興味深い．
26) モン族は中国から南下するとき戸主を中心とした家族のみで移動したのではなく，親戚や兄弟など数戸がかたまって移動したようである．なお著者が1998年3月にソンラ省で聞いた話によると，将来中国に帰るときに備えて初春に大花をつけるシャクナゲのような樹木の幹に印をつけ，その道順を残していったという．
27) その最大の理由として，ベトナムに南下してきたモン族は，本文でも述べたように

自称モンと称する分派集団であった．この分派集団に所属するモン族は，「紅モン」族，「白モン」族，「花モン」族が多数を占めていることとも多少関連するのでないか，と推察される．つまり，自称が異なる中国でいう「黒ミャオ」族や「青ミャオ」族に関係があるとされる「黒モン」族や「青モン」族がベトナムに居住しているが，数としてはあまり多くないのである．

28) 古老たちは地名を覚えているが，漢字はわからないという．なお「トンズー」は，中国の貴州省北部の遵義地区にある桐梓でないかと，ミャオ族の伝承を収録している漢籍史料などから推定される．

29) 1995年よりベトナムのモン族を中心とした少数民族調査に従事しているが，モン族の集落内で古老よりこの「三苗」の話を直接聞いたことがない．この点は，中国におけるミャオ族調査においても同様である．「三苗」というモン族すなわちミャオ族の故郷は，『礼記・緇衣』，『書経・呂刑』，『史記・五帝本紀』などの漢籍史料に記載されているのであるが，長江の中・下流から淮河にかけてであるとされる．しかし，「三苗」が現在のミャオ族の祖先であることに関して疑問がもたれている（鈴木・金丸 1985：3）．

30) この他モン族の姓は，Sưng, Ly, Va'ng, Tra'ng, Tần, Tha'o, Thén と多くみられる．これらの名称の多くは，それぞれの同族のタブーを示す名前にちなんでいるとされる．また，同姓間での婚姻は禁止されている．つまり同姓の集団は共通の祖先を有すると信じられており，その長は同族の人びとに対して絶対的な権威を有しているとされる．

31) 同行は昭和女子大学文学部田畑久夫教授，およびハノイ国家大学歴史学部 Ly Sy Giao 教授などである．

32) ドンバン高原のほぼ東半分を占めるハギャン（Hà Giang）省メオバック（Méo Vạc）県は，既に述べたように県全域国家の許可がなくては入れない．それにもかかわらず省都ハギャンとに通じる県の入口には "Welcome To Meo Vac" という英語の掲示板が最近建てられている．そのため，外国人の旅行者（ハノイ国家大学の留学生など）が同県にやってくることもある．

しかし，県内を観光したり宿泊することが許されず，他県に直ちに行くことをすすめられる．したがって，県の周辺部に居住するモン族をはじめとする少数民族地帯に出かけることは不可能であるし，県内のどの地区にどのような少数民族が分布・居住しているかも不明である．

以上のような状況の中で著者が調査を行なうことが可能となったのは，次のような要因によることが大であると推定できる．すなわち，前述したようにハノイ国家大学

の先生方の協力とともに，この点は中国における少数民族調査においても経験したのであるが，少数民族居住地区に主として外国人観光客を誘致し外貨を稼ぐことにより，経済面で遅れている少数民族居住地区を改善したいという，国家の政策と大いに関係があるといえる．

　つまり，少数民族居住地区を観光開発したくても，どのようなことを行なえばよいか国家では見当がつかない．そこで，1名あるいは1組の外国人研究者をその地域に試験的に入れ，その調査の成果を利用しようとするものである．ベトナム北部の少数民族居住地区では，ラオカイ（Lào Cai）省のサパ（Sa Pa）——ここは元来，フランス人が開発した保養地であった——が，このような方式で外国人研究者に調査させた後，一般観光客に開放し成功している．

33) 以下の統計的な数値は1999年12月におけるハギャン省文化交流部での聞き取りによる．
34) 1999年にイェンミンを訪れたときには，そこに到着するまでハギャン省内でも数カ所みられたのであるが，日本政府が援助して建設した学校をはじめとする教育施設には，ベトナムおよび日本の両国国旗とともに，この建物が日本援助のもとに建設されたという内容を記した看板が立てられていた．しかし，翌年同所を訪れたとき，このような看板は取り除かれていた．
35) この谷底平野が典型的なU字谷であるので，そのように推定した．しかし，U字谷でよくみかけられる巨大な岩石があまりみられなかったことや，当河谷の海抜高度が2,000mぐらいなので，ほぼ北緯23度という他緯度に位置していることなどを総合的に判断すると，U字谷ではない可能性も存在する．
36) 現在ベトナムで呼ばれているモンという名称ではなく，本文でみられるように，従来の名称であるミャオという名前が使われていた．
37) ただし，観光の名所といっても正式にはまだ外国人には公開されていないようである．旧家は大変立派な門をかまえ，家屋も高い石垣でおおわれ，まるで館あるいは砦のようである．また井戸も敷地内にあり，長期間たてこもることも可能だったようである．ミャオ王は，フランス植民地時代フランス側と交渉をもち，アヘンの売却の仲介をしたこともあったとされる．現在その子孫が健在で，ハノイに居住している．
38) このような理由のためと推定されるが，ドンバン高原を中心とするベトナム北部の中越国境地帯に関しては，地球観測衛星（ランドサット）より撮影された，空中写真をベースとした10万分の1地形図では，この地帯のみが空白部になっていた．
39) 現在でもドリーネ内の底地の一部には，大麻（*Cannobis sativa, L.*）が栽培されている．大麻は中央アジア原産で，ベトナムなど東南アジアでも10〜13世紀から栽培

されているという（星川 1978：188-189）．大麻の繊維を材料とする麻布は衣服の素材となるので，モン族が当地域に来住する以前に，大麻を栽培していた先住民がドンバン高原に小規模ではあるが定住していたことも考えられる．

なお，モン族がドンバン高原に定着を開始した理由の一つに，同高原で大麻が栽培できることがあげられる．つまり，ドンバン高原に定着したモン族は，中国では「白ミャオ」族と称されるミャオ族の分派集団であるが，この集団は伝統的に麻布からつくられる白色の衣服を常用してきたのである．

現在では，大麻の栽培が中国では全面的に禁止となった．そのため，従来以上に麻糸や麻布の需要が高まり，ドンバン高原では大麻の栽培が増加しているという．多くの家庭では，少額ではあるが貴重な現金収入源となっているからである．これらの麻糸や麻布は，ドンバンやメオバックなどの市場で中国人の仲買人に売却される．

40）以下メオバック県における数値は，1999年12月メオバック県での聞き取りによる．
41）ドンバン高原の住民がよく出かける常設市および定期市は，メオバック，ドンバン（常設市），テネプラン（Thnen plrung），那坡（中国領），マプラニ（Ma prmy），テンカン（Tung can），ムントウ（Mung tung），麻栗坡（中国領），サフィム（Xa phim）などである．
42）西南中国でもトウモロコシは「包穀」というので，ドンバン高原で栽培されているトウモロコシは中国から伝播したかもしれない．そうだとすれば，モン族がベトナムに南下したときにもたらされたものと考えられる．
43）「バン」は日本の行政村に相当する行政末端組織である．さらに前項でも指摘したように，「バン」の下位（部）組織として「シォム」（Xóm）が存在する．すなわち，ドンバン高原は，生活の基礎単位として多くの「シォム」が存在することになる．「シォム」は，いわゆる自然村で，中国の農村でいう寨，あるいは日本でいう大字にほぼ該当する組織である．「シォム」の特長は，寨あるいは大字同様，集落内には行政機能が存在しない．

なおメオバック県をはじめ，ベトナムの少数民族のフィールドサーヴェイは，中国における対外「未開放」地区でのフィールドサーヴェイと同様，原則としては禁止されている．それ故，「バン」の上位（部）行政単位である「シャー」に出かけるにも，県の許可を受けかつ案内者などの責任者が同行しなければ，行くことができない．
44）パビ社は次の6村より構成される．

村	戸数(戸)	人口(人)
Pavi thirdong(上)	55	338
Pavi ha(下)	69	367
Kho táu	55	315
Sa lủng	38	200
Ha sủng	71	389
Ma pi Lèng	55	286

〔出所〕2000年12月パビ社での聞き取りにより作成.

45) 調査時点（2000年12月27日）では2戸のうち，ウ家の主人（Vũ Xia Chù）が不在であった．そのため，同家が所有している木鼓をみることができなかった．

46) 前項でも述べたように，モン族を筆頭にメオバック県の住民の主食としてはトウモロコシが主体で，その他ソバ，アワなどの雑穀およびキャッサバなどのイモ類が食べられている．日曜日ごとに開催されるメオバックの定期市の簡易食堂でも，トウモロコシが混ざった黄色い強飯が供されている．

47) 余剰のトウモロコシはドンバンで開催される定期市で販売されたり，正月などの「ハレ」の日に飲まれる蒸留酒の原料として，副業として酒をつくっている家に売られる．

48) ドンバン高原に接する中国の文山地区の「白ミャオ」の家屋に所有されている木鼓は，より高い屋根裏に保管するのが一般的であり，さらに保管中の木鼓は女性が触れるどころか，見てもいけないとされた．つまり，女性は木鼓が保管されておれば屋根裏に上がることができなかったのである．

49) 木鼓の賃料は，同族に貸し出すということもあり決まっていない．それぞれの家の経済情況により異なるとされる．なお，モン族の社会においては，現在でも自給自足に近い生活を余儀なくしていることや，定期市が近くに存在することが少ないなどの理由から，金銭での支払いではなく，本文で言及したように酒や牛肉などの物品で支払うことが多い．

50) 松が植林されている山腹斜面の土壌を観察すると，他の斜面の土壌がやや赤味かかっているのとは異なり，黒味を呈している．しかも植林されている区画は石灰岩の露出もみられない．それ故，この一帯はカルスト地形ではない可能性も存在する．

51) 1999年には道路はカンシュピン社を越えて，数km先のカゥバイ（Khu vai）まで開通した．

52) 本文で使用している統計は2000年12月末の数値である．これらの数値はカンシュピン社での聞き取りにより入手した．

53) 以前にも言及したが，カンシュピン社を筆頭にドンバン高原の多くの住民はトウモ

ロコシを栽培し，主食としている．しかし，トウモロコシが当地域に導入されたのは16世紀以後のことである．それ以前は，当地域では山羊などの放牧に従事する人びとが細々と生活を送っていたものと推察できる．先住地である雲南省の文山地区でトウモロコシの栽培技術を習得した「白モン」族がこの地に進出したのは，漢民族の弾圧から逃れるということもあったが，16世紀以降のことである．

54) 著者らがカンシュピン社を調査した2000年12月末には，多くの家の水槽の水はなくなっていた．そのため，正月用に使用する飲料水を供給する給水車が当社にきていた．

55) その他，このタイプの集落は県の行政所在地など地方中心集落に近い場所にもみられる．この場合の理由は，立地上余剰生産物（トウモロコシなど）を地方中心集落で開催される定期市で直接販売することが可能で，その利益を盗難から防止するためであると考えられる．

56) 通常，県の行政組織である社の行政機関は，社に居住する住民の便利などを考えて，社の中でも最も人口の多い村に設置されることが多い．しかしその理由は不明であるが，カンシュピン社の場合，行政機関の建物は小学校とともに，村から離れた展望のよい高台の一角に置かれている．行政機関といっても，役人の住宅ともなっている長屋形式の平屋建ての建築物が1棟あるだけである．むしろ，バスケットコートが1面とれる程度の狭い校庭をはさんで建てられている小学校のほうが，規模として大きい．校庭の傍には同じく平屋建ての教員住宅が1棟建てられている．ここにはその他の住居，例えば住民の家屋などは存在しない．この場所が行政機関が置かれている地点であるとわかるのは，直径1mぐらいもある大規模な受信用のパラボラアンテナが1基設置されているからである．

57) 第2組の調査を実施したのが12月末ということもあったが，大麻の樹皮の繊維を束ねて糸になるように撚っている女性の姿が，カンシュピン村をはじめ近くの集落ではたびたびみかけた．このようにして撚られた糸は自家用に使用される場合もある．しかし，多くは定期市などに持参して売却されるようである．

著者も，ドンバン高原西端に位置する地方中心集落ドンバンの定期市で，このような麻糸が売られているのを目にした．買い手は定期市が中越国境近くにあるためか，中国人の買付人のようであった．このように中国人の買付人が麻糸を買い集めているのは，中国雲南省などでは大麻の栽培が最近全面禁止となり，そのため民族衣裳の素材として麻糸が不足するのでベトナムから麻糸を買い求めているのである．

58) V・P家を選定した理由は，第2組では各家の主人に当たる男性の多くが文字の読み書きができず，聞き取り調査が困難であったことがあげられる．V・Pは，ベトナム語も書くことができる．そのことから副村長に選ばれたようである．

59) 当集落のコンクリート製の水槽は，1994年にユニセフの援助で地上に設置されたもので，各戸にある．大きさは一定していないが縦横数m，高さ2mぐらいのものが多い．水槽の水源は裏山の湧水を貯水しているが，冬季になくなることもある．なお，ユニセフは水槽建設のセメントを現物支給した．水槽の側面には建設の年代とユニセフという文字が彫られている．
60) この点に関しては，現在では親戚関係が確認できないが，かつて親戚であった可能性も存在する．すなわち，「白モン」族が中国から南下してくる場合，各家が独立して移動するのではなく，同族ごとに1名のリーダーに引率されて移動することがよくみられたからである．
61) T・D家を選出した理由は，他家では文字の読み書きができる家族がおらず，詳細な聞き取り調査を実施することが困難だったからである．
62) モン族の酒造りでは，麹を混入した蒸したトウモロコシを数日間土中に埋めて醪（もろみ）をつくる埋土発酵法が一般的であるとされる（吉田 1993：136-137）．しかし，T・D家を筆頭に第1組ではこのような方法を採用していなかった．

あ と が き

　西南中国の少数民族・ミャオ族のフィールドサーヴェイを実施するために雲貴高原にはじめて足を踏み入れたのが1983年7月のことであった。本書の刊行まで約22年の歳月が流れたことになる。その間，研究方法に迷い，試行錯誤を繰り返したことは，本書の「はしがき」に書いたとおりである。

　本書は，平成17年度（2005年）に岡山大学大学院文化科学研究科に提出した学位請求論文『中国少数民族ミャオ族の生業形態に関する地理学的研究』を骨子とするが，その大部分はかつて論文として発表したものである。以下に各章と旧稿との関係を示しておく。しかし，旧稿は原型を残さないほどに大幅に加筆・訂正を加えているので，一応の目安と考えていただきたい。また，内容の一部に重複がみられることや，調査年度に相当の差が生じている点についても，お許しを願いたい。

　序　章：書き下ろし
　第1章：『中国少数民族誌　雲貴高原のヤオ族』ゆまに書房，1995年，所収の第1章「地域と自然環境」に加筆。なお，本書は共同研究の成果をまとめたもので，本人担当部分の抽出が不明瞭なため，共著者田畑久夫氏の了解に基づき，著者担当部分を中心に再編した。
　第2章：「中国雲貴高原東部における少数民族の比較―生業形態を中心に」『日本民俗学』200号，1994年。
　第3章：「中国雲貴高原東部の少数民族の生業と農具(8)」『麗澤大学紀要』第60巻，1995年。
　「中国雲貴高原東部の少数民族の生業と農具(9)」『麗澤大学紀要』第61巻，1995年。
　「中国の少数民族の生業形態―貴州省「黒ミャオ」族を事例として―」『岡山大学大学院文化科学研究科紀要』第14号，2002年。
　以上3論文を中心に改編，整理。

第4章：「中国・雲貴高原中・西部の少数民族の生業形態—貴州省「白ミャオ族を事例として—」『岡山大学大学院文化科学研究科紀要』第16号，2003年。

第5章：書き下ろし

付　章：「ベトナム北部ドンバン高原の少数民族(1)～(4)—モン（Hmông）族を中心に—」『中国研究』第9～第12号，2001～2004年。

　以上，大変未熟な内容であるが，本書の刊行に至るまでには以下にお名前をあげさせていただいた先生方を筆頭に，多くの先生方にご指導，ご鞭撻をいただいた。まず心から感謝したい。

　麗澤大学外国語学部に在職しながら，岡山大学大学院に在籍し，3カ年にわたり，ほぼ月に一度のペースで飛行機で通学したことも，今は良き思い出として残っている。とくに，岡山大学文学部地理情報学教室が主催する「東アジア研究会」では，論文指導を兼ねた研究発表を重ね，中藤康俊・内田和子両教授，北川博史助教授をはじめとする先生方に温かいご指導をいただく中で，次第に学位請求論文としての体裁を成していったことをご報告したい。

　また，この「東アジア研究会」では，同時期に在籍した大学院生の皆様から，率直な意見などを聞くことができ，研究面で大いに役立ったことを付け加えておきたい。さらに著者の研究地域が，中国のみならずベトナムにまで拡大したことから，同じ文学部に所属する東洋史学教室の加治敏之・佐川英治・渡邉佳成の諸先生方からもその研究会において，あるいはその後の懇親会の席上で忌憚のないご指摘を受けたことを申し添えたい。

　岡山大学大学院文化科学研究科では，入学当初，地理情報学教室の中藤康俊教授に論文指導をしていただいていたが，中藤教授の中部大学人文学部への転出に伴い，最後の1年間を東洋史学教室所属の新村容子教授にご指導を願うことになった。新村教授には予備論文の審査，本論文の口頭試問と煩瑣な手続きをしていただくとともに，中国研究者という立場での行き届いたご指導をしていただき，そのことが論文作成の大きなはげみとなった。

　なお，岡山大学大学院在籍の3年間の最後の半年を，本務校である麗澤大学から研究休暇を与えられた。そのことにより，より一層論文作成に必要な時間的なゆとりが確保された。これも，中国語学科主任の三潴正道教授をはじめ，同僚

員の温かいはげましの賜物である。また本書を刊行するにあたって，廣池学事振興基金より出版助成をいただくことで，学位取得からきわめて短期間で公開出版できることとなった。厚く感謝したい。

　末筆ではあるが，著者最初の著作『西南中国の少数民族　貴州省苗族民俗誌』（共著，1985年）以来，ずっとご迷惑をかけつづけている古今書院社長橋本資寿氏および編集部の長田信男氏には今回もとくにお世話になった。深くお礼を述べたい。

　　　2005年6月末　梅雨の晴れ間に　　　　　　　　　　　　金　丸　良　子

引 用 文 献

〔日本語文献〕

浅井謙次監修，人民中国編集部編（1975）:『中国の地理』，築地書館.

浅川滋男（1994）:『住まいの民族建築学―江南漢族と華南少数民族の住居論―』，建築資料研究社.

飯塚浩二（1948）:人文地理学の立場―歴史学・地理学・地理的環境論―.『日本史研究』，2，290-298.

池田　満ほか編（1989）:『世界有用植物事典』，平凡社.

浮田典良編（2003）:『最新地理学用語辞典　改訂版』，大明堂.

金丸良子（1976・A）:埼玉県の正月行事.『民俗と歴史』，2，25-48.

金丸良子（1976・B）:茅の輪くぐりと人形.『民俗と歴史』，3，39-48.

金丸良子（1977・A）:愛知県三河地方の盆行事二点.『民俗と歴史』，5，23-25.

金丸良子（1977・B）:制約の多い社会主義国でのフィールドサーヴェイの前提.『地理』，42-4，64-67.

金丸良子（1978）:八丈島の正月餅.『民俗と歴史』，6，21-24.

金丸良子（1987）:『中国山東民俗誌―伝統に生きる人々―』，古今書院.

Kanamaru Yoshiko（1989）: 'Minority Groups in North Viet-Nam―A Case Study of the Hmong Tribe and the Dao Tribe'. *Reitaku University Form*（『麗澤大学論叢』），10, 81-94.

金丸良子（1992）:少数民族の住み分けモデル―雲貴高原の少数民族を中心に―.『中国研究（麗澤大学外国学部中国語学科研究室）』，創刊号，25-37.

金丸良子（1994）:いわゆる「過山榜」に関する一考察.『中国研究』，3，1-17.

金丸良子（1995・A）:中国雲貴高原東部の少数民族の生業と農具(9).『麗澤大学紀要』，60，1-30.

金丸良子（1995・B）:中国雲貴高原東部の少数民族の生業と農具(10).『麗澤大学紀要』，61，57-88.

金丸良子（1998）:中国の少数民族　ミャオ族を訪ねて.『季刊モラロジー生活学習』，145，4-5.

金丸良子（2002）:中国少数民族ミニ図鑑2　ミャオ族の衣裳②.『中国語ジャーナル』，

2-5, 97.

金丸良子・久野晶子（1999）：中国雲貴高原の少数民族の服飾―ミャオ族を事例として―．『民俗と歴史』，28, 1-13.

木内信蔵（1985）：『地理学基礎講座3　人文地理』，古今書院.

木内信蔵編（1984）：『世界地理2　東アジア』，朝倉書店.

木内信蔵・藤岡謙二郎・矢嶋仁吉（1957）：『集落地理講座　第1巻　総論』，朝倉書店.

菊池一雅（1988）：『ベトナムの少数民族』，古今書院.

菊池一雅（1989）：『インドシナの少数民族社会誌』，大明堂.

倉嶋　厚（1966）：『日本の気候』（グローバルシリーズ），古今書院.

黒正　巌（1941）：『経済地理学原論』，日本評論社.

小松理子・金丸良子（1975）：鳥羽・志摩の盆―三重県鳥羽市石崎町を中心に―．『民俗と歴史』，創刊号, 1-10.

佐々木高明（1971）：『稲作以前』（NHKブックス），日本放送出版協会.

佐々木高明（1972）：『日本の焼畑―その地域的比較研究―』，古今書院.

佐藤　弘（1930）：『経済地理学概論』，古今書院.

白鳥芳郎編（1975）：『徭人文書』，講談社.

水津一朗（1968）：『新訂　社会地理学の基本問題―地域科学への試論―』，大明堂.

水津一朗（1969）：『社会集団の生活空間―その社会地理学的研究―』，大明堂.

水津一朗（1974）：『近代地理学者の開拓者たち』，地人書房.

鈴木正崇・金丸良子（1985）：『西南中国の少数民族―貴州省苗族民俗誌―』，古今書院.

田畑久夫（1995）：少数民族調査ノート―ラオカイからソンラまで―．『ベトナム』，1995-2, 21-24.

田畑久夫（1998）：高坡ミャオ族の生業形態―貴州省従江県谷坪郷山岡村を事例として―．『東アジア研究』，19, 21-46.

田畑久夫・金丸良子（1988）：山村研究の一視角．『民俗と歴史』，20, 43-59.

田畑久夫・金丸良子（1989）：『中国雲貴高原の少数民族―ミャオ族・トン族―』，白帝社.

田畑久夫・金丸良子（1997・1998）：ベトナムの少数民族(1)～(3)．『地理』，42-3, 96-102; 42-8, 92-98; 43-8, 79-85.

田畑久夫・金丸良子・新免　康・松岡正子・索文清・C. ダニエルス（2001）：『中国少数民族事典』，東京堂出版.

C. ダニエルス・金丸良子・長谷川　清・松岡正子（1999）：中国におけるフィールドワークの可能性．『中国21』，6, 3-24.

鳥居龍藏（1907）：『苗族調査報告』東京帝国大学人類学教室，鳥居龍藏（1976・B）：『鳥

居龍藏全集　第11巻』，朝日新聞社，1-280ページ所収．
鳥居龍藏（1926）：『人類学上より見たる西南支那』，冨山房，鳥居龍藏（1976・A）：『鳥居龍藏全集　第10巻』，朝日新聞社，219-521ページ所収．
中尾佐助・佐々木高明（1992）：『照葉樹林文化と日本』，くもん出版．
中藤康俊（1988）：『人文地理学入門』，古今書院．
西村嘉助（1969）：『朝倉地理学講座5　自然地理学Ⅱ』，朝倉書店．
萩原秀三郎（1987）：『稲を伝えた民族―苗族と江南の民族文化―』，雄山閣．
福田アジオ編（1996）：『中国貴州苗族の民俗文化―日本と中国との農耕文化の比較―』，文部省科学研究補助金（海外学術研究）研究成果報告書．
古田元夫（1995）：ドイモイと政治．桜井由躬雄編：『もっと知りたいベトナム（第2版）』，弘文堂．
星川清親（1978）：『栽培植物の起源と伝播』，二宮書店．
三木産業㈱技術室編，木村光雄監修（1992）：『藍染めの歴史と科学』（ポピュラーサイエンス），裳華房．
宮本常一（1963）：『双書・日本民衆史1　開拓の歴史』，未来社．
山本達三（1955）：マン族の山関簿―特に古伝説と移住経路について―．『東洋文化研究所紀要』，7，191-270．
吉田集而（1993）：『東方アジアの酒の起源』，ドメス出版．
渡辺　光（1961）：『自然地理・応用地理第1巻　地形学』（現代地理学体系第Ⅰ部），古今書院．
渡辺　光（1971）：『新版・地形学』，古今書院．

〔外国語文献〕

de Beauclair, J. (1960) ：'Miao Tribe of Southeast Kweichow and its Cultural Configuration'.『中央民族学院　民族研究集刊』，第10期，125-207．
Bruzon, J. et Lateste, C. (1927)：«Geographie de l'Indochine», vol. 1, Paris.
陳定秀（1995）：『黔西南苗族研究』，貴州民族出版社．
Clarke, Samuel, R. (1911)："Among the Tribes in South-West China", London. China Inland Mission. (Republished by Ch'eng Wen Publishing Company, Taipei, 1970)
Dando, W. A. (1980)："The Geography of Famine", V. H. Winston & Sons, 山本正三・斎藤　功訳『地球を救う飢饉―その歴史と将来展望―』，大明堂．
Dặng Nghiêm Vạn・Chu Thái Son・Luu Hùng (2000)：«Les Ethnies Minoritairex du Vietnam», Thế Giới Publishers, Hanoi.
Davies, H. R. (1909)："YÜN-NAN—The Link between India and the Yangtze—",

Cambridge Univ., 田畑久夫・金丸良子編訳（1989）：『雲南―インドと揚子江流域の環―』, 古今書院.

《侗族簡史》編写組（1985）：『侗族簡史』（国家民委民族問題五種叢書之一, 中国少数民族簡史叢書）, 貴州民族出版社.

Graham, David, C. (1937・A) : 'The Customs of the Ch'uan Miao'. *Journal of the West China Border Reserch Society*, Vol. 9, 13-70.

Graham, David, C. (1937・B) : 'The Ceremonies of the Ch'uan Miao'. *Journal of the West China Border Reserch Society*, Vol. 9, 71-109.

Graham, David, C. (1938・C) : 'The Legends of the Ch'uan Miao'. *Journal of the West China Border Reserch Society*, Vol. 10, 14-65.

黄就順編, 山下龍三訳（1981）：『現代中国地理』, 帝国書院.

凌純声・芮逸夫（1947）：『湘西苗族調査報告』, 商務印書館.

李廷貴（1991）：『貴州的少数民族』, 貴州人民出版社.

Lê Sỹ Giáo (1995): "Dân Tộc Học Đại Cương", Nhà Xuất Bản Giáo Dục.

梁敏（1965）：「侗語概説」『中国語文』, 第3期, 4-21.

《苗族簡史》編写組（1985）：『苗族簡史』, 貴州民族出版社.

Nguyễn Trọng Điều (1995) : "Geography of Vietnam", Thế Giới Publishers, Hanoi.

Palmer, W. (1964) : 'Climate Variability and Crop Production'. "Weather and Our Food Supply" (Ames: Iowa State Univ. Press OAED Report).

黔東南苗族侗族自治州地方志編纂委員会編(1990)：『黔東南苗族侗族自治州志　地理志』, 貴州人民出版社.

《黔東南苗族侗族自治州概況》編写組（1986）：『黔東南苗族侗族自治州概況』, 貴州人民出版社.

貴州省編輯組（1986）：『苗族社会歴史調査㊀』, 貴州民族出版社.

貴州省編輯組（1987・A）：『苗族社会歴史調査㊁』, 貴州民族出版社.

貴州省編輯組（1987・B）：『苗族社会歴史調査㊂』, 貴州民族出版社.

貴州省地方志編纂委員会編（1985・1988）：『貴州省志　地理志　上冊, 下冊』, 貴州人民出版社.

貴州省民族研究所編（1980）：『貴州的少数民族』, 貴州人民出版社.

貴州民族研究所・貴州民族研究学会（1993）：『麻山調査専輯』（『貴州民族調査』巻11）.

貴州省文聯編など*（1957～1985）：『民間文学資料集　第1集～第72集』

　　*編は中国作家境界貴陽分会編纂委員会, 中国民間文芸研究会貴州分会など名称が異なる場合もある.

国家民族委員会民族問題五種叢書編輯委員会編 (1981):『中国少数民族』, 人民出版社.
任美鍔主編 (1982):『中国自然地理綱要』(修改版), 商務印書館, 阿部治平・駒井正一抄訳『中国の自然地理』, 東京大学出版会.
Rocher, L. (1890) : «La Province de Yunnan», Paris.
芮逸夫・管東貴 (1962):『川鴉雀苗的婚喪礼俗　資料之部』, 国立中央研究院歴史語言研究所, 台北.
Savina, F. M. (1924) : «Historie des Miao, Imprimerie de lasociete des missions etrangeres», Hong Kong.
Schotter, A. (1908) : ‹Notes ethnographie sur les tribus de kouy-tschon (1)›. *Anthrops III*, 20–28.
Schotter, A. (1909) : ‹Notes ethnographie sur les tribus de kouy-tschon (2)›. *Anthrops IV*, 35–45.
Schotter, A. (1911) : ‹Notes ethnographie sur les tribus de kouy-tschon (3)›. *Anthrops VI*, 47–67.
社会科学院民族研究所・国家民族事務委員会文化宣伝司主編 (1994):『中国少数民族語言使用情況』, 中国蔵学出版社.
Stubblefield, L. (ed.) (1994) : "Sapa", Thế Giới Publishers, Hanoi.
Thronthwaite, C. (1948) :'Approach Toward a Rational Classification of Climate'. *Geographical Review*, 38, 55–94.
Tourism Information Technology Center (ed.) (2000) : "Vietnam Travel Atlas—Ban Do Du Lich", Hanoi.
王輔世主編 (1985):『苗語簡史』, 民族出版社.
楊漢光 (1942):「大花苗移入烏撒伝説考」,『中国文化研究彙刊』, 第2巻.
《瑤族簡史》編写組編 (1990):『瑤族簡史』(中国少数民族簡史叢書), 広西民族出版社.
張家誠・林之光 (1985):『中国気候』, 上海科学技術出版社.
中国科学院民族研究所貴州少数民族社会歴史調査・中国科学院貴州分院民族研究所編印 (1963):『貴州省黔東南丹渓地区苗族的生活習俗(貴州少数民族社会歴史調査資料之八)』
中国科学院民族研究所貴州少数民族社会歴史調査・中国科学院貴州分院民族研究所編印 (1964):『貴州省台江県苗族的服飾（貴州少数民族社会歴史調査資料之三)』
中央民族学院苗瑤語研究室編 (1987):『苗語方言詞滙集』, 中央民族学院出版社.

ミャオ族に関する主要参考文献
（単行本を中心とし出版年代順に並べた）

1. 日本語で書かれた文献

鳥居龍藏（1907）：『苗族調査報告』，『鳥居龍藏全集』，第11巻（1976），朝日新聞社.

鳥居龍藏（1926）：『人類学上より見たる西南支那』，『鳥居龍藏全集』，第10巻（1975），朝日新聞社.

松崎壽和（1947）：『苗族と猓玀族―西南支那民族誌―』，日光書院.

藤沢義美（1969）：『西南中国民族史の研究』，大安.

上平春平編（1969）：『照葉樹林文化―日本文化の深層―』（中公新書），中央公論社.

岩田慶治（1971）：『東南アジアの少数民族』（NHKブックス），日本放送出版協会.

佐々木高明（1971）：『稲作以前』（NHKブックス），日本放送出版協会.

村松一弥（1973）：『中国少数民族―その歴史と文化および現況―』，毎日新聞社.

村松一弥編訳（1974）：『苗族民話集―中国の口承文芸2―』（平凡社東洋文庫），平凡社.

白鳥芳郎編（1974）：『傜人文書』，講談社.

上平春平・佐々木高明・中尾佐助（1976）：『続照葉樹林文化―アジア文化の源流―』（中公新書），中央公論社.

白鳥芳郎編（1978）：『東南アジアの山地民族誌―ヤオ族とその隣接諸民族―』，講談社.

竹村卓二（1981）：『ヤオ族の歴史と文化―華南・東南アジア山地民族の社会人類学的研究―』，弘文堂.

佐々木高明（1982）：『照葉樹林文化への道―ブータン・雲南から日本へ―』（NHKブックス），日本放送出版協会.

岩佐昌暲（1983）：『中国の少数民族と言語』，光生館.

佐々木高明編（1983）：『日本農耕文化の源流』，日本放送出版協会.

佐々木高明編（1984）：『雲南の照葉樹のもとで―国立民族学博物館中国西南部少数民族文化学術調査団報告―』，日本放送出版協会.

伊藤清司（1985）：『中国民話の旅から―雲貴高原の稲作伝承―』（NHKブックス），日本放送出版協会.

鈴木正崇・金丸良子（1985）：『西南中国の少数民族―貴州省苗族民俗誌―』，古今書院.

鈴木正崇（1985）：『中国南部少数民族誌』，三和書房.

白鳥芳郎（1985）：『華南文化史研究』，六興出版.

佐々木高明（1986）:『縄文文化と日本人―日本基層文化の形成と継承―』，小学館．
萩原秀三郎（1987）:『稲を伝えた民族―苗族と江南の民族文化―』，雄山閣．
坪井洋文編（1987）:『華南畑作村落の社会と文化―貴州省西北地区の少数民族を訪ねて―』，国立歴史民俗博物館．
エバーハルト著，白鳥芳郎監訳（1987）:『古代中国の地方文化』，六興出版．
古島琴子（1987）:『中国西南の少数民族』，サイマル出版会．
佐々木高明・松山利夫編（1988）:『畑作文化の誕生―縄文農耕論へのアプローチ―』，日本放送出版協会．
菊池一雅（1988）:『ベトナムの少数民族』，古今書院．
菊池一雅（1989）:『インドシナの少数民族社会誌』，大明堂．
田畑久夫・金丸良子（1989）:『中国雲貴高原の少数民族―ミャオ族・トン族―』，白帝社．
H. R. デーヴィス著，田畑久夫・金丸良子編訳（1989）:『雲南―インドと揚子江流域の環―』，古今書院．
伊藤五子・柴村恵子（1989）:『中国貴州省の少数民族―黔東南苗族の生活と衣裳―』，関西衣生活研究会．
宋恩常主編（1990）:『雲南の少数民族』，日本放送出版協会．
竹村卓二（1990）:『文化大革命以後の中国民族学関係文献資料の内容分析とデーター化に関する基礎研究』，平成元年度科学研究費補助金報告書．
中尾佐助・佐々木高明（1992）:『照葉樹林文化と日本』，くもん出版．
福田アジオ編（1992）:『江南の民俗文化―日中農耕文化の比較―』，国立歴史民俗博物館．
岡田宏二（1993）:『中国華南民族社会史研究』，汲古書院．
竹村卓二編（1994）:『儀礼・民族・境界―華南諸民族「漢化」の諸相―』，風響社．
末成道男編（1995）:『中国文化人類学文献解題』，東京大学出版会．
田畑久夫・金丸良子（1995）:『中国少数民族誌―雲貴高原のヤオ族―』，ゆまに書房．
市川捷護・市橋雄二（1998）:『中国55の少数民族を訪ねて』，白水社．
S. R. ラムゼイ著，高田時雄ほか訳（1999）:『中国の諸言語―歴史と現況―』，大修館書店．
三上直光編（1999）:『苗〔フモン〕語基礎1500語』，大学書林．
鳥丸貞恵（1999）:『中国貴州苗族染織探訪13年―布の風に誘われて―』，西日本新聞社．
尹紹亭著，白坂蕃訳（2000）:『雲南の焼畑―人類生態学的研究―』，農林統計協会．
田畑久夫ほか（2001）:『中国少数民族事典』，東京堂出版．
鳥丸貞恵（2001）:『中国貴州苗族染織探訪15年―時を織り込む人々―』，西日本新聞社．
塚田誠之編（2003）:『民族の移動と文化の動態―中国周縁地域の歴史と現在―』，風響社．

烏丸貞恵・烏丸知子（2004）:『中国貴州苗族染織探訪18年—布に踊る人の手—』，西日本新聞社.

2．中国語で書かれた文献

劉介（1928）:『苗荒小紀』，商務印書館.

劉錫蕃（1934）:『嶺表紀蠻』，商務印書館.

呉澤霖（1940）:『鑪山黒苗的生活』，大夏大学出版部.

楊漢先（1942）:「大花苗移入烏撒傳説考」，『中国文化研究彙刊』，第2巻.

楊漢先（1943）:「大花苗的氏族」，『中国文化研究彙刊』，第3巻.

呉澤霖・陳國鈞（1942）:『貴州苗夷社會研究』，交通書局.

凌純声・芮逸夫（1947）:『湘西苗族調査報告』，中央研究院歴史語言研究所.

費孝通（1951）:『兄弟民族在貴州』，生活・讀書・報知 三聯書店.

冀洲編（1954）:『苗族民間歌曲集』，新音楽出版社.

中央民族学院民族文藝工作團・貴州省文化局美術工作室研究組編（1956）:『苗族刺繡圖案』，人民美術出版社.

馬少僑編（1956）:『清代苗民起義』，湖北人民出版社.

貴州省民族語文指導委員会編（1957）:『苗族語言文字問題科学討論会彙刊』

依群編（1958）:『我国少数民族簡介』，民族出版社.

中国音楽研究所編（1959）:『苗族民歌』，音楽出版社.

中国音楽研究所編（1959）:『苗族蘆笙』，音楽出版社.

芮逸夫・管東貴（1962）:『川南鴉雀苗的婚喪礼俗—資料之部』，中央研究院歴史語言研究所単刊，甲種23号.

中国民間文芸研究会主編・貴州省民間文学工作組編（1962）:『苗族民間故事選』，人民文学出版社.

中国科学院民族研究所貴州少数民族社会歴史調査組編（1963）:『苗族簡史簡志合編（初稿）』（少数民族史志叢書）.

中国科学院民族研究所貴州少数民族社会歴史調査組・中国科学院貴州分院民族研究所編印（1963）:『貴州省黔東南舟渓地区苗族的生活習俗（貴州少数民族社会歴史調査資料之八）』

中国科学院民族研究所貴州少数民族社会歴史調査組編（1964）:『《清実録》貴州資料輯録』

中国科学院民族研究所貴州少数民族社会歴史調査組・中国科学院貴州分院民族研究所編印（1964）:『貴州省丹寨県楊武郷硃砂村苗族封建大地主調査資料（貴州少数民族社会歴史調査資料之十六）』

中国科学院民族研究所貴州少数民族社会歴史調査組・中国科学院貴州分院民族研究所編印 (1964)：『貴州省黔西県石板・金坡両郷社会経済調査資料 (貴州少数民族社会歴史調査資料之十九)』

中国科学院民族研究所貴州少数民族社会歴史調査組・中国科学院貴州分院民族研究所編印 (1964)：『貴州省剣河県久仰郷必下寨苗族社会調査資料 (貴州少数民族社会歴史調査資料之二十)』

中国科学院民族研究所貴州少数民族社会歴史調査組・中国科学院貴州分院民族研究所編印 (1964)：『貴州省台江県巫脚交苗族人民的飲食 (貴州少数民族社会歴史調査資料之二十一)』

中国科学院民族研究所貴州少数民族社会歴史調査組・中国科学院貴州分院民族研究所編印 (1964)：『貴州省赫章県海确寨苗族社会歴史資料 (貴州少数民族社会歴史調査資料之二十二)』

中国科学院民族研究所貴州少数民族社会歴史調査組・中国科学院貴州分院民族研究所編印 (1964)：『貴州省台江県苗族的服飾 (貴州少数民族社会歴史調査資料之二十三)』

中国科学院民族研究所貴州少数民族社会歴史調査組・中国科学院貴州分院民族研究所編印 (1964)：『苗族民間故事集 (貴州少数民族社会歴史調査資料之二十四)』

中国科学院民族研究所広西少数民族社会歴史調査組編 (1964)：『広西大苗山苗族自治県社会情況調査報告(一)香粉・古都・雨卜・元室・東田等苗族社会情況(二)東田郷小東江寨民族雑居情況(三)融水鎮地主兼資本家葉長発的発展史』

中国科学院民族研究所広西少数民族社会歴史調査組編 (1964)：『広西隆林苗族社会歴史調査報告』

中国科学院民族研究所広西少数民族社会歴史調査組編 (1964)：『広西大苗山苗族自治県融水鎮調査報告』

中国科学院民族研究所広西少数民族社会歴史調査組編 (1965)：『広西大苗山苗族自治県社会歴史調査報告(一)安太区寨懐・洞安両郷侗族社会調査(二)四栄区東田郷解放前林業生産調査』

芮逸夫主編 (1973)：『中央研究院歴史語言研究所影印　苗特圖集之一　苗特圖冊』，中央研究院歴史語言研究所．

芮逸夫主編 (1973)：『中央研究院歴史語言研究所影印　苗特圖集之二　番苗畫冊』，中央研究院歴史語言研究所．

上海師範大学〈簡明中国地理〉編輯組編 (1974)：『簡明中国地理』，上海人民出版社，高橋　満ほか訳：『中国の自然と産業―簡明中国地理―』，龍渓書舎．

貴州省第二軽工業局工業美術研究室・貴陽市工芸美術研究所合編 (1976)：『兄弟民族形

象服飾資料8　苗・布依・侗・回』
広西壮族自治区民族事務委員会編（1978）:『今日的広西少数民族（1958-1978）』，広西人民出版社.
任美鍔・楊鼉章・包活生編（1979）:『中国自然地理細要』，阿部治平・駒井正一抄訳：『中国の自然地理』，東京大学出版会.
田兵編選（1979）:『苗族古歌』，貴州人民出版社.
兢業編（1979）:『祖徳勒（苗族民間叙事詩）』，貴州人民出版社.
貴州省民族研究所編（1980）:『貴州的少数民族』，貴州人民出版社.
雲南省歴史研究所編（1980）:『雲南少数民族』，雲南人民出版社.
馬正栄編（1980）:『貴州苗族蠟染図案』，人民美術出版社.
蒋志伊絵（1980）:『貴州少数民族服飾資料　苗族部分』，貴州人民出版社.
燕宝編（1981）:『苗族民間故事選』，上海文芸出版社.
国家民委民族問題五種叢書編輯委員会《中国少数民族》編写組（1981）:『中国少数民族』，人民出版社.
田兵・剛仁・蘇暁星・施培中執筆（1981）:『苗族文学史』，貴州人民出版社.
黔東南苗族侗族自治州文学芸術研究室編（1981），『雷山蘆笙曲選集』，貴州人民出版社.
中国民間文芸研究会貴州分会主編（1981）:『苗族民間故事選』，上海文芸出版社.
丹寨県民族事務委員会・丹寨県文化館編印（1981）:『丹寨苗族民間文学資料（第1集）』
従江県民族事務委員会・従江県文化館合編（1981）:『従江県民間文学資料集（第1集）』
馬寅主編（1982）:『中国少数民族常識』，君島久子監訳：『概説　中国の少数民族』，三省堂.
広東省民族研究所《広東少数民族》編写組（1982）:『広東少数民族』，広東人民出版社.
四川省少数民族研究所（1982）:『四川少数民族』，四川民族出版社.
周春元・王燕玉・張祥光・胡克敏編著（1982）:『貴州古代史』，貴州人民出版社.
雲南省編輯委員会編（1982）:『雲南苗族瑤族社会歴史調査』，雲南民族出版社.
龍岳訓搜集整理（1982）:『苗族民間故事　阿方的故事』，貴州人民出版社.
湘西苗族編写組（1982）:「湘西苗族」吉首大学学報，1982-3.
梁彬・王天若編（1982）:『広西苗族民間故事選』，広西壮族自治区民間文学研究会印.
貴州省民族研究所編（1982）:『民族研究参考資料第十集　生活在雷公山麓的苗族』，貴州省民族研究所.
貴州省民族研究所編（1982）:『民族研究参考資料第十一集　苗夷民族発展史（草稿）』，貴州省民族研究所.
中国民間文芸研究会貴州分会編（1982）:『民間文学資料　第48集　苗族焚巾曲』

中国民間文芸研究会貴州分会編 (1982):『民間文学資料　第51集　苗族民間故事』
中国民間文芸研究会貴州分会編 (1982):『民間文学資料　第52集　苗族習俗,起義闘争歌』
中国民間文芸研究会貴州分会編 (1982):『民間文学資料　第53集　苗族游方歌,叙事歌等』
黔東南苗族侗族自治州民族事務委員会・黔東南苗族侗族自治州文学芸術研究室編印
　　(1982):『苗族民間故事集（第1集）』
貴州省民族研究所編 (1983):『《明実録》貴州資料輯録』, 貴州人民出版社.
貴州省民族研究所編 (1983):『民族研究参考資料第十四集　基督教在滇, 黔, 川交境一
　　帯苗族地区史略』, 貴州省民族研究所.
貴州省民族研究所編 (1983):『民族研究参考資料第二十集　民国年間苗族論文集』, 貴州
　　省民族研究所.
馬学良・今旦訳注 (1983):『苗族史詩』, 中国民間文芸出版社.
李瑞岐編 (1983):『節日風情与伝説』, 貴州人民出版社.
潘光華編 (1983):『貞芙和秀尤（苗族叙事選）』, 貴州人民出版社.
魏齢編 (1983):『貴州情歌選　第2集（苗族游方歌）』, 貴州人民出版社.
湘西土家族苗族自治州党委宣伝部編 (1983):『湘西土家族苗族民間歌曲楽曲選』, 上海文
　　芸出版社.
向清秀等編 (1983):『苗族民間故事選　苗王招親』, 湖北人民出版社.
中国西南民族研究学会編 (1983):『西南民族研究』, 四川民族出版社.
雲南省歴史研究所編 (1983):『雲南少数民族（修訂本）』, 雲南人民出版社.
中国民間文芸研究会貴州分会編(1983):『民間文学資料　第59集　苗族開親歌,巫歌巫詞』
中国民間文芸研究会貴州分会・貴州省民委編 (1983):『民間文学資料　第60集　苗族古
　　老話』
中国民間文芸研究会貴州分会編 (1983):『民間文学資料　第61集　苗族祭鼓詞, 賈理詞』
丹寨県民族事務委員会・丹寨県文化館編印 (1983):『丹寨苗族民間文学資料（第2集）』
施秉県民族事務委員会・施秉県文化館編印 (1983):『施秉民間文学資料（第1集）』
貴州省民族研究所編 (1983):『貴州省少数民族社会調査之一　月亮山地区民族調査』, 貴
　　州省民族研究所.
黔東苗語課本編訳組 (1983):『苗語課文（黔東方言）』, 貴州省民族事務委員会.
湘西土家族苗族自治州民族事務委員会編 (1983):『苗族歴史討論会論文集』
貴州省社会科学院・貴州省計画委員会・貴州省統計局編 (1984):『貴州経済手冊』, 貴州
　　人民出版社.
中国民間文芸研究会貴州分会編 (1984):『民族民間文学論文集』, 貴州人民出版社.
城歩苗族自治県概況編写組 (1984):『城歩苗族自治県概況』, 湖南人民出版社.

莫傑主編（1984）：『広西風物志』，広西人民出版社．
羅栄宗（1984）：『苗族歌謡初探　貴陽高坡苗族』，西南民族学院民族研究所．
黔東南苗族侗族自治州民族事務委員会・黔東南苗族侗族自治州文学芸術研究室編（1984）：『苗族民間文学資料集（第1集）』
中国民間文芸研究会貴州分会編（1984）：『民間文学資料　第32集　仰阿莎』
中国民間文芸研究会貴州分会編（1984）：『民間文学資料　第66集　苗族婚礼習俗歌等』
貴州省民族研究所編（1984）：『貴州民族調査（之二）』，貴州省民族研究所．
中国人口学会・雲南省人口学会編（1984）：『西南少数民族人口討論会論文調査報告集』，中国人口学会・雲南省人口学会印．
民族文化宮編（1985）：『中国苗族服飾』，民族出版社．
貴州省地方志編纂委員会貴州年鑑編輯部編（1985）：『貴州年鑑』，貴州人民出版社．
貴州省地方志編纂委員会編（1985）：『貴州省志　地理志上冊』，貴州人民出版社．
貴州省社会科学院歴史研究所編（1985）：『貴州風物志』，貴州人民出版社．
広西計画委員会・経済委員会編（1985）：『広西区情』，広西民族出版社．
広西壮族自治区概況編写組（1985）：『広西壮族自治区概況』，広西民族出版社．
黔西南布依族苗族自治州概況編写組（1985）：『黔西南布依族苗族自治州概況』，貴州民族出版社．
黔南布依族苗族自治県概況編写組（1985）：『黔南布依族苗族自治県概況』，貴州人民出版社．
紫雲苗族布依族自治県概況編写組（1985）：『紫雲苗族布依族自治県概況』，貴州民族出版社．
関嶺布依族苗族自治県概況編写組（1985）：『関嶺布依族苗族自治県概況』，貴州民族出版社．
松桃苗族自治県概況編写組（1985）：『松桃苗族自治県概況』，貴州民族出版社．
威寧彝族回族苗族自治県概況編写組（1985）：『威寧彝族回族苗族自治県概況』，貴州人民出版社．
鎮寧布依族苗族自治県概況編写組（1985）：『鎮寧布依族苗族自治県概況』，貴州人民出版社．
湘西土家族苗族自治州概況編写組（1985）：『湘西土家族苗族自治州概況』，湖南人民出版社．
貴州省民族研究所編（1985）：『貴州民族社会調査（之三）』，貴州省民族研究所．
貴州省民族研究所編（1985）：『民族研究参考資料第二十二集　民族風情』，貴州省民族研究所．

貴州省民族研究所編（1985）：『民族研究参考資料第二十六集　湘西苗族革屯史録』，貴州省民族研究所．

王輔世主編（1985）：『苗語簡志』，民族出版社．

苗族簡史編写組（1985）：『苗族簡史』，貴州民族出版．

呉栄臻（1985）：『乾嘉苗民起義史稿』，貴州人民出版社．

中国民間文芸研究会貴州分会編（1985）：『民間文学資料　第1集　黔東南苗族仰阿莎等叙事詩』

中国民間文芸研究会貴州分会編（1985）：『民間文学資料　第3集　苗族　百福歌』

中国民間文芸研究会貴州分会編（1985）：『民間文学資料　第4集　黔東南苗族古歌　第一集』

中国民間文芸研究会貴州分会編（1985）：『民間文学資料　第5集　黔東南苗族叙事詩　第一集』

中国民間文芸研究会貴州分会編（1985）：『民間文学資料　第6集　苗族古理歌』

中国民間文芸研究会貴州分会編（1985）：『民間文学資料　第7集　苗族分支叙事詩』

中国民間文芸研究会貴州分会編（1985）：『民間文学資料　第8集　黔東南，湘西苗族情歌』

中国民間文芸研究会貴州分会編（1985）：『民間文学資料　第11集　苗族民間伝説故事』

中国民間文芸研究会貴州分会編（1985）：『民間文学資料　第12集　苗族古歌与情歌合集』

中国民間文芸研究会貴州分会編（1985）：『民間文学資料　第15集　苗族伝説故事』

中国民間文芸研究会貴州分会編（1985）：『民間文学資料　第16集　苗族古歌』

中国民間文芸研究会貴州分会編（1985）：『民間文学資料　第21集　黔東南苗族伝説故事』

中国民間文芸研究会貴州分会編（1985）：『民間文学資料　第22集　苗族伝説故事』

中国民間文芸研究会貴州分会編（1985）：『民間文学資料　第23集　苗族酒歌，祝歌，百福歌等合集』

中国民間文芸研究会貴州分会編（1985）：『民間文学資料　第26集　黔東南苗族新民歌』

中国民間文芸研究会貴州分会編（1985）：『民間文学資料　第29集　滇黔，湘西苗族歌謡集』

中国民間文芸研究会貴州分会編（1985）：『民間文学資料　第71集　苗族古歌"開天闢地"』

中国民間文芸研究会貴州分会編（1985）：『民間文学資料　第72集　苗族古歌』

黔東南苗族侗族自治州文学芸術研究室・榕江県民族事務委員会編印（1985）：『民俗　第1集・苗族部分』

湖南省花垣県民族事務委員会・政協文史資料研究委員会編（1985）：『乾嘉苗民起義資料専集（第一輯）』

貴州省情編輯委員会編 (1986) :『貴州省情』, 貴州人民出版社.
羅竹香編 (1986) :『黔東南苗族侗族民間文学論文集』, 貴州人民出版社.
黔東南苗族侗族自治州概況編写組 (1986) :『黔東南苗族侗族自治州概況』, 貴州人民出版社.
広西壮族自治区編写組 (1986)『融水苗族自治県概況』, 広西民族出版社.
広西壮族自治区民族事務委員会編 (1986) :『広西少数民族』, 広西人民出版社.
梁彬等編 (1986) :『広西苗族故事選』, 広西人民出版社.
海南黎族苗族自治州概況編写組 (1986) :『海南黎族苗族自治州概況』, 広東人民出版社.
石啓貴 (1986) :『湘西苗族実地調査報告』, 湖南人民出版社.
湘西自治州鳳凰県民委・貴州松桃苗族自治県民委・湖南省社科院歴史研究所編 (1986) : 『苗族史文集　紀年乾嘉起義一百九十周年』, 湖南大学出版社.
文山壮族苗族自治州概況編写組 (1986) :『文山壮族苗族自治州概況』, 雲南民族出版社.
屏辺苗族自治県概況編写組 (1986) :『屏辺苗族自治県概況』, 雲南民族出版社.
王春徳 (1986) :『苗語語法 (黔東方言)』, 光明日報社.
貴州省民族研究学会・貴州省民族研究所編 (1986) :『貴州民族社会調査 (之四)』, 貴州省民族研究所.
中国民間文芸研究会貴州分会編 (1986) :『民間文学資料　第14集　苗族苦歌, 反歌, 逃荒歌等合集』
中国民間文芸研究会貴州分会編 (1986) :『民間文学資料　第17集　苗族婚姻歌』
中国民間文芸研究会貴州分会編 (1986) :『民間文学資料　第24集　苗族春季歌, 活路歌等合集』
中国民間文芸研究会貴州分会編 (1986) :『民間文学資料　第25集　苗族酒葯歌, 造紙歌等合集』
中国民間文芸研究会貴州分会編 (1986) :『民間文学資料　第27集　張秀密起義史料, 伝説, 歌謡等』
中国民間文芸研究会貴州分会編(1986) :『民間文学資料　第33集　苗族《佳》,《説古唱今》』
黔南布依族苗族自治州史志編纂委員会 (1986) :『黔南布依族苗族自治州史志・地理志』
越南社会科学委員会民族学研究所編 (1986) :『民族研究資料叢刊之三　越南北方少数民族』, 広西民族学院民族研究所.
中国西南民族研究学会 (1986) :『西南民族地区経済概況』四川省民族研究所
四川省編輯組 (1986) :『四川省苗族傈僳族傣族白族満族社会歴史調査』, 四川社会科学院出版社.
貴州省編輯組 (1986) :『黔西北苗族彝族社会歴史綜合調査』, 貴州民族出版社.

貴州省編輯組（1986）：『苗族社会歴史調査㈠』，貴州民族出版社．
貴州省編輯組（1987）：『苗族社会歴史調査㈡』，貴州民族出版社．
貴州省編輯組（1987）：『苗族社会歴史調査㈢』，貴州民族出版社．
広西壮族自治区編輯組（1987）：『広西苗族社会歴史調査』，広西民族出版社．
田兵主編（1987）：『苗族布依族侗族水族仡佬族民間文学概況』，貴州人民出版社．
周春元・何長鳳・張祥光主編（1987）：『貴州近代史』，貴州人民出版社．
中央民族学院苗瑶語研究室編（1987）：『苗語方言詞滙集』，中央民族学院出版社．
凱里市地方志編纂委員会辦公室（1987）：『凱里市概況』，凱里市地方志編纂委員会辦公室．
務川仡佬族苗族自治県概況編写組（1987）：『務川仡佬族苗族自治県概況』，貴州民族出版社．
道真仡佬族苗族自治県概況編写組（1987）：『道真仡佬族苗族自治県概況』，貴州民族出版社．
印江土家族苗族自治県概況編写組（1987）：『印江土家族苗族自治県概況』，貴州民族出版社．
燕宝・苗丁整理翻訳（1987）：『張秀眉歌（苗族英雄叙事詩）』，貴州民族出版社．
楊正保等編（1987）：『苗族起義史詩』，貴州人民出版社．
祖岱年編（1987）：『貴州酒家選』，貴州民族出版社．
鍾涛搜集整理（1987）：『苗族民間剪紙』，貴州美術出版社．
麻明進編絵（1987）：『苗族装飾芸術』，湖南人民出版社．
西南師範学院採風隊等捜集整理（1987）：『苗族民間故事』，四川民族出版社．
広西民族学院民族研究所（1987）：「民族研究集刊（瑶・苗専輯）」，1987-1.
中央民族学院苗瑶語研究室（1987）：『苗瑶語方言詞滙集』，中央民族学院出版社．
湖南省少数民族古籍辦公室主編　張応和・○徳栄整理譯釈（1987）：『苗族婚姻礼詞』，岳麓書社．
中国第一歴史档案館・中国人民大学清史研究所・貴州省档案館合編（1987）：『清前期苗民起義档案史』，光明日報．
西南民族学院図書館影印（1987）：『平苗記略』，西南民族学院図書館．
過竹（1988）：『苗族神話研究』，広西人民出版社．
胡起望・李廷貴編（1988）：『苗族研究論叢』，貴州民族出版社．
中国西南民族研究学会編（1988）：『西南民族研究（苗，瑶族研究専集）』，貴州民族出版社．
貴州省地方志編纂委員会（1988）：『貴州省志・地理志（下冊）』，貴州人民出版社．
申旭・劉稚（1988）：『中国西南与東南亜的跨境民族』，雲南民族出版社．
蓼正城主編（1988）：『広西壮族自治区地理』，広西人民出版社．

張懷渝主編（1988）：『雲南省経済地理』，新華出版社．
貴州省民族研究学会・貴州省民族研究所編（1988）：『貴州民族社会調査（之五）』，貴州省民族研究所．
貴州苗学研究会編（1989）：『苗学研究』，貴州民族出版社．
《黎平県志》（1989）：『黎平県志』，巴蜀書社．
楊盛中主編（1989）：『黎平県民族志』，貴州人民出版社．
羅甸県史志編纂委員会編（1989）：『羅甸県志・民族志』，貴州民族出版社．
唐春芳捜集整理（1989）：『嘎百福歌』，貴州民族出版社．
黔東南州民族研究所（1989）：『苗族諺語格言選』，貴州民族出版社．
黔南文藝研究室編　祖岱年・羅文亮主編（1989）：『都柳江風情』，貴州民族出版社．
榕江県民族事務委員会編　楊元龍・張勇選編（1989）：『苗族始祖的伝説』，貴州民族出版社．
貴陽市民族事務委員会編（1989）：『苗族四月八』，貴州民族出版社．
潘定衡・楊朝文主編（1989）：『蚩尤的伝説』，貴州民族出版社．
劉柯編著（1989）：『貴州少数民族風情』，雲南人民出版社．
彭水苗族土家族自治県概況編写組（1989）：『彭水苗族土家族自治県概況』，四川民族出版社．
貴州省民族研究所・貴州省民族研究学会編（1989）：『貴州民族社会調査（之六）』，貴州省民族研究所．
潘光華編（1990）：『中国苗族風情』，貴州民族出版社．
黔東南州民族研究所（1990）：『中国苗族民俗』，貴州人民出版社．
貴州師範大学地理系（1990）：『中国地理叢書　貴州省地理』，貴州人民出版社．
黔東南苗族侗族自治州地方志編纂委員会編（1990）：『黔東南苗族侗族自治州志・地理志』，貴州人民出版社．
張光照・張紹祥編（1990）：『太陽月亮守天辺』，貴州民族出版社．
楊　国（1990）：『苗族舞踏与巫文化—苗族舞踏的文化社会学考察—』，貴州民族出版社．
松桃苗族自治県民族事務委員会編（1990）：『貴州松桃苗族文化叢書　民間故事選』，貴州民族出版社．
張永祥主編・許士仁副主編（1990）：『苗漢詞典（黔東方言）』，貴州民族出版社．
三穂県民族事務委員会編（1990）：『三穂県民族志』，貴州人民出版社．
禄勧彝族苗族自治県概況編写組（1990）：『禄勧彝族苗族自治県概況』，雲南民族出版社．
鄂西土家族苗族自治州概況編写組（1990）：『鄂西土家族苗族自治州概況』，湖北人民出版社．

雲南省屏辺苗族自治県民族事務委員会・県志辦公室編（1990）:『屏辺苗族自治県民族志』，雲南大学出版社．
貴州省民族研究所・貴州省民族研究学会編（1990）:『貴州民族社会調査（之七）』，貴州省民族研究所．
張民主編（1991）:『貴州少数民族』，貴州民族出版社．
陳鵬（1991）:『東南亜各国民族与文化』，民族出版社．
貴州省少数民族古籍整理出版規劃小組辦公室主編(1991):『貴州省苗族古籍之一　HXAK KHAT　開親歌』，貴州民族出版社．
清鎮県民委編（1991）:『苗族十二組主歌』，貴州民族出版社．
織金県民族事務委員会編（1991）:『苗族喪祭』，貴州民族出版社．
貴州苗学会主編　李廷貴・潘定智・楊正偉編（1991）:『苗学研究（二）』，貴州民族出版社．
徳江県民族志編纂辦公室編（1991）:『徳江県民族志』，貴州民族出版社．
李瑞岐・楊培春等主編（1991）:『中華龍舟文化研究』，貴州民族出版社．
李廷貴（1991）『雷公山上的苗家』，貴州民族出版社．
貴州省文化庁群文処・貴州省群衆文化学会編（1991）:『貴州少数民族節日大観』，貴州民族出版社．
岑鞏県民族事務委員会編（1991）:『岑鞏県民族志』，貴州人民出版社．
韋啓光・朱文東（1991）:『中国苗族婚俗』，貴州人民出版社．
李紹明・程賢敏（1991）:『西南民族研究論文選（1904－1949年）』，四川大学出版社．
張元奇・陶永華・梁宇鳴（1991）:『中国苗族歌曲選（苗，漢対照）』，雲南民族出版社．
王敏之・朱慧珍・過竹（1991）:『広西苗族文学評論集』，広西民族出版社．
中国人民政治協商会議・貴州省委員会文史資料委員会編（1991）:『貴州少数民族文史資料専輯』，中国文史出版社．
《民族文献提要》編輯組（1991）:『民族文献提要（1949-1989）』，雲南教育出版社．
貴州省民族研究所・貴州省民族研究学会編（1991）:『貴州民族社会調査（之八）』，貴州省民族研究所．
黔東南州民委民族語文科編　潘元恩・李錦平編著（1992）:『黔東南苗語基礎知識』，貴州民族出版社．
伍新福著（1992）:『苗族歴史探考』，貴州民族出版社．
貴州省民委文教処・貴州省衛生庁中医処・貴州省中医研究所編（1992）:『苗族医薬学』，貴州民族出版社．
張人位・石開忠（1992）:『貴州民族人口』，貴州民族出版社．
陳永孝主編（1992）:『貴州省経済地理』，新華出版社．

貴州省文化庁編（1992）：『苗系列畫冊　苗装』，人民美術出版．
麻樹蘭編著（1992）：『湘西苗族民間文学概要』，中央民族学院出版社．
伍新福・龍伯亜（1992）：『中国少数民族専史叢書　苗族史』，四川民族出版社．
王春徳編（1992）：『漢苗詞典（黔東方言）』，貴州民族出版社．
向日征編著（1992）：『漢苗詞典（湘西方言）』，四川民族出版社．
雲南省少数民族古籍整理出版規劃辦公室編（1992）：『雲南省少数民族古籍譯叢第33輯　西部苗族古歌（苗，漢文対照）』，雲南民族出版社．
張坦（1992）：『"窄門"前的石門坎―基督教文化与川黔滇辺苗族社会―』，雲南教育出版社．
貴州省民族研究所・貴州省民族研究学会編（1992）：『貴州民族社会調査（之九）』，貴州省民族研究所．
黔南布依族苗族自治州史志編纂委員会編（1993）：『黔南布依族苗族自治州志　第四卷　民族志』，貴州民族出版社．
貴州省少数民族古籍整理出版規劃小組辦公室編・燕宝整理譯注（1993）：『苗族古歌』，貴州民族出版社．
道真仡佬族苗族自治県民族事務委員会・文化局編（1993）：『中国民間故事集成　貴州省道真仡佬族苗族自治県巻』，貴州民族出版社．
貴州省民委民族語文辦公室編・李顕元主編（1993）：『貴州民族語文叢書　苗語文集』，貴州民族出版社．
戴慶厦主編（1993）：『跨境語言研究』，中央民族学院出版社．
羅義群（1993）：『中国苗族巫術透視』，中央民族学院出版社．
楊武主編（1993）：『中国民族地理学』，中央民族学院出版社．
顔恩泉（1993）：『雲南苗族伝統文化的変遷』，雲南人民出版社．
雷安平主編龍炳文・田興秀副主編（1993）：『苗族生成哲学研究』，湖南出版社．
貴州省民族研究所・貴州省民族研究学会編（1993）：『貴州民族社会調査（之十）』，貴州省民族研究所．
貴州苗学会編　李錦平主編（1994）：『苗学研究㈢』，貴州人民出版社．
貴州省銅仁地区民居古籍古物辦公室主編（1994）：『武陵苗族古歌』，貴州民族出版社．
龍伯亜（1994）：『近代武陵苗族闘争史』，貴州民族出版社．
貴州省民委民族語文辦公室編・李顕元主編（1994）：『苗語俗語小詞典（黔東方言）』，貴州民族出版社．
邱樹森・匡裕主編（1994）：『中国少数民族簡史』，河北教育出版社．
中国社会科学院民族研究所・国家民族事務委員会文化宣伝司主編（1994）：『中国少数民族語言使用情況』，中国蔵学出版社．

知識出版社編（1994）：『中国民族博覧』，知識出版社．
金春子・王建民編著（1994）：『中国跨界民族』，民族出版社．
輔仁大学織品服装研究所・中華服飾文化中心（1994）：『織品服装設計與文化系列　苗族紋飾』，輔仁大学出版社．
貴州省民族研究所・貴州省民族研究学会編（1994）：『貴州民族調査巻十一　麻山調査専輯』，貴州省民族研究所．
王輔世・毛宗武（1995）：『苗瑤語古音講稽』，中国社会科学出版社．
陳定秀（1995）：『黔西南苗族研究』，貴州民族出版社．
黄光学主編・施聯朱副主編（1995）：『中国的民族識別』，民族出版社．
貴州省民族研究所（1995）：『貴州少数民族婦女問題研究』，貴州民族出版社．
楊魁孚主編（1995）：『中国少数民族人口』，中国人口出版社．
彭兆栄・郡志忠・黄蔚・毛殊凡・何玲玲（1995）：『南方少数民族音楽文化』，広西人民出版社．
輔仁大学織品服装研究所・中華服飾文化中心（1995）：『織品服装設計與文化系列　苗族紋飾』，輔仁大学出版社．
貴州省民族研究所・貴州省民族研究学会編（1995）：『貴州民族調査巻十二　貴州少数民族婦女問題調査専輯』，貴州省民族研究所．
李廷貴・張山・周光大主編（1996）：『苗族歴史与文化』，中央民族大学出版社．
貴州省苗学研究会恵水県分会編（1996）：『恵水苗族』，貴州民族出版社．
安順地区民族事務委員会（1996）：『安順地区民族志』，貴州民族出版社．
厳天華主編・陳秀英副主編（1996）：『貴州少数民族人口発展与問題研究』，中国人口出版社．
張善余編著（1997）：『中国地理叢書　中国人口地理』，上海教育出版社．
李志華主編（1997）：『中国地理叢書　中国民族地理』，上海教育出版社．
李澤奉・劉如仲編著（1997）：『清代民族図志』，青海人民出版社．
游建西（1997）：『近代貴州苗族社会的文化変遷（1895－1945）』，貴州人民出版社．
楊国（1997）：『貴州民間文化研究叢書　苗族服飾：符号与象徴』，貴州人民出版社．
威寧彝族回族苗族自治県民族事務委員会（1997）：『威寧彝族回族苗族自治県民族志』，貴州民族出版社．
羅義群編著（1997）：『中国苗族詩学』，貴州民族出版社．
潘年英（1997）：『貴州民間文化研究叢書　百年高坡―黔中苗族的心術真実生活―』，貴州人民出版社．
張暁（1997）：『貴州民間文化研究叢書　西江苗族婦女口述史研究』，貴州人民出版社．

郎維偉（1997）：『四川苗族社会与文化』，四川民族出版社．
政協雲南省民族宗教委員会編（1997）：『雲南回族苗族百村社会経済調査』，雲南民族出版社．
羅義群（1997）：『苗族文化与屈賦』，中央民族学院出版社．
李維金・羅有亮・侯興鄒・侯建捜集整理（1997）：『雲南苗族民間故事選（苗文，漢文対照）』，雲南民族出版社．
楊正文（1998）：『苗族服飾文化』，貴州民族出版社．
《中国苗族文学叢書》編輯委員会編（1998）：『中国苗族文学叢書　西部民間文学作品選(2)』，貴州民族出版社．
楊正文・万徳金・過竹編著（1998）：『苗族風情録』，四川民族出版社．
曹学群編著（1998）：『湖南少数民族』，湖南教育出版社．
戴慶厦主編（1998）：『二十世紀的中国少数民族語言研究』，書海出版社．
索文清・莫福山・呉重陽・劉万慶・王炬堡主編（1998）：『中国少数民族民俗大観』，福建人民出版社．
中国社会科学院民族研究所編（1999）：『中国少数民族現状与発展調査研究叢書　台江県苗族巻』，民族出版社．
謝蘊秋主編（1999）：『雲南境内的少数民族』，民族出版社．
龍子建・田万振・張伯祥・張賢根・王平・呉雪梅（1999）：『湖北苗族』，民族出版社．
何積全主編・石朝江副主編（1999）：『民族文化研究叢書　苗族文化研究』，貴州人民出版社．
羅有亮（1999）：『苗語語法　川黔滇方言』，雲南民族出版社．
古玉林主編（1999）：『四川苗族古歌』，巴蜀書社．
伍新福（1999）：『中国苗族通史（上下）』，貴州民族出版社．
向日征（1999）：『吉衛苗語研究』，四川民族出版社．
楚雄州民族宗教事務局等編（1999）：『苗漢簡明詞典（滇東北次方言）』，雲南民族出版社．
伍新福（2000）：『苗族文化史』，四川民族出版社．
江碧貞・方紹能（2000）：『織品服装設計與文化系列2　苗族服飾圖誌―黔東南―』，輔仁大学織品服装研究所．
呉仕忠等編著（2000）：『中国苗族服飾図志』，貴州人民出版社．
呉一文・覃東平（2000）：『苗族古歌与苗族歴史文化研究』，貴州民族出版社．
韓軍学（2000）：『基督教与雲南少数民族』，雲南人民出版社．
貴州省文化庁・貴州省博物館編（2000）：『苗族銀飾』，文物出版社．
李漢林（2001）：『百苗圖校釋』，貴州民族出版社．

曹翠雲編著 (2001):『苗漢語比較』, 貴州民族出版社.
高発元主編 (2001):『雲南民族村寨調査 苗族―金平銅廠郷大塘子村―』, 雲南大学出版社.
郝時遠主編 (2002):『中国少数民族分布図集』, 中国地図出版社.
貴州省地方志編纂委員会 (2002):『貴州省志・民族志』, 貴州民族出版社.
翁家烈主編 (2002):『中国苗族風情録』, 貴州民族出版社.
貴州民族出版社編呉徳坤・呉徳傑捜集整理翻譯 (2002):『苗族理辞』, 貴州民族出版社.
李錦平 (2002):『苗語語言与文化』, 貴州民族出版社.
杜薇 (2002):『百苗圖滙考』, 貴州民族出版社.
楊文斌・楊策 (2002):『苗族伝統蠟染』, 貴州民族出版社.
楊継紅主編 (2002):『貴州省畢節地区民族郷概覧』, 貴州民族出版社.
貴州民族学院歴史系編 (2002):『貴州民族論叢(一)』, 貴州民族出版社.
呉暁東 (2002):『苗族図騰与神話』, 社会科学文献出版社.
納擁県民族宗教事務局編 (2003):『納擁苗族喪祭詞』, 民族出版社.
楊正文 (2003):『鳥紋羽衣―苗族服飾及制作技藝考察―』, 四川人民出版社.
羅有亮 (2003):『雲南苗族研究』, 遠方出版社.
古文鳳 (2003):『漂泊的家庭（苗族）』, 雲南人民出版社・雲南大学出版社.
鍾涛 (2003):『苗族剪紙』, 貴州民族出版社.
鍾涛 (2003):『苗繡苗錦』, 貴州民族出版社.
楊再彪 (2004):『苗族東部方言土語比較』, 民族出版社.
李藍 (2004):『湖南城歩青衣苗人話』, 中国社会科学出版社.
范宏貴 (2004):『華南与東南亜相関民族』, 民族出版社.
中国民族博物館編 (2004):『中国苗族服飾研究』, 民族出版社.
龍生庭・石維海・龍興武等 (2004):『中国苗族民間制度文化』, 湖南人民出版社.
楊庭碩・潘盛之 (2004):『百苗図抄本滙編（上・下巻）』, 貴州人民出版社.
余未人 (2004):『千年古風―岜沙苗寨紀事―』, 河北教育出版社.
石茂明 (2004):『跨国苗族研究―民族与国家的辺界―』, 民族出版社.

3．欧文で書かれた文献

Rocher, L. (1890)：《La Province de Yunnan》, Paris.
Schotter, Aloys (1908)：〈Notes ethnographie sur les tribus de kouy-tschon (1)〉. *Anthrops* III.
Schotter, Aloys (1909)：〈Notes ethnographie sur les tribus de kouy-tschon (2)〉.

Anthrops IV.

Schotter, Aloys (1911) ：‹Notes ethnographie sur les tribus de kouy-tschon (3)›. *Anthrops* VI.

Davies, H. R. (1909) ： "Yunnan—The Link between India and the Yangtze—", Cambridge Univ.

Clarke, Samuel, R. (1911) ： "Among the Tribes in Southwest China", London.

Savina, F. M. (1924) ： «Historie des Miao. Imprimerie de lasociete des missions— etrangeres», Hong Kong.

Graham, David, C. (1937a) ： 'The Customs of the Ch'uan Miao'. *Journal of the West China Border Reserch Society*, Vol. 9.

Graham, David, C. (1937b) ： 'The Ceremonies of the Ch'uan Miao'. *Journal of the West China Border Reserch Society*, Vol. 9.

Graham, David, C. (1938) ： 'The Legends of the Ch'uan Miao'. *Journal of the West China Border Reserch Society*, Vol. 10.

Lin, Yueh-hwa (1941) ： 'The Miao-Man Peoples of Kweichow'. *Harvard Journal of Asiatic Studies*, 5.

Mickey, Margaret P. (1947) ： 'The Cowrie Shell Miao of Kweichow'. *Papers of the Peabody Museum of American Archaeology and Ethnology*, Harvard University, 32 (1). Cambridge, Mass.: Peabody Museum.

Graham, David, C. (1954) ： 'Songs and stories of the Ch'uan Miao'. *Smithonian Misc. Coll.*, Vol. 123, No. 1, Washigton.

de Beauclair, Inez (1960) ： 'A Miao Tribe of Southeast Kwei-chow and its Cultural Configuration'. 『中央研究院民族学研究集刊』, 第10期.

Lemoine, Jacques (1972) ： ‹Un Village Hmong Vert du Haut Laos›. *Paris: Ecole Pratique des Hautes Etudes*, Centre Natinal de la Recherche Scientifique.

de Beauclair, Inez (1974) ： 'Tribal Cultures of Southwest China'. *Asian Folklore and Social Life Monographs*, Vol. 2, Taipei: Orient Cultural Service.

Yang Dao (1976) ： "The Hmong of Laos in the Vanguard of Development", Vientiane: U.S. Department of the Army.

Mallinson, Jane (1985) ： 'Blue Hmong Women's Skirts as Markers of Women's Roles'. *Master' s Thesis, Department of Anthropology, University of Washington*, Seattle.

Diamond, Norma (1988) ： 'The Maio and Poison: Interactions on China's Frontier'.

Ethnology, 7.

Dang Nghiem Van Chu Thai Son-Luu Hung (1993) : "Ethnic Minorities in Vietnam", The Gioi Publishers, Hanoi.

Nancy D. Donnelly (1994) : "Changing Lives of Refugee Hmong Women", University of Washington Press, Seattle and London.

Viet Nam News Agency (1997) : "Vietnam-Image of The Community of 54 Ethnic Groups", The Ethnic Cultures Publishing House, Hanoi.

Diep Trung Binh (1997) : "Patterns on Textiles of the Ethnic Groups in Northeast of Vietnam", Cultures of Nationalities Publishing House, Hanoi.

Dang Nghiem Van (1998) : "Ethnological and Religious Problems in Vietnam", Social Sciences Publishing House, Hanoi.

Nicholas, Tapp (2003) : "The Hmong of China".

索　引

〔ア 行〕

青ザオ族　321
青ミャオ族　53,54,81,82,
　193,273
青モン族　304,192
昂武（アンウ）　195
安順（市）　27,194,201,
　207
アンナン　284
安寧市　269,273,274,276
腌魚（アンユイ）　62,69,
　131,142,166
安龍県　194,222,222
イエンバイ　287,306
イェンミン　314,315
石山山地　195,199,208,
　313,315,317
夷人（家）　251
イ（彝）族　18,44,88,
　250,251,252,253,257
威寧市　251,252,253
インドシナ連邦　284
烏江　27
エヴェンキ（鄂温克）族
　20
オウストロネシア語族
　296,298,299
オーデュ族　295
大花ミャオ族　8,249,250,
　251,252,255,256,257,
　260,270,273,274,275,
　276

汚牛（オニュウ）河　108
オロス（俄羅斯）族　43
オロチョン（鄂倫春）族
　20

〔カ 行〕

開春　159,160
回族　2,251,253
開秧門（カイヤンメン）
　65,104,113,149,150,
　167,168
盖頼郷　100
凱里　84
凱里市舟渓地区　8
カウバイ　340
カオバン（省）　290,306
高留（ガオリュウ）組
　72,73,75,76
楽旺　195
楽旺鎮　194,196,198,199,
　201,202,203,205,207,
　221
赫章県　8
赫章地区　30
過山榜　74,322
過山ヤオ（瑶）族　72,
　322,324
漢・チベット語族　298,
　299
ガン川　311
環江県　164
カンシュピン社　319,329,
　330,331,332,333,334,

337
カンシュピン村　334,335,
　337,341
管東貴　7
漢民族　84,88,90,96,99,
　191,196,204,207,211,
　223,224,226,229,233,
　251,257,263,308
牛角山村　232
貴陽市　24,27
響水　254
錦江　287
金沙県　30
クイニョン　285
グージャ（㑾家）族　2
谷坪（グーピン）郷　156
クメール族　284,299
クラーク　7
グラハム　7
黒ターイ族　301
黒ミャオ族　53,54,81,82,
　83,84,88,89,90,92,100,
　105,106,108,110,112,
　151,152,175,192,193,
　194,196,197,198,201,
　202,222,224,240,249,
　260,325,344
黒モン族　304
桑麻　214,215
クワンバ　314
坎辺（クワンビィエン）
　195
光輝（グワンホイ）郷

138
ゲアン 306
桂林 22
月亮山 106
剣河県 8
黔西県 8
黔東方言 45,47,307,308
交俄村 194,199,200,201,
　202,203,204,205,208,
　211,213,214,215,216,
　217,218,221,240
郷規民約 84
溝谷季雨林 39
高山帯 33
高山村 149
高坡苗 50,51,72,128,150
隆林（コウリン）県 227,
　228,232
コーラオ（仡佬）族 43
黒イ族 251,252
黒河 287,290
黒正 厳 11
鼓社節 71,104
コツ族 299
公辦小学 88
昆明市 24

〔サ　行〕

宰便（サイビィエン）
　167,169
サヴィナ 7
ザオ（ヤオ，瑶）族 282,
　286,298,301,302,303,
　313,314,316,317,321,
　322,324
冊亨県 234
サパ 282
三合村 229

山地硬葉樹林 38
サンデュ族 299
三都水族自治県 88,98,
　104
三穂 30
三苗 67,308
山猫 72
桑郎（サンラン）鎮 195,
　206
小海（シィアオハイ） 253
効納（ジィアオナー） 195
脚板薯（ジィアオバンチ
　ュ） 145,146
下江（シィアジィアン）鎮
　123
加鳩（ジィアジュウ）村
　107,114,121,125,167
郊納（ジィアナ）郷 202,
　204,217
家麻（ジィアマー） 238,
　240
加勉（ジィアミィエン）
　109
加勉（ジィアミィエン）郷
　84,106,107,108,110,
　118,149,153,176
香猪（シィアンジュ）
　138,170
シー（西）族 2
石頭耙田（シートウパーテ
　ィエン） 122,167
石屯 195
石耙（シーパー） 167,168
洗耙節（シーバージィエ）
　168
石門（シーメン） 252
紫雲苗族布依族自治県
　201,202,207

ジェチェン族 299
四月八 65
思南県 31
施秉（シピン） 30
ジャーライ族 299
ジャイ族 282,322
山崗（シャンガン）寨
　156
水稲節（シュイタオジィ
　エ） 150
従江県 8,27,67,72,84,
　106,108,109,140,344
蔗香（ジュシイアン） 195
遵義市 201
春節 76,136
湘西方言 45,46,307
昭通 253,272
小花ミヤオ 252
照葉樹・落葉広葉樹混交林
　36
照葉樹林 32,34,35,57
照葉樹林帯 33,57
照葉樹林文化 51
ショオ（畬）族 71
ショッター 7
白イ族 251,252
白ターイ族 301
白ミャオ族 53,82,191,
　192,193,194,196,197,
　198,199,200,203,204,
　206,207,209,214,215,
　221,222,223,225,226,
　229,230,232,234,237,
　238,240,241,249,250,
　273,305,307,324,325,
　328
白モン族 304,305,306,
　307,318,319,323,324,

325,326,327,328,329,
331,333,339,340,344,
350,352,353
針・広葉樹林の混交林帯
33
新加村 194,222,226,229,
240
新山村 251,255,256,257,
258,262,264,269,270,
273,275
新洞寨 59,62,63,64
新屯 195
新発（シンファ） 253
針葉樹林帯 33,35
水維（スイウェイ） 173
水城県 30
水井湾（スイジンワン）村
274
スイ（水）族 43,84,88,
129
鈴木啓造 10
酸湯魚（スワンタンユイ）
142
生活様式（genre re vie）
193
西江 59
清水江 27
聖なる空間 113,116,151
生蕃（先住民） 7
清明節 76,144
石林 22
川黔滇方言 45,47,191
壮丁がり 232,263
双分原理（dualism） 116
双分制（dual organiza-
tion） 151,160
ソンラ 306
ソンラ高原 290

送隴（ソンロン）村 84,
89,90,91,92,94,96,97,
105,106,151

〔タ 行〕

打易（ダーイ） 195
ターイ・カダイ語系 301
ターイ族 295,298,299,
301,316,328
大街（ターガイ）鎮 252
ダー川 306,309
大褲脚（タークージィア
オ） 215
大観（ダークワン） 195
打轟（ダーレイ）村 204
タイ・ターイ語系 322,323
対外未開放地区 5
タイグエン 306
台江県 8
タイ（傣）族 43,296
タイ族 282,295,298,299,
301,311,313,316,322,
328
タインホア 306
逃荒討飯（タオホワンタオ
ファン） 171
タジク（塔吉克）族 43
達也 93
ダナン 294
党翁（ダンウォン）村
84,106,107,108,109,
110,111,114,117,118,
124,125,127,132,139,
140,148,150,152
党卡寨 67,69
端午節 76,211
丹寨県 8,84
団山村 253,254

チアリン 290
喫鼓臓（チーグーザン）
71,104
喫新節（チーシンジィエ）
150,168,211
チーシンジィエ（喫新節）
65
チーヅォンパ（喫粽粑）
65
七月一四（チーユエシー
ス） 76
七月半（チーユエバン）
211
チベット（蔵）族 2,17
チャオプラヤ川 298
チャム族 299
長衫（チャンシャン）ヤオ
族 72
中国民俗研究会 10
長裙ミャオ族 88,92
長江 59
長沙蛮 72
超短裙苗 50
チワン（壮）族 2,43,
112,163,169,298
鎮遠 30
青褲（チンクー）ヤオ族
72
踩歌堂（ツァイグータン）
148,149,168,169
草海（ツァオハイ）鎮
253
草舗（ツァオプー）鎮
269,274
土山山地 195,197,208,
209,313,317
吊脚楼 83
ディエンビエンフーの戦い

294
定期市　63
デーヴィス　6,7,48
田林県　202
ドイモイ政策　281,346
トゥー族　290
逃歌　93
洞家　59
鄧家営　254
洞窟葬　207
都江　93,02
桐梓県　201,204
洞人　59
銅仁　27,31
トウチャ（土家）族　226,228,229
洞庭湖　67
党扨村　149
トウンカン　287,311
迤那（トオナー）　254
徳臥鎮　227
土地廟　117,159
土匪　201,205,232,241
都匀（トユン）　84
鳥居龍蔵　7,48,52,53
都柳江　27,39,59,85,108,166
トンキン　284
トンキンデルタ　300
トンキン湾　287,294,309,311
ドンケ　290
トン語　45
トン（侗）族　43,54,55,56,57,58,59,65,66,69,71,72,75,84,88,99,112,125,132,142,161,164,328

屯田兵　44,55,298,308
ドンバン　313,314,315
ドンバン県　314
ドンバン高原　284,286,302,309,311,316,317,318,319,321,323,324,339,342,344,352,353

〔ナ　行〕

納夜（ナーイェ）　195
納利（ナーリー）村　227
中藤康俊　10,11,12
ナシ（納西）族　43,251
ナパビバン　327
ニャロ　306
牛棚（ニュウポン）　254,276
牛棚（ニュウポン）区　275
牛棚（ニュウポン）鎮　251,253,254,255,257,272,274,276
ヌン族　290,299,301,322

〔ハ　行〕

岜綾（バーシィエン）　195
八月二（バーユエアル）　76
壩力（バーリー）村　225,227,229,233
白岩（バイアイ）郷　114,117
白褲（バイクー）ヤオ族　72,328
排調鎮　84,86,97
排垉（パイパオ）村　100,105
白領（バイリン）ミャオ

88
パオ　62,63
包穀節（パオグージィエ）　150
泡酒（パオジィウ）　160
ハギャン　287,306,312,314,315
ハギャン省　284,309,310,311,312,314,316,313
バクカン　306
バクタワン　313
白棒村　149
バクミ　313
八寨　84
八寨ミャオ族　88
花ミャオ族　54,192,249,252,275,307,324
花モン族　304,305,306,307,318,319
ハニ（哈尼）族　43
ハノイ　281,286,288,300,321
パビ社　327
ハロン湾　289
范家田　254
盤県　27
梵浄山　35,36
板底（バンディ）郷　252
ハンドコ村　340,341,342,345
盤ヤオ族　72
パン・ラオ　101
別鳩（ビィエジュウ）村　84,149,152,153,155,156,157,158,160,161,163,164,169,175,176,110
ビェトリ　287,311,312

索　引　397

非漢民族（non-Chinese）
　1
畢節　250
枇杷囚（ダン）　226,230,
　232,233
百苗　51
評皇券牒　322
平正（ピンジョン）村
　123,142
ビンラン　290
普安県　30
ファンシバン　282
ファンシバン山　290
プイ（布依）族　43,84,
　196,205,207,222,223,
　224,225,226,229,253,
　328
普坪（プーピン）郷　227
火麻（フォマー）　214,240
プペオ族　295
ブラウ族　295
武陵山脈　228
武陵蛮　72
文山　323,324
芮逸夫　7
平地苗　50,51,72
ペー（白）族　43,251,253
ベト族　281,284,285,295,
　300,301,311,318,322,
　328
紅ザオ族　321
紅ミャオ族　8,53,54,83,
　196,197,198,201,202,
　203,206,207,215
紅モン族　304,305,306
紅ヤオ族　72
ホアビン　306
望謨　196

望謨県　193,194,201,221
望謨河　196
ボークレール（de Beau-
　clair）　8,106
坡貢（ポーコン）　224
披脚（ボージィアオ）郷
　223
破姓開親（ポーシンカイチ
　ン）　153
ホーチミン市　286
北盤江　196
ホジェン（赫哲）族　20
穂摘み具　61,62,123,124,
　131,136,168,234
ポバン社　346
化州（ホワジョウ）市
　217
ホワ（漢）族　299
ホワンシュピ　313
紅岩（ホンアイ）　114,254
紅イ族　252
紅（ホン）河（ホン川）
　285,290,298,300,309,
　311,323
紅（ホン）河三角州　287,
　288,292,300
紅河三角州地帯　292

〔マ　行〕

馬街（マーカイ）　252
麻山（マーシャン）郷
　194,195,203
麻山（マーシャン）事件
　203
麻山（マーシャン）苗族閙
　事　203
猫寨（マオツァイ）村
　202

茂蘭（マオラン）　173
マ川　301,306
末子相続　121,128
満州族　2
曼耗（マンマオ）　287
ミエン語　45
ミャオ族　314,320
苗（ミャオ）年　3,71,
　135,148,149,168,169,
　211
弥勒　22
民辦小学　88,90,148,253,
　257
木咱（ムーゼイ）鎮　194,
　222,223,224
ムオン族　295,299
メオ　302
メオ族　302
メオバック　313,314,315,
　319,321,322,330,332,
　340,341,348,350
メオバック県　314,318,
　319,322,323,324,326,
　330,339
メコン川　285,298,294
メコンデルタ　285
メンパ（門巴）族　17
木鼓　324,325,326,328,
　329
モン・クメール語系　299
モン（ミャオ，苗）族
　282,286,290,298,302,
　303,313,315,316,317,
　318,319,320,321,322,
　323,324,328
モンラ　287

〔ヤ 行〕

雅灰（ヤーホイ）郷 84,85,87,88
雅灰（ヤーホイ）村 93,96
雅灰（ヤーホイ）ミャオ族 88,89
ヤオ（瑤）族 3,18,43,44,55,57,58,71,72,75,132,298,302,314,328
焼畑農耕文化 51
羊街（ヤンカイ） 253
楊紹兵（ヤンシャオピン） 203
雨朶（ユトオ） 254
玉龍（ユーロン）郷 269
雲貴（ユンクイ）郷 252
榕江 93,98,166
榕江県 96,98,140
榕江盆地 54
羊達村 149
油停（ヨウテイ）河 196
羊福 93
游方（ヨーファン） 50
油邁（ヨーマイ） 195
油邁（ヨーマイ）ヤオ族 72
擁里（ヨンリー）郷 110,153

〔ラ・ワ行〕

雷公山 50
雷山県 30
ライチョウ 287,306
ライチョウ省 301
ラオカイ 262,306,309
ラオカイ省 301,323
楽元 195
落葉広葉樹および常緑広葉樹（照葉樹）の混交林 35
落葉広葉樹と照葉樹林の混交林帯 34
落葉広葉樹林 35
羅甸県 30,194,202
ランカ村 346
ランソン 306
ランチャイ村 340
ランプ社 319,339
荔波（リーポ）県 173
龍勝県 73
六月六（リュウユエリュウ） 76
凌純声 7
魯貢（ルーコン）村 224
黎平県 59
ロ川 312,314
ロシェー 7
蘆笙 329
蘆笙坪（ピン） 149
蘆笙舞 71,149
路南 22
ロロ（羅羅）族 251,290,304,316,317,322
龍街（ロンカイ）鎮 252,269
龍江（ロンジィアン）村 110,153
龍頭（ロントウ）大山 223
歪流（ワイシュー）ミャオ 223,225,226

〔著者略歴〕
金丸 良子（かなまる よしこ）
1951年，東京都生まれ．
1975年，早稲田大学第一文学部中国文学専攻卒業．
1979～1981年，（中国）山東師範大学文教専家．
2005年，岡山大学大学院文化科学研究科博士後期課程修了．
武蔵野女子大学・日本大学・鶴見大学等非常勤講師を経て，
現在，麗澤大学外国語学部教授．博士（文学／岡山大学）
中国民俗学・中国民族学専攻．
㈳日中友好協会全国本部参与．
おもな著書に，
『西南中国の少数民族　貴州省苗族民俗誌』（共著，古今書院，1985年）
『中国山東民俗誌　伝統に生きる人々』（古今書院，1987年）
『中国雲貴高原の少数民族　ミャオ族・トン族』（共著，白帝社，1989年）
『雲南　インドと揚子江流域の環』（共編訳，古今書院，1989年）
『中国少数民族誌　雲貴高原のヤオ族』（共著，ゆまに書房，1995年）
『中国少数民族事典』（共著，東京堂出版，2001年）などがある．

中国少数民族ミャオ族の生業形態　　〈検印省略〉

2005年8月20日　初版発行

著　者　　金　丸　良　子

発行者　　株式会社　古　今　書　院
　　　　　代表者　橋本寿資

印刷所　　（株）太平印刷社

〒101-0062　東京都千代田区神田駿河台2-10　株式会社 古　今　書　院
電話03-3291-2758　FAX03-3233-0303

©2005　Yoshiko KANAMARU　　〈製本・高地製本所〉
ISBN4-7722-5101-4　Printed in Japan

いろんな本をご覧ください
古今書院のホームページ

http://www.kokon.co.jp/

★ 500点以上の新刊・既刊書籍の内容・目次を写真入りでくわしく紹介
★ 自然や災害，GIS，都市などジャンル別のおすすめ本をラインナップ
★ 月刊『地理』最近号の内容をくわしく紹介
★ 月刊『地理』バックナンバーをすべて掲載
★ いろんな分野の関連学会・団体のページへリンクしています

古 今 書 院

〒101-0062　東京都千代田区神田駿河台2-10
TEL03-3291-2757　FAX03-3233-0303

☆メールでのご注文は　order@kokon.co.jp へ